비판과 정명

리영희의 언론 사상

비판과 정명

최영묵 지음

한울
아카데미

● 일러두기

— 이 책에서 인용하는 리영희 선생의 저술은 모두 '초판'을 기준으로 삼았다. 『우상과 이성』
  의 경우 1977년 초판, 1980년 증보판, 1988년 제2개정판, 2006년 전집판이 있다. 판별로 내
  용과 구성에 상당한 차이가 있다.
— 저자명은 李泳禧, 리영희로 달리 표기되었지만 혼돈을 피하기 위해 '리영희'로 통일했다.
  단, 유일하게 '이영희'로 표기한 『반핵』은 그대로 두었다.
— 인용하는 경우 다음과 같이 약어를 사용했다.

전논　　리영희(1974.6.5). 『전환시대의 논리: 아시아 · 중국 · 한국』. 창작과비평사.
8억인　　리영희 편역(1977.9.1). 『8억인과의 대화: 현지에서 본 중국대륙』. 창작과비평사.
우상　　리영희(1977.11.1). 『우상과 이성』. 한길사.
우상80　　리영희(1980.3.10). 『우상과 이성』(증보판). 한길사.
우상88　　리영희(1988.11.25). 『우상과 이성』(제2개정판). 한길사.
백서　　리영희 편역(1982.7.5). 『중국백서』. 전예원.
10억인　　리영희 편저(1983.6.18). 『10억인의 나라: 모택동 이후의 중국대륙』. 두레.
누군가　　리영희 · 함석헌 외(1984.2.1). 『누군가 말해야 한다』. 삼민사.
80년대　　리영희(1984.9.30). 『80년대 국제 정세와 한반도』. 동광출판사.
핵전쟁　　리영희 감수(1984.9.30). 『핵전쟁의 위협』. 동광출판사.
분단　　리영희(1984.10.15). 『분단을 넘어서』. 한길사.
핵전략　　리영희 외(1984.11.25). 『핵전략의 위기적 구조』. 세계.
베트남　　리영희(1985.5.5). 『베트남전쟁: 30년 베트남전쟁의 전개와 종결』. 두레.
역설　　리영희(1987.3.15). 『역설의 변증: 통일과 전후 세대와 나』. 두레.
역정　　리영희(1988.3.15). 『역정: 나의 청년시대』. 창작과비평사.
반핵　　이영희 · 임재경 엮음(1988.8.30). 『반핵: 핵위기의 구조와 한반도』. 창작과비평사.
서대문　　리영희 외(1988.10.15). 『서대문형무소: 옮기던 날의 기록 그리고 역사』. 열화당.

자유인	리영희(1990.8.15). 『自由人, 자유인』. 범우사.
새옹	리영희(1991.7.30). 『인간만사 새옹지마』. 범우사.
새는	리영희(1994.7.7). 『새는 '좌 · 우'의 날개로 난다: 전환시대의 논리 그 후』. 두레.
코	리영희(1998.11.5). 『스핑크스의 코』. 까치.
신화	리영희(1999.9.30). 『반세기의 신화: 휴전선 남 · 북에는 천사도 악마도 없다』. 삼인.
독백	리영희(1999.12.23). 『동굴 속의 독백』. 나남.
대화	리영희(2005.3.10). 『대화: 한 지식인의 삶과 사상』. 한길사.
21세기	리영희(2006.8.30). 『21세기 아침의 사색』. 한길사.
한국	리영희 외(2008.5.10). 『21세기 첫 십년의 한국』. 철수와영희.

— 『우상과 이성』의 경우 1977년 초판과 이후의 1980년 증보판, 1988년 제2개정판의 내용이 크게 달라지기 때문에 '별개'로 인용했다.

— 『70년대의 우수』(1977, 청람), 『다시 하는 강의』(1980, 새밭), 『현실인식의 논리』(1985, 사계절), 『한국의 민족주의 운동과 민중』(1987, 두레) 등 다른 책과 중복되는, 한두 편의 글을 기고한 책은 저서에서 제외했다.

— 『핵전략의 위기적 구조』(1984.11.25, 세계)는 1985년 5월 20일 『핵문제 입문』으로 제목을 수정해 재출간된 바 있다.

— 2011년에 나온 『희망』의 경우 리 선생 사후 임헌영 선생이 엮은 책이기 때문에 제외했다.

— 저서에 포함되어 있지 않은 리 선생 글은 직접 인용하고 참고문헌에 표기했다.

— 리 선생은 여러 항목을 열거할 때 추가 기술의 여지가 있는 경우 뒤에 '…'를 붙였다. 이 책에서도 이러한 표기를 따르며, 중략을 나타내는 '……'와 구분되는 것임을 밝힌다.

— ≪한겨레≫는 1988년 5월 15일 창간부터 1996년 10월 13일까지 ≪한겨레신문≫이라는 명칭을 쓰다가 10월 14일부터 제호를 ≪한겨레≫로 변경했다. 이에 따라 이 책에서도 두 개의 명칭을 모두 사용함을 밝힌다.

글머리에

　리영희 선생님이 '국립 5·18 민주묘역'으로 가시고 5년이 지났다. 이 책은 선생님을 '추모'하기 위한 것이 아니다. 그저 오래 묵은 '방세'를 정산하는 일과 관련이 있다.

　필자는 1986년부터 1996년까지 10여 년간 한양대학교 사회과학관 6층에 있는 리영희 선생 연구실을 거의 '무상'으로 이용했다. 선생님은 수업 때만 학교에 나오셨고 작업은 주로 화양리 댁에서 하셨다. 늘 '빈방'이었던 연구실은 여러 낭인의 '아지트'였고 나는 주제넘게 '부 방장' 혹은 '게이트키퍼'를 자처하며 그곳에서 한 시절을 지냈다. 당시 나는 리 선생의 저서 중 일부를 '장식용'으로 구비하고 있었지만 '제대로' 읽은 것은 없었다.

　그 사실을 새삼 깨닫게 된 것은 2011년 가을 ≪창작과비평≫에 리 선생 1주기 맞이 추모 글(「언론 자유와 우상 타파를 위한 불퇴전의 삶」)을 쓸 때였다. 2006년에 나온 '리영희 저작집' 12권을 쌓아놓고 여기저기 관심 가는 글들을 읽기 시작했다. 대부분이 낯설었다. 읽지 않았거나 대충 읽었거나 둘 중 하나였다. 그렇다고 단기간에 읽은 수 있는 분량도 아니었다. 그런 연고로 「언론 자유와 …… 불퇴전의 삶」은 '이웃집 공자님 이야기'로 끝나버렸다.

이후 틈나는 대로 12권짜리 '리영희 저작집'을 1권부터 읽기 시작했다. 읽기는 편했지만 왠지 허전했다. 책에서 리영희 특유의 '아우라'가 느껴지지 않았다. 편역서 등이 전부 빠졌고 각각의 책이 나온 시대 분위기도 전혀 느낄 수 없었기 때문이었다. 선생님의 저·역서 중 가지고 있는 책은 먼지를 털고, 없는 책은 여기저기 헌책방에서 구해 비교하며 다시 읽었다. 특히 1977년 11월 21일 '출생'한 『우상과 이성』 초판을 '증보판'과 비교해 읽으며, 증보판을 낼 때의 리 선생님처럼 '우울'해졌다. 그동안 수많은 사람들이 읽었던 『우상과 이성』(증보판, 1980.3.10)은 사실상 '검열삭제판'이었기 때문이다.

리 선생의 글 가운데 저서에서 빠진 것들과 리 선생이 평생을 두고 틈날 때마다 읽었던 『노신 전집』, 페르디난트 퇴니에스(Ferdinand Tönnies)의 『게마인샤프트와 게젤샤프트(Gemeinschaft und Gesellschaft)』, 빅토르 위고(Victor Hugo)의 『레미제라블』, 에두아르트 푹스(Eduard Fuchs)의 『풍속의 역사』, 존 베리(John Bagnell Bury)의 『사상의 자유의 역사』, 장 폴 사르트르(Jean Paul Sartre)의 여러 글, 루소의 『고백록』, 김산·님 웨일스(Nym Wales)의 『아리랑』과 요한 페터 에커만(Johann Peter Eckermann)의 『괴테와의 대화』, 노자의 『도덕경』, 『금강경』 등도 구해서 '일단' 읽으려고 시도는 했다. 하지만 머릿속에 쌓이는 것 없이 시간만 흘러갔고 어느덧 '중간 정산'을 할 시기가 되었다.

리 선생은 평생 '우상 타파'를 위해, 인간의 자유를 위해 싸웠다. 리 선생이 생각하는 우상은 체제와 구조였다. 또한 그 체제의 작용으로 인한 우리의 '생각 없는 상태'이기도 했다. 리 선생의 글은 이 '생각 없음을 생각하게 하기' 위한 고투였다. 1970년대와 우상, 폭력에 '관해' 생각하라는 것이 아니라 1970년대를, 우상을, 폭력을 직접 생각하라는 것이었다. 쉽게 말하자면 다이어트에 관해 생각하지 말고 다이어트를 하라는 이야기였다. 우상과 권력을 정면으로 응시하고 돌파하라는 것, 그것이 지식인, 언론인의 진정한 임무라는 것이다.

그동안 부지런한 연구자들에 의해 리 선생 삶의 '역정'과 그 영향에 대한 논의가 꽤 진행되었다. 이 책은 그러한 논의와 연구를 계승하면서 상대적으로 소홀했던 '리영희 텍스트'와 '리영희의 사상'에 대해 구체적으로 논의하고자 한다. 리 선생이 남긴 20여 권의 저작을 중심으로 필자가 20여 년간 경험했던 일들, 지인들의 회고담, 강연 초록, 기사 등 접근 가능한 모든 리 선생 관련 정보를 검토 대상으로 삼았다.

책의 제목은 『비판과 정명: 리영희의 언론 사상』으로 정했다. 리 선생은 평생 '언관(言官)'이었고, 저널리스트였다. 이 책에서 말하는 '언론 사상'이란 '언설 행위'의 바탕이 되는 생각과 이를 통해 구현하고자 하는 세상에 대한 사유를 포괄하는 개념이다. '리영희 휴머니즘'의 근간은 사상의 자유다. 다른 말로는 표현의 자유, 언론의 자유다. '비판(批判)'은 우상의 실체를 드러내는 과정이고, '정명(正名)'은 사물과 사상(事象)의 질서를 바로 세우는 일이다. '비판'이 인식과 글쓰기의 밑바탕이라면, 정명은 글쓰기와 사회적 실천을 연결하는 고리이다. 이 때문에 리 선생이 언론인으로서 평생 수행한 일은 비판과 정명으로 정리될 수 있다.

『비판과 정명』은 모두 여섯 장으로 구성했다. 먼저 지금 시점에서 리영희 사상의 의미와 영향을 정리하고 이어 리영희의 '불퇴전의 삶'을 조명했다. 리영희가 글로 말한 사람이라는 점에서, 제2장에서는 20여 권에 이르는 저술의 주요 내용을 일곱 가지 영역으로 구분해 정리했다. 이어 리영희 사상의 요체로서 휴머니즘과 사회민주주의를, 언론 사상의 핵심으로서 지식인관과 비판·정명을 제시하고자 했다. 마지막 장에서는 '방법'으로서의 리영희와 리영희 사상의 현재성을 논의했다.

구체적으로 정리하자면, 첫 장은 리영희가 한국 사회에 미친 영향에 관한 논의다. 리 선생은 평생 기득권 구조, 체제, 우상과 싸웠다. 우상이 한 둘 사라진다고 해도 이 세상은 쉽게 달라지지 않는다. 리영희 사상은 과거에 '있었던 것'이 아니라 '현재 있는 것'이라는 사실을 명확히 드러내고자 했다. 최근 정부와 여당은 중·고등학교 국사 교과서에 대한 검열을 넘어, 2017년부터 '국사편찬위원회판' 단일 교과서로 모든 학생을 교육하기로 결정한 바 있다. 리 선생은 1984년 일본 교과서 검정 문제가 터졌을 때, "일본의 군국주의자들이 교과서 검정, 검열을 시도한 이유는 과거 사실에 대한 '왜곡'을 통해 미래를 극우적 시각으로 만들어가려는 음모다. 특히 인구의 절반이 넘는 전후 세대에 대한 치밀하고 조직적인 '세뇌'를 위한 것이다"라고 갈파한 바 있다. 역사 교과서 문제는 과거 문제가 아니라 '현재'의 문제이며 미래의 문제라는 점을 우리는 다시 확인하고 있다.

두 번째 장은 자연인 리영희 선생의 삶을 주요한 사건을 중심으로 소년 시절, 청년 시절, 기자 시절, 교수 시절, 시민 시절로 구분해서 정리했다.

세 번째 장 '우상 타파와 반전 평화'는 리 선생이 남긴 20여 권의 저·역서에 대한 본격 해부다. 먼저 리 선생 저술의 세계와 주요 저서 수난의 역사를 정리했다. 리영희 선생은 『전환시대의 논리』와 『우상과 이성』으로 인해 많은 고난을 겪었다. 리 선생 저술의 세계를 언론과 대중문화, 냉전 체제와 반공 정권, 베트남전쟁과 중국 혁명, 민족과 탈식민, 분단 체제와 통일, 반전·반핵과 세계 평화, '소품체' 산문으로 구분해 각 영역의 글들을 '계보화'하고 분석했다. 리 선생은 가족 이야기에서 반핵과 인류 평화에 이르기까지 다양한 분야에 많은 글을 남겼기 때문에, 모든 글을 포괄하는 데 한계가 있었다.

네 번째 장에서는 리영희 거시적 사상의 핵심을 휴머니즘과 사상의 자유, '사회민주주의'로 규정하고 정리했다. 먼저 리영희 사상의 형성 배경을 살펴보기 위해 탐독한 주요 책과 루쉰, 장일순 등 영향을 받은 중요 인물들을 알아보았다. 이어 리영희식 휴머니즘의 뿌리를 전통 유학 사상에서 찾아보았고 휴머니즘의 구현 조건으로서 인간의 자유, 사상의 자유에 대해 정리했다. 리 선생은 게마인샤프트(Gemeinschaft)나 사회민주주의를 인간의 '이기심'을 적정 수준에서 규율하면서 인간 자유를 극대화할 수 있는 최선의 사회형태라고 생각했다.

다섯 번째 장에서는 리영희의 글쓰기 정신, 언론 사상의 핵심을 비판과 정명으로 설정하고 리 선생의 저술과 활동에서 그 근거를 찾고자 했다. '비판'이 진실을 가리는 모든 장애물, 우상을 제거하는 작업이라면 '정명'은 이름을 바로 부르고 바로잡기 위한 모든 실천적 시도를 포함하는 개념이다.

마지막 장인 제6장 '리영희, 오래된 미래'에서는 리영희 삶과 사상의 현재성과 계승 방향을 제시하고자 했다. 리영희의 사상과 영향에 관한 지식사회학적 정리를 '효과'로서의 리영희라고 한다면, 리영희식 성찰과 글쓰기 전략 등은 '방법'으로서의 리영희라고 부를 수 있다. 경계에서의 성찰과 현장주의, 뿌리까지 내려가 비판하기 등이 리영희식 '방법'이다.

책 뒤의 부록에는 「농사꾼 임 군에게 보내는 편지」(1976), 「크리스찬 박 군에게」(1977), 「≪창작과비평≫과 나」(1991), 「리영희 그 독한 기자 정신의 역정」(조유식, 1995), 「리영희 선생에게서 듣는 무위당의 삶과 사상」(2002) 등 다섯 편의 글 전문을 실었다. 앞의 두 편은 수정·삭제되기 전 상태인 1977년 『우상과 이성』 초판에 게재되었던 글이다. 나머지 세 편은 리 선생을 이해하는 데 중요한 단서를 제공함에도 저작집에서 빠진 글들이다. 「≪창작과비평≫과 나」는 한 시절 리 선생의 주요 '활동 무대'였던 ≪창작과비평≫과 백낙청 선생에 대한 소회를 정리한 글이다. 조유식의 '리영희론'은 리영희 기자의 생각과 글쓰기의 핵심을 예리하게 포착해 꼼꼼하게 정리했고, 「리영희 선생에게서 듣는 무위당의 삶과 사상」은

리 선생과 무위당 장일순 선생의 관계 및 리 선생 삶의 또 다른 지향점이
었던 '노자적 세계'를 잘 보여준다.

大道無門 千差有路
透得此關 乾坤獨步

송나라 때 임제종 승려였던 무문 혜개(慧開)가 『무문관(無門關)』서두
에서 던지는 화두다. '진리'로 통하는 입구에는 문이 없다. 문이 없다면
그 장벽을 어떻게 뚫고 나갈 것인가? 그 장벽을 돌파하기만 하면 이 우주
에 우뚝 선 존재가 될 수 있다. 선승의 화두지만 사실상 모든 사람은 무문
관이라는 상황에 놓여 있다. 무문관은 권력과 우상, 가식과 허위가 가로
막고 있는 일상적 삶의 현장이다. 리 선생은 그 나름의 '방법'으로 무문관
을 돌파했다. 이 책은 그 돌파의 흔적을 정리한 것이기도 하다.

리 선생의 진면목이 담긴 초상화를 사용할 수 있도록 허락해주신 이철
수 화백님, 리 선생의 형무소 시절 사진을 제공해준 오랜 친구 김연수 기
자, 「리영희 그 독한 기자 정신의 역정」 전재를 허락해준 알라딘 조유식
대표님, 「리영희 선생에게서 듣는 무위당의 삶과 사상」 게재를 허락해준
(사)무위당사람들과 ≪녹색평론≫ 김종철 선생님께 깊은 감사를 드린다.

지금도 '李泳禧'라 쓰인 문패가 걸린 산본에 있는 선생님 댁을 찾을 때
마다 변함없이 반갑게 맞아주시는 윤영자 여사님의 '장수만세'를 기원한
다. 리영희 정신의 계승 발전을 위해 애쓰고 계신 '리영희재단'의 고은·
백낙청·임재경 고문님, 박우정 이사장님! 그리고 신홍범·김선주·정연
주·유홍준·백영서·권태선·정영무·하승창·이미정 이사님! 김영환·
지영선 감사님! "노고가 많으십니다." 어려운 시기에 흔쾌히 출판을 맡아
주신 한울의 김종수 사장님과 편집과 교열에 애써주신 박준규 편집자, 허

유진 편집자, 표지를 예쁘게 꾸며준 김누 디자이너에 대한 감사 역시 빼놓을 수 없다.

우리 딸 연제는 첫돌이 지난 후부터 아내와 함께 산본 선생님 댁에 놀러 다녔다. 연제는 올해 왕산초등학교에 입학했다. 어서 자라서 선생님의 책들을 읽고 아빠와 '토론'을 할 수 있었으면 좋겠다.

2015년 10월

최영묵

차 례

제1장

리영희의 영향

그의 말은 매운 높새바람이다.

서북쪽에서 불어 닥쳐 저자거리의

쓰레기와 잡동사니들을 단번에 쓸어내는

칼날같이 날카로운 높새바람이다.

보아라, 그 칼날 앞에 쓰러지는

썩은 나무토막 같은 것들을,

한파람에 쓸려나가는 거짓과 속임수들을,

나무에서 우수수 떨어지는

벌레 먹은 잎새와 열매들을

이 땅의 잘난 온갖 것들을

허수아비로 나뒹굴게 만드는 그의 말은

칼날보다 더 매서운 된마파람이다.

신경림, 리영희 선생 회갑 기념 「송시」 중에서

리영희 선생은 지난 50여 년간 한국 사회에서 논란의 중심에 있던 지식인 중 한 사람이다. 그는 식민지 시절 평안도에서 태어나 해방 이후 전쟁과 독재 정권으로 이어지는 엄혹한 시절 '50년'을 언론인으로 살았다. 1950년대 후반 기자가 된 후 리 선생의 삶을 이끈 근본이념은 실존적 '자유'와 사회적 '책임'이었다.

연합통신사와 조선일보에서 기자로 일하다가 해직되었고, 1995년 한양대 신문방송학과에서 정년퇴임했다. 정론 직필의 글쓰기로 한평생을 살다가 2010년 12월 작고했다. 중국과 베트남, 미국과 북한, 북핵(北核)과 파병 문제 등에 대한 글과 발언은 자주 논란의 대상이 되었고, 큰 사회적 파장을 일으켰다. 지난 2010년 12월 8일 민주사회장으로 장례식이 거행된 후, 고인의 유언에 따라 광주의 국립 5·18 민주묘지에 묻혔다.

리 선생의 '역정'을 상세히 정리해보면 출생한 곳은 평안북도 운산군 대관면이며, 태어난 시기는 1929년으로 세계적으로는 경제대공황이, 조선에서는 원산 총파업이 일어난 해였다. 이름에 얽힌 사연이 많다.[1] 한문으로 표기할 때는 괜찮았지만 한글로 쓸 때가 문제였다. 이북식 발음에 따라 '이영희'가 아닌, 리승만[2] 대통령처럼 '리영희'를 고집했기 때문이다. 고향에서 소학교[3]를 졸업한 후 서울로 유학해 경성공립공업학교(京城公立工業學校, 이하 경공)를 다녔다. 1950년 한국해양대학교를 졸업한 뒤 안동중학교에서 영어 교사로 근무하던 중 6 · 25 전쟁이 발발하자 육군 통역장교로 자원입대해 7년간 복무했다. 제대 후 1957년부터 1964년까지 합동통신 외신부 기자, 1964년부터 1971년까지 조선일보와 합동통신 외신부장을 지냈다. 합동통신 재직 시절인 1971년 10월 긴급선언문 발표 건[4]으로 인해 해직되었다가 1972년 1학기에 한양대 신문학과 교수로 부임한

---

1 한자로는 李泳禧다. 리 선생은 평안도에서 '李'를 '이'가 아닌 '리'로 발음하는 것을 근거로 '리영희'라는 표기를 고집했다. 1988년 이전까지 책이나 기고문을 쓸 때는 필자명을 한문 李泳禧로 썼다. ≪한겨레신문≫에 칼럼을 고정 기고할 때는 누군가가 "북괴 발음을 쓰면 오해받는다"고 조언해 '이영희 칼럼'이 되었다(리영희 선생 화갑 기념 문집 편집위원회, 1989: 24). 이후에도 저서 등의 필자명은 李泳禧를 고수하다가 1998년 나온 저서 『스핑크스의 코』부터 한글 '리영희'로 표기했다. 필자의 경험을 돌이켜보면 '영희'라는 이름이 흔한 데다 여성으로 오해하는 경우도 많아 '리영희'를 고집한 면도 있다.

2 리 선생에 따르면 대한민국 초대 대통령은 이승만이 아니라 리승만이다. 모든 공식 문서에서 '리승만'이라고 썼기 때문이다.

3 1895년 최초로 설치된 근대적 초등교육기관이다. 1906년에 일시적으로 보통학교로 개편되었다가 1938년 다시 소학교로 변경된다. 1941년 국민학교로 명칭이 변경되었고 1996년에는 초등학교로 바뀐다. 따라서 정확하게 말하자면 리 선생은 1936년에 대관보통학교에 입학했다가 1941년 대관소학교를 졸업한 셈이다.

4 『한국민주화운동사 연표』에 따르면, 1971년 10월 19일 각계 인사 대표, 위수령과 휴업령 즉시 철회, 체포된 학생 즉시 석방, 특권층의 부정부패 척결, 정보 정치 폐지 등을 요구하는 내용의 '긴급선언문'을 발표했다(민주화운동기념사업회 연구소 편, 2006: 224)고 기록되어 있다. 언론계에서는 합동통신 외신부장 리영희와 동아일보 주필 천관우가 '64인 지식인 선언'에 참여했다.

다. 1976년 박정희 정권에 의해 한양대에서 강제 해직된 후 1980년 3월 복직되었으나, 그해 여름 전두환 정권에 의해 다시 해직되고 1984년에 복직했다. 군사정권 시기 구속과 해직이 반복되었다. 1985년 이후 일본 도쿄 대학, 독일 연방 교회 사회과학 연구소, 미국 버클리 대학에 각각 초빙되어 '동아시아 평화와 갈등' 등에 대해 강의했다.

내가 살아온 75년이라는 세월은 최근 몇 해를 제외하면 한마디로 '야만의 시대'였다. 일제 식민지 시대와 소위 '해방' 후 50여 년의 반인간적 생존 환경이었다. 이 엄혹한 시대에 나는 '지식인'으로서 자신에 대한 책임으로서, 그리고 인간답게 살 수 있는 권리를 위해서 싸우는 고결한 정신의 소유자들을 돕기 위해서 많은 글을 썼고 많은 발언을 하였다(『대화』, 서문).

단순하게 정리하면 리영희 선생은 전반기 30년을 학생·군인으로 살았고 후반기 50년을 기자·지식인으로 살았다. 리 선생은 1957년 외신부 기자가 된 후 거의 일관된 관점과 태도로 글을 쓰고 실천하며 살았다고 할 수 있기 때문에 다른 방식으로 리 선생의 삶의 단계를 구분할 경우 무리가 따를 것이다. 하지만 필요에 따라 자연인 리영희의 인생 역정을 신분과 직업의 변화를 중심으로 구분해볼 수는 있다. 학생 시기(1929년 출생에서 한국해양대 졸업까지), 군인 시기(안동중 영어 교사에서 1957년 소령 예편 시기까지), 기자 시기(1957년 합동통신 외신부 기자에서 1971년 10월 해직되는 시기까지), 교수 시기(1972년 한양대 부임에서 1995년 정년퇴임까지), 시민 시기(대학 퇴임 후 2010년 작고 때까지)로 나누는 것이 일반적이다.

리 선생의 '신분'은 학생에서 군인으로, 군인에서 기자로, 기자에서 대학교수로, 대학교수에서 '시민'으로 변했다. 직업에 따른 구분이 자연인 리영희의 생애를 이해하는 데는 도움이 되지만, 직업의 변화와 리 선생의 사상 또는 가치 변화의 연관성을 찾기는 어렵다. 지식인 리영희의 형성 시기(출생에서 제대까지)와 사회적 실천 시기(1957년 기자가 된 후 작고할 때까지)로 나누는 것이 자연스럽다. '세계관 형성 시기'와 '정론 직필 실천 시기'라고 할 수 있다. 대학으로 직장을 옮긴 후 쏟아져 나오기 시작한 리영희의 저서 · 편역서를 시기별로 정리해보면 다음과 같다.

1. 『전환시대의 논리: 아시아 · 중국 · 한국』. 1974. 창작과비평사.

2. 『8억인과의 대화: 현지에서 본 중국대륙』(편역). 1977. 창작과비평사.

3. 『우상과 이성』. 1977. 한길사.

4. 『중국백서』(편역). 1982. 전예원.

5. 『10억인의 나라: 모택동 이후의 중국대륙』(편저). 1983. 두레.

6. 『누군가 말해야 한다』(공저). 1984. 삼민사.

7. 『80년대 국제 정세와 한반도』. 1984. 동광출판사.

8. 『분단을 넘어서』. 1984. 한길사.

9. 『베트남전쟁: 30년 베트남전쟁의 전개와 종결』. 1985. 두레.

10. 『핵전략의 위기적 구조』(공저). 1985. 세계.

11. 『역설의 변증: 통일과 전후 세대와 나』. 1987. 두레.

12. 『역정: 나의 청년시대』. 1988. 창작과비평사.

13. 『반핵: 핵위기의 구조와 한반도』(공편). 1988. 창작과비평사.

14. 『서대문형무소: 옮기던 날의 기록 그리고 역사』(공저). 1988. 열화당.

15. 『自由人, 자유인』. 1990. 범우사.

16. 『인간만사 새옹지마』(문고판 선집). 1991. 범우사.

17. 『새는 '좌 · 우'의 날개로 난다: 전환시대의 논리 그 후』. 1994. 두레.

18. 『스핑크스의 코』. 1998. 까치.

19. 『반세기의 신화: 휴전선 남 · 북에는 천사도 악마도 없다』. 1999. 삼인.

20. 『동굴 속의 독백』(칠순 기념 선집). 1999. 나남.

21. 『대화: 한 지식인의 삶과 사상』. 2005. 한길사.

22. 『21세기 아침의 사색』. 2006. 한길사.

23. 『21세기 첫 십년의 한국』(공저). 2008. 철수와영희.

무수히 연행되고 1012일, 3년 가까이를 감옥에서 보냈음에도 20권[5]의
저·역서를 낸 것이다. 저서의 주된 내용은 중국과 베트남 문제, 북한과
한반도 문제, 시사평론, 에세이 등이었으며 순수한 저서는 『전환시대의
논리』, 『우상과 이성』, 『베트남전쟁』, 『분단을 넘어서』, 『역설의 변증』,
『역정』, 『自由人, 자유인』, 『새는 '좌·우'의 날개로 난다』, 『스핑크스의
코』, 『반세기의 신화』, 『대화』, 『21세기 아침의 사색』 총 12권이다.

편역서로는 『8억인과의 대화』, 『중국백서』, 『10억인의 나라』, 『80년
대 국제 정세와 한반도』, 『핵전략의 위기적 구조』, 『반핵』 여섯 권이 있
다. 이 밖에 기존에 출판된 리 선생의 '가벼운 글'을 엮은 책으로는 『인간
만사 새옹지마』, 『동굴 속의 독백』과 선생 사후에 임헌영 선생이 편집한
『희망』이 있다.

리 선생은 감옥살이의 후유증 등으로 2000년 11월 쓰러진다. 오른손
등 몸의 일부가 마비되고 말도 잘 못하는 등 악조건 속에서 투병하는 가
운데에도 2003년에는 이라크 파병 반대 집회에 참여해 발언하기도 했고,
2006년에는 모든 저서를 모아 리영희 저작집(전 12권)[6]을 펴냈다.

리 선생은 생전에 자서전 『역정』과 회고록 성격의 대담집 『대화』를 남

---

5 그중 『누군가 말해야 한다』, 『인간만사 새옹지마』, 『동굴 속의 독백』은 기존 글을 모아
   재구성한 것이다.

6 12권인 이유는 저작권 문제로 『8억인과의 대화』와 『중국백서』 등과 같은 번역서, 편역서,
   공역서 등이 제외되었기 때문이다.

겼다. 『역정』은 1929년 출생에서 1961년 합동통신사 외신부 기자 시절 '박정희 의장'의 방미 동반 취재 특종과 그 여파까지만 다루고 있다. 식민지 환경 속에서 소년 리영희가 지식인(기자)이 되어가는 과정을 구체적이고 솔직하게 기술하고 있다.

『대화』는 『역정』의 후속작업이다. 2003년 무렵 리 선생의 건강은 다소 호전되었지만 여전히 글을 쓸 수 없는 상태였다. 구술로 회고록을 쓰기로 하고, 대담자로 문학평론가 임헌영 선생을 선정해 6개월 이상 대화를 나누고 녹취 자료를 수차례 교정해 회고록을 완성한다. '한 지식인의 삶과 사상'이라는 부제가 달린 『대화』는 리 선생의 혼이 담겨 있는 최후의 저술이다. 리 선생 평생의 주요한 사건과 이슈, 국면과 세계 인식, 내면의 풍경을 잘 보여준다.

리 선생은 이렇듯 비평집, 자전 에세이, 회고록 등 많은 저술을 남겼지만 자신의 사상이나 언론 사상을 체계적으로 드러낸 적은 없다. 『역정』 서문에서 "혁명가는 지나온 혁명이 그 인간의 전기다. 마찬가지로 사상을 글로 표현하는 사람에게 있어서 그 글은 자신을 말하는 전부다"라고 말했다. 하지만 리 선생은 『역정』과 『대화』, 그리고 많은 회고적 글과 인터뷰 등을 통해 자신의 삶과 생각을, 빠짐없이 아주 솔직하게 털어놨다.

리 선생은 해방 이후 전쟁과 독재 정권으로 이어지는 엄혹한 시절 정직한 기자로서 '비판과 계몽'에 주력할 수밖에 없었다. 1957년 외신부 기자가 된 후 리 선생의 삶을 이끈 근본이념은 실존적 '자유'와 사회적 '책임'이었다. 지식인은 본질적으로 '자유인'인 까닭에 자신이 어떻게 살 것인지 선택하고, 그 선택에 대한 책임뿐 아니라 자신이 속한 사회에 대해서도 책임을 져야 한다는 신념으로 리 선생은 한평생을 살았다. 그 사회적 책임이라는 '십자가'를 지고 진리를 가로막는 우상을 파괴하고 시민들을 각성, 계몽하고자 했다.

1970년대 이후 리영희의 글이 우리 사회에 끼친 영향은 엄청났다. 당시 리 선생의 글을 읽었던 젊은이들에게 '하늘이 무너지는 듯한 충격'을 주거나, '냉전 중독에서 벗어나는 지적 해방의 단비'를 뿌려주기도 했고, '편견의 장막을 걷어버렸다는 통쾌감'을 넘어 '철학적 개안의 경험'을 줄 정도였다.

지난 1980년, 프랑스의 ≪르몽드(Le Monde)≫는 리영희 선생을 한국 젊은이들의 '사상의 은사(Maitre de pensée)'라고 칭했다. 또한 1987년에는 ≪경향신문≫에서 각계 인사 74명을 대상으로 한국 민주화에 가장 큰 영향을 준 인물과 저술을 조사한 결과, 인물로는 백낙청 교수와 리영희 선생이, 저술로는 『해방전후사의 인식』과 『전환시대의 논리』가 꼽혔다. 저술과 인물을 합해서 보면 리 선생의 영향력이 압도적이었음을 알 수 있다. 1999년 말 ≪연세대대학원신문≫에서 실시한 조사에서도 '20세기 국내에서 가장 영향력 있는 학자'로 리 선생이 꼽혔다.

보건복지부 장관을 지낸 유시민은 "리영희 선생은 나에게 철학적 개안의 경험을 안겨준 사상의 은사이며, 『전환시대의 논리』는 품위 있는 지식인의 삶이 어떠해야 하는지 가르쳐준 인생의 교과서다"(유시민, 2009: 35)라고 말했다. 조희연 서울시 교육감은 유신 교육 아래서 이미 자신의 일부가 되어버린 냉전 의식 및 사고의 깊은 중독 상태에서 벗어나는 '지적 해방의 단비'를 『전논』에서 맛보았다며 다음과 같이 덧붙인다.

80년대라는 정치적 홍역기를 거치면서 이제 외로운 선구자처럼 외치던 저자의 주장들은 상당 부분 상식이 되었다. 그러나 그 상식이 대중의 상식으로, 권력의 상식으로 되지 못하고 있는 현실, 바로 그 현실 속에서 우리는 살고 있다(『새는』, 442).

전북대 강준만 교수는 그의 책 제목을 아예 『리영희: 한국 현대사의 길잡이』로 정하고, "남한 체제는 그 자유를 누리려는 사람들을 가혹하게 탄압했지만 완전히 말살할 수 없는 체제였다. 남한에는 리영희가 있었지만, 북한에는 리영희가 존재할 수 없었던 것이다"(319쪽)라고 평가한 바 있다. 1995년 ≪월간 중앙≫ 신년호 별책 부록에 따르면, 리 선생은 '광복 50년 한국을 바꾼 100인' 조사에서 40위권에 이름을 올렸다. 리 선생보다 높은 순위를 차지한 지식인은 함석헌 선생 정도였다. 리영희 선생은 20세기 한국 사회에 가장 큰 영향을 준 지식인 중 하나로 이후 민족민주운동의 밑거름이 된다. 냉전 의식을 비롯한 사회적 도그마가 결코 유령이 아니라 그 도그마에 의해 배타적 이익을 누리는 사회집단을 그 실체로 하고 있음을 설득력 있게 지적해냄으로써 거둔 '역세뇌'의 효과는 이후 민족민주운동의 동력 증대에 그대로 반영되었다고 해도 지나친 말은 아닐 것이다(김대환, 1995: 173).

이런 이유로 1990년대 중반 이후 리 선생은 한국 수구집단의 '표적'이 된다. 가령 보수 언론은 리 선생을 '의식화의 원흉'이라고 지탄하기도 했고, 일부 연구자들은 리 선생을 편견을 가진 사회주의 추종자라고 폄훼하기도 했다. '사상의 은사'라고 부르는 사람들이나 '의식화의 원흉'이라 칭하는 사람들이나 리 선생이 한국 사회에 끼친 영향은 인정하는 것이다.

리영희 선생이 제거하거나 실체를 드러내려 했던 대표적 '우상'은 냉전 이데올로기, 미국 제국주의 실체, 리승만 이후 친일 반민족 정권의 민낯 등이다. 주요 관심 영역을 한층 구체적으로 보자면 일제 식민주의, 민족과 분단, 미 제국주의의 패권 전략, 베트남 등 제3세계 해방, 중국 사회주의, 리승만 이후 반민족 정권 비판, '찌라시'로 변한 언론과 언론인 비판 등 광범위하다. 리영희가 온몸으로 맞서며 싸웠던 우상들은 여전히 존재하고 있다. 참여 정부와 국민의 정부를 거치면서 '우상들'은 오히려 더 강고하고 더 교묘해졌다.

　리 선생은 틈만 나면 자신이 글을 쓰는 이유가 오로지 '진실'을 밝히기 위한 것이라고 했다. 그렇다면 리영희가 말하는 '진실'이란 무엇인가? 당연히 진실은 사실들(facts)의 덩어리가 아니다. 예를 들어 우리는 단군 신화나 고구려 또는 신라의 건국 신화, 에밀레종 설화의 구체적 내용이 사실이라고 믿지는 않는다. 하지만 각 시대의 신화나 설화가 '진실'을 담고 있다고 믿는다. 하나의 사실(fact)은 누군가가 인식한 현실의 작은 조각에 불과할 수 있다. 신영복 선생은 『담론』(2015)에서 『시경』의 맹강녀(孟姜女) 전설을 예로 들며 '진실'을 설명한다. 맹강녀가 만리장성 축조에 동원되어 몇 년째 소식이 없는 남편을 찾아간다. 하지만 남편은 이미 죽었고 시체도 성채 속에 쌓아서 버렸다는 말을 듣는다. 맹강녀는 성채 앞에 옷을 바치고 사흘 밤낮을 통곡한다. 그러자 성채가 무너지고 사골이 쏟아져 나온다. 맹강녀는 유골에 옷을 입혀 장례를 지낸 다음 산해관 앞 바다에 빠져 죽는다. 우리는 맹강녀 전설이 사실이라고 생각하지는 않는다. 하지만 맹강녀 전설은 그 시대 민중의 정서, 즉 '실체적 진실'을 담고 있다. 신영복 선생은 『담론』에서 이러한 '진실'을 드러내는 것이 사실보다 더 정직한 세계 인식이라고 했다.

　가령 많은 사람이 '광주 학살'은 미국의 묵인 속에 전두환 일당에 의해 자행된 것이라는 사실을 잘 알고 있다. 하지만 우리가 미국이 발포 명령을 했다는 사실을 알거나 전두환이 광주 현장에서 총을 쏘아 사람을 죽였다는 사실을 확인했기 때문에 그렇게 생각하는 것은 아니다. 실제로 리 선생은 1988년 당시 주한 미국 대사였던 제임스 릴리(James Lilley)와 '광주 사태' 책임과 관련해 지상 논쟁을 벌인 바 있다. 이때 릴리 대사는 한미연합사령관이 군 투입을 명령한 것도 아니고 미군이 광주에 가서 발포한 것도 아니기 때문에 미국은 책임이 없다는 논리를 폈다. 이에 대해 리 선생은 국군에 대한 작전통제권 문제와 한미상호방위조약의 조항 등을 들어 '미국의 주장'의 허구성을 조목조목 드러냈다.

리영희 선생은 '진실'을 알기 위해 공부에 헌신했고, 알게 된 진실을 알리는 데 자신의 존재를 다 던졌다. 취재와 공부를 통해 알게 된 지식 · 정보의 집적이자 그 관계의 통찰에서 나오는 '총체적 앎'이 리영희 선생이 생각하는 진실이었다.

연구자들이 지식인 · 언론인으로서 리 선생의 삶을 들여다본 '인물 평전' 형식의 책도 세 권 발간되었다. 지난 2003년 김만수가 쓴 『리영희: 살아있는 신화』가 나왔고 2004년에는 강준만의 『리영희: 한국 현대사의 길잡이』가 나왔으며 2010년 말 김삼웅이 쓴 『리영희 평전: 시대를 밝힌 사상의 은사』가 나왔다.

사회학자 김만수 박사는 『리영희』에서 리 선생의 삶과 사상을 그의 저술 분석을 중심으로 '지식사회학'의 입장에서 꼼꼼하게 정리했다. 『전환시대의 논리』에서 『동굴 속의 독백』까지 리 선생 저서에 실린 모든 글들을 국제 관계, 국가, 남북 관계, 냉전과 반공, 민족과 통일, 언론과 민주주의, 자본주의와 사회주의, 한국의 역대 정권, 종교와 죽음, 교육과 문화 범주로 나누어 영역별로 정리하고 평가했다.

언론학자 강준만 교수는 『리영희』에서 리 선생의 삶을 험난했던 한국 현대사와 연결해 해석 · 평가하고 있다. 강 교수는 리 선생을 식민지에서 해방, 분단, 전쟁, 혁명과 군사정권으로 이어지는 한국 현대사를 온몸으로 체험하고 이를 기록한 한국의 대표적 지식인으로 본다. 리영희를 통해 한국 현대사를 보고 또 한국 현대사 속에서 리영희를 자리매김해보기 위해 이 책을 썼다고 할 수 있다.

지난 2010년 나온 『리영희 프리즘』(2010)은 젊은 언론인과 학자 10명이 '우리 시대의 대표 지식인' 리영희의 현재적 '의미'를 정리한 책이다.

리영희가 비판하고 저항하던 시대는 바뀌었지만, 권력과 우상은 더욱 노회해져 인간의 자유와 이성을 억압하고 있는 대한민국 현실을 돌아보고 영역별로 계승 방향을 고민하고 있다.

리 선생이 글과 삶에 대한 부당한 공격을 구태여 정리할 필요는 없다. 하지만 몇 사람의 비판 논리를 소개하면서 우리 사회 보수 진영에서 리 선생을 어떻게 인식하고 있는지 확인해볼 필요는 있다. 지난 2010년 리 선생이 작고한 후 뜬금없이 비판의 포문을 연 것은 김지하 시인이다. 그는 2012년 12월 4일 한 조간신문 칼럼에서, 그야말로 느닷없이 백낙청 선생을 '한류 르네상스 가로막는 쑥부쟁이'라고 공격하더니 "그의 사상적 스승이라는 리영희는 깡통 저널리스트에 불과하다"고 독설을 퍼부었다. 이후 리 선생과 백낙청 선생은 '세트'로 비판을 받는 경향이 있다. 한 문화평론가는 지난 2014년 쓴 칼럼에서 리영희 선생을 백낙청 선생, 조정래 작가와 함께 우리 사회를 어지럽힌 '좌파 3인방'으로 꼽기도 했다. 그 이유는 한국 지식사회를 좌 편향으로 몰아갔고, 국가보안법 철폐와 주한미군 철수를 외쳤으며, 북핵 옹호의 스타트도 끊었기 때문이라는 것이다.[7]

과거 리영희 선생을 비판한 대표적인 글들을 들자면 ≪월간 조선≫ 김용삼 기자의 「리영희 교수의 말과 글: 일관된 남한 비판·북한 옹호 논리와 윤리」(≪월간 조선≫, 1994.4), 문학평론가 이동하 교수의 『한 자유주의자의 세상읽기』(1999), 한신대 윤평중 교수의 「이성과 우상: 한국 현대사와 리영희」(2006), 조성환의 「우상파괴자의 도그마와 우상」(2007), 김광동의 「리영희: 한국 친북좌파 사상의 대부」(2009)가 있다.

이동하 교수의 글은 별다른 근거 없이 자신의 '감상'을 중심으로 '리영

---

7 조우석, "사회 어지럽힌 '좌파 삼인방' 백낙청·리영희·조정래는 유죄다: 학문과 지식의 미명 아래 저지른 '사실상의 대역 행위' 숨은 손", ≪미디어펜≫, 2014년 12월 24일 자.

희는 어리석은 우상숭배자'라고 비난하는 수준이다. 이동하의 리영희 비판에 대한 상세한 '반비판'은 김만수(2003)와 강준만(2000)을 참고할 수 있다. 정치학자 김광동도 이동하와 비슷한 수준에서 리영희가 마오쩌둥(毛澤東)주의로 출발해 김일성과 김정일 체제를 애절하게 동경하는 김일성주의자로 '변신'했다고 주장한다. 미국과 대한민국을 저주하면서 한국의 사상 시장을 장악한 후 한국의 청년 학생과 좌파들의 대부가 되었다는 주장이다.

철학자 윤평중은 앞의 글에서 "냉전 반공주의의 음험한 본질과 은폐된 작동 기제를 폭로하는 데 있어 한국 현대사에서 리영희처럼 투명한 이성을 알지 못한다"고 전제하면서도, 우상을 타격하는 과정에서 스스로 사회주의라는 다른 우상을 세웠다는 것을 비판의 핵심으로 삼았다. 김용삼과 조성환의 비판도 유사하다. 리영희가 우상을 공격하면서 스스로의 오류 가능성은 배제하며, 반공 이데올로기 비판에는 냉혹하지만 문화대혁명이나 북한에 대한 평가는 관대함을 넘어 낭만적이기까지 하다는 것이다.

윤평중의 주장에 대해 손석춘(2013)은 '허수아비 논증의 오류'와 '논점 회피의 오류'에 빠졌다고 정리한 바 있다. 윤평중과 조성환은 리 선생이 평생 주창해온 인간중심주의와 자유주의, 부당한 권력의 작용에 대한 비판, 독단과 도그마에 대한 경계와 철저하고도 '지독한' 성찰, 반성, 수정에 대해서는 사실상 무시하고, 자신들의 냉전·반공·시장 자본주의 프레임으로 리 선생을 재단하고 있다. 리영희는 평생 자기가 무슨 주의자로 평가되는 것을 혐오했고 자신의 과오를 인정하는 것에 인색하지 않았다. 결정적으로 리영희의 모든 논증은 구체적 사실과 현실에서 출발한다는 점을 기억할 필요가 있다.

(고인은) …… 수많은 저서를 통해 냉전 사고에서 벗어난 한미 관계와 한

일 관계의 새로운 이정표를 제시하고, 베트남전이나 중국공산당에 대한 우 편향 시각의 교정을 주장했다. …… 70~80년대 운동권 대학생과 진보 세력 사이에 '사상의 은사'였다. 2000년 뇌졸중이 발병한 뒤 2005년 구술 자서전 『대화』를 펴낸 것을 끝으로 공식적 집필 활동은 중단했으나 사회 참여와 진보적 발언은 계속했다(≪경향신문≫, 2010.12.5).

고인은 좌파 진영의 대표적인 사상가로 활동하며 '386 세대의 정신적인 지주'로 꼽혔다. 탈냉전과 민족 화합을 주장하는 그의 관점은 군부 독재 시절 반공주의를 절대 가치로 교육받았던 세대들에게 민족애를 강조한 새로운 통일관으로 부각됐다. …… 사회 참여와 진보적 발언으로 여전히 좌파 진영의 구심점 역할을 했고, 급변하는 대내외 변화에도 불구하고 친 북 행동과 발언으로 논란에 휩싸였다(≪동아일보≫, 2010.12.6).

≪경향신문≫과 ≪동아일보≫는 나름대로 리 선생 삶의 궤적을 전하 고 있지만 주목하는 지점은 판이하다. 한 신문은 탈냉전 시대를 주도한 사상의 은사였음을 강조하고 다른 한 신문은 친북 성향의 좌파 지식인이 었다는 점을 강조하고 있다. 정치적 성향이 판이한 두 신문의 리 선생 평 가가 다른 것은 당연한 일이다. 하지만 리 선생은 현재 한국 사회에서 한 미 관계의 이정표를 제시하고 우 편향 시각을 교정하는 데 크게 기여했다 는 평가와 '좌파의 구심점'이 되어 '친북 행동과 발언'으로 논란의 중심이 되었다는 평가는 지나치게 극단적이다(최영묵, 2012a). 오히려 우리가 지 금 주목해야 할 것은 리영희 사상의 '현대적 가치'다.

리영희의 정치사상을 관통해온 것은 민족주의와 민주주의다. 그는 외세 의존적 사상과 외교에 맞서 주체적인 관점에서 자주적인 대응을 요구했으며, 군사 독재에 맞서 언론의 자유와 인권의 민주주의를 강조했다. 모더니티의 시각에서 볼 때 그는 진정한 현대주의자였다. 이념적으로 리영희는 사회민주주의에 가까웠지만, 그가 소중히 생각한 것은 자유·평화·민주·민족 등과 같은 현대적 가치들이었다. 이 가치의 실현을 위해 모든 것을 헌신해온 것이 그의 삶이다(김호기, 2012: 241).

우리 사회에서 '리영희 논란'은 이후에도 계속될 것이다. 리영희의 사상은 대한민국의 과거에 대한 평가 측면이 아니라 미래를 어떻게 만들어 갈 것이냐는 측면을 지향하고 있기 때문이다. 또한 리 선생은 이승을 떠나는 그날까지 언론이라는 탈을 쓰고 사실상의 범죄 집단이 되어버린 국내의 보수 신문과 '풍향계보다 빨리 변하는' 기회주의 지식인의 행태를 강도 높게 비판했다. 현재 한국 사회를 지배하고 있는 친일 반민족 집단은 리영희가 수면으로 올라오는 것 자체를 불편해할 수밖에 없다. 다음은 2006년에 나온 리영희 저작집 권두에 실린 고은 시인의 「어떤 서사」다.

리영희!

그는 누구보다 더 이 산하의 아들이다. 그리하여 이 산하의 온갖 곳을 두 발로 걸어온 체험의 영역이 그에게는 유산이 아닌 생명체로 살아 있다. 혹은 38선 이쪽저쪽 전쟁의 포화 속에서 양심의 꽃으로 피어났으며 혹은 그 전쟁이 휩쓸고 간 초토와 폐허 위에서 시대의 자막을 한 자 한 자 읽기 시작했다. 나아가 냉전과 독재의 지정학이 만들어낸 우상을 타파하는 진실로 자신의 존재 이유를 삼아왔다. 언제나 그는 진실로부터 시작해서 진실에서 마쳤다. 그의 정신은 잠들 수 없는 밤에 깨어 있고 한낮에도 자행되는 지상의 숱한 기만들과 맞서 지향의 연대기를 찾아내고자 파도쳤다.

끝내 그는 누구의 사상이었고 누구의 실천이었고 또 누구의 전형이 되지 않을 수 없는 전환의 시간이었다. 그러므로 현재는 쉬지 않고 과거를 들어 올리고 미래를 불러들이게 된 것이다.

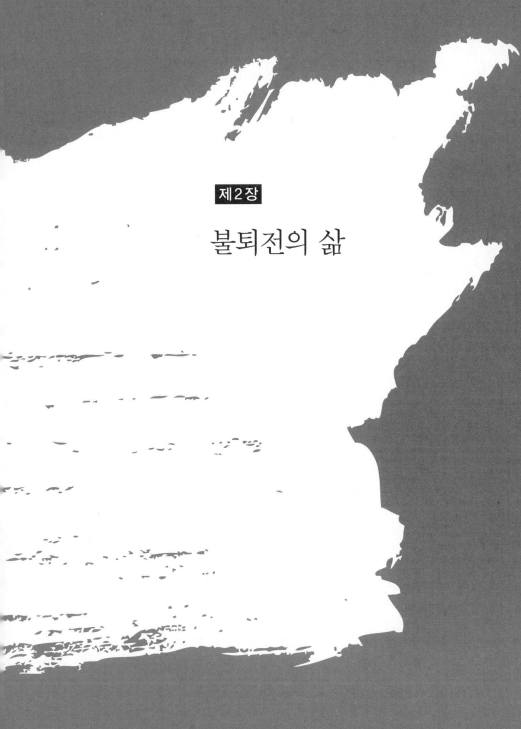

제2장

불퇴전의 삶

1. 식민지의 소년

리 선생은 1929년 평안북도 운산군 북진면에서 태어났지만 자란 곳은 삭주군 외남면 대관동이다. 영림서 직원이던 아버지가 전근을 하면서 거주지를 옮긴 것이다. 경성의 중학교에 갈 때까지 대관동에서 산다. 서울이나 남한에 사는 사람들에게 삭주구성은 소월의 시 '삭주구성'으로 유명하다. 이 시에는 "삭주구성 산 너머 / 먼 육천 리 / 가끔가끔 꿈에는 사오천 리 / 가다오다 돌아오는 길이겠지요"라는 구절이 있다.

등산을 즐기는 일행들 사이에서 지금 나의 별명이 말갈(靺鞨)이다. 박현채 씨가 나를 압록강 북쪽 '산골놈'이라고 해서, 가장 미개적 명칭을 작명하느라고 수고한 결과다. 그런데 내가 그의 고향인 전라도 지리산 주변 지역의 군 소재지들보다도 몇십 년 전에 그 같이 개명한 지역에서 소년 시절을 보낸 사실을 이 작명가는 지금도 믿으려 하지 않는다. 남조선에 비해 북조선은 반세기는 일찍 개명했던 것이다(『역정』, 15).

삭주구성 일대에는 금광이 많았고 산림 사업도 많았다. 100리 정도 떨어진 압록강에서는 동양 최고라는 수풍 댐의 건설 공사가 시작되면서 철도도 부설되었다. 리 선생은 소학교 3학년 때 친구들과 달려오는 열차를 보고 놀라서 엉덩방아를 찧기도 했다. 4학년인 1939년에 전기가 들어오고 이어 전화도 가설되었다. 이로써 리 선생이 살았던 삭주 대관동에는 1930년대 말에 전기와 전화, 철도가 모두 연결된다. 남한 지역보다 반세기는 일찍 근대 문명의 혜택을 보기 시작했다는 것은 과장이 아니다.

리영희의 출생과 성장 과정은 당시 시대적 상황에 비교해볼 때 대체로 무난했다. 아버지가 영림서 공무원이었고 어머니는 몰락하긴 했지만 벽

동군 천석꾼의 딸이었기 때문이다. 한마디로 먹고사는 걱정이 별로 없는 집안이었다. 고조할아버지는 대원군 때 돈을 모아 경복궁 선영관이라는 벼슬을 사기도 했고, 조부는 면장을 지낸 지역 유지였다. 국민학교에 들어가기 전에는 장준하 씨의 부친이 운영하던 교회 부설 유치원에 다니기도 했다.

리 선생은 3남 2녀 5남매 중 넷째였다. 위로 형님 한 명과 두 누님이 있었고 아래로 동생 명희가 있었다. 리 선생이 형제 관계를 명확히 밝힌 것은 1998년 북한을 방문한 후 ≪한겨레≫에 방북기를 썼을 때였다. 해방 후 큰누님은 서울에 내려와 살았고 동생 명희는 1947년 봄에 부모님과 함께 월남한다. 부모님은 소백산맥 자락에 자리를 잡았고 동생은 서울의 고무신 공장에 취직했다가 6·25 전쟁 때 질병으로 사망한다. 서울에 누님이 살고 있었고 북한에도 형님과 누님이 있었지만 리 선생은 그 사실을 밝히지 않고 살았다. 그럴 만한 이유가 있었다.

오랫동안 나는 공식적으로 이남 이북 어디에도 동기가 없는 혈혈단신이었다. 왜 그랬는가? 내가 반공법으로 기소되어 처음으로 형무소 경험을 한 것은 1964년 가을 …… 한밤중에 영문도 모른 채 끌려가, 다짜고짜 쓰라고 내 앞에 내밀어진 것이 신문조사서였다. 기입해야 할 많은 항목 가운데 "북한에 있는 친척"이라는 칸이 있었다. 순간, 나의 뇌리에, 남북 이산가족 친척이 얽힌 간첩, 공작원, 고지죄, 불고지죄 … 등등 요란한 사건 기사들이 스쳐 갔다. …… 나는 순간의 망설임 끝에 "없음"을 써넣었다. …… 이 사건 이후 30년간 수없이 거듭된 구속과 체포와 재판의 과정에서 나는 조사·신문조서의 같은 난에 "없음"으로 일관했다. 이 과정을 되풀이하는 매번의 과정에서 당하는 마음의 불안은 형용할 수 없었다(≪한겨레≫, 1998.11.21).

이런 이유로 1988년에 낸 자전 에세이 『역정』에는 명희를 제외한 형제 자매 이야기가 나오지 않는다. 1998년 11월 방북해 확인한 결과 형님은 1957년에 장질부사로 돌아가셨고 누님은 1994년 무렵 작고한 상태였다.

부친 리근국(李根國)은 한학도 알고 신학문도 공부한 선비형 인간으로 온유하고 착했지만 어머니는 정반대로 드세고 고집스럽고 억척스러웠다. 누구에게도 지려하지 않는 오만한 성품이었다(『역정』, 42~43). 리 선생은 외형상 외탁을 한 것으로 보인다. 늘 온유하고 누구에게나 베풀며 차분하고 조용한 아버지의 모습은 왠지 리영희와 거리가 멀어 보인다. 소설가 이호철은 리영희를 첨예하게 날을 세우며, 옹고집과 편향이 강하지만 책임감이 강한 '서북방 사나이의 원형'이라고 적고 있다.

"오랫만이외다아"라고 내미는 거무튀튀하게 두터운 손등은 그야말로 북방 고구려적이고 수나라 침략군을 때려 부수던 살수대첩 때의 병사 냄새가 물씬 풍긴다(이호철, 2003: 240).

리 선생은 1929년(己巳) 12월(丙子) 2일(辛巳)생이다. 사주로 보자면 기사년 뱀띠에 금(金)기가 근간이고 화(火)기가 넘친다. 명리학에서는 뱀띠를 바쁘고 재주가 많으며 냉정한 사람의 전형으로 본다. 금기는 강인함, 강건함, 강직함, 용맹성의 표상이다. 금기는 정치인이나 군인 성향이라고 보고, 화기는 글자 그대로 치열하고 정열적이고 뜨거운 성향을 대표한다. 사주와 명리학상으로도 리영희의 성향은 강하고 불같으면서도 냉혹한 실천가형이다.

부친은 어려서부터 불같은 리영희에 대해 걱정이 많았던 듯하다. 조선 총독부는 리영희가 초등학교 5학년이었던 1940년 창씨개명령을 내린다. 어느 날 갑자기 리영희(李穎禧)[1]는 히라에 히데야스(平江豪康)가 된다. 평강(平江)은 평창(平昌) 이씨에서 평 자를, 중시조가 살던 강면(江面)에서 강 자를 딴 것이다. "호강(豪康)은 아들이 성미가 급하고 심사가 잘고 좁아서, 크고 너그럽고 호탕하고 담대하기를 바라는 아버지의 기원을 담은 것"이었다(『역정』, 22~23). 부친은 1955년 어느 날 다음과 같은 일기를 남기기도 했다.

자식이 성미가 급하고 너그럽지 못하며, 말과 행동이 가파르고 곧아서 상대방의 말이나 생각을 즉각적으로 받아들일 뿐만 아니라 자기를 높이고 오만해서 세상 살아감에 있어 실패가 많겠다. 수양을 하지 않으면 안 될 것이다. …… 자식의 행동 하나하나를 살펴보건대 희망은 전무하고 장래를 기하기 어려우니 훗날이 두렵구나. 가르쳐도 행하지 않고 스스로를 높이고 잘났다고 하니, 그런 성품을 고치기란 나로서는 불가능하도다(『역정』, 268~269).

성격이 급하고, 가파르고, 자기를 높이고, 오만하고, 고집이 너무 세다는 것이다. 유교적 엄숙주의와 겸양이 몸에 배어 있었던 것으로 보이는 부친 입장에서 전투적 '유아독존형' 아들을 이해하기 어려웠던 것으로 보인다. 특히 지나친 자신감과 급하게 행동하는 성향에 대해서 크게 우려했다. 이 당시는 리영희가 후방 근무로 내려와 마산의 군의학교 근처에 방을 얻어 부모님과 함께 살고 있을 때였다. 부친의 우려대로 리영희의 삶은 가파르고 험난했다. 리 선생의 저돌적이며 굽힐 줄 모르는 '전투적 계

---

1 본래 한자로 이삭 영(穎) 자를 쓰는 李穎禧였다. 해방 후 다시 조선인이 될 때, '영' 자가 어렵다는 친구들이 많아서 이북에 계시는 부모님과 상의도 하지 않고 이삭 영(穎) 자를 헤엄칠 영(泳) 자로 고쳤다고 한다(『역정』, 36). 이에 대해서도 아버님은 몹시 섭섭해했을 것으로 보인다.

몽주의'는 모친의 영향이라고 볼 수 있다. 부친은 리 선생의 그런 직선적 성격 때문에 평생 노심초사한 것으로 보인다. 리 선생은 1990년 쓴 「30년 집필 생활의 회상」에서 이렇게 술회한 적이 있다.

아버지가 아들을 보는 눈은 소름이 끼칠 만큼 정확했다. 바로 '진(瞋: 성냄)'을 경계했던 것이다. 그래서 나는 진독(瞋毒)에서 빠져나오려고 무던히나 애를 썼다. 해마다 정초에는 붓·먹·종이를 갖추어, 서투른 붓글씨지만 1년 동안 이 독을 경계하는 마음다짐으로 '진' 자를 쓰고는 했다. 써서 붙여놓았다. 출근 시간 방문을 나서기 전에 한 번씩 그 앞에서 다짐했다 ……. '오늘 하루 어떤 일을 당해도 화를 내지 마라. 감정을 휘어 거두어라. 진을 이겨야 한다.' 그러나 결과는 실패였다(『자유인』, 399).

대관동에서 소학교에 다니던 시절, 리영희의 기억에 흔적을 남긴 인물로는 친구 당억이(李長憶), 외삼촌 최린모와 외가 머슴이었던 문학빈을 들 수 있다. 당억이는 함께 학교에 다닌 친구이고 외삼촌과 문학빈은 어려서부터 어머니가 자신의 신세를 망친 놈들이라고 치를 떨면서 수시로 들려준 이야기의 주인공들이다.

소학교 시절의 리영희는 6년 내내 모든 과목에서 갑(甲)을 맞았지만 1등을 해본 적은 없고 급장에 임명된 적도 없었다(『역정』, 30). 급장은 늘 소작인의 아들 당억이 차지였다. 당억이는 언제나 웃는 낯에 사근사근한 성품이어서 대다수 아이들이 당억이를 좋아했다. 식량난으로 하루 한 끼 먹기도 어렵던 1944년에 리영희가 경성공업학교에 다닐 때였다. 당시 고향에서 농사를 짓고 있던 당억이는 다음과 같은 내용의 편지와 함께 강냉이(옥수수) 여섯 개를 소포로 보내주기도 한다.

최근에 소식을 들으니 경성에서는 사람들이 밥을 못 먹고 죽으로 끼니를 때운다고 하더구나 …… 얼마나 고생하고 있을까 생각하니 마음이 아파져서 견딜 수가 없더라. 그렇다고 쌀이 나기는 아직 이르고 보내줄 것이 없구나. 그래서 네가 학교 때, 점심시간에 내가 가져간 강냉이를 좋아해서 너의 쌀밥을 내게 주고 강냉이를 바꿔 먹던 생각이 나기에 막 물이 오른 강냉이를 몇 개 따서 삶아 보낸다. 옛날을 생각하면서 먹어주면 나의 마음도 한결 가벼워지겠다(『역정』, 72~73).

요절한 외삼촌 최린모는 당시로서는 드물게 1920년대 초 일본 아이치현(愛知縣)의 안조(安城) 농업학교로 유학을 갔다 온 사람이다. 그는 유학을 마치고 고향에 돌아오자마자 일종의 농지개혁을 실천했다. 자기 아버지가 '먹지 않고 쓰지 않고' 모은 농토의 상당 부분을 무상으로 소작인들에게 돌려주었다는 것이다. 당연히 어머니 최희저 여사는 평생을 두고 오빠 최린모를 원망하며 살았다. 하지만 리영희는 그 이야기를 '감동 깊게' 들었고, "어머니를 통해 어려서부터 누차 들었던 외삼촌의 삶이 어쩌면 나의 사상의 원초적 잠재의식으로 자리 잡고 있는지도 모르겠다"(『대화』, 28)고 회고한다.

천석꾼 최봉학 집의 머슴이었던 문학빈은 3 · 1 만세 운동이 있고 몇 해 지난 1920년대 초에 말도 없이 사라진다. 만주로 건너가 독립군이 된 것이다. 문학빈은 독립군을 위한 군자금을 모으기 위해 최봉학의 집을 한밤중에 세 번 방문한다. 협박을 통해 두 차례 군자금을 뜯어갔던 문학빈이 세 번째 급습했을 때 최봉학 노인이 강하게 저항하자, 문학빈은 최봉학의 가슴에 대고 장총의 방아쇠를 당긴다. 어머니 최희저 여사가 이 장면을 목격했으니 평생 얼마나 문학빈을 저주하고 살았을지 짐작이 가고도 남는다. 문학빈은 통의부 군무위원장 오동진(吳東振, 1889~1930) 장군의 휘

하였다. 리영희는 어려서 어머니의 말을 들으면서 문학빈을 극악한 놈이라고 생각했지만 해방이 되고 나라와 민족을 생각하게 되면서부터 외조부 살인자 문학빈이라는 인물에 대해 존경심을 품게 된다(『역정』, 46~51).

리영희의 외형상 이미지는 이렇듯 강인한 북방인이다. 리 선생이 압록강 아래 삭주에서 성장했다는 것은 몇 가지 측면에서 주목해볼 필요가 있다. 첫째, 압록강 변 삭주구성은 식민지라는 변방에서도, 또 오지에 가까운 변방이라는 점이다. 둘째, 조선의 북쪽 변방은 중국과 연결되는 경계지역이라는 점이다. 셋째, 삭주·구성 지역은 운산 금광과 수풍 댐 건설 등으로 일찍부터 근대 문명 속에 편입되었다는 점이다. 변방성, 즉 경계인 기질은 리영희를 이해하는 데 있어 중요한 지점 중 하나다.

나는 성장 시기부터 이른바 신분적 계층 또는 계급적 차이, '양반', '상놈'이니 하는 인간 차별을 모르고 자랐어. 우리 평안도 지역뿐만 아니라 함경도 지역도 그렇겠지만 이조 시대에 경(京)에서 떨어진 변방이다 보니까 고관대작, 명문세도가들은 어차피 변경에 정착하지 않았기 때문에 주민 모두가 직업적·사회적·정치적 차등이 없는 평등 사회였어. …… 해방 이후에 이북에서의 사회주의 혁명이 비교적 쉽게 이루어진 까닭도 이런 배경에서 이해할 수 있을 거요. …… 다행히도 나는 이 같은 사상적·사회적 현실 속에서 자랐기 때문에 소년 시절부터 평등사상과 사회적 해방이 몸에 배어 있었던 것으로 생각해요(『대화』, 26~27).

변방은 통상 지리적 경계다. 국가와 국가, 문화와 문화가 만나는 지역이다. 두 문화가 만나면 군사적으로 충돌하거나 교역을 하거나 아니면 자기 문화나 종교를 전파하고자 한다. 그래서 변방에는 군인과 상인, 종교·문화 전파자들의 왕래가 많다. 군인과 상인 기질이 발전하기 마련이고 중심의 통제력도 상대적으로 약한 곳이다. 군대와 상인이 주류를 이루는 지역이다 보니 상대적으로 신분상의 차별도 약해진다.

하지만 변방을 '지리적' 개념으로만 보는 것은 일면적이다. 누구나 상대적으로 보면 변방인일 수밖에 없기 때문에 변방은 '자기성찰'의 다른 이름이기도 하다. 새로운 문명, 역사, 창조는 변방에서 일어난다. 변방이 창조의 공간이 되기 위해서는 중심부에 대한 열등의식이 없어야 한다(신영복, 2012: 27). 리 선생이 식민지 시대 변방 삭주에서 태어나 성장했음에도 한국 현대사에서 '가장 독보적인 글쓰기'로 큰 족적을 남길 수 있었던 것은 변방성, 경계인 기질과 무관하지 않아 보인다. 리 선생은 소년 시절부터 지적으로나 문화적으로나 경제적으로나 일본은 물론이고, 조선 중심부에 대한 콤플렉스가 없었다.

'서북청년단'이나 상당수 월남 기독교인처럼 변방인이 타락하는 이유는 중심이나 주류에 편입하고자 하는 욕망과 관련이 있다. 주류 편입이 무산될 경우 공격적이거나 냉소적으로 변할 가능성이 크다. 중심부에 대한 콤플렉스를 극복하지 못하면 변방은 그냥 주변부, 변두리일 뿐이다. 리 선생이 해방 후 남한에 정착한 과정을 보면 함경도에서 내려와 경성공업학교와 해양대로 이어지는 학창 시절은 생존 자체가 어려운 시기였다. 외로움과 분노가 당시 리영희 삶의 '조건'이었다.

> 해방된 사회에서 동창생이 거의 없다는 것은 나의 삶에서 만사에 불편했다. 많은 동창생들이 상호부조하고 유무상통하는 것을 볼 때마다 나는 자신이 세상에 외톨이라는 생각을 떨쳐버릴 수가 없었다. 40여 년이 지난 지금도 그렇다(『역정』, 55).

고려나 조선의 건국이 그러하듯 변방이 '혁명'의 중심이 될 수 있는 것은 국가, 권력, 정치, 문화 등의 경계에 있을 수 있기 때문이다. 경계에 있는 사람은 늘 선택을 강요받을 수 있다. 리 선생은 전형적인 경계인이었다. 유교적 권위주의, 노론 주류 문화, 서구 기독교 문화, 주류 대학 문화 등과 거리를 유지했다. 정확히 말하면 의도적으로 혹은 운명적으로 그러한 주류 문화·권력과 무관하게 살았다. 그러면서 조선과 일본 제국주의, 경성(서울)과 평안도, 남한과 북한, 사회주의와 자본주의, 한국과 미국·일본, 한국과 중국·베트남, 중국과 소련, 한국과 제3세계, 지식인과 행동가의 경계에서 사유하고 그 결과를 글로 쓰고, 필요하면 몸으로 실천하며 살았다고 볼 수 있다. 리 선생의 타고난 경계인 기질과 후천적 의지가 결합해 대한민국을 뒤흔드는 것은 훨씬 나중의 일이다.

어른들 사이에서 대관국민학교 개교 이래 몇 안 되는 천재 중 하나로 평가받기도 했던 리영희는 신의주사범학교와 경공 두 곳에 합격한다. 태평양전쟁이 일어난 다음 해인 1942년 봄 단신으로 경성에 가서 대방동에 소재한 경공에 입학한다. 이곳으로 가게 된 것은 전적으로 부친의 선택이었다.

식민지 시절 조선의 중등학교는 명확한 서열이 있었다고 한다. 경공은 정규·공립·5학년제·갑종 학교로 일본 천황이 임명하는 칙임관(勅任官)[2]이 교장을 하는 내선 공학의 '최고 명문 중학교' 중 하나였다. 부친이 경공으로 보낼 만한 이유가 있었던 것이다. 당시 리영희는 몇 안 되는 갑종 공립학교, 더구나 칙임관 교장 학교의 학생이라는 우월감에 젖어 경성

---

2 칙임관은 1894년 7월 갑오개혁에 따른 관료제 개편 이후 등장한 관직이다. 적왕손(嫡王孫)·총리대신·왕손·종친은 정1품, 각 아문 대신과 의정부 좌우찬성(左右贊成)은 종1품, 도찰원 도헌(都察院都憲)과 궁내부 및 각 아문 협판, 경무사 등은 정2품 내지 종2품이었으며, 이들 정1품에서 종2품까지의 관료를 칙임관이라 했다. 무관의 경우 대장·부장(副將)·참장(參將) 등 장관급이 칙임관이었다(『한국민족문화대백과』). 식민지 시대의 조선의 칙임관은 일본 천황이 임명했고, 1등과 2등 두 품계가 있었다.

의 거리를 거닐 때 기쁘고 자랑스러워했던 '시골뜨기 소년!'이었다고 회고한다(『역정』, 56).

역사의 큰 수레바퀴가 지축을 흔들면서 조선을 향해 달려오고 있었다. 조선 민족의 해방이 국제적으로 공약되고, 포악무도한 일본 제국의 패망이 촌각에 달려 있는 정세였다. 민족 독립의 열사들과 혁명 지사들이 국내외에서 목숨을 걸고 일제와 싸우고 있는 무렵이었다. 그런 단계였음에도 불구하고 나의 민족의식은 초보적이고 심정적인 차원을 벗어나지 못한 상태였다. …… 중학교 생활을 통해서 나는 사상적 의미에서 존경할 만한 인물을 접해본 일이 없다. 돌이켜보면 그것은 나의 정신적·사상적 성장에서 큰 불행이었다고 할 수밖에 없다(『역정』, 82~83).

경공 3학년 때 해방을 맞는다. 경공 시절 리영희는 시골에서 올라와 늘 배가 고프고 외로웠던 학생일 뿐이었다. 중학 시절 나름대로 조선인의 자부심을 보여주었던 박물과의 이휘재 선생과 한문을 가르친 김경탁[3] 선생이 있었지만 개인적 교류가 있었던 것은 아니다. 태평양전쟁의 말기로 가고 있던 시기의 3년여 중학교 생활은 지루하고 외롭고 배고픈 기억으로 점철되어 있다. 이 시기에 리 선생에게는 씁쓸한 기억이지만 읽는 이에게

---

3 김경탁(金敬琢, 1906~1970)은 평안남도 중화(中和) 출신으로 본관은 전주, 호는 우암(愚庵)이다. 배재고등보통학교를 거쳐 도쿄 니혼 대학 예술부, 베이징 대학 철학교육과, 릿쿄 대학(立敎大學) 종교연구과에서 각각 수학했으며, 1936년 와세다 대학 대학원을 졸업했다. 1938년 이후 경성공립공업학교, 배재학교 등에서 교편을 잡았고 해방 후 고려대학교 철학과 교수로 부임하여 중국철학을 강의했다. 1965년 한일협정비준반대교수회 회장단에 피선되었던 일로, 고려대에서 해직되었다가 1968년 복직한다. 해방 후 동양철학 연구의 선구자로 평가받고 있으며 주요 저·역서로 『태극의 원리』, 『유교철학사상개요』, 『율곡의 연구』, 『중국철학개론』, 『이조실학파의 성리학설』, 『주역』, 『논어』, 『맹자』, 『노자』, 『장자』, 『열자』 등이 있다.

는 웃음을 자아내게 하는 장면도 '연출'된다. 어느 날, 시장에서 담배를 팔고 난 뒤에 푼돈이 생기자 충무로 어딘가에 새로 생긴 서점을 찾아간다.

그 영어책만은, 미국제인 것이 분명한 반질반질하고 매끈한 백색의 상질지로 되어 있었다. 몇 장 펼쳐보는 사이에 나의 머리에서는 그 책값과 그것을 위해서 내가 팔아야 할 담뱃갑의 분량과, 그것을 팔기 위해서 남대문시장에서 보내야 할 시간 등이 계산되고 있었다. 계산을 마친 머리는 아직 망설이고 있는데, 얄팍한 그『생활의 선용』[4]을 말아 쥔 나의 손은 눈의 동작과 함께 주머니 속으로 들어가고 있었다. 그 순간 발은 벌써 많은 사람들이 서성거리고 있는 그 책가게의 낮은 문지방을 넘어서 한길에 나와 있었다(『역정』, 98).

'책 도둑은 도둑이 아니다'라는 말이 있지만, 리 선생은 이 사건 이후 평생 책을 사러 서점에 갈 때마다 그 기억을 지우지 못하고 씁쓸해한다. 제대로 배운 것도 없고 인간적으로 생존에 급급했던 시절이었다. 1945년 4월 학도봉국근로령(學徒奉國勤勞令)이 내려져 모든 학교는 사실상 폐쇄되고 학생들은 군수물자 조달에 동원되기 시작했다. 리영희는 이대로 죽을지도 모른다는 공포감에 '어머님이 위독'하다고 전보를 조작해 결국 고향으로 돌아가게 된다. 1945년 8월 6일이었다.

---

4 존 러벅(John Lubbock, 1834~1913)의 *The Use Of Life*(1895)를 말하는 것으로 보인다. 존 러벅은 성공적인 은행가이자 영향력 있는 정치가였으며 동시에 괄목할 만한 인류학자 겸 곤충학자였고 동물 행동 분야의 선구자였다. 켄트 지역의 의원과 런던 대학 부총장을 지내기도 했다. 인생 전반에 관한 다양한 교훈을 담고 있는 그의 책 *The Use Of Life*는 당시 세계적으로 유명했다고 한다. 한국어판으로는 2008년 문예출판사에서 나온『삶에서 가장 중요한 것』(이순영 옮김)이 있다.

2. 포화 속의 청년

괴로움으로 엮어진 만 7년간의 군대 생활은 1957년 8월 16일, 나에게는
아무런 의미가 없는 육군 소령으로의 진급 명령과 제대비 8000원이 덧붙
여진 223848 군번의 예편통지서를 받아든 것으로 그 지루했던 막을 내렸
다. …… 이북에서 내려온 한 청년으로서 이 나라와 사회가 요구하는 모든
의무에 거의 무조건 순응하고 복종하던 개체의 내면에서는, 이제는 거의
모든 것을 회의하고 질문하고, 허위와 가식으로 가려진 진실된 가치를 밝
혀내어 진실 외에 그 무엇에 대해서도 충성을 거부하려는 종교 같은 신념
이 자리를 잡아가고 있었다(『역정』, 241).

리영희는 고향 근처인 창성군 청산에서 8·15 해방을 맞는다. 당시 리
영희의 심정은 심훈(沈熏, 1901~1936)의 「그날이 오면」처럼[5] 덩실덩실 춤

---

5 심훈의 「그날이 오면」의 전문은 다음과 같다.

그날이 오면 그날이 오면 삼각산이 일어나 더덩실 춤이라도 추고
한강물이 뒤집혀 용솟음칠 그날이, 이 목숨이 끊기기 전에 와주기만 한다면,
나는 밤하늘에 나는 까마귀와 같이 종로의 인경(人磬)을 머리로 들이받아 울리오리다.
두개골은 깨어져 산산조각이 나도 기뻐서 죽사오매 오히려 무슨 한이 남으오리까.
그날이 와서, 오오 그날이 와서 육조(六曹) 앞 넓은 길을 울며 뛰며 뒹굴어도
그래도 넘치는 기쁨에 가슴이 미어질 듯하거든 드는 칼로 이 몸의 가죽이라도 벗겨서
커다란 북을 만들어 들쳐 메고는 여러분의 행렬에 앞장을 서오리다.
우렁찬 그 소리를 한 번이라도 듣기만 하면 그 자리에 거꾸러져도 눈을 감겠소이다.

이 시는 『상록수』의 작가 심훈이 1930년 삼일절을 맞아 쓴 것으로 알려져 있다. 심훈은
1919년 3·1 운동에 가담했다가 투옥된다. 중국에서 돌아온 심훈은 1930년 ≪조선일보≫
에 장편 「동방(東方)의 애인(愛人)」을 연재하다가 검열에 걸려 결말을 내지 못했고, 이어
같은 신문에 「불사조(不死鳥)」를 연재하다가 이 역시 중단되었다. 이 시기에 발표한 시가
「그날이 오면」이다. 심훈은 1932년 향리에서 시집 『그날이 오면』을 출간하려 했지만 이

을 추는 그런 감격이기보다는 멍멍한 느낌이었다(『역정』, 91). 동네 청년들과 야학을 조직해 활동하다가 유치장 신세를 지기도 한다. 1945년 11월 다시 경성으로 가서 미군정의 바뀐 교육정책으로 6학년제가 된 고등학교 5학년에 편입한다. 이때 처음 리영희는 한국의 역사를 배우고, 소학교 4학년 때 폐지되었던 조선어를 배우게 된다(『대화』, 77). 하지만 고등학교 졸업 무렵까지 우리말과 한국 역사를 제대로 배우지 못했다.

1946년 봄 고등학교를 졸업하고 인천에 있던, '학비 면제에 숙식까지 제공'하는 국립해양대학교(현 한국해양대학교) 항해과 1기생으로 입학한다. 학비도 무료고 밥도 준다고 해서 입학한 대학에서 크게 정열을 쏟을 일이 있을 리 없었다. 경제적 이유로 담배나 술을 배우지 않았고 여행도 별로 못했으며 지적 관심을 일으켜줄 만한 계기도 없는, '자기 억제의 벽에 갇힌' 적막한 시절이었다.

그 당시 나보다 어린 나이에 지리산에 들어가 빨치산으로 산과 골짝을 누빈 경험을 한 사람을 알게 되었을 때, 나는 그의 당시의 사상과 행위의 타당성 여부와는 일단 관계없이 그가 지녔던 정열을 진심으로 부러워하고 자신의 과거를 부끄러워했다. 그이와 그와 같은 젊음을 불태우며 산 다른 사람들 앞에서 지금도 나는 늘 왜소한 자신을 발견하면서 회한에 잠기곤 한다(『역정』, 115).

소설가 이병주[6]의 이야기인 것으로 보인다. 당시 리영희가 그나마 열

는 일제의 검열로 인해 무산되고 1949년에야 유고집으로 출간된다.

6 이병주(李炳注, 1921~1992)는 일본 와세다 대학 불문과 재학 중 학병으로 끌려간다. 광복 후 귀국해 진주농대와 해인대 교수로 재직한다. 1955년 국제신보의 주필(1955)을 지냈고, 1965년 7월 ≪세대≫에 중편 「소설 알렉산드리아」를 발표하며 문단에 데뷔했다. 「매화나

심히 했던 일이 신탁통치반대운동이었다. 그러나 그의 반탁운동이 결과
적으로 리승만의 집권과 부패하고 타락한 친일파들의 반민족 정권 유지
에 협력했다는 회한을 남겼을 뿐이다(『역정』, 108).

해양대 4학년인 1948년 3월 실습 항해를 나갔다가 여수·순천 반란 사
건을 직접 목격한다. 보기만 한 것이 아니라 진압군을 돕기 위해 실습선
천안호 안에서 동분서주한다. 다음 날 아침 여수 시내에 갔다가 여수여자
중(고)학교에서 '반란진압용사 환영'과는 다른 충격적인 현장을 목격하게
된다.

> 운동장에는 수를 헤아릴 수 없이 많은 시체가 즐비해 있었고, 반란군과 진
> 압군 쌍방의 희생자들은 대부분이 젊은 민간인이었다. …… 운동장 울타
> 리를 둘러싸고 많은 사람들이 먼발치에서 통곡하고 있었다. 나는 동료 학
> 생들을 재촉해서 그 자리를 빨리 떠나버렸다. 멸치를 뿌려놓은 것처럼,
> 운동장을 덮고 있는 구부러지고 짖어진 시체들을 목격한 후회와 공포감
> 때문이기도 했지만, 울타리 밖에서 울부짖고 있는 남녀노소의 시선이 두
> 려워서였다(『역정』, 122~123).

당시 리영희의 정치·사상의 수준은 김구 선생의 민족애와 애국심, 대
중적 정의를 추종하는 것이 전부였다. 이념으로서의 계급적 가치관은 없
었지만 민족이라는 긍지는 예민하게 발전해 있는 정도였다(『대화』, 175).

무의 인과」(1966), 「관부연락선」(1968~1970), 「마술사」(1968), 「쥘 부채」(1969)와 같은
중·장편 소설을 썼으며, 소설집 『마술사』(1968)를 펴냈다. 1970년대에 들어서면서는 「지
리산」(1972~1978), 「여인의 백야」(1972~1973), 「산하」(1974~1979), 「낙엽」(1974~1975),
「행복어사전」(1976~1982), 「조선공산당」(1976), 「황백의 문」(1979~1982) 등 많은 장편
소설을 발표한다. 리 선생은 1971년 조선일보에서 강제 퇴직을 당했을 때 이병주의 소설
집을 팔러 다니기도 한다.

그 김구 선생이 1949년 6월 26일 안두희에게 암살된다. 리영희는 추모식에 나가 백범추도가를 부르며 오열한다. 민족의 희망이 사라져버렸다는 절망감이 엄습한다. 하지만 실습 항해 과정에서 여수·순천 사건을 목격하고 천안호 상하이행 취소 사건 등을 겪으면서 서서히 의식적 개안이 이루어지기 시작한다.

> 실습선 생활 1년 동안, 구미(歐美) 소설과 영시를 탐독하고 지내던 나에게 서서히 의식적 개안(開眼)이 이루어지고 있었다. 상해행의 취소가 계기가 돼 중국 대륙에서의 사태와 그것이 갖는 세계사적 의미를 모색하기 시작했다. 제주도와 여·순 반란 사건의 와중에서 목격하고 체험한 사실들로 촉발된 국내 및 민족 내부 정세에 대한 문제의식이 나의 머리와 가슴속에서 분명하게 형태를 잡아가고 있는 것을 알았다(『역정』, 123).

특별한 꿈이 있어 해양대에 입학한 것이 아니었기 때문에 졸업 직후인 1950년 3월 안동중학교 영어 선생이라는 안정된 직장을 구하게 된다. 해양대 동기생의 부친이 당시 안동중학교 교장이었기 때문에 쉽게 선생이 될 수 있었다. 학교 사택까지 배정받은 후 부모님을 모셔와 함께 살게 된다. 서울에 있는 동생 명희까지 데려와 모처럼 가족이 모여 살 꿈에 부풀어 있었다. 하지만 평화의 시기는 오래가지 않았다.

6·25 전쟁이 발발했기 때문이다. 1950년 6월 25일 리영희는 정보의 부재로 인해 남북한이 약간 큰 규모로 충돌했다는 정도로만 생각했고, 에드워드 기번(Edward Gibbon)의 저서 『로마제국쇠망사(The History of The Decline and Fall of The Roman Empire)』를 읽으며 한가하게 지낸다.[7] 하지

---

7 리 선생은 "에드워드 기번의 『로마제국흥망사』를 읽으면서 한가하게 보냈다"(『역정』,

만 며칠이 지나지 않아 포성이 들리기 시작하며 대책 없는 피난길에 오르게 된다. 피난 중에 입대가 불가피한 상황에서 대구의 학무국(도 교육청)에 갔다가 '대한민국 육군 유엔군 연락장교단 제4기 후보생'으로 자원입대하게 된다. 1950년 8월 16일이었다. 이후 7년간의 육군 통역장교 생활은 리 선생의 세계관, 인간관, 민족관, 미국관 형성에 큰 영향을 끼친다. 리영희의 6·25 전쟁 이야기는 『분단을 넘어서』에 실린 「전장과 인간: 나의 6·25 체험」[8]에 잘 정리되어 있다.

> 나의 머리에는 이데올로기적 당파성이나 충성심은 없었다. 그러면서도 한 가지 정의감 같은 것이 나를 지배하고 있었다. 약한 자에 대한 강한 자의 비인간적 행위, 휴머니즘을 말살하는 폭력, 사병에 대한 장교의 횡포, 민간인에 대한 군대 및 군인의 거드럭거림 등에 대해서 언제나 반대하고 항의했다(『분단』, 255).

6·25 전쟁에서 겪은 여러 사건 중에서 이후 삶에 큰 영향을 준 것으로 국민방위군 사건과 거창 양민 학살 사건이 있다. 쇠망치로 머리를 강타하는 것 같은 충격적 경험을 선사한 인물로는 남원의 한 기생과 건봉사 스님을 들 수 있다. 수많은 죽음 중에서 지리산 전투에서 리영희 '대신' 죽은 동료 통역장교와 전쟁 중에 치료 한 번 제대로 받지 못하고 사망한 동생 명희는, 리영희 세계관 형성의 변곡점이 된다.

통역장교 시절 리영희의 의식을 촉발했던 첫 사건은 국민방위군 사건이다. 국민방위군 사건은 1951년 1·4 후퇴 때 국민방위군 간부들이 방

---

141)고 적고 있다. 회고하는 과정에서 제목을 착각한 것으로 보인다.

8 이 글은 1988년 출간된 『역정』 해당 부분에 다시 실린다.

위군 예산 가운데 25억 원 상당의 국고금과 물자를 부정 착복함으로써 야기되었다. 이로 인해 식량 및 피복 등 보급품을 지급받지 못한 수만 명이 희생되었다. 이 사건으로 신성모 국방장관이 물러나고 이기붕이 그 후임으로 임명되었으며, 사건의 직접 책임자인 김윤근, 윤익헌 등 국민방위군 주요 간부 다섯 명이 사형 선고되었다(『한국민족문화대백과』).

누운 채 일어나지 않으면 죽은 것이고, 죽으면 그대로 거적에 씌워지지도 않은 채 끌려 나갔다. 시체에 씌워줄 거적이 어디 있단 말인가! 얼마나 많은 아버지가, 형제와 오빠가, 아들이 죽어갔는지! 단테의 연옥도 불교의 지옥도 그럴 수는 없었다(『분단』, 256).

리영희는 국민방위군 사건을 6·25 전쟁 죄악사에서 으뜸가는 인간 말살 행위로, 리승만 정권과 그 하수인들의 체제와 이념을 적나라하게 드러낸 사건이라고 보았다. 리영희는 한 사람이라도 살려야 한다는 생각에 고문관을 앞세워 기관과 단체를 찾아다니며 가마니와 약품, 겨울바람을 막을 판자, 종이 등을 닥치는 대로 지프에 실어 날랐다.

이어 1951년 2월에는 거창 양민 학살 사건이 터진다. 거창 민간인 학살 사건은 1951년 2월 경상남도 거창군 신원면에서 한국군에 의해 일어난 민간인 대량 학살 사건이다. 공비 소탕 명목으로 500여 명을 박산(朴山)에서 총살한 것이다. 그 후 국회 조사단이 파견되었으나 경남 지구 계엄 민사부장 김종원(金宗元) 대령은 국군 1개 소대로 하여금 공비를 가장해 위협과 총격을 가함으로써 사건을 은폐하려 했다. 국회 조사 결과 사건의 전모가 밝혀져 내무·법무·국방의 3부 장관이 사임했으며, 김종원·오익경 등 사건 주모자들이 군법회의에 회부되어 실형을 선고받았으나 얼마 되지 않아 모두 특사로 석방되었다(한국근현대사사전).

구체적으로 1951년 2월 10일과 11일 사이 보병 11사단 9연대 제3대대는 거창군 신원면에서 719명의 양민을 집단학살한다. 피살자 중 20~40대 청장년은 175명에 불과했고 무려 74%인 544명이 노약자였다. 당시 리영희는 3대대 통역장교로 근무하고 있었다. 그는 1982년에 진상이 밝혀질 때까지 사망자가 187명인 것으로 알고 있었다. 진상이 밝혀져 한편으로는 다행이라고 생각하면서도 자신이 예방을 하지 못한 것에 대한 죄의식은 더 무거워졌다.

어째서 이 나라에서는 인간 말살의 범죄가 '공비'나 '빨갱이'라는 한마디로 이처럼 정당화될 수 있는지 하는 의문이 그 후부터 머리를 떠나지 않게 되었다. 이것은 내가 이데올로기의 광신(狂信) 사상과 휴머니즘에 대한 멸시를 깨쳐야겠다는 강렬한 사명감 같은 것을 느낀 계기가 되었다. 그리고 이때부터 나는 우리 민족이 다른 민족의 '잔인성'을 나무라는 데 동조하지 않게 되었다(『분단』, 274~275).

리영희 삶을 관통하는 이념이 휴머니즘의 수호와 우상 타파, 모든 종류의 광신적 이데올로기 비판이었다는 측면에서 거창 양민 학살 사건은 사상적 '원체험'이었다고 볼 수 있다. 당시 리영희는 전쟁의 혼돈 속에서도 예의 그 오만함과 우쭐함이 여전히 한구석에 자리하고 있었던 것으로 보인다. 권총에 대한 집착과 '진주 기생 봉변기'는 그 일단을 보여준다.

리영희는 사격을 좋아했다. 게다가 명사수였다. 통역장교지만 그래도 명색이 장교인데 카빈총을 메고 다니는 것은 여간 자존심이 상하는 일이 아니었다.

그런 때에 권총이 생겼으니 그 기쁨은 형용할 수가 없었다. 군대 생활 7년 동안에 제일 기뻤던 일이라고 실토하지 않는다면 거짓말이 된다. …… 진주농림학교 교장의 사택의 큰 거울 앞에 서서, 앞뒤 옆모습을 이리저리 비춰보며 만족에 잠기던 자신의 치졸했던 꼴이 30여 년이 지난 지금도 눈에 선하다(『분단』, 260).

권총이 생겨 이래저래 우쭐해진 마음에 공연히 들떠 있던 시기에 진주 기생 사건이 터진다. 오익경(吳益慶) 연대장의 주선으로 연대 본부 장교들과 진주 시내에서 '진주 기생'을 불러놓고 회식을 한 일이 있었다. 운이 좋아서 리영희 옆에는 진짜 권번(券番) 출신의 기생이 앉았다. 술잔이 돌고 흥이 무르익을 무렵, 리영희는 그 기생에게 '애프터'를 신청해 어렵게 동의를 얻었지만 어느 순간 보니 그 기생은 사라지고 없었다. 약이 오른 리 중위는 사람들에게 물어 기어코 그 기생의 집을 찾아간다. 약속을 했으니 가서 회포를 풀자고 재촉해봤지만 기생은 미동도 하지 않았다. 리 중위는 홧김에 권총을 쏘며 협박을 하기에 이른다. 한동안 리 중위를 내려다보던 기생은 타이르듯 입을 열었다.

젊은 장교님, 아무리 하찮은 기생이라도 그렇게 흩어진 마음과 몸으로는 만나는 일은 없습니다. …… 잘 들으세요. 아무리 미천하고 힘없는 사람이라도 총으로 굴복시키려 들지 마세요. 당신도 차차 세상과 사람을 알게 될 겁니다. 여자란 마음이 감동하면 총소리 내지 않아도 따라갑니다. 돌아가세요(『분단』, 268~269).

리영희 중위는 술이 확 깨면서, 자신의 전 존재가 내면에서 산산이 무너져 내리는 것을 느끼게 된다. 그는 진심으로 사과하며 깊은 절을 하고 발길을 돌린다. ≪녹색평론≫ 발행인 김종철 선생은 이 일화를 소개하며,

리영희의 지적·정신적 강인성을 뒷받침하는 근본 에너지가 바로 자기를 내세우지 않는 근원적 겸허함, 소박함임을 잘 보여준 사건이라고 평했다. 이후 건봉사에서 한 스님을 만났을 때도 비슷한 경험을 한다.

1951년 겨울 리 중위가 소속된 제20연대는 동해를 따라 북상하고 있었다. 20연대의 첫 임무는 건봉산을 점령하는 것이었다. 건봉산에는 유명한 건봉사가 있다. 건봉사는 신라 법흥왕 때 창건된 사찰로 공민왕 때 나옹화상(懶翁和尙)이 크게 확장했다. 임진왜란 때는 사명대사가 승병을 일으켰던 기념비도 있었다. 그러나 리 중위가 건봉사에 갔을 때 그곳은 미군의 폭격으로 주춧돌만 남은 상태였다. 후미진 곳에 나무로 지은 가건물 같은 것이 하나 있었다. 그곳에서 한 스님이 나와 권총을 든 리 중위와 고문관 퍼트넘(Putnam) 소령에게 담담하게, 하지만 당당하게 말하기 시작했다.

> 우리는 종교를 싫어하는 인공 치하에서도 자급자족하면서 살았기에 종교를 숭상하는 국군이 들어오기를 기다렸던 것입니다. …… 그런데 오늘 새벽에 온 군인들은 우리가 아무리 설명하고 간청해도 아랑곳하지 않고 우리의 식량을 싹 털어갔습니다. …… 우리의 식량을 되찾아주십시오. 국군에 대한 우리의 믿음을 위해서도 그렇고 우리가 절을 지킬 수 있기 위해서도 그렇습니다. 식량만 찾으면 나는 어떤 고생을 하더라도 국군 아래서 건봉사에 남아 혼자서라도 끝까지 절을 지키며 살다가 죽을 생각입니다 (『분단』, 287~288).

리 선생의 말에 따르자면 이 스님은 진주 기생에 이어 전쟁터에서 만난 두 번째의 '용자'였다. 리영희가 놀란 것은 그 태연자약한 모습, 상대방의 감정을 잘못 건드릴 경우 죽을 수도 있음에도 차분하고 조리 있게 자기의 이야기를 구걸하지 않으며 끝까지 할 수 있는 용기, 잔잔한 호수의 표면 같은 그의 표정 때문이었다. 물론 식량을 찾아주지 못했고, 이후 그 스님을 만나지도 못한다. 하지만 이 일은 리영희가 탐진치(貪瞋痴)를 화두로 삼는 불교 수행에 관심을 갖게 된 계기였다고 볼 수 있다.

끝으로 동료 통역장교의 죽음과 동생 명희의 사망은 리영희의 인생관과 전쟁관을 송두리째 바꾸어버린다. 리영희는 한편으로는 과학적 사고와 이성을 추구한다고 자부하면서도 다른 한편으로는 인명재천(人命在天), 새옹지마(塞翁之馬)라는 말을 종교처럼 믿고 살았다. 그 배경에는 동료 통역장교였던 박 중위의 죽음이 있었다.

박 중위는 1950년 겨울 9연대 통역장교로 부임해온다. 앞서 언급했듯이 당시 리영희는 권총을 소유할 수 있게 되어 마음이 들떠 있었다. 하지만 권총을 넘겨주기로 한 메인(Maine) 소령이 1주일 동안의 사격 연습을 조건으로 걸었고 계속 전투가 이어지는 관계로 권총 사격 연습을 할 시간이 없었다. 그러던 중 남원의 사단본부에서 사단 작전 회의가 소집되었다. 진주에서 산청, 함양을 거쳐 남원으로 가는 길은 험난하기로 유명했다. 권총 건으로 마음이 상한 리 중위는 남원에 갈 생각이 없었다. 마침 박 중위가 남원에서 이모를 찾아보고 싶다고 해서, 리 중위 대신 남원으로 향하게 된다. 남원으로 가던 연대 지휘부는 지리산 계곡에서 기습 공격을 받았고, 메인 소령과 박 중위는 현장에서 사망한다. 삶과 죽음의 자리가 뒤바뀐 것이다. 이 사건 이후 리영희는 '인간만사 새옹지마교(敎)'의 신도가 된다(『분단』, 265).

리 중위는 1951년 가을 향로봉 전투가 끝난 후 충북 단양에서 11일 만에 도착한 한 통의 전보를 받는다. "명희 위독 급히 귀가 바람." 만병통치약으로 통하는 페니실린을 구해서 남의 부대 차를 빌려 번갈아 타면서 집에 도착하니 동생은 벌써 죽은 지 열이틀이나 지난 뒤였다(『역정』, 259).

급성맹장염으로 보이는 질병이었는데, 의사 한 번 보지 못하고 3일을 부
모 품에서 몸부림치다 죽었다는 이야기를 듣는다. 리 중위를 더 분노하게
한 것은 죽어가는 아이 얼굴을 보기 위한 기름조차 꿔어주지 않고, '염병'
으로 죽은 시신은 마을 근처에 둘 수 없다면서 무덤을 쓰지 못하게 하며,
무덤에 총각 귀신이 나오지 못하도록 봉분도 못쓰게 하고 무덤 위에 돌덩
이를 올려놓았던 친척들과 마을 사람들의 처사였다.

전선으로 돌아가는 리영희 중위는 며칠 전의 그가 아니었다. 그의 마음에
는 이제 이 전쟁은 자기와 전혀 상관없는 전쟁이었다. 이북에서 피난 온
난민에게 공통적인 어떤 국가관이나 전쟁관도 달라지고 있었다. 애국심
이란 무조건적이라고 생각했던 순박한 신념도 이제는 비판적 사색 앞에
그 뜨거움이 식어가고 있었다(『분단』, 301).

귀대 후 대위로 진급했고, 1953년 휴전 후 제대를 원했지만 국방부 방
침에 따라 1953년 마산에서 후방근무를 시작하게 된다. 리영희 대위는
마산 군의학교 근처 가포에 셋방을 얻은 후 부모님을 모셔온다. 1956년
10월에는 모슬포 출신으로 군산에 사는 윤영자 여사와 혼례를 치르게 된
다. 윤 여사는 해양대학 시절 하숙집 아주머니의 소개로 만났다고 한다.
휴전 후 제대까지의 시절은 세상과 미국 등에 대한 이해가 깊어지는 사색
의 시간이기도 했다.

6년 전, 군대에 들어올 때만 해도 아무런 이의 없이 받아들여졌던 일들,
지극히 당연한 것으로 여겨졌던 사실들에 그것과는 다른 측면의 의미가
있다는 데에 눈이 뜨이고 있었다. …… 미국의 생활 습관을 더 잘 알게 되
고, 그들과의 관계가 깊어지고, 그들의 언어에 불편을 느끼지 않게 될수록

민족의식이 깊어지는 것을 자각했다. 한국전쟁의 민족사적 의미뿐만 아니라, 세계사적 의미에서도 시야가 넓어져갔다(『역정』, 233).

이렇게 리영희는 7년의 세월을 군대에서 보내고 사회에 복귀하게 된다. 그의 20대도 청년 시대도 끝난다. 대담집 『대화』 서문에서 쓰고 있듯이 개인 성향과 성장 환경 때문에 리영희는 20대가 다가도록 역사적 · 사회적 문제의식과 지식이 백지 상태나 다름없었다. 성인이 되면서 여러 사회 모순에 부딪히고 실존적 선택을 강요당하는 반복적 과정을 통해 지식인으로서 자기의 논리를 획득해간다. 그 과정은 사회와의 지속적 긴장 관계, 부단한 내면 투쟁으로 점철되어 있었다.

3. '독종' 기자 리영희

리영희는 제대하기도 전인 1957년 8월 합동통신 외신부 기자로 입사하지만 이 시기는 개인적으로 아주 '험난했던' 시절이다. 결혼을 한 후 생계 유지를 위해 여러 부업을 하는 상황이었고, 1959년 첫아들이 죽고 그 여파로 부친도 서거한 때였다. 또 당시는 ≪경향신문≫ 폐간과 3 · 15 부정선거, 4 · 19 혁명으로 이어지는 격동의 시기였다. 기자 리영희는 국내 언론을 통해서는 진실을 밝히는 것이 어렵다고 판단하고 ≪워싱턴포스트 (The Washington Post)≫에 익명으로 기고를 시작한다. '언론인 15년' 시절 리 선생 개인의 주요 '사건'을 정리해보면 다음과 같다. 합동통신사 입사(1957), 장남과 부친의 죽음(1959), 풀브라이트 계획에 따른 노스웨스턴 대학 연수(1959~1960),[9] 박정희 - 케네디 회담 특종(1961), 조선일보 외신부장(1965) 및 강제 해직(1969), 합동통신사 외신부장(1970) 및 강제 해직

(1971) 등이다.

리영희 기자는 1959년 9월 말 풀브라이트 계획에 따라 '과학 보도'를 배우기 위해 미국으로 6개월간 연수를 떠나 4 · 19 혁명 직전에 귀국한다. 이때부터 독종 기자 리영희의 시대가 시작된다. 당시 국내 정치 상황은 급변하고 있었다. 리영희는 혁명의 현장을 예의 주시하며 국내 정치 상황에 대해 ≪워싱턴포스트≫에 지속적으로 기고하기 시작한다. 미국 연수 시절 ≪워싱턴포스트≫를 찾아 주필 에스타부룩(Robert H. Estabrook) 씨 등을 만나고 왔기 때문에 관계도 돈독해진 상황이었다. 이 무렵 ≪워싱턴포스트≫에 기고했던 대표적인 기사로는 "조병옥 박사의 죽음과 한국 정치 상황"(1960.2), "장면과 친일파 조작 사진 사건"(1960.3), "3 · 15 부정선거 규탄 시위 현장"(1960.4), "남한에서 새아침이 밝아 오다"(1960.7), "한국에서 언론 자유의 개화"(1960.8) 등이 있는데 모두 '한국통신원'이라는 명의의 기사다. 1960년 10월부터는 실명으로 "한국 정책의 예상되는 변화"(1960.10), "사회주의 사상 대두"(1960.12), "좌경 · 용공 탄압 위한 국가보안법 개정의 문제"(1961.4), "쿠데타 관련 국내 반응과 군부의 개혁 계획"(1961.5) 등을 게재한다. 우편으로 보낼 경우 검열에 걸릴 수도 있었기 때문에 보안을 위해 공항에서 미국인을 만나 미국에서 보내달라고 요청한 적도 있다.

5 · 16 이후에도 두 차례 한국 내부의 변화와 언론 탄압 문제에 대해 무

---

9 1959년 맏아들에 이어 부친까지 사망하자 상심에 빠져 있던 리영희 기자는 뭔가 생활의 변화를 주기 위해 미 국무성이 '풀브라이트 계획'으로 지원하는 언론인 연수 프로그램에 신청한다. 연구 주제는 '과학 보도'였다. 리영희 기자가 가기 전에도 박권상, 김인호, 정인량, 박경목, 임방현, 진철수, 김자동, 김상현 등 쟁쟁한 언론계 엘리트들이 다녀왔다. 요즘도 활발한 활동을 벌이고 있는 중견 언론인 모임 '관훈클럽'은 풀브라이트 동창생들이 1957년에 만든, 국내에서 가장 오래된 언론인 단체다. 관훈클럽이라는 명칭은 창립 멤버였던 김인호의 하숙집이 관훈동이었던 데서 연유한 것이다(『역정』, 265~266).

기명 기고를 하지만 필자가 리영희 기자라는 사실이 드러나 신분상 위협을 받을 수도 있었기 때문에 중단하게 된다. 1961년 3월에는 미국의 진보 잡지인 ≪뉴 리퍼블릭(The New Republic)≫에서 원고를 요청해와서 "중립화 통일론의 대두와 논리: 국토 분단의 비극"(1961.3.6)[10]이라는 장문의 원고를 보낸다.

1961년 11월 박정희 국가재건최고회의[11] 의장은 존 F. 케네디(John F. Kennedy)와 회담을 위해 미국을 방문하는데, 이때 리영희 기자도 동행하게 된다. 박정희 수행 취재 중 "케네디와 박정희 회담의 '알맹이'"(1961. 11.15)라는 기사를 송고한다. 별 실속 없는 정상회담 와중에 미국 측에서 한일 국교 정상화를 요구했다는 '엄청난' 기사였다. 이 기사 송고 후 리영희 기자는 곧바로 귀국길에 오르게 된다. 박정희 정권과 긴장 관계가 조성되는 시발점이다.

이후에도 리영희는 수차례 '세기의' 특종기사를 썼다. 1964년 6월 터트린 "한일회담과 '대일 재산 청구권' 문제"는 한일 국교 정상화의 가장 큰 문제인 한국의 재산 청구가 '속빈 강정'이라는 사실을 규명한다. 1964년 10월 조선일보로 옮긴 뒤에 쓴 "남북한 유엔 동시 가입 제안 준비"(≪조선일보≫, 1964.11.21)라는 기사로 1차 필화 사건을 겪게 된다. 국가보안법 위반 혐의로 구속되었다가 선고유예로 풀려난다. 1966년 9월에는 일본의 유사시에 한반도 군사적 개입 계획, 일명 미쓰야(三矢) 계획을 폭로하는 기사를 썼다가 중앙정보부에 연행되기도 한다.

조선일보 외신부장 시절에는 주로 베트남전쟁과 파병 문제가 이슈였

---

10 지난 2006년에 나온 『21세기 아침의 사색』(리영희 저작집 12) 303~311쪽에 "중립화 통일론의 대두와 논리"라는 제목으로 전문이 번역, 게재되어 있다.

11 1961년 5·16 쿠데타 이후 주도 세력이 비상조치를 통해 설치한 최고 통치기관이다. 원래 명칭은 '군사혁명위원회'였으나 1961년 5월 18일 국가재건최고회의라는 이름으로 바꾼다.

다. 리 부장은 관리되는 특파원 보도나 정부의 '관제 뉴스'를 최소화하고 가능하면 미국을 비롯해 해외에서 나오는, 전쟁과 관련된 다른 목소리나 정보를 게재하는 데 주력했다. 박정희 정권은 베트남 파병 이후 강하게 압력을 행사하기 시작했고, 결국 리영희 기자는 1969년 7월 조선일보사를 떠나게 된다. 이후 생계를 해결하기 위해 외판원 등으로 전전하게 된다. 다음은 김선주 전 한겨레 주필의 목격담이다.

> 해직됐을 때 선생님은 삼 남매의 가장이었지만 글을 팔지 않았다. 전집을 들고 책 외판원으로 나섰다. 시청 앞 지하도가 가파른데 그것을 들고 다녔다. 자존심을 지키기 위해 얼어붙은 지하도를 오르내렸다. 이것이 선생의 자존심이었다(≪오마이뉴스≫, 2011.12.1).

이런 모습이 합동통신사에 알려지면서 리영희는 1970년 2월 합동통신사에 '재입사'해 외신부장을 맡게 된다. 하지만 그 생활도 길지 않았다. 박정희 정권은 영구 집권 시도에 대한 대학가의 반발을 저지하기 위해 1971년 10월 15일 '학원 질서 확립을 위한 대통령 특별 명령'(위수령)을 발동하고 고려대를 비롯해 서울 시내 일곱 개 대학과 전남대에 무장 군인을 진주시킨다. 리영희 기자는 박정희 정권의 이러한 학원 탄압에 반대하는 '64인 지식인 선언'에 참여했다는 이유로 합동통신사에서 다시 해직된다.

정리하자면 기자가 된 이후 리 선생은 기사와 저술의 반공법 위반 등의 혐의로 아홉 차례 연행되고 다섯 차례 구속된다. 첫 필화 사건은 1964년 조선일보 외무부 기자 때 일로 남북한 유엔 동시 가입 관련 기사를 보도했다가 11월 21일 구속되어 27일 만에 풀려난 것이다. 선우휘 편집국장도 연행되었으나 구속적부심으로 풀려난다. 당시 기자협회는 언론의 자유에 대한 중대한 침해라며 대통령에게 항의 서한을 보냈다(한국기자협회,

1975: 278). 이어 1977년 12월 27일에는 저서『우상과 이성』과 편역서『8억인과의 대화』의 내용이 반공법 위반이라는 이유로 두 번째로 구속되었고 2년형을 마치고 1980년 1월 9일 만기 출소했다. 그나마도 1980년 5월 17일 '광주 소요 배후 주동자'의 한 사람이 되어 다시 구속되었고 두 달 만에 석방되었다.

지난 1984년 1월 10일에는 기독교사회문제연구원이 주관하는 '각급 학교 교과서 반통일적 내용 시정연구회' 지도 사건으로 인해 반공법 위반 혐의로 네 번째 구속되어 35일 만에 석방되었다. 또한 1989년 4월 14일에 ≪한겨레신문≫ 창간 기념 취재기자단 방북 취재 기획 건으로 국가보안법 위반 혐의를 받아 안기부에 구속되었다가 160일 만에 석방되었다(박원순, 1992). 리 선생이 감금되었던 기간을 다 합하면 1012일에 이른다.

리 선생이 기자로 활동하던 1950년대 말과 1960년대는 4·19의 좌절을 겪으며 급격하게 개발독재 체제로 재편되어가는 시기였다. 1957년 합동통신 기자로 시작해서 1995년 한양대 신문방송학과에서 정년퇴임할 때까지 리 선생이 겪었던 대표적인 정치적 사건으로는 4·19 혁명, 5·16 쿠데타, 10월 유신, 광주민주화운동, 6월 항쟁, 사회주의 붕괴 등을 들 수 있다. 특히 4·19 혁명은 리 선생에게 '가슴 찢어지는 슬픔'과 '감동'을 동시에 안겨주었다.[12]

나는 4·19의 도화선이 되었던 4월 18일, 고려대학 학생들의 서울 시내 반리승만 데모 이래로 일주일 동안을 집에 가지 않고 통신사에서 숙식하며 데모 속에서 살았어요. 그러던 4월 24일 밤에 데모대와 계엄군 사이에

---

[12] 리 선생의 4·19 관련 회고담은『역정』10장「4·19와 나」(293~356쪽)와『대화』의「희망의 봉화, 꺼진 뒤의 암흑」(249~274쪽)에 자세히 정리되어 있다.

충돌 직전의 위기 상태가 조성된 거야. 바로 합동통신사 정문 앞에서요. 나는 편집국에서 의자 두 개와 메가폰을 들고 나가, 데모대와 계엄군 사이를 헤치고 들어갔어. 그리고 의자 두 개를 포개 세운 위에 올라가서 군대와 학생 데모대 양쪽에게 외쳤어. 미국 정부의 발표문을 알려주면서 리승만 정권의 종말이 사실상 확정됐다고 소리 질렀어(『대화』, 251).

계엄군의 발포를 불사하며 학생들과 대치하고 있는 상황에서 '돈키호테'처럼 메가폰을 잡고 학생들을 설득했지만 설득될 리가 없었다. 대치는 계속되었다. 계엄군과 학생들이 정면충돌할 경우 더 심각한 유혈 사태가 날 수 있는 상황이었다. 다급해진 리영희 기자는 24일 아침 무렵 평소에 알고 지내던 미 대사관의 문정관 헨더슨[13]을 찾아간다. 6·25 전쟁 중에 미군 정찰기가 대형 확성기를 매달고 인민군 진지를 향해 투항을 권고하던 '방송'을 기억해내고, 미 대사관을 통해 헬기를 대여해서 학생들을 설득해볼 생각이었다. 헨더슨은 당시 한국 언론계, 지식인 사회와 폭넓은 관계를 맺고 있던 한국통 관료였다. 하지만 그는 헬기를 대여해주게 될 경우 '미8군'의 개입이 될 수 있기 때문에 불가능하다는 답을 전한다.

리영희 기자는 1963년 가을 헨더슨을 다시 찾아간다. 당시 리 기자는

---

13 그레고리 헨더슨(Gregory Henderson, 1922~1988)의 한국 이름은 한대선이다. 그는 1922년 보스턴 철도회사 부사장의 아들로 태어났다. 태평양전쟁 발발 당시 하버드 대학 2학년이었던 헨더슨은 라이샤워(Edwin Reischauer) 교수의 지도로 일본어를 배운다. 1944년 해병대 소속 일본어 통역관으로 사이판 포로수용소에 배속되었을 때 강제 징용된 조선인 노동자를 만난 후 한국에 대해 관심을 갖게 된다. 1947년 미 국무부에 들어간 후 한국에 대한 관심이 본격화된다. 하버드 대학에서 고전을 전공하고 MBA를 취득한 후, 캘리포니아 대학에서 한국어와 지역 연구를 전공했다. 1958년부터 1963년까지 주한 미 대사관 문정관과 정치 담당 고문으로 근무했다. 이후 하버드 대학 국제문제센터 연구원으로 지내며 여러 대학에서 법률·외교를 가르친다. 한국 관련 저서로『소용돌이의 한국정치』[박행웅·이종삼 옮김(한울, 2000)]가 있다.

합동통신 정치부에서 외교를 담당하고 있었다. 박정희 쿠데타 정권이 온갖 구실로 민정 이양을 거부하고, 미국 정부는 외교적 압력으로 막후에서 민정 이양을 촉구하고 있던 시기였다. 미국 정부는 그해에 제공하기로 되어 있던 1960만 달러 상당의 잉여농산물의 제공을 보류함으로써 민정 이양을 압박하고 있었다. 하지만 모든 언론이 강하게 통제되고 있었기 때문에 한국인은 왜 원조가 보류되고 있는지 알 수 없는 상황이었다. 이때 리영희 기자는 헨더슨을 만나 '원조 보류 이유'를 확인하고 '특종'을 터트린다. 첫 보도가 나간 후 헨더슨은 오프 더 레코드(off the record)였다며 전화로 기사 삭제를 요구하지만 리 기자는 이를 거부한다(『코』, 271~273). 이후 헨더슨은 본국으로 송환되었고 외교관 인생의 종지부를 찍게 된다.

> 지금 나도 이 나이가 되고 보니, 25년 전 그때 그 기사를 취소했으면 좋았을 것을 하는 괴로움을 금할 수가 없습니다. 당신이 서울을 떠나면서 준 마지막 편지에서 남긴, "펜은 칼보다 강하다고 하더니, 당신의 펜이 나의 직업적 생애를 망쳤다"는 구절을 되새겨봅니다. 나는 그때 한창 팔팔한 34세의 통신사 정치부 외교 담당 기자로서, '특종'기사의 크기만을 알고 귀중한 인간관계의 무게를 소홀히 했습니다. 그 후, 긴 신문인으로서의 경험과 생활을 거치면서 "당신의 펜이 나의 직업적 생애를 망쳤다"고 절망했던 처지와 심정을 되새겨봅니다(『코』, 271).

앞의 글은 헨더슨의 부음을 들은 뒤 ≪한겨레신문≫ 1989년 1월 1일자에 쓴 「25년 전의 마음의 빚」의 일부다. 헨더슨은 둘이 나눈 이야기를 '오프 더 레코드'라고 생각했지만 리 기자는 이미 취재 노트에 적었기 때문에 '오프 더 레코드'가 될 수 없다고 생각했던 모양이다. 암튼 리 선생은 헨더슨이 고인이 되었을 때 그 일에 대해 '공개' 사과한다.

1950년대 후반 이후 한국 언론에도 역사에 기록될 만한 사건이 계속 발생했다. 한편으로는 부산문화방송과 같이 국영방송과는 확연히 다른 민간방송들이 개국했고, '친일 트라우마'가 없는 ≪경향신문≫ 등이 등장해 정론을 펴는 상황이었다. 리승만 정권의 ≪경향신문≫ 폐간, 5·16 쿠데타와 언론 통폐합, ≪민족일보≫ 폐간 및 발행인 사형 집행, 5·16 장학회의 부산일보와 부산MBC 강탈, ≪경향신문≫ 복간과 공매처분, '언론 윤리위원회법' 파동, 국영방송 KBS 개국과 재벌 방송 TBC 개막 등 '세기적'인 사건이 이어졌다. 특히 리승만 정권의 ≪경향신문≫ 폐간과 박정희 정권의 ≪민족일보≫ 발행인 조용수 사형 집행은 언론 탄압의 대표적 사례였다.

자유당 정권은 1959년 4월 30일 당시의 대표적 비판 언론이었던 가톨릭 재단 소유의 ≪경향신문≫에 대해 미군정법령 제88호[14]를 적용해 폐간 명령을 내렸다. 리 선생은 당시를 이렇게 술회하고 있다.

반공청년단(反共青年團)이 몽둥이를 들고 달려가더니 독재 정권에 반대하던 ≪경향신문≫이 폐간된다. 그것도 식민지와 다름없던 시대의 미군정법령 제88호(언론통제)의 몽둥이에 맞아서. 사람의 머릿속에 있는 '생각'을 때려잡는 보안법 파동이 산천을 들썩하고 지나갔다. 멀리 마주 보이는 서대문형무소의 교수대에 일제하의 애국지사 조봉암(曺奉岩)의 시체가 누워 있는 것이 보인다. 정권이 조작한 '북한의 스파이'라는 말패가 시

---

14 미군정이 1946년 제정한 신문 및 기타 정기간행물의 허가에 관한 사항을 규율하기 위한 법령이다. "신문 및 정기간행물이란 1년에 1회 이상 발행하며, 사회 명사 또는 공익에 관한 정보 또는 여론을 전파함에 진력하는 발행물을 말한다. 신문 기타 정기간행물은 허가 없이 인쇄·발행·출판·배포·배부·판매·판매 권유·우송·전시·진열하지 못한다. 그 허가는 미군정청 상무부장이 담당한다. 신문 및 기타 정기간행물에 관한 허가증은 항상 잘 보이게 게시하여야 한다"라고 규정하고 있다.

체의 옆에 세워져 있다. 반공이라는 법률의 이름을 빌린 학살이 나라 방 방곡곡에 썩은 냄새를 가득 채우고 있다(『역정』, 260~261).

'≪민족일보≫ 사건'은 피해자의 숫자나 그 형벌의 정도에서 해방 이후 가장 혹독한 언론 탄압 사건이라고 볼 수 있다. 5·16 직후인 5월 19일 계 엄사령부는 폐간 통보와 함께 ≪민족일보≫ 관련자 13명을 구속했다. 혁 명재판소는 그중 발행인 조용수 등 세 명에게 사형을, 나머지 관련자들에 게는 징역 5~10년을 각각 선고한다. ≪민족일보≫는 혁신계 인사들이 운 영하는 진보 신문인 것은 맞았지만 대부분의 기사 내용이나 보도 태도에 서 북한과는 다른 것이 많았고 오히려 당시 집권 세력 입장에 가까운 것 이 많았다. 그럼에도 군사정권은 부분적 논조를 끄집어내어 용공으로 단 정 짓고 엄청난 형벌을 부과한 것이다(박원순, 1992: 65).

리 선생은 지난 2004년 11월 25일 향린교회에서 열린 조용수 평전『조 용수와 民族日報』(증보판) 출판기념회에 참석해, "≪민족일보≫ 첫 호에 는 창간의 변이 있었지만 마지막 호는 폐간의 변도 없이 끝나버렸다. 그 나마 43년 뒤 이런 모임을 가질 수 있게 되었다는 데 역사적 변화를 실감 하지만 기사 지면을 읽어보면 아직 우리 국가와 사회는 변한 것이 없다는 것을 느끼게 된다"고 말했다(≪통일뉴스≫, 2004.11.25). 진실과 화해를 위 한 과거사 정리위원회는 지난 2006년 11월 민족일보 사장 조용수 사건에 대해 위원 만장일치로 진실 규명 결정을 내렸다. 국가는 피해자 조용수 및 유가족에게 사과하고 화해를 이루는 것이 필요하며, 명예를 회복시키 고 재심 등의 조치를 취해야 한다고 결정한 것이다.

≪민족일보≫는 1988년 국민주로 ≪한겨레신문≫이 창간되기 전까지 유일하게 국내에서 발행되던 '진보 신문'이었다. 리승만 정권의 ≪경향신 문≫ 폐간에 이어 박정희 쿠데타 정권이 진보 언론인을 사형에 처한 사건

은 이후 한국 언론에 '트라우마'로 남게 된다. 정권을 비판했다가 대표적인 신문이 폐간되었다는 사실, 중립화 통일 등 남북 관련 독자적 목소리를 냈다는 이유로 신문사 발행인을 극형에 처했다는 사실은 이후 언론인들이 정권 비판이나 북한 문제에 관한 독자적 목소리를 낼 수 없도록 재갈을 물리는 결과를 가져온다. ≪민족일보≫ 폐간 후 한국에 새로운 진보 언론이 등장하기까지 27년이 걸린다.

4. 학교로 간 '언관'

해직된 후 책 외판원을 하는 등 잠시 생계 문제로 고통을 받았던 리 선생은 1972년 통역장교 시절에 인연을 맺고 당시 한양대 신문학과 교수로 있던 고 장용[15] 교수의 추천으로 한양대 신문학과 교수가 된다. 1971년 11월 위수령 철회 등을 주장한 '64인 지식인 선언'으로 합동통신에서 해직된 직후였다. 리 선생이 대학 교수가 된 것은 본인의 의지와 그리 관계가 없었다. 권력의 탄압으로 두 번째 실업자가 된 상황에서 '호구지책'으로 과거 '시간강사로 일하던' 대학으로 옮긴 것이기 때문이다.

> 언론인 출신이어서 신문방송학과 소속이 됐지만 신문방송학과에는 내가
> 정열을 토해서 강의할 과목이 적절히 없었어요. 국제 보도라든가 한두 강
> 좌가 있을 뿐이에요. …… 그렇기 때문에 어쩌면 나머지 시간을 전부 밖으

---

15 장용(張龍, 1926~1977) 교수는 리영희 선생과 마찬가지로 6·25 전쟁 때 육군 통역장교를 지냈다. 리 교수와 장 교수는 같은 사단에 근무한 인연이 있었다. 장 교수는 제대 후 미국 미주리 대학에서 유학해 1967년 박사 학위를 취득한 후, 귀국해 한양대 신문학과 교수로 재직하고 있었다. 장 교수는 1977년 9월 8일 심장마비로 별세했다.

로, 즉 격동하는 그 시대의 현실 사회가 요구하는 데 쓸 수 있었을 거예요 (리영희 · 김동춘, 2000: 305~306).

이런 이유로 리 선생에게 대학교수의 일은 '부업'이었고 실제로 주력한 일은 '기자'로서의 글쓰기였다. 기자로서의 고민을 학교로 옮겨와서 강의와 실천으로 대체했을 뿐이다. 하루하루 빠듯하게 지냈던 기자 시절에 비해 구조적인 문제에 관한 긴 호흡의 글이 늘어났다. 1970년대 후반까지 리 선생이 주력한 것은 저널리스트로서 반공주의 독재 정권의 실체를 드러내고 베트남전쟁과 중국 사회주의 혁명의 실상을 시민에게 알리는 일이었다.

이때 치열하게 한 공부와 글쓰기의 결과가 '리영희 브랜드'가 된 『전환시대의 논리』, 『8억인과의 대화』, 『우상과 이성』이다. 리 선생의 '문명(文名)'이 인구에 회자되기 시작한 것도 이때부터였다. ≪창작과비평≫에 실렸던 「베트남전쟁 I」과 「베트남전쟁 II」는 지식인과 대학생 사이에 당대의 화제가 되었고, 그동안 써왔던 글들을 묶어 1974년에 출판한 『전환시대의 논리』는 일약 베스트셀러로 부상하기도 한다. 수난의 시작이기도 했다.

박정희 정권은 1976년 지식인 사회에 재갈을 물리기 위해 교수 재임용제를 실시한다. 이 제도로 1976년 2월 리영희, 백낙청 등 416명의 교수가 재임용에서 탈락되었다. 졸지에 다시 실업자가 된 리 선생은 글쓰기에 몰두해 1977년 후반기에 『8억인과의 대화』, 『우상과 이성』을 펴냈다. 하지만 두 저서로 인해 곧바로 투옥되어 만 2년을 감옥에서 보낸다.

1980년 1월 9일 2년형을 마치고 광주교도소에서 만기 출소한 후 2월 29일 사면되었고 한양대에 복직하게 된다. 3년 1개월 만이었다. 하지만 5월 17일 '광주 소요 배후 조종자' 중 한 사람으로 지목되어 다시 구속된다.

60일간 중앙정보부 지하 3층 감방에서 심문을 받고 7월에 풀려난다. '기말시험'을 걱정하면서 구속되었다가 풀려나와 보니 기다리는 것은 '2차 해직'이었다. 이후 다시 기나긴 실업자 생활이 시작된다.

> 1980년 1월 초, 나는 이 나라의 70년대를 성격 짓는 광란의 희생물로서 2
> 년의 옥고를 치르고 나와, 4년간의 해직 끝에 대학에 복직해 강단에 서게
> 되었다. 그러나 3개월도 안 되는 5월에 다시 신체의 자유를 잃었고, 7월에
> 는 다시 해직 교수가 되었다. 그로부터 만 4년 동안 자신과 가족의 호구지
> 책을 위해, 그 귀중한 시간을 주로 번역 일로 소비했다. 생각할수록 분하
> 고 안타까운 세월이었다(『80년대』, 머리말).

1980년대 만 4년 동안의 해직 교수 시절에는 마음대로 글을 쓸 수도 없었다. 1980년 중앙정보부 지하 3층 지하실에서 시달림을 받는 동안, 앞으로 다시는 글을 쓸 수 없다는 선고를 받았기 때문이다(『역정』, 서문). 그래서 '호구지책'으로 번역에 매달리게 된다. 이 시기 리 선생은 1949년 미국무성에서 펴낸 1100페이지에 달하는 『중국백서』를 편역하고, 이어 '마오쩌둥 이후의 중국 대륙'을 다각도에서 고찰한 논문 모음집인 『10억인의 나라』도 출간한다. 1984년에 출간된 『80년대 국제 정세와 한반도』도 주로 제3세계 국가의 정치적 동향을 번역, 소개했던 글들을 모은 것이다.

전두환 정권은 1983년 12월 21일 '학원 자율화' 조치를 발표한다. '학원 자율화'의 골자는 세 가지다. 첫째, 대학 내에 공식·비공식으로 주둔하고 있는 일체의 공권력을 즉각 철수한다. 둘째, 시국문제로 제적된 모든 학생을 신학기에 복교 조치한다. 셋째, 정치적 차원에서 해직된 시국 사건 관련 교수를 전원 복직 조치한다. 이에 따라 65개 대학 1363명의 학생이 복교했고 1980년 계엄으로 해임되었던 리영희 선생 등 86명의 교수도

복직 조치되었다.

1983년 12월에는 기독교사회문제연구원에서 연구 주제로 설정한 '통일 문제에 관한 교과서 분석' 작업과 관련, 35일간 구금되기도 했던 리 선생은 학교 측의 비협조로 사실상 한 학기가 다 지난 1984년 7월에야 한양대에 복직할 수 있었다. 필자는 1984년 2학기 '신문평론' 시간에 리 선생 수업을 처음 들었다.

리 선생이 8년여의 해직 기간을 거쳐 복직한 1984년 대학은 크게 달라져 있었다. 안정기에 접어든 전두환 정권이 대학에 상주하던 경찰을 철수시키는 등 대학을 '자율화'했기 때문이다.

광주민주항쟁을 겪고 난 뒤 전국 대학의 이념적 지형이 거의 한 세기를 뛰어넘은 것과 같은 상태였던만큼 한양대도 예외가 아니었어요. 특히 신문방송학과 대학원생들 사이에서는 그때까지 단 한 시간의 정식 강의도 들어보지 못한 사회주의언론, 철학, 정책, 마르크스주의 이론 강좌, 마오쩌둥 등 대중언론이론 등 이른바 좌파 매스컴 강좌의 특설을 요구하고 나섰지. …… 나는 학생들의 대대적 각성의 표현인 이와 같은 지적·사상적 변화에 호응해서 강의 시간에 보수적 매스컴 이론과 진보적 이론을 아울러 제시하려 노력했어요(『대화』, 574~575).

리 선생이 한양대 교수가 된 후 초기에 주로 강의한 것은 신문원론이나 국제 커뮤니케이션 과목이었으나 복직 이후 그 범위가 언론 비평이나 언론과 국가, 사회주의 휴머니즘 영역으로 확대된다. 신문평론, 신문학원론, 매스컴 문장론, 국제 커뮤니케이션, 언론과 국가 등과 같은 과목이었다(최영묵, 2012a).

1980년대 후반 이후 대학원에서 학생들과 함께 읽고 토론한 책들을 살

퍼보면 조지 헤링(George C. Herring)의 『펜타곤 페이퍼(The Pentagon Papers)』(1993)와 월터 브래슈(Walter Brasch) 등이 엮은 『국가와 언론(The Press and the State: Sociohistorical and Contemporary Interpretations)』(1986), 유네스코에서 국제 정보 유통 문제를 정리한 『세계는 진정 새로운 정보 질서를 원하는가(Many Voices, One World)』(the McBride report, 1980), 시드니 렌즈(Sidney Lens) 등이 쓴 『군산복합체론』(1983), 엔첸스베르거(Hans Magnus Enzensberger)의 『대중매체와 의식조작』(1985), 커런(James Curran) 등이 편집한 『현대언론과 사회』(1993) 등과 같은 주류 언론학에 대한 '대안' 성격의 책들이 많았다. 또한 퇴니에스의 『게마인샤프트와 게젤샤프트(Gemeinschaft und Gesellschaft)』(1963), 마르틴 부버의 『나와 너』(1977), 마르크스와 엥겔스의 『독일 이데올로기』(1988), 박원순의 『국가보안법 연구』(1992)와 같은 휴머니즘 계열의 책도 단골 교재였다. 리 선생도 1977년 이후 외압에 의해 중단되었던, 리 선생의 주 전공 분야인 '국제 관계'에 관련한 글을 쓰기 시작한다.

80년대에 들어서서 나의 관심은 두 가지 측면에 집중되었다. 일본의 식민 통치에서 해방된 지 70년이 되려는 시점에서의 한일 관계의 참모습에 대한 것이 그 하나고, 초강대국들이 '무제한 군사 대결'의 결의를 선언하고 나선 국제 관계, 특히 동북아시아 정세 속에서의 한국과 한반도의 장래에 대한 두려움이 다른 하나다(『분단』, 서문).

초강대국의 군사 대결의 핵심인 핵 문제와 일본 재무장 등 동북아시아 문제를 다룬 책들이 여럿 나오기 시작한다. 『누군가 말해야 한다』, 『분단을 넘어서』, 『역설의 변증』과 같은 종합 시사평론집이 나왔고, 핵 전쟁 등과 관련해서는 『80년대 국제 정세와 한반도』, 『베트남전쟁』, 『핵전쟁의 위협』, 『핵전략의 위기적 구조』, 『반핵』 등이 쏟아져 나온다.

1988년에 나온 『역정』은 1980년 '글을 쓸 수 없다'는 선고를 받고 중앙
정보부 지하 감옥에 갇혀 있을 때, "나의 삶의 일부인 독자들에게 나의 삶
을 털어놓은 글로 지적 인생에 종지부를 찍기" 위해 쓰기로 결심해 1982
년 겨울 양평 한강 변에 있는 유인호 교수의 농장에 틀어박혀 집필을 시
작한 책이다. 하지만 1984년 초, 기독교사회문제연구원 통일 문제에 관
한 강의와 관련해 다시 구속되기 때문에 『역정』은 소년 시절부터 1963년
무렵까지만 기술하고 있다(『역정』, 서문).

1985년에는 23년 만에 어렵게 비자를 받고 도쿄 대학 및 하이델베르크
소재 독일 연방 교회 사회과학연구소 초빙 연구원로 나가 있다가, 1987년
미국의 버클리 대학 초빙교수로 다시 출국한다. 버클리 대학에서는 아시
아학과 부교수로 임명되어 '한국에서의 평화와 갈등'에 대해 강의한다.
1988년에는 새로 창간한 ≪한겨레신문≫의 이사 및 논설 고문으로 취임
한 후, 낙양의 지가를 올린 '한겨레 논단'을 집필한다. 1989년에는 ≪한겨
레신문≫ 창간 1주년 기념 방북 취재 기획에 참여했다는 이유로 4월 12일
안기부에 구속, 기소된다. 1심에서 징역 1년 6월에 자격정지 1년, 집행유
예 2년을 선고받고 160일 만에 석방된다. 회갑 무렵까지 아홉 번의 연행
과 무수한 압수 수색, 다섯 번의 구속 등 리 선생은 삶은 긴장의 연속이었
고, 그 험난한 세월을 버티게 해준 것은 특유의 결기 혹은 자존심이었다.

나는 짧은 글이나 긴 글이나 활자화시켜놓고는 며칠 동안을 집에서 옷을
벗지 않고 잔 일이 허다했어요. 왜냐하면 짧은 글이건 긴 글이건 체제의
공식 여론이나 정책에 합치된 것은 하나도 없거든요. 그러니 방 안에 들
어온 사람들한테 벌거벗은 상태에서 끌려간다는 것이 싫어서 옷을 입고
자는 거죠(리영희 선생 화갑 기념 문집 편집위원회, 1989: 612).

1989년에는 리 선생 회갑을 맞아 고은·백낙청·강만길·김진균·박원순·유홍준 등 동료와 후학들이 글을 모아『리영희 선생 화갑 기념 문집』을 펴냈다. 이어 1990년에는「지식인의 기회주의」라는 글로 시작해서「30년 집필생활의 회상」으로 끝나는『自由人, 자유인』을 펴낸다.

나는 이제 가벼운 피로를 느낀다. 펜을 무기 삼아 싸우는 전선에서 크고 작은 부상을 입은 것도 여러 번이고 흉포한 권력의 포로가 된 것도 너덧 차례나 된다. 국가와 현실 상황은 아직도 가열한 전투를 예고하지만 개인에 따라서 잠시 쉬면서 상처를 아물게 하고 기운을 회복할 필요 또한 절실할 수가 있다(『자유인』, 서문).

막 회갑을 지낸 리 선생은 지쳐 있었다. 리 선생은 1991년 1월 26일 연세대에서 열린 세미나에 참석해「사회주의 실패를 보는 한 지식인의 고민과 갈등: 사회주의는 이기적 인간성을 변화시킬 수 없는 것인가?」를 발표해 큰 논란을 불러일으켰다. 이번에 리 선생을 비판한 것은 주로 진보 진영의 젊은 학자들이었다. 동년 3월에는 다시 미국으로 건너가 버클리 대학에서 주최하는 남북 심포지엄 참석해 한반도 통일 전망에 관해 발표한다. 1992년에는 2학기 개강 무렵 좌골신경통 악화로 침을 맞으러 산사에 찾아가는 등 고생을 거듭하다가 급기야 10월 21일에 한양대병원에 입원하게 된다. 11월 21일 퇴원 이후에도 보행 불능 상태가 몇 달간 계속되었다.

보행이 정상화된 이후에는 만성간염의 악화로 1년 이상 통원 치료를 받으며 지낸다. 1993년 내내 투병을 하며 지낸 셈이다. 정신적으로나 육체적으로나 충분한 휴식이 필요한 시기였다. 하지만 본인 의지와 상관없이 잇따라 발생하는 사태에 대한 글이나 발언을 강요당하는 상황이었다.

당시 미국과 북한은 전쟁 일보 직전까지 간다. 집필은 고사하고 말하기도 어려운 상황이었지만, 세상이 리 선생을 쉬게 하기에는 한반도 상황이 너무 위중했다. 게다가 과거 리 선생 책의 '세례'를 받은 사람들이 대거 신문기자, 잡지사 편집자, 출판사 사장으로 진출해 있는 상황이었다. 그들의 간청을 계속 거절하는 것은 쉬운 일이 아니었다. 그래서 지친 몸을 추스르고 다시 글을 쓰기 시작한다. 그 결과물이 『새는 '좌·우'의 날개로 난다』이다.

'핵' 문제를 놓고 북한과 미국 사이에는 일진일퇴의 협상이 거듭되더니 지금 이 시간에는 미국의 대북한 전쟁 행위 불사의 단계에 왔다. 소위 북한 핵 문제는 남한의 극우·반공주의·냉전·반평화통일 세력에게 권토중래의 호기로 이용되고 있다. 30여 년에 걸친 민주화·통일 세력의 피눈물 나는 싸움의 열매인 '문민정권'도 이들과 동맹을 형성하여 역사를 후퇴시키기에 안간힘을 쓰고 있다(『새는』, 서문).

북한과 미국의 전쟁 위기는 전 미국 대통령 지미 카터의 중재로 넘어가고 1994년 7월 8일 북한의 김일성 주석이 사망한다. 1994년 가을, 리 선생은 17년을 산 화양리 단독주택에서 경기도 산본의 아파트로 이주한다. 이사 후 "평생 처음 수도꼭지를 틀면 따뜻한 물이 나오는 집에 살게 되었다"며 아는 사람을 만날 때마다 '자랑'을 늘어놓기도 했다. 1995년 3월 한양대에서 정년퇴임한다. 한양대에 24년이나 적을 두고 있었지만 해직 기간이 8년 가까이 되는 관계로 정년퇴임 후 교원 연금 혜택조차 받을 수 없었다.

5. 실천하는 '자유인'

기자 리영희는 사건을 취재·기록하는 사람을 넘어 스스로 사건 현장에 뛰어들어 행동하는 사람이기도 했다. 그에게 있어 저널리즘의 본질은 사회적 실천이었기 때문이다. 4·19 혁명 당시 학생들의 희생을 막겠다는 일념으로 대치하고 있는 학생과 계엄군 사이에 단신으로 메가폰을 들고 뛰어든 게 단적인 예다. 이런 그의 자세는 뇌출혈로 쓰러져 거동이 불편해진 상태에서도 이라크전 파병 반대 집회에 참가하는 등 생애 말년까지 이어졌다(권태선, 2012: 552).

정년퇴임 후 원하는 글을 쓰지는 못했지만 대체로 글의 주제가 자유로워진다. 지난 20~30년간 쌓아놓고 읽지 못했던 루소의 『참회록』이나 위고의 『레미제라블』 등을 다시 읽고 문학, 철학, 종교, 사상, 역사, 예술 쪽으로 관심을 넓히기도 한다(리영희·김동춘, 2000: 315). 평생 긴급한 문제나 외부의 강력한 요청에 쫓겨 글을 써온 리 선생이 말년에 집중해서 정리하고자 했던 분야는 21세기에 초강대국이 된 미국의 국제적 패권주의 문제, 무한 경쟁 속의 인간성 상실 문제 등이었다. 특히 국제 관계라는 측면에서 한반도를 중심으로 냉전의 역사를 체계적으로 정리하고 싶은 '지적 욕구'가 강했다.

1997년에는 결혼 40주년 기념으로 이집트 여행을 다녀오고 1998년에는 5일간 방북해 그동안 '숨겨두었던' 이산가족과 상봉한다. 형님과 누님은 이미 작고한 상황이었고 누님의 아들을 만난다. ≪한겨레≫ 창간 10주년 기념으로 황장엽과 대담을 하고, 가벼운 글들을 모아 『스핑크스의 코』를 출간한다.

1999년에는 남북한 문제와 통일 방안 등을 담은 『반세기의 신화』를 출

간한다. '휴전선 남·북에는 천사도 악마도 없다'라는 부제를 단 이 책은 리 선생의 '후반기 저작'의 총결산이라고 할 만하다. 『반세기의 신화』는 2000년 남유혜(南裕惠), 히로세 다카코(廣瀨貴子)가 공역하고 리쓰메이칸 (立命館) 대학 서승(徐勝) 교수가 감수해 『조선반도의 새로운 천 년(朝鮮半島の新ミレニアム)』(2000)이라는 제목의 일본어판으로 출간된다. 1999년에는 문익환 목사 기념사업회의 늦봄 통일상을 수상한다.

2000년에는 만해사상실천선양회에서 주는 만해상(실천 부문)을 수상한다. 그해 11월 산본 자택에서 집필 중 뇌출혈 발병으로 우측 반신이 마비되었다. 이후 모든 공식 활동을 중단하고 투병에 전념한다.

군포 수리산에 다니면서 투병 생활을 이어나간다. 2년여의 투병을 통해 리 선생은 놀라울 정도로 회복되기 시작했다. 2003년 무렵부터는 가끔 강연도 다니고 '루쉰(魯迅)의 나라'에 가기 위해 산본 중국어 학원에 최고령 등록자가 되기도 한다. 2003년 3월 20일 미국의 부시(George W. Bush) 행정부가 이라크를 침공하자 반전 집회에도 참여하고 반전 한시를 지어 친지들에게 발송하기도 한다. '반전 한시'는 전쟁의 부당성과 파병 반대가 주요 내용이었다.

부시의 광란이 끝을 알 수 없으니
인류 자존이 위란에 직면했도다
금수강토가 장차 불바다로 변할지니
한민족은 마땅히 반전 평화 외쳐야[16]

---

16 否氏狂亂 不知其終(부씨광란 부지기종), 人類自尊 卽面危亂(인유자존 즉면위란), 錦繡疆土 將變火海(금수강토 장변화해), 韓民當呼 反戰平和(한민당호 반전평화).

몸의 마비 증상이 다소 호전되자 2003년 가을에는 중국에 가서 오랜 염원이던 루쉰의 고향 사오싱(紹興)을 방문하기도 한다.

노신의 작품에 나오는 정다운 곳, 애수가 깃든 곳 등을 두루 밟았지. 나의 고향에 온 듯한 따스함과 정겨움을 느꼈어. 또 가고 싶어. 작품을 통해서 노신의 발길과 정서를 다 아니까, 그곳에서 그를 만나는 것 같은 착각이 들어. 그와 함께 우는 나를 발견하기도 했어(『대화』, 730).

2003년 12월에는 성균관대 양현재 콜로키엄에서 "반지성적이고 반이 성적인 대한민국"이라는 주제로 특강을 해 청중의 갈채를 받는다. 특히 학생들에게 어떤 권위나 권력, 지배로부터 독립적인 개인으로서 시민이 되어야 하고 그러기 위해서는 자유로운 인간의 가치를 부정하고 억압하는 모든 정의롭지 않은 것에 대해 항거해야 한다고 말했다.[17]

리 선생의 인생 이야기를 모두 담고 있는 『대화』도 이 무렵부터 작업이 시작된다. 2003년 봄부터 임헌영 선생과 기나긴 '대담'을 하고 수정, 보완을 거쳐 2005년에 700쪽이 넘는 '구술 자서전' 『대화』를 출간한다.

나는 운명의 선고로 알고 체념하면서 순순히 승복했다. 그런데 운명의 신의 예정표를 어찌 인간이 가늠할 수 있겠는가! 4년이 지나는 사이에 신체와 정신의 마비가 서서히 그러나 착실하게 회복되어갔다. …… 글이라면 엽서 한 장의 짧은 글을 힘겹게 쓰는 것이 고작이지만 구술(口述)로 하는 저술은 웬만큼 가능해졌다. 지적 활동을 단념하고 영원히 포기한 상태에서, 짐짓 운명의 신이 감추었던 뜻을 알 것 같았다. 하찮고 보잘것없는 삶

---

17 이날 강연의 상세 내용은 『21세기 첫 십년의 한국』(2008) 제1장에 녹취, 정리되어 있다.

과 사상이었으나마 여전히 잊지 않고 사랑과 경애의 마음으로 관심을 가져주는 고마운 이들의 요청에 마지막으로 보답하라는 뜻으로 풀이했다 (『대화』, 서문).

몸이 상당히 회복된 2005년 6월 8일에는 성공회대에서 "지식인과 사회책임"을 주제로 강연했다. 이날 특강은 예정보다 늦은 12시 20분쯤 끝났다. 성공회대 김성수 총장을 비롯해 신영복 · 이종구 · 김진업 · 조희연 · 김창남 · 한홍구 · 김동춘 · 조효제 · 백원담 · 김서중 · 박경태 · 이남주 교수 등이 함께 식사를 하기 위해 12시부터 강연장 밖에서 기다리고 있었다. 리 선생은 사인을 받고 싶어 하는 모든 학생들의 책(『대화』)에 떨리는 손으로 이름을 써넣었다. '팬 사인회'는 1시 10분 무렵에야 끝났다.

리 선생은 2006년에도 분주했다. 8월에는 일본 홋카이도 대학에서 열린 '동아시아의 평화로운 미래를 위한 공동 워크숍'에 참여해 동아시아 정세에 관해 특강을 했고, 태평양전쟁 말기 아사지노 지역 비행장 건설 현장에서 희생된 조선인 희생자 유해 발굴 현장을 찾아가 '즉석 강연'을 하기도 했다.[18] 이어 8월 말에는 자신이 써온 저서들을 모아 12권짜리 리영희 저작집을 직접 교열, 출간했다. 이후에는 상복이 터진다. 한국기자협회의 '기자의 혼상'(2007년), 심산사상연구회의 '심산상'(2007년), 한겨레통일문화재단의 '한겨레통일문화상'(2007년), 전남대의 '김대중 학술상'(2008년) 등을 수상한다.

하지만 2008년 집권한 MB 정권은 수구 언론과 동맹을 꾸려 대한민국을 철저하게 '약탈'하고 있었다. 더 이상 글을 쓸 수 없게 된 리 선생은 다

---

18 김두진, "동아시아의 과거 위에 어떻게 미래를 건설할까?", ≪프레시안≫, 2006년 8월 20일 자.

시 쓰러지는 그 순간까지 권력의 부당성을 비판하고, 지식인의 각성을 촉구한다. 군사정권과 같은 강압과 탄압, 구속과 고문이 있었던 것도 아니지만 언론, 언론인은 자신의 이익을 찾아 권력과 한 몸이 된 상황이었다. 리 선생은 MB 정권이 들어서고 1년 반쯤 지난 2009년 7월 '고별 강연'[19]에서 MB 정권을 파시즘 체제로 규정하고 규탄한다.

> 지난 1년 반 동안 이명박 통치 시대는 비인간적, 물질주의적, 반인권적 파시즘 시대의 초기에 들어섰다. …… 역사는 이뤄진 열매 위에 또 하나의 큰 열매가 열리는 식으로 진행되는 게 아니라 우리가 정신을 늦추면 언제든 역전되는 것이다. …… 짧은 10년이지만 우리가 이룩했던 공민으로서의 권리를 되찾기 위한 필사적인 불퇴전(不退轉)의 노력이 있어야 할 것으로 생각한다(≪경향신문≫, 2009.7.2).

MB 시대를 거치면서 한국의 제도권, 기득권 언론은 사실상 사망 선고를 받았다. 독자와 시청자가 그들을 버렸기 때문이다. 그들이 대오 각성해서 시대를 밝히는 등불이 되어줄 것으로 믿는 사람은 거의 없다. 식민지 시대 이후 과거가 청산되지 않았고, 소위 언론사와 언론인의 '풍향계'보다 빨리 변하는 기회주의는 이후에도 변함이 없을 것이다.

리 선생님이 말년에 자연인으로서 보여주고자 했던 것은, 특정 권력자나 언론인이라고 '자처'하는 자들이 아니라 양심과 상식을 공유하는 시민이 직접 나설 때 역사가, 그리고 세상이 바뀔 수 있다는 '평범한' 진실이었을 것이다.

이렇듯 리영희의 삶은 해방과 전쟁, 독재 정권과 4·19 혁명, 군사 쿠

---

19 2009년 7월 1일에 조계사 불교역사기념관에서 열린 '인권연대 10주년 기념식' 강연이다.

데타와 공포정치, 신군부와 광주 학살, 6월 항쟁과 직선제 개헌, 문민정부와 참여정부로 이어지는 격동의 현대사와 맞닿아 있다. 본인의 의지와 무관하게 대한민국 현대사의 '중심'에서 역사의 수레바퀴 아래 자신을 던질 수밖에 없었다. 권력의 탄압과 인신구속 같은 반복된 수난은 오히려 리 선생의 언론인, 지식인으로서의 실천 활동을 강화하는 계기가 되었다. 직업이 바뀌고 직장이 달라졌지만 정론 직필의 기자, 우상 타파와 이데올로기 비판의 '전사'로서의 삶은 크게 달라지지 않는다.

제3장

우상 타파와
반전 평화

어느 시대건 그리고 어느 민족 어느 국가이건 그 구성 분자에게 절대적 신앙으로서의 복종을 강요하는 우상(偶像)이 있다. …… 우리는 많은 역사 속에서 우상화된 이론·사상·제도 …… 개인을 찾아볼 수 있다. …… 우상은 가상(假像)이다. 우상은 그 시대, 그 사회의 힘 있는 자들의 이데올로기의 물상화(物像化)인 까닭에 그 가상을 벗기기에는 긴 세월과 많은 노력이 필요하다(리영희, 1976: 105).

1. 저술 활동과 수난

외신부 기자 시절 쓴 신문 기사를 제외한다고 해도, 리 선생이 1960년대 후반 이후 발표한 논문, 번역문 등은 그 영역이나 분량에서 타의 추종을 불허한다. 200자 원고지 아홉 매의 칼럼에서 228매에 달하는 「상고이유서」까지, 미국·일본·중국·베트남·러시아·팔레스타인·이란·니카라과·포르투갈·에티오피아의 국가권력 문제, 6·25 전쟁과 분단·정전협정·남북 군사력·군축과 평화통일·핵 문제, 국내의 군사정권·독재 체제·반공 이데올로기, 언론과 언론인·방송과 대중문화·유행과 제복·과학기술·인류 평화, 자본주의·사회주의·사회민주주의·지식인의 기회주의에서 자신에 대한 회한과 성찰에 이르기까지 우리 삶의 환경과 가치·이념 영역 중 다루지 않은 분야가 거의 없을 정도다.

그럼에도 대부분의 글이 논조가 강하고 논리적일 뿐만 아니라 쉽게 읽힌다. 리 선생 저술이 공저를 포함하면 20권이 넘을 정도로 방대하고 관심 범위도 넓었기 때문에 저술의 내용을 몇 가지로 범주화하기는 어렵다. 리 선생은 1993년에 한 인터뷰에서 그때까지 자신이 써온 글의 성격을 이렇게 규정했다.

당시 나는 ① 자유롭게 생각하고 판단하는 재량을 지니는 자율적인 인간의 창조를 위하여, ② 당시 사회를 지배했던 광신적 반공주의에 대해 저항적 입장에서, ③ 군인 통치의 야만성·반문화성·반지성을 고발하기 위하여, ④ 시대정신과 반제·반식민지·제3세계 등에 대한 폭넓고 공정한 이해를 위하여, ⑤ 남북 민족 간의 증오심을 조장하는 사회 현실에 반발하면서 두 체제 간의 평화적 통일을 위한다는 입장에서 글을 썼다(『새는』, 439).

글을 쓴 목적은 자율적 인간 창조에 있었다는 것이고 글의 주제는 광신적 반공주의 비판, 군인 통치의 야만성 고발, 제3세계 반제·반식민 투쟁의 공정한 소개, 남북한의 화해와 평화통일 전망 제시 등이라고 할 수 있다. 2000년 제4회 만해상을 받은 후 수상의 말에서도 자신이 평생 한 일을, 분단된 민족 간의 편견과 증오와 적대 감정, 전쟁을 부추기는 국가·체제·정권·정책, 그 권력 집단과 개인들, 민주적 자유와 권리를 억압하는 사상에 대항해 일관되게 싸워온 것뿐이라고 밝힌다(『21세기』, 75). 사회학자 김만수 박사는 『리영희』에서 리 선생 저술을 국제 관계, 국가, 남북 관계, 냉전과 반공, 민족과 통일, 자본주의와 사회주의, 한국의 역대 정권, 종교와 죽음, 교육과 문화 등 아홉 개 영역으로 구분해 정리를 시도했다.[1]

---

1   1974년에 나온 『전논』에서 1999년에 나온 『신화』까지 리 선생이 집필한 저서에 포함된 글을 분석 대상으로 삼았다. 김만수 박사는 아홉 개 영역 안에 다양한 하위 범주를 포함시켰다. 구체적으로 보자면 국제 관계(한반도, 한미 관계, 북미 관계, 기타 국제 관계), 국가(중국, 베트남, 일본, 미국, 소련, 독일과 필리핀), 남북 관계(남북 관계), 냉전과 반공(냉전 체제, 핵 위협, 반공주의, 독재 정권, 독재 체제, 공안 정국, 제복과 유행, 충효 사상, 군대), 민족과 통일(민족, 통일), 언론과 민주주의(언론, 지식인, 민주주의, 광주), 자본주의와 사회주의(자본주의, 사회주의), 한국의 역대 정권(전두환·노태우·김영삼 정권), 종교와 죽

리영희 저술의 세계

이 책에서는 리 선생이 50여 년간 썼던 글의 주제를 언론과 대중문화, 냉전 이데올로기와 반공 정권 비판, 베트남전쟁과 중국 사회주의 혁명, 민족과 탈식민, 분단 체제와 통일, 반전·반핵과 세계 평화, '소품체' 산문 등 일곱 영역으로 구분했다. 각 영역별로 발표한 주요 글을 시기순으로 제시한 후, 그 영역의 글 가운데 대표적인 글의 서술 방식과 핵심 내용을 파악하고 의미를 정리했다.

리 선생의 '지성인 50년'은 직업으로 보면 기자 시기(1957~1971년), 교수 시기(1972~1995년), 자유인 시기(1995년 이후)로 나눌 수 있다. 이 시기는 리승만, 장면, 박정희, 전두환, 노태우 대통령으로 이어지는 우상이 지배하는 때이기도 했다. 리 선생은 주로 기사와 시사평론, 논문 등 글을 통해 진실을 밝혀 우상을 타파하려 했다.

글의 주제로 보자면 기자 시기에는 한미 관계, 한일 관계, 베트남전쟁 관련 글을 여러 편 남겼고, 1972년 대학교수가 된 이후에는 중국 혁명과 제3세계 민족해방운동 등에 대한 좀 더 긴 호흡의 글들을 대거 발표하게 된다. 대학에서 정년퇴임하고 '시민'이 된 이후에는 '자유인'을 만끽하며 일상적·성찰적 글들과 남북 관계와 통일, 북핵 문제 등에 큰 관심을 기울였다.

1966년 1월 ≪창작과비평≫이 창간된 후에는 한스 J. 모겐소(Hans J. Morgenthau)의 「진리와 권력: 존슨 행정부와 지식인」(1967년 봄 호), 커너 위원회(National Advisory Commission on Civil Disorders)[2]의 「흑인 폭동의 원

음(종교, 죽음), 교육과 문화(독서, 문화, 교육, 문학) 등 하위 범주가 37가지에 달한다.

2　미국 존슨(Lyndon B. Johnson) 대통령은 1967년에 발생한 흑인 폭동의 진상, 원인 및 대책을 조사하기 위해 일리노이 주지사 커너(Otto Kerner Jr.)를 위원장으로 하는 '민란조사 국가자문위원회'를 구성한다. 이 조직은 위원장의 이름을 따서 '커너 위원회'라고 불렸다.

인과 대책」(1968년 여름), 리처드 J. 바넷(Richard J. Barnet)의 「닉슨 - 키신 저의 세계전략」(1972년 겨울) 등을 번역, 게재한다.

이 시기 ≪창작과비평≫은 창간호를 통해 ≪레탕모데른(Les Temps Modernes)≫('현대')지의 창간사를 번역, 게재했을 뿐 아니라 라이트 밀스[3]의 「문화와 정치」도 번역, 소개하고 있다. 당시 리영희 선생 등이 번역, 소개에 집중했던 것은 드러내놓고 혁명이나 진보 이론을 논의하기 어려운 현실의 반영이라고 볼 수 있다(박지영, 2013: 87). 이후에도 리 선생은 외신부 기자라는 직업을 활용해 ≪조선일보≫ 등에 베트남전쟁 등에 대한 다른 언론사와는 차별화된 번역 글들을 집중 소개하기도 한다. 이는 군사정권의 '검열'을 회피하면서 자기주장을 펼치기 위한 틈새 전략이었다고 볼 수 있다(백승욱, 2014). 번역을 통한 리 선생의 우회적 우상 타파 전략은 이후에도 중국과 제3세계 관련 이슈와 관련해 계속된다.

1970년대 이후 베트남전쟁과 중국 혁명, 러시아 문제 등 국제 정세와 관계에 관한 긴 글들을 ≪창작과비평≫, ≪문학과 지성≫, ≪세대≫ 등에 기고하기 시작한다. 리 선생이 1970년대 이후 발표한 글 중에서 국내외적으로 큰 파문을 일으킨 것은 헤아릴 수 없이 많다. 리 선생은 1980년대 중반 이후에 자신이 쓴 대표적인 글들로 다음의 13편을 꼽았다(『대화』, 713~714).

「국가보안법 없는 90년대를 위하여」, 「남북한 전쟁 능력 비교 연구」, 「릴리 주한 미국 대사에게 묻는다」, 「'미국'이라는 사회와 국가」, 「1953년에 체결한 한미상호방위조약 해부」, 「사회주의는 끝난 것인가? 자본주

---

[3] 라이트 밀스(Charles Wright Mills, 1916~1962)는 미국의 진보적 사회학자다. 마르크스와 막스 베버 등의 사회과학 방법론을 흡수하면서 현대 부르주아 사회의 내부 역학을 분석하고자 했다. 미국 지배계급을 분석한 『파워 엘리트』, 중류계급을 분석한 『화이트칼라』, 사회구조의 연구 · 분석 방법을 제시한 『사회학적 상상력』 등이 국내에 번역되어 있다.

의는 이긴 것인가?」, 「민족 통일의 세계사적 인식」, 「수교 협정에 앞서 베트남 인민에 먼저 사과하라」, 「동·서독 기본조약과 '남북기본합의서' 비교분석」, 「조·미 핵 및 미사일 위기의 군사정치학」, 「소위 '서해 북방 한계선'은 합법적인가?」, 「미국 군사동맹 체제의 본질과 일반 성격 연구」, 「동북아 지역 평화 질서 구축을 위한 제언(영문)」.

리 선생이 꼽은 위의 13편을 포함해 1970년대 이후 시기별로 사회적 반향이 컸던 대표적 논문과 시론을 꼽아보면 다음과 같다. 리 선생이 기억을 더듬어 꼽은 글의 제목과 책에 실린 제목이 다른 경우 저서에 실린 제목을 따랐다.

1970년대

「강요된 권위와 언론 자유: 베트남전쟁을 중심으로」(≪문학과 지성≫, 1971년 가을, 『전논』)

「기자 풍토 종횡기」(≪창조≫, 1971년 9월, 『전논』)

「권력의 역사와 민중의 역사: 장개석 시대」(≪다리≫, 1972년 5월, 『전논』)

「베트남전쟁 I」(≪창작과비평≫, 1972년 여름, 『전논』)

「베트남 35년 전쟁의 총평가」(≪창작과비평≫, 1975년 여름, 『우상』)

「다나카의 망언을 생각한다」(≪세대≫, 1975년 5월, 『우상』)

「농사꾼 임 군에게 보내는 편지」(월간 ≪농민운동≫, 1976년 11월, 『우상』)

「모택동의 교육 사상」(월간 ≪대화≫, 1976년 12월, 『우상』)

「불효자의 변: 현대의 충효사상에 대하여」(1977년 여름, 『우상』)

「상고이유서」(감옥에서 1978년 11월 26일 집필, 『역설』)

1980년대

「한반도는 강대국의 핵 볼모가 되려는가」(1983년, 『분단』)

「전장과 인간: 나의 6·25 체험」(1984년, 『분단』)

「D 검사와 이 교수의 하루」(≪외국문학≫, 1986년 여름, 『역설』)

「일본 역사교과서 왜곡 현장」(1986년, 『역설』)

「'독일식' 한반도 통일 방안 비판」(1986년, 『역설』)

「지식인의 기회주의」(≪동아일보≫, 1987년 7월 6일, 『자유인』)

「'악의 제국'과 '선의 제국'의 흑백논리」(≪말≫, 1987년 12월, 『자유인』)

「핵무기 신앙에서의 해방」(1988년 2월, 『반핵』)

「릴리 주한 미국 대사에게 묻는다」(≪평화신문≫, 1988년 6월 12일, 『자유인』)

「남북한 전쟁 능력 비교 연구」(≪사회와 사상≫, 1988년 9월, 『자유인』)

「'북방한계선'은 합법적 군사분계선인가?」(≪통일시론≫, 1989년 7월, 『신화』)

「국가보안법 없는 90년대를 위하여」[4](≪사회와 사상≫, 1989년 12월, 『자유인』)

1990년대

「사회주의 실패를 보는 한 지식인의 고민과 갈등」(≪신동아≫, 1991년 3월, 『새는』)

「동북아 지역 평화 질서 구축을 위한 제언」(서울대신문연구소 세미나 발표문, 1992년 4월, 『신화』)

「1953년 한미상호방위조약: 북진 통일과 예속의 이중주」(1992년 6월, 『새는』)

---

4 『반세기의 신화』에 실린 「대한민국은 한반도의 '유일 합법 정부'가 아니다」는 이 글을 일부 삭제한 것이다.

「광주는 '언제나 그곳에' 있었다」(1993년 7월, 『새는』)

「베트남 인민에 먼저 사과할 일」(1994년 4월, 『새는』)

「미국 군사동맹 체제의 본질」(≪이론≫, 1996년 여름·가을, 『신화』)

「민족 통일의 세계사적 인식」(1997년 4월 5일 경실련 강연문, 『코』)

「'주체사상' 이데올로그, 황장엽과의 대담」(≪한겨레≫, 1998년 5월 14일, 『신화』)

「통일의 도덕성」(≪당대비평≫, 1998년 가을, 『신화』)

「한반도 핵·미사일 위기의 군사정치학」(≪당대비평≫, 1999년 가을, 『신화』)

리 선생이 시론이나 논문 등을 통해 드러내고자 한 것은 하나같이 콘크리트처럼 강하게 우리를 겁박했던 우상이었고, 지배 사상이었으며, 이데올로기들이었다. 반향은 컸고 언론통제를 통한 '우민화 정책'과 10월 유신, 긴급조치 등 파시즘 체제를 구축하고자 했던 박정희·전두환 정권과의 갈등은 불가피했다(강준만, 2004).

1972년 한양대 교수로 부임한 이후부터 본격적으로 저술 작업에 몰두한다. 리 선생의 책은 1970년대에는 『전환시대의 논리』(1974), 『8억인과의 대화』(1977.9), 『우상과 이성』(1977.11) 등 세 권이 나왔고, 1980년대에는 교도소 출소 이후 『10억인의 나라』(1983), 『분단을 넘어서』(1984), 『80년대 국제 정세와 한반도』(1984), 『베트남전쟁』(1985), 『역설의 변증』(1987), 『반핵』(공편역, 1988), 『역정』(1988) 등 일곱 권의 편저서가 출간되었다. 1990년대에도 리 선생의 저술 작업은 계속되어 『自由人, 자유인』(1990), 『새는 '좌·우'의 날개로 난다』(1994), 『스핑크스의 코』(1998), 『반세기의 신화』(1999)가 세상의 빛을 봤다.

리 선생의 책 제목 중에서 가장 특이한 것이 1990년에 낸 『自由人, 자유인』이다. '자유인'이라는 말을 한문과 한글로 반복하고 있다. 리 선생은 모든 저서의 제목을 직접 정하곤 했는데, 글에서도 불필요한 반복을 꺼리는 리 선생이 '자유인'을 반복한 데는 그만한 이유가 있었다. 리 선생은 원래 책 제목을 『자유인』으로 결정했다. 하지만 공교롭게도 그해 3월 1일 한 변호사가 『자유인』이라는 제목의 자서전을 낸 것이다. 같은 해에 동일한 제목의 책을 내는 것은 '사실상' 불가능했다. 하지만 '자유인'을 포기할 수 없어 1990년 8월 15일 『自由人, 자유인』이라는 제목으로 책을 출간하게 된다. 그런데 『자유인』을 먼저 출판한 변호사 측은 이에 대해서조차 저작권침해와 부정경쟁행위를 이유로 제작 금지 가처분 신청을 낸다. 1990년 9월 21일, 법원은 '가처분 신청'이 이유 없다고 기각했고,[5] 『自由人, 자유인』은 어렵게 빛을 보게 된다.

2000년대에 들어선 뒤에도 세계한민족 포럼에 참여하는 등 왕성한 활동을 벌이던 리 선생에게 2000년 11월 뇌출혈이 발병한다. 리 선생은 그동안 못 읽었던 동서양의 고전이나 인간의 자유와 평화에 대한 성찰적 글을 쓰고 싶어 했지만, 뇌출혈로 쓰러진 이후에는 두 번 다시 자신의 손으로 글을 쓸 수 없게 된다. 끈질긴 투병으로 2003년 무렵부터 병세가 호전된 후에는 임헌영 선생과 대담을 시작해 2005년 회고록 『대화』를 출간했고 이듬해에는 리영희 저작집 12권을 낸다. 이때 그동안 발표는 했으나 책으로 출간되지 않았던 글들을 모아 『21세기 아침의 사색』이라는 제목으로 저작집에 포함시킨다. 『희망』은 리 선생 서거 직후인 2011년 1월에 나왔다.

저서는 『전환시대의 논리』, 『우상과 이성』 등과 같은 종합 시사 · 사회

---

5 서울지방법원 서부지원 1990.9.21. 선고 90카6150 결정. 이 판결로 서적 등의 제목은 저작권법상의 보호 대상이 아니라는 법 해석이 확고하게 자리 잡게 된다.

평론집, 『8억인과의 대화』와 같은 편역서, 『역정』, 『대화』와 같은 자서전류, 『인간만사 새옹지마』, 『동굴 속의 독백』 등과 같은 산문선집으로 구분할 수 있다. 편역서의 내용으로 보면 중국과 관련한 『8억인과의 대화』와 『중국백서』, 『10억인의 나라』, 제3세계 여러 국가의 현실을 소개한 『80년대 국제 정세와 한반도』, 핵 문제와 관련한 『핵전략의 위기적 구조』(공저), 『핵전쟁의 위협』(감수), 『반핵』(공편) 등이 있다.

여러 사람과 함께 낸 책으로는 현재까지 확인된 것만도 『70년대의 우수』(1977, 청람), 『다시 하는 강의』(1980, 새밭), 『누군가 말해야 한다』(1984, 삼민사), 『핵전략의 위기적 구조』(1984, 세계. 1985년에 『핵문제 입문』으로 재출간되었다), 『현실인식의 논리』(1985, 사계절), 『한국 현대사와 역사의식』(1987, 한길사), 『서대문형무소』(1988, 열화당), 『한국의 민족주의 운동과 민중』(1989, 두레), 『한겨레 논단 ①』(1989, 한겨레신문사), 『껍데기를 벗고서 2』(1991, 동녘), 『21세기 첫 십년의 한국』(2008, 철수와영희) 등 11권이다.

『70년대의 우수』에는 「제복의 유행과 사상」과 「농사꾼 임 군에게 보내는 편지」가, 『다시 하는 강의』에는 「민주주의와 진실 추구」가, 『누군가 말해야 한다』에는 「한반도 주변 정세의 질적 변화와 우리의 과제」와 「다시 일본의 '교과서 문제'를 생각한다」, 「조건반사의 토끼」, 「라이러」, 「텔레비전의 편견과 반지성」, 「사하로프: 동정과 반성」 등 여섯 편의 글이, 『핵전략의 위기적 구조』에는 「한반도는 핵전쟁의 볼모가 되려는가」가, 『서대문형무소』에는 「서대문형무소의 기억」이, 『21세기 첫 십년의 한국』에는 「반지성적이고 반이성적인 대한민국」이 각각 실려 있다.

리 선생의 저서나 역서, 공저서 등을 펴낸 출판사를 살펴보면 창작과비평사 네 권(『전환시대의 논리』, 『8억인과의 대화』, 『역정』, 『반핵』), 한길사 다섯 권(『우상과 이성』, 『분단을 넘어서』, 『한국 현대사와 역사의식』, 『대화』,

『21세기 아침의 사색』), 두레 다섯 권(『10억인의 나라』, 『베트남전쟁』, 『역설의 변증』,[6] 『한국의 민족주의 운동과 민중』, 『새는 '좌·우'의 날개로 난다』), 범우사 두 권(『自由人, 자유인』 『인간만사 새옹지마』), 동광출판사 두 권(『80년대 국제 정세와 한반도』, 『핵전쟁의 위협』), 까치 한 권(『스핑크스의 코』), 삼인 한 권(『반세기의 신화』), 나남 한 권(『동굴 속의 독백』), 삼민사 한 권(『누군가 말해야 한다』), 세계 한 권(『핵전략의 위기적 구조』), 열화당 한 권(『서대문형무소』), 철수와영희 한 권(『21세기 첫 십년의 한국』), 청람 한 권(『70년대의 우수』), 사계절 한 권(『현실인식의 논리』), 새밭 한 권(『다시 하는 강의』), 동녘 한 권(『껍데기를 벗고서 2』) 등이다.

주요 기고 매체로는 1960년대 후반부터 1970년대까지의 경우 ≪창작과비평≫과 ≪문학과 지성≫ 등 계간지와 ≪대화≫, ≪다리≫, ≪정경연구≫, ≪세대≫, ≪신동아≫, ≪창조≫ 등의 월간지를 들 수 있다. 1988년 이후에는 ≪한겨레신문≫과 월간 ≪말≫을 중심으로 ≪사회와 사상≫, ≪사회평론≫, ≪당대비평≫, ≪통일시론≫ 등의 전문 저널과 ≪한길문학≫, ≪외국문학≫, ≪법보신문≫, ≪생활성서≫, ≪시사저널≫ 등 다양한 매체에 기고했다.

---

6 이 책의 '독자에게 이해를 구하는 말'에 따르면 『역설의 변증』은 본래 까치출판사에서 낼 계획이었다. 그런데 1986년 9월 '보도 지침 폭로' 사건으로 두레출판사의 신홍범 대표가 구속되자 리 선생은 까치의 박종만 사장을 설득해 두레출판사로 옮겨서 책을 발행한다. 신홍범 대표는 리 선생과 조선일보 외신부에서 함께 일하다가 정권의 탄압으로 쫓겨난 후 당시 해직 기자들이 조직한 민주언론운동협의회(이하 언협) 실행위원으로 일하고 있었다. 언협의 기관지였던 ≪말≫지는 당시 한국일보의 김주언 기자가 제공한 자료를 바탕으로 "보도지침: 권력과 언론의 음모"라는 제목의 특집 기사(9월 6일 자)를 통해 1985년 10월부터 1986년 8월까지 문화공보부가 각 언론사에 시달한 보도지침 584건을 폭로했다. 이 사건으로 김태홍(언협 사무국장), 신홍범(언협 실행위원), 김주언(한국일보 기자) 씨가 국가보안법 위반 및 국가모독죄로 구속된다.

『전논』·『8억인』·『우상』의 수난

리 선생의 문제의식과 이에 대한 글이나 실천을 통한 표출은 1950년대 말 언론계 투신 이후 사망 시까지 계속된다. 한반도와 반공 우상, 국제 정세와 제3세계 해방, 민족과 평화통일 등 주제별로 몰입하는 시기가 다르지만 이는 감옥살이나 '집필 불가'라는 정치적 억압의 산물이기도 하다. 지식인 리영희의 삶의 변곡점이 되는 것은 1974년 6월 5일 『전환시대의 논리』 출간이라는 '사건'이다.

『전환시대의 논리』는 리 선생의 첫 저서이자 대표작이다. 여기서 말하는 '전환시대'란 1960년대에 들면서 냉전 시대가 끝나고 세계적으로 '냉전 해소'와 '군사적 양극화와 정치적 다원화' 시대로 접어드는 상황을 의미한다(『전논』, 177). 세상이 이렇게 변하는 가운데도 반공을 유일한 국가 생존의 이데올로기로 내세우며 미국과의 혈맹 관계가 지속될 것이라 믿는 한국인들에게 경종을 울리는 것이 책을 펴낸 이유였다.

『전환시대의 논리』가 처음 나온 것은 1974년 6월 5일이다. 이 시기는 유신 '암흑시대'였고 『전논』은 유신 반공주의 체제에 대한 '돌파구' 역할을 하게 된다. 『전논』은 한국인의 의식을 바꾸어놓았을 뿐만 아니라 리 선생의 삶에도 큰 영향을 끼친다. 『전논』은 발간과 동시에 사회과학 도서로서는 특이하게도 베스트셀러 목록에 오르는 등 대학생 필독의 교양서가 된다. 1980년대 초 중앙정보부에서 대학생들을 대상으로 가장 큰 영향력을 행사하는 책 30권을 조사했는데, 그 결과 1위가 『전환시대의 논리』, 2위가 『8억인과의 대화』, 5위가 『우상과 이성』이었다(백승종, 2002: 237). 검찰이 민청학련 사건 등 여러 시국 사건 관련자들을 조사하는 와중에도 이구동성으로 『전환시대의 논리』 이야기가 나왔다고 한다.

『우상과 이성』 초판은 1977년 11월 1일 세상에 나온다. 당시 동아일보에서 해직되어 새로 출판사를 차린 김언호 기자가 『전환시대의 논리』 이후의 글들을 모아 와서 출판을 '종용'한 덕에 리 선생의 생각보다 빨리 세상에 나왔다(『역설』, 275). 리 선생은 「불효자의 변」이라는 글을 새로 추가하고 서문을 써서 『우상과 이성』이 탄생한다. '서문'에서 리 선생은 자신이 글을 쓰는 이유가 오직 진실을 추구하고, 또 그것을 널리 알리는 데 있다고 전제한 후 그것이 우상에 도전하는 이성의 행위라고 했다. '서문'은 이러한 글쓰기가 고통을 수반하지만, 그 괴로움 없이는 인간 해방이나 진보가 있을 수 없기에 책 제목을 『우상과 이성』으로 한다는 사실을 알리는 비장한 '출사표'였다.

　『우상과 이성』의 출판과 수난에 얽힌 이야기는 『역설』에 수록된 「『우상과 이성』 일대기」와 「D 검사와 이 교수의 하루」에 잘 정리되어 있다. '분명히 무엇인가 한차례의 재난을 겪지 않고는 무사하지 않을 것만 같은 예감'(『역설』, 273)이 적중한다. 하필이면 『8억인과의 대화』가 1977년 8월 26일 출판되어 '수난'을 겪다가 판매 금치 처분을 받는 11월 초에 『우상과 이성』이 나왔다는 것도 얄궂은 일이었다. 결국 '리 교수'는 『8억인』과 『우상』으로 1977년 11월 23일 남영동에 있는 치안본부 대공분실로 연행되었다가 12월 27일 '반공법 제4조',[7] 국가보안법 제11조 등의 위반 혐의

---

7 제4조(찬양, 고무 등)

① 반국가단체나 그 구성원 또는 국외의 공산 계열의 활동을 찬양, 고무 또는 이에 동조하거나 기타의 방법으로 반국가단체(국외 공산 계열을 포함한다)를 이롭게 하는 행위를 한 자는 7년 이하의 징역에 처한다. 이러한 행위를 목적으로 하는 단체를 구성하거나 이에 가입한 자도 같다. 〈개정 1963.10.8.〉

② 전항의 행위를 할 목적으로 문서, 도화 기타의 표현물을 제작, 수입, 복사, 보관, 운반, 반포, 판매 또는 취득한 자도 전항의 형과 같다.

③ 전항의 표현물을 취득하고 지체 없이 수사, 정보기관에 그 사실을 고지한 때에는 벌하지 아니한다.

④ 제1항, 제2항의 미수범은 처벌한다.

⑤ 제1항, 제2항의 죄를 범할 목적으로 예비 또는 음모한 자는 5년 이하의 징역에 처한다.

로 기소된다. 우선 책 제목으로서는 상당히 어려웠던 '우상'과 '이성'이라는 이름부터 검찰의 시비 거리였다.

> "이것 봐요! 당신이 뭐라고 변명하든, 무슨 학문적 이론을 내세우든 검사가 '반공법 위반이다' 하면 위반인 거요. '우상과 이성'이라니. 누가 우상이고 누가 이성이라는 말이야! 건방지게시리!"
> D 검사는 이 교수의 책 이름이 바로 자기를 겨냥한 것으로 생각하는 듯 소리를 지른다. 반들반들하던 그의 얼굴의 잔 근육들이 입가에서 실룩거린다(『역설』, 308).

1978년 3월 11일 공판에서 변호인이 책 이름의 의미가 뭐냐고 묻자, 한국 사회에서 진실이 아닌 것을 진실인 것처럼 강요하고 있는 것을 '우상'이라고 보고 이에 대한 사실과 진실의 추구라는 측면에서 『우상과 이성』이라고 지었다고 답한다(『역설』, 337). 이 책 가운데 검찰이 문제 삼았던 글은 「다나카의 망언을 생각한다」, 「모택동의 교육 사상」, 「농사꾼 임 군에게 보내는 편지」,[8] 「크리스찬 박 군에게」 등이었다. 「다나카 망언」이 친일파들의 심기를 건드린 것이 문제였다면, 「모택동의 교육 사상」을 문제 삼은 것은 적성국 수괴와 제도에 대한 고무 찬양 혐의를 들씌우기 위한 것이었다고 볼 수 있다. 「다나카 망언」에서 검찰이 반공법 위반이라고 주장한 부분은 언어에 있어 '식민 잔재'를 비판한 부분이다.

---

8 1977년 초판에 실려 문제가 되자 1980년 증보판을 낼 때 빠지고, 「중국의 소수민족 정책과 한민족」, 「독일 통일 문제를 보는 눈」 등 두 편이 추가된다. 「농사꾼 임 군에게 보내는 편지」는 그 후 『분단을 넘어서』(1984)에 「어느 젊은 농사꾼에게」라는 제목으로 부분 삭제, 수정되어 게재된다.

북한 대표가 처음으로 유엔총회에서의 연설을 우리말로 했다는 것이 작
년 겨울 한때의 화제가 되었지만, 긴 눈으로 높은 차원의 효능을 생각할
때, 이데올로기니 정치니를 떠나서 같은 민족으로서 이것은 좋은 일이라
고 생각했다. 본인의 직접 경험으로도 약소국, 특히 식민지였던 민족의
대표가 유엔총회에서 구 식민모국 외교관보다도 더 '유창'한 외국어로 연
설하는 것보다 차라리 서툴기는 하지만 긍지를 지키면서 하는 연설에 대
국 외교관들이 찬사와 경의를 보내는 것을 목격한 일이 있다(『우상』, 35).⁹

검찰이 사실을 사실대로 말해도 반공법 위반이 될 수 있다는 논지를 펴
게 만든 글이「모택동의 교육 사상」이다. 이 글은 월간 ≪대화≫ 1976년
12월 호에 기고한 것을 『우상과 이성』에 다시 실은 것이다. 검찰은 리 선
생이 『중국의 붉은 별』로 유명한 에드가 스노¹⁰의 마오쩌둥에 대한 평가

---

9   리 선생은 출소한 직후 다시 펴낸 『우상과 이성』(증보판, 1980년 3월 10일 발행)에서 이
    부분을 다음과 같이 수정한다.

    물질주의는 인간 행위의 동기와 방법론에서 정신적·도덕적 가치를 배제해버린 사고방식
    이다. 그것은 극단적 합리주의로서 19세기 자본주의의 물질적 발달에 대응하여(또는 그것
    을 지탱하면서) 형성된 세계관이다. 그것은 '결과'와 '효용'만이 선악을 판단하는 제국주
    의·식민주의적 '강자의 논리'로 통용되었고 현재도 그러하다. 식민지하에서 식민 권력과
    식민 교육으로 길들여진 '지식인'이 자신의 언어와 전통과 민족적 긍지를 상실하게 되는
    것은 결코 우연한 일이 아니다. 일제하에서 일본어의 능숙도가 그 사람의 친일성의 척도였
    음은 부인할 수 없는 사실이다. 바로 이 '물질주의자'적 과거의 친일 인사들이 '일본인보다
    더 유창한 일본말'로 나라를 대표하고 민족을 대변한 '효용'과 '결과'가 오늘 한일 관계의 현
    실이 아니겠는가(『우상80』, 35).

    「다나카의 망언을 생각한다」는 1988년 7월 제2개정판을 낼 때 삭제되었다.

10 에드가 스노(Edgar Snow, 1905~1972)는 미국의 저널리스트다. 미주리 대학에서 저널리
    즘을 공부하다 중퇴한 후 뉴욕의 컬럼비아 대학를 졸업했다. 1929년에 ≪컨솔리데이티드
    프레스 어소시에이션(Consolidated Press Association)≫ 특파원 자격으로 중국으로 가서
    1941년까지 머물렀다. 1936년 서방의 기자 중에서는 최초로 장정(長征) 후 산시 성(山西

를 인용한 것을 문제 삼았다. 1980년 3월부터 출간된 증보판은 검찰이 '고무 찬양'의 근거로 삼은 이 부분을 수정했다. 요즘 유통되는 『우상과 이성』에서는 볼 수 없는 글이기에 여기에서 다소 길게 인용한다.

(마오쩌둥에 대한 _ 인용자) 자연인과 지도자로서의 전부를 합친 평가의 한 가지로서 대표적인 것은 다음과 같은 것이다.

"대중 속에 있는 모택동의 오늘의 모습은 사형 집행자의 그것이 아니다. 그를 위대하게 하고 있는 것은 그가 단순히 당의 보스라는 데서가 아니라, 수억의 중국인에게는 순수한 의미에서 교사·정치가·전략가·계관시인·민족적 영웅·가장, 그리고 역사상 가장 위대한 해방자라는 것까지를 합친 전부인 까닭이다. 중국인에게 있어 모택동은 공자·노자·룻소·마르크스, 게다가 석가를 합친 존재다 ⋯⋯."

이것은 외국인으로서 모를 어쩌면 제일 잘 안다고 할 수 있는 에드가 스노우의 평이다. 그 전부일지, 그 일부일지, 또는 그 어느 것도 아닐지는 각기의 사상 입장과 현대 중국에 관한 지식에 따라서 다를 것이다. 정치가, 사상가, 혁명가적 측면에서 이런 말도 있다.

"마르크스는 혁명 이론을 세웠으나 혁명을 하지는 못했다. 레닌은 혁명을 했으나 사회주의를 건설하지는 못했다. 스탈린은 제도적으로 사회주의를 건설했으나 인간의 사상혁명은 못했다. 모택동은 이론을 세우고 혁명을 하고 사회주의를 건설하고 인간 혁명을 하고 있다. 모택동은 마르크스·

省)에 있던 중국공산당 지도부를 심층 취재한다. 이를 바탕으로 1937년 『중국의 붉은 별』을 출판해 세계적으로 명성을 날린다. 1950년대 이후 미국의 매카시 광풍을 피해 스위스로 망명해서 살다가 1972년 제네바에서 죽었다. 1932년에는 중국에 와 있던 미국 언론인이자 『아리랑』의 저자인 헬렌 포스터 스노(Helen Foster Snow, 필명 님 웨일스)와 결혼했다가 1949년 이혼했다.

레닌 · 스탈린을 합친 것이다."

이와 같은 평가는 앞으로 시간이 고증해줄 성질의 것이다. 생존 시 인간의 평가를 역사가 긍정적으로 고증해준 일물도 있고, 역사에 의해서 그것이 반증된 사례도 우리는 너무도 많이 보고 있기 때문이다. 대충 그런 많은 능력과 자질을 가졌던 인물이라는 것 이상의 어떤 결론을 안 내리는 것이, 우리나라처럼 모(毛)와 현대 중국에 대해서 읽고 들은 것이 없을뿐더러 객관적 평가를 하기에는 복잡한 여건을 가지고 있는 사회에 사는 사람으로서는 무난할 것으로 생각한다(『우상』, 99~100).[11]

마오쩌둥은 1976년 9월 9일 82세로 사망한다. 마오쩌둥 이후 중국 사회주의, 중국의 권력 향배에 대한 세계의 관심이 크게 고조되어 있던 때였다. 긴급조치 9호 발령 등 당시의 정치 상황이 대단히 '파쇼적'이었기 때문에 리 선생은 아주 조심스럽게, 타인의 입을 빌려 마오쩌둥에 대한 평가를 개진했을 뿐이다. 검찰도 글 하나로 기소하는 것이 무리라고 생각

---

11 리 선생은 1980년 『우상과 이성』 개정판에서 사회주의혁명에서 마오쩌둥을 평가하는 것은, 마오쩌둥이 우리와 동시대 인물이고 중국 사회주의는 현재 진행형이기 때문에 어려움이 있다고 전제한 후 다음과 같이 수정했다. 뒤의 주요 부분만 인용한다.

모택동을 가장 알 아는 사람으로 공인받고 있는 에드가 스노가 평하듯이, 교사, 정치가, 전략가, 철학자, 시인 등 다양한 자질을 지닌 인물임에는 틀림없다. 문화대혁명이 한창이던 때에 이런 말이 유행했었다. 즉, 모의 선배격인 마르크스 · 레닌 · 스탈린 등과 대비하면서 마르크스는 혁명의 철학을 창출했지만 혁명은 못했고, 레닌은 혁명은 했으나 사회주의를 건설하지 못했고, 스탈린은 사회주의 건설은 했지만 사상(인간)혁명은 못했는데, 모택동은 그 세 선배의 한 것과 못한 것을 아울러 했다는, 표현 그대로로서는 지나친 과장이고 부분적으로는 진실이기도 한 그런 평이다. 문화대혁명의 막이 내리고, 모택동의 반세기에 가까운 중국 혁명 지도자로서의 생애가 끝난 지 몇 달이 지나지 않은 현재, 이미 부분적으로는 모택동에 대한 부정적 평가가 들려오기 시작한다. 역사에 점하는 그의 무게가 클수록 우리는 그에 대한 판결을 시간(역사)에 기대할 수밖에 없을 것이다(『우상80』, 99~100).

했는지 이것저것 다 걸고넘어졌다. 「농사꾼 임 군에게 보내는 편지」는 가나안농군학교에서 만드는 농민 잡지 ≪농민운동≫ 1976년 11월 호에 기고한 글로서 『우상과 이성』에도 포함되어 있었다. 시골에서 농사를 짓고 있는 임 군[12]에게 보내는 편지 형식의 글로, 리 선생이 쓴 글 중 가장 '수난'을 많이 당한 글이기도 하다. 1977년 3월 11일, 3월 18일의 공판 기록(『역설』, 337~343)을 보면 검찰이 문제 삼은 것은 다음 세 대목이다(고딕체로 쓴 부분은 1984년 『분단을 넘어서』에 넣으며 삭제한 곳이다).

오늘날 우리 사회의 도시 문화, 특히 농촌을 덮어버리고 있는 '서울 문화' 란 그 본질이 무엇인가? 그것은 한마디로 말하면 농민을 희생으로 해서 만들어진 문화 형태이고, 조금 더 크게는 미국과 일본의 경제적 지배에 대한 이 민족 대중의 저항감을 심정적·심리적 측면에서 쓰다듬는 마취적·최면술적·아편적인 문화 내용이라고 생각하네(『우상』, 313).

이 겨레, 특히 농촌의 농민과 도시의 하급 노동자와 영세민이 무엇을 원하며, 무엇을 그들에게 주어야 하는가 따위는 대체로 이 소비문화의 제조가들과는 무관한 일이지. 소비문화를 대중화함으로써만 움직임을 계속할 수 있는 전체적 경제의 원리와 구조, 그것을 힘과 제도로 뒷받침하기 위해서만 존재하는 정치의 원리와 구조, 이것이 문제란 말일세. …… 우리는 거부할 줄 알아야 한다는 생각이 들었네(『우상』, 315).

'정치는 내가 할 테니 너희는 농사만 지으면 된다'는 말이야 성립될 수 없지 않

---

12 여기서 말하는 임 군은 임수대 군으로 리 선생이 1975년경 주례를 섰던, 서울대 농대 출신의 학생운동가였다. 임수대 군은 경남 마산 인근 진동에서 농사를 지으면서 농촌계몽운동을 했다(『대화』, 472~473).

겠는가. 우리 농민은 너무도 오랫동안 복종과 순응만을 해온 것 같아. 생각하고 저항할 줄 아는 농민을 보고 싶은 마음 간절하네(『우상』, 320).

검찰은 이러한 구절들과 이어지는 "그런 문화가 가난한 계층의 의식을 마비시킨다", "창피스럽다"와 같은 문장을 걸고넘어졌다.[13] 노동자·농민을 주축으로 하는 마오쩌둥식 공산혁명을 목적으로 민중을 선동하려 했다는 것이 기소 이유였다. 다음으로 「크리스찬 박 군에게」에서는 막걸리 배달원 자살 이야기나 방직공장 여공들을 착취하는 자본가 이야기에 시비를 걸었던 것으로 보인다.[14]

---

13 여기서 소개하는 공판 관련 기록은 일본의 ≪세계(世界)≫ 1978년 7월 호에 실린 「한국으로부터의 통신」에 따른 것이다. 이 공판 기록은 「사상 재판, 1978년 5월 16일 발신」이라는 제목으로 번역되어 『역설의 변증』에 전재되어 있다.

14 『우상과 이성』 증보판에도 「크리스찬 박 군에게」가 실려 있지만, 다음에 인용하고 있는 초판의 325쪽과 326쪽 일부가 삭제되었다. 『분단을 넘어서』(1984)에 실린 「영등포의 자유와 평등」은 「크리스찬 박 군에게」에서 삭제된 부분의 이야기가 중심이 되는 글이다.

먼저 자유와 평등의 문제를 생각해보기로 하지. 초보적 민주주의 이론이지만 자유는 평등의 토대에서만 가능한 것일세. 우리 사회에서는 어째서인지 자유의 문제는 대중적 의식의 차원에까지 스며 있는 듯한데, 평등의 의식은 그렇지 못한 듯하니 이에 대한 인식의 일반화가 시급하네.
나는 이론가도 아니고 학자도 못 되니 비근한 실례로 설명해보지. 몇 해 전 영등포의 막걸리 가게에서 막걸리 배달원으로 일하던 두 10대 젊은이가 음력설 전날 밤, 누추한 하숙방에서 소주에 극약을 타 마시고 숨졌다는 신문 기사가 있었지. 그 기사에 의하면 이 두 소년은 전라도의 시골서 일자리를 찾아 서울로 올라온 지 1년이 되었는, 설이라고 고향의 부모를 찾아가 뵈어야 할 터인데, 선물을 살 돈은 고사하고 기차 값도 없는 것을 한탄한 나머지 인생을 비관, 자살키로 결심했다는 것이었지. 이 소년들이 집으로 돌아갈 '자유'가 없는 것은 아닐세. 못 간다는 법률이나 사회적 제약이 있는 것도 아니었겠지. 그러나 그들에게는 그 자유를 '실현'할 '수단', 즉 돈이 없었던 것이지. 한쪽에는 무슨 자유이건 실현할 수단을 주체하지 못할 만큼 소유한 부유한 사람이 있는가 하면, 한쪽에서는 지극히 소박한 인간적 소원마저도 혼백이 되어서가 아니면 이룰 수가 없게끔 수단을 박탈당한 사람이 있다는 현실을 생각해보게. 민주주의는 정치·사회적 자유가 고루 주어진 상태를 말하는 것은

『우상과 이성』에 실린 '원본'「농사꾼 임 군에게 보내는 편지」와 1984
년『분단을 넘어서』에 수정 게재된「어느 젊은 농사꾼에게」를 비교해보
면, 재판 기록과 수정한 부분이 대체로 일치한다. 앞의 세 부분 외에「어
느 젊은 농사꾼에게」에서 전면 삭제한 곳은 다음과 같다.

나는 중국에 관해서 다소 전문적으로 공부를 하노라고 책도 읽고, 생각도
하다 보니, 얼마 전에 죽은 모택동이라는 사람의 말을 가끔 곰곰이 음미할
때가 있네 …….
"만약 당신이 대중이 당신을 이해해주기를 바라거나 대중의 한 사람이 되
고자 하거든, 오랜 기간의 그리고 심지어 뼈를 가는 듯한 고통스러운 자기
개조(自己改造)의 과정을 겪어야 한다. …… 혁명가가 됨으로써 나는 혁
명군의 노동자·농민·병사들 속에서 함께 살게 되었다. 이때부터 나는
차츰 그들과 친숙해지고 그들도 나와 친숙해지기 시작했다. …… 비로소
부르조아적 교육이 나의 머리와 몸에 뿌리박아 놓은 부르조아적·소시민
적 관념에 근본적인 변화가 일어났다. 진정코 추한 자는 개조되지 않은
인텔리라는 사실, 노동자와 농민은 손에는 흙이 묻고 발에는 소똥이 묻었

아닐세. 그 자유를 구체화할 수 있는 능력이 고루 주어지는 것으로 비로소 민주주의일 수
가 있는 것이야.
'가난은 나라도 못 구해' 하는 속담을 즐겨 쓰는 사람을 나는 나의 주변에서 자주 보네. 그
런데 재미있는 일은 이런 말을 하는 사람은 대개 부자라는 사실이야. 가난은 구할 수 있는
것이야. 다만 사회적 생산의 결과를 소수에 편중시키는 방법으로 유지되는 경제제도가 문
제인 것이지.
얼마 전에 방직공장 여공들에게 하루 70원의 임무를 주고는 각종 명목으로 55원인가 60원
을 임금 봉투에서 떼어낸 자본주가 고발당한 일이 있는 것을 기억하나? 이들 여공에게는
'소극적 자유'도 없고 민주주의 사회가 지향하는 적극적 자유는 더군다나 아무것도 주어지
지 않는다는 것을 우리는 알 수 있지. 왜 그런가. 평등이 아닌 자유가 얼마나 허무맹랑한
것인가를 알 수 있겠나. 박 군.

어도 궁극적으로 깨끗한 것은 그들이라는 것을 알게 되었다. 사람의 의식이 변하면 그 사람이 한 계급에서 다른 계급으로 변한다는 것은 이것을 두고 하는 말이다."

모(毛)와 같은 사람조차 그렇게 의식을 바꾸기란 어려운 것이라고 말하고 있는데 ……(『우상』, 317~318쪽 한 페이지 분량 전면 삭제).

「어느 젊은 농사꾼에게」에서 문장을 수정, 변경한 곳은 모두 네 곳이다. 수정한 부분[15]을 보면 의미가 크게 달라진 곳은 없지만 전체적으로 글이 '부드러워'졌다.

① 하물며 의식의 개조 같은 것은 존중되지 않고 권장되지도 않을뿐더러 오히려 소비문화적·물질주의적·귀족 취미적·지배자적·명령자적 생활을 지향하는 생존 양식과 의식이 권장되고 있으니 어디 쉬운 일이겠는가(『우상』, 318).

② 시골의 색시들이 도시, 서울에 와서 그 생존을 이어가는 많은 현실적

---

15 이 네 부분이 「어느 젊은 농사꾼에게」에서 다음과 같이 수정되었다.

① 의식을 갖는다는 것이 존중되지 않고 권장되지도 않을뿐더러 오히려 소비문화적·물질주의적·귀족 취미적·지배자적·명령자적 생활을 지향하는 생존 양식과 의식이 조장되고 있으니 딱한 일이 아니겠는가(『분단』, 210).

② 시골의 색시들이 도시, 서울에 와서 땀 흘려 일하며 살기보다는 술집, 화류계, 사창가에서 스스로 비인간화된 생활을 고집하는 모습을 텔레비전의 〈추적 60분〉 같은 프로에서 자주 보았겠지(『분단』, 210).

③ 인간을 비인간화하려는 과정에서 주고받는 대가도 그들이 말끝마다 내세우는 국민소득의 증대 속에 포함되고, 이른바 GNP의 큰 몫으로 계산된다는 것을 알면 현실을 보는 눈이 좀 달라져야 하지 않겠는가(『분단』, 211).

④ 농민, 노동자의 처지와 농사짓고 물건 만드는 사람들 속에 들어가서 그 체험을 나누려는 지식인은 오히려 위험시되는 풍조인 듯싶네(『분단』, 211).

사례는 차마 여기서 말하기조차 거북할 지경일세(『우상』, 318).

③ 인간을 비인간화하려는 과정에서 주고받는 대가도 그들이 말끝마다
내세우는 국민소득의 증대 속에 포함되고, 국가 현대화 방식이라면 우
리는 그와 같은 원리 · 구조 · 내용이 경제와 경제제도, 그리고 그것을
움직이는 정치와 그 제도를 어떻게 생각해야 할 것인가(『우상』, 319).

④ 농민 · 노동자의 처지와 농사짓고 물건 만드는 일일랑 '지배적 지향'적
사회 원리와는 역행한다는 것일까(『우상』, 319).

『8억인과의 대화』는 리 선생과 백낙청 선생, ≪창작과비평≫에 큰 시
련을 안겨준 책이다. 리 선생은 소위 '중공' 문제를 다루는 것의 위험성을
충분히 인식하고 있었기 때문에 편역자 서문에서 글과 책의 성격을 명확
하게 밝힌다. "이데올로기, 권력, 정치, 혁명, 선전 등에 관한 것이나 특히
'이론'이라는 것은 하나도 없다"고 전제하고 "이른바 '친중공적' 편견을 가
졌다고 알려진 개인이거나 사회주의권의 원전은 일체 배제한다"고 명백
하게 선을 그은 바 있다. 사실『8억인과의 대화』는 선별의 엄정성이나 번
역의 철저함으로 봤을 때, 한국의 사회과학 번역에 있어 하나의 금자탑이
라고 할 만한 책이었다. 하지만 이 책은 나온 지 두 달도 되지 않아 금서
가 되었고, 『우상과 이성』과 함께 반공법의 '심판'을 받게 된다.

『8억인과의 대화』에서 검찰이 문제 삼은 글은 알랭 페르피트[16]의 「피
의 대가(代價)」(31~50쪽), 윌리엄 힌턴[17]의 「'열매'의 분배」(62~75쪽), 존 케

---

16 알랭 페르피트(Alain Peyrefitte, 1925~1999)는 1925년 프랑스 피레네 산간 마을에서 출생
했다. 인류학을 전공한 학자이자 저명한 정치가다. 제2차 세계대전 중에는 드골 장군을 도
와 망명정부를 지도했으며 전후에는 드골 정부에서 공보부 장관, 문화부 장관 등을 역임했
다. 1977년 아카데미 프랑세즈 정회원이 되었고, 지스카르 정부의 법무장관을 지낸다. 페
르피트는 1971년 프랑스 의회 중국 방문단 단장으로 중국을 방문해 마오쩌둥, 저우언라이
(周恩來) 등과 회견을 하기도 한다(『8억인』, 31).

네스 갤브레이스[18]의 「내가 본 중공 경제」(126~143쪽) 등 세 편이다(김언호, 1997: 36). 중국 사회주의 혁명의 양면성을 다룬 「피의 대가」는 ≪창작과비평≫ 1977년 여름 호에, 세계적 경제학자 갤브레이스의 중국 방문기인 「내가 본 중공 경제」는 ≪세대≫ 1977년 5월 호에 각각 게재했던 것이다. 「'열매'의 분배」는 에드가 스노의 『중국의 붉은 별』과 함께 중국 혁명 시기의 3대 기록문학 작품 중 하나로 꼽히는 『번신(飜身)』의 15장을 번역한 글이다(『8억인』, 62).

검찰은 『8억인과의 대화』와 관련해 반공법 위반 혐의로 리 선생을 기소하며 "사실을 사실대로 말해도 반공법에 위반된다"는 논리를 펴고 있었다. 이에 대한 변호인 심문에서 리 선생은 사실을 사실대로 말하는 것은 보호될 줄 알았다고 답한다. 이어 '공소장'[19]에서 중공에 유익한 부분은 삭제하거나 잘못 평가될 염려가 있는 부분에는 주를 달았어야 하는데, 그렇지 않아서 유죄라고 단정한다. 이에 대해 리 선생은 다음과 같은 반론

---

17 윌리엄 힌턴(William Hinton, 1919~2004)은 미국의 농부이자 저명한 작가다. 시카고에서 출생해 코넬 대학을 졸업했다. 1966년에 낸 중국 혁명 기록물인 『번신(飜身)』은 세계적으로 유명하다. 『번신』은 힌턴이 1948년 유엔 구호위원단의 민간 원조 계획의 일원으로서 산시 성(山西省)에서 농업지도 사업에 종사하는 동안 목격한 일을 기록한 것이다. 이 기록물은 산시 성 유림 마을에서 벌어진, 4000년간 이어져 온 중국 농촌의 구체제가 붕괴되는 과정을 생생하게 묘사했다(『8억인』, 62).

18 존 케네스 갤브레이스(John Kenneth Galbraith, 1908~2006)는 캐나다에서 태어난 미국의 경제학자다. 1908년 캐나다 온타리오 주 태생으로, 토론토 대학을 졸업하고 캘리포니아 대학 버클리 캠퍼스에서 석사와 박사 학위를 취득했다. 하버드 대학과 프린스턴 대학 교수로 재직하며 세계적으로 널리 읽힌 저서를 여럿 냈다. 제2차 세계대전 무렵에는 정부의 물가정책 국장과 경제보장대책 국장, 존 F. 케네디 시절에는 인도 대사 등 관료로 지내기도 했고, 1972년에는 미국경제인연합회 회장을 맡기도 했다. 그의 주요 저서로는 『풍요한 사회』, 『대공황(The Great Crash)』, 『미국의 자본주의(American Capitalism)』, 『불확실성의 시대(The Age of Uncertainty)』 등이 있다.

19 서울지방검찰청 77형 제65795호 반공법 위반 사건 공소장. 『8억인과의 대화』와 『우상과 이성』을 모두 문제 삼았다.

을 편다.

학자의 가장 비열한 행동은 남의 글을 도용하는 것이다. 그러나 그보다
더 비열한 것은 남의 글을 마음대로 삭제하는 행위다. 국가권력인 법의
대행자가 남의 글을 삭제하라고 한 것은 도저히 이해할 수 없는 일이다.
다음, 번역자의 견해를 넣어야 한다고 하는데 내가 번역한 글의 저자들은
세계적으로 권위를 가진 학자들이다. 그들의 글을 내가 평가할 수 없다
(박원순, 1992: 199~200).

명백한 학문의 자유 침해 사건이고 무리한 검찰의 기소였음에도 불구
하고 10여 차례의 공판 끝에 리 선생은 고등법원에서 징역 2년형을 선고
받았고 상고는 기각된다. 재판정은 변호인단 및 피고인들에 의해 고도한
이론들이 전개되는 '민주주의 학습의 장'이 되었다.[20] 변호인단은 반공법
적용의 문제점을 지적하는 장문의 「상고이유서」를 법원에 제출했고, 리
선생도 1978년 11월 26일 200자 원고지 218매에 달하는 「상고이유서」를
제출한다. 하지만 고등법원은 검찰의 기소장을 그대로 받아들여 징역 2
년 자격정지 2년을 선고했고 대법원은 상고를 기각해 리 선생은 만 2년의
징역살이를 하게 된다.

---

20 임재경 선생은 다음과 같이 회고했다.

리영희의 재판은 이돈명, 조준희, 홍성우, 황인철 등 제1세대 인권 변호사들을 망라함으로
써 법정을 압도하는 장관을 이뤘다. 그뿐 아니라 재판이 있을 때마다 방청석에는 재야 민
주화 운동 관련 인사들이 운집했는데, 여성으로는 박형규 목사의 부인과 투옥 중이던 김지
하 시인의 모친, 그리고 이화여대 이효재 교수가 단골이었다. 재판 방청인들 가운데 빼놓
을 수 없는 사람은 민청학련 사건과 5·22 사건으로 투옥되었다가 석방된 통칭 제적생들,
임진택(연출가), 김정환(시인) 등이다(≪한겨레≫, 2008년 6월 17일 자).

박정희 정권은 내용상의 유사성에도 불구하고 1974년에 나온 『전환시대의 논리』는 문제 삼지 않았다. 또한 『우상과 이성』, 『8억인과의 대화』의 글들은 ≪창작과비평≫과 ≪대화≫ 등 이미 여러 잡지에 기고했던 것들이었다. 그럼에도 리 선생은 1977년 11월 23일 오전 7시 치안본부 대공분실에 연행되었고 12월 27일 기소된다. 리 교수의 구속과 기소를 둘러싸고 당대 최고 수준의 변호인단이 재판부와 역사에 남을 '한판 승부'를 벌였고, 동아투위 · 자유실천문인협의회 · 해직 교수회 · 기독교교회협의회(KNCC)에서 성명서를, 학계 · 언론계 · 문단의 인사들이 진정서를 냈으며, 일본에서까지 항의문이 왔지만 권력은 요지부동이었다.

『전환시대의 논리』의 주요 내용이 아시아 및 극동의 현대사와 그 변전하는 역사적 상황에 대한 구조를 해부하고 새로운 인식의 방향을 제시(대외적 시각 교정)하는 것이었다면, 『우상과 이성』의 경우, 오늘 우리의 삶을 조건 짓는 한국 사회에 대한 비평 작업(대내적 시각 교정)에 중점을 둔 이 면이 있다(김언호, 1987: 125).

권위주의 정권 시절 비록 여러 가지 제약이 있었지만 1970~1980년대의 대학은 '자유의 섬, 지성의 열풍 지대'라고 불릴 만한 '사상의 치외법권 지대'였다. 국가에 의해 일사분란하게 통제되는 제도 교육에 순치되어온 신입생들에게 의식화 전 단계로서 시각 교정이란 '운동의 시대' 필수 과정이었다. 리영희 저작이 갖는 사회사적 중요성은 여기에 있다. 그의 책들은 어떤 대학 교재보다도 필독서로서 각광받았고, 그 기능은 바로 개안을 통한 세계관의 변화였다(조상호, 1999: 200).

리 선생 저서가 대학생들에게 그렇게 엄청난 영향을 미치고 있다는 사실을 박정희 정권도 모르지 않았을 것이다. 리 선생이 베트남이나 미국 이야기를 하는 것이 권력 입장에서 '강 건너 불'로 보였다면, 중국 혁명과 마오쩌둥 사상, 친일 문제나 한국의 농민 현실 등을 화두로 삼고 청년들의 '각성'을 촉구하는 것은 '발등의 불'로 보였을 수도 있다.

다른 면에서 '유언비어의 날조 · 유포 및 사실의 왜곡 · 전파 행위 금지' '금지 위반 내용을 방송 · 보도 · 기타의 방법으로 전파하거나 그 내용의 표현물을 제작 · 소지하는 행위 금지' 등을 내용으로 하는 '대통령 긴급조치 제9호'가 1975년 5월 13일 발동되었다는 점에도 주목해볼 필요가 있다 (『역설』, 270). '긴급조치 9호'는 반공법과 함께 출판의 자유를 질식 상태로 몰아넣는 데 쓰인 전가의 보도였다. 10 · 26 이전까지 박정희 정권은 '긴급조치 9호'를 근거로 50종 이상의 출판물을 '불온'을 이유로 판매 금지 조치했다(박원순, 1992: 131~132).

리 선생이 낸 세 권의 책은 1977년 이후 모두 판금 도서가 된다. 『8억 인과의 대화』는 1977년 9월 1일 초판을 찍은 후 동년 10월 25일 재판을 찍고 판매 금지되었다. 이 책은 이후 한동안 지하 세계를 떠돈다. 1987년 다수의 금서 해제 때도 풀리지 않다가 1991년 1월 30일 3판으로 다시 세상에 등장한다.

리 선생의 「베트남전쟁 III」이 실렸던 ≪창작과비평≫ 1975년 여름 호가 판매 금지를 당했음에도 『전환시대의 논리』는 한동안 잘 버텼다. 『전환시대의 논리』는 출간한 지 5년이 되던 1979년 3월 30일 '11판'을 찍은 후, 리 선생의 2년형이 확정되면서 판매 금지 처분을 받는다.[21] 제5공화국 후반인 1986년 무렵에야 해금된다. 전두환 정권은 1985년 6월 14일 이념 서적에 대한 대대적인 단속을 벌인 후, 정밀 심의를 거쳐 『전환시대의 논리』 등 17종의 도서를 영장 발부 대상에서 제외한다(≪중앙일보≫, 1985.6.17) 하지만 정작 창작과비평사가 1985년 12월 등록이 취소되었다

---

[21] 일부 글에는 『전환시대의 논리』가 1980년대 이후 신군부에 의해 '금서'로 지정된 것으로 잘못 기록되어 있다(≪중앙일보≫, 1993년 2월 20일 자 박스 기사; 백승종, 2012 등). 유신 시대 금서 목록을 보면 『전환시대의 논리』도 포함되어 있다(김삼웅, 1987: 81).

가 1987년에야 '창작사'라는 이름으로 되살아나기 때문에, 『전환시대의
논리』가 다시 빛을 보게 되는 것도 이 무렵이다. 해금 이후에도 『전논』은
대학생 등의 교양서적으로 꾸준히 사랑을 받았고, 1999년에는 한글 전용
판으로 재출간된다. 지난 2015년 10월 산본에 있는 리 선생 댁을 방문했
을 때, 사모님께서 올해도 창비사에서 『전환시대의 논리』의 인세를 보내
왔다며 '신기해'하셨다. 출간된 지 40년이 지나도록 한 글자도 수정된 적
이 없는 『전논』이 여전히 팔리고 있다.

　『우상과 이성』의 '일대기'는 좀 다르다. 앞서 썼듯이 『우상과 이성』은
1977년 11월 1일 출판되었지만 11월 23일 리 선생이 구속되는 관계로 불
과 20여 일 만에 사망 선고를 받게 된다. 리 선생은 감옥에서 박정희의 피
격 사망 소식을 접한 후 1980년 1월 9일 광주교도소에서 만기 출소한다.
『전논』이나 『8억인』 이상으로 수난을 당했던 『우상과 이성』은 리 선생
출소 직후인 1980년 3월 10일 곧바로 증보판으로 부활한다. '자유의 물결'
이 판금되었던 책의 생명을 다시 살려냈다는 것이다(김언호, 1987: 133).

　'부활'이 가능했던 것은 우선 리 선생이 1980년 2월 29일 사면된다는
점을 들 수 있다. 최규하 대통령은 1980년 2월 29일 오전 10시를 기해 윤
보선 전 대통령, 김대중 전 대통령 후보, 함석헌 옹과 지학순 주교를 포함
한 긴급조치 위반자 687명을 '복권'시켰다. 이날 복권된 사람들은 대개 긴
급조치 1호, 4호, 9호 위반자들이었다. 리영희 교수와 백낙청 교수 등은
반공법 위반자였지만 정부의 학원 자유화 조치의 일환으로 복권되었다
(≪동아일보≫, 1980.2.29). 리 선생의 '자격정지'가 풀리고 공민권이 회복
된 것이다. 리 선생은 1986년에 쓴 「『우상과 이성』 일대기」에서 이렇게
적고 있다.

　『우상과 이성』은 정사생(丁巳生)이다. 1977년의 해가 저물어가는 11월 1

일을 생일로 하여 세상에 태어나, 11월 23일 사형 선고를 받은 단명하고
도 단명한 인생을 살았다. 그러나 그 짧은 인생에는 백년의 인생에 해당
하는 많은 사연이 얽혀있다. …… 어느 날 새벽, 하늘에 천둥이 울리고 번
개가 치더니 천년왕국을 꿈꾸던 우상숭배자들에게 하늘의 벌이 내렸다.
그 덕택으로 이 아이는 죽음에서 다시 소생하여 백성들 속에 돌아올 수 있
었다(『역설』, 269).

하지만 내용을 자세히 보면 1980년에 '소생한' 『우상과 이성』은 초판과
크게 다르다. 외형상 검찰이 크게 문제를 삼았던 「농사꾼 임 군에게 보내
는 편지」가 빠졌고 「중국의 소수민족 정책과 한민족」, 「독일 통일 문제
를 보는 눈」 두 편이 추가되었다. 또 「다나카의 망언을 생각한다」와 「모
택동의 교육 사상」, 「크리스찬 박 군에게」에서 검찰이 기소 과정 중 문제
삼았던 부분이 전부 삭제 혹은 수정되었다. 『우상과 이성』을 출판한 한
길사 김언호 대표의 회고를 보면 그 '사연'을 알 수 있다.

필자는 저자의 투옥과 더불어 압수되고 판금되었던 『우상과 이성』을 살
리는 작업을 1980년 1월 하순에 착수했다. 필자는 계엄사 검열반(서울시
청에 진을 치고 있었다)에 차출되어 일하던 서울시청 법무관실 김동배 씨
(그는 참으로 책을 좋아했다) 등과 접촉, 좋은 책 『우상과 이성』을 다시
살리자는 나의 설명에 '호의'적 반응을 얻어냈다. '수정증보판' 『우상과 이
성』이 검열에 들어갔고 1980년 2월 27일 '제978호 계엄사령부 검열필'의
붉은 도장이 찍혔다(김언호, 1997: 43).

어떻게 『우상과 이성』이 판금 조치에서 벗어날 수 있었던 것인지에 대
한 의문이 풀린다. 『우상과 이성』 증보판은 출판사 대표가 '자발적으로'

계엄사령부와 접촉해 '검열필'이라는 붉은 도장을 받고 소생시킨 '계엄사판'이었던 셈이다. 리 선생은 『우상과 이성』 1980년판 서문인 「증보판(增補版)을 내면서」에서 "본의는 아니지만, 지금 초판의 내용에서 한두 구절을 고치고 두 편의 글을 보태어서" 책을 낸다며 이렇게 적었다.

이들 평론집(『전논』과 『우상』을 말한다. _ 인용자)에 수록되어 있는 글들이 아직도 적지 않은 독자들의 환영을 받고, 또 새로운 독자들에 의해서 읽히고 있다는 것은 아직도 이 사회에 가면을 벗지 않은 많은 우상이 버티고 서 있다는 증거라 하겠다. 그러한 까닭에 진정한 인간 해방과 진실이 지배하는 사회를 바라는 필자로서는 이 책이 극복되는 날이 빠르면 빠를수록, 그리고 '그 정도의 이야기는 상식에 속한다'고 생각하는 사람이 많아지면 많아질수록 필자의 기쁨이 크다는 역리(逆理)를 믿는 것이다. 그러기에 한길사의 간곡한 요청에 의해서 불가피한 수정을 거쳐 이 증보판을 내게 되는 것은 필자에게는 기쁨이기보다는 우울함이라는 솔직한 심정을 적어야겠다(『우상80』, 3~4).

증보판 서문도 당연히 계엄사 검열반의 '검열 대상'이었을 것이다. 아주 조심스럽게, '그렇게까지 해서' 책을 내는 우울한 심정을 내비치고 있다. 어렵게 다시 세상에 나온 『우상과 이성』은 1980년대 중반까지 리 선생 책 중 유일하게 '지상에서' 산다. 필자도 1980년대 초 이 책을 구입했던 기억이 있다. 한길사의 기록을 보면 '증보판' 『우상과 이성』은 1986년 7월 초까지 7만 1027부가 팔린다. 매년 1만 권 이상씩 판매된 셈이다.[22]

---

22 한길사의 '오늘의 사상신서' 101권 중에서 가장 많이 팔린 책은 송건호 선생 등 12인이 함께 쓴 『해방전후사의 인식』(1979년 10월 간행)으로 11만 2719권이 판매되었다. 그 뒤를 잇는 것이 '개정판' 『우상과 이성』이며, 세 번째는 박현채 선생이 쓴 『민족경제론』(1978년

그 엄혹한 시절에 '개정판'『우상과 이성』이 한국 사회에서 그 나름대로 기여한 바가 있다는 사실은 충분히 인정할 수 있지만, 앞서 정리했듯이 그 '유혈이 낭자했던' 검열의 '산물'이었다는 점에서 아쉬움이 남는 것 또한 사실이다.[23]

『우상과 이성』의 내용은 이후에도 계속해서 바뀐다. 1988년 제2개정판에서는 기존의 장별 제목('식민지 시대의 극복', '현실과 이성의 대화' 등)이 사라졌고, 「소리가 들린다」, 「다나카의 망언을 생각한다」, 「편집 국민주주의」, 「신문 읽는 기술」, 「존경하는 사람」, 「0.17평의 삶」이 빠졌다. 대신 리 선생이 1988년 미국 버클리 대학에 체류하며 쓴 「미국의 겉과 속」이 추가되었다. 지난 2006년 나온 전집판에는 「서대문형무소의 기억」이 새로 추가되었고, 「0.17평의 삶」도 재수록 되었으며, 「미국의 겉과 속」은 삭제된다. 리 선생도 '단명했다'고 썼듯이 『우상과 이성』은 사실상 1977년 11월 23일 사망한 것이다. 계엄사 검열 과정에서 '절명'한 「농사꾼 임 군에게 보내는 편지」는 리 선생의 탁월한 편지글 중에서도 '걸작'이

4월 간행)으로 3만 600부가 팔린다(김언호, 1987: 200~201).

23 필자가 헌책방에서 구해 가지고 있는 초판 『우상과 이성』에는 검찰, 계엄사 등의 검열 흔적이 남아 있다. 이 책에서 파란색(혹은 검정색) 볼펜으로 지적하고 있는 부분은 50곳이 넘는다. 「광복 32주년의 반성」, 「다나카의 망언을 생각한다」, 「불효자의 변」, 「중국이란 어떤 나라인가」, 「모택동의 교육 사상」, 「주은래 외교의 철학과 실천」, 「일·중 관계의 오늘과 내일」, 「베트남 35년 전쟁의 총평가」, 「냉전의 역사와 전개」, 「농사꾼 임 군에게 보내는 편지」, 「크리스찬 박 군에게」 등 거의 모든 글을 문제 삼았다. 각종 표시를 하거나 밑줄을 긋고, 곳곳에 메모도 남겼다. 메모 내용은 "공산 계열 서적 인용 과다", "출처 명기 되어 있지 않다", "분석 비판이 없다"(이상 111쪽), "지도자 찬양, 용공(129쪽)", "불온 간행물 내용 무분별 인용"(145쪽), "은연중 계급의식 고취"(318쪽) 등이다. 기소 과정에서 검찰이 문제 삼은 내용과 일치한다. 「모택동의 교육 사상」과 「농사꾼 임 군에게 보내는 편지」 부분이 반으로 접혀 있고, 「농사꾼 임 군에게 보내는 편지」 전체와 「크리스찬 박 군에게」의 일부분에 "삭제(削除)"라고 적혀 있다. 표지 안쪽 내지에는 "황"으로 보이는 사인이 선명하다. 적어도 두 사람의 '검열관'이 보고 표시한 흔적이다.

었다. 아쉬운 마음에 이 책 부록에 '원문'을 실었다.

2. 언론과 대중문화 비판

리 선생은 언론인이자 지식인이었고, 언론사에 오래 근무했기 때문에 표현의 자유와 사상의 자유, 언론기관 문제에 대해 일관되게 비판적 자세를 견지했다. 1970년대 텔레비전과 관련해 심도 있는 비평을 한 후 제복과 유행, 스포츠와 공연 등 대중문화 비평도 남겼다.

언론 · 언론인의 기회주의

리 선생의 언론 관련 글은 『전논』부터 『21세기』까지 곳곳에 흩어져 있다. 언론사와 기자에 대한 비판 글은 언론계를 떠나기 직전인 1970년부터 본격적으로 발표한다. 『전논』에는 권두 논문 「강요된 권위와 언론 자유: 베트남전쟁을 중심으로」(5~29쪽)와 《기자협회보》에 실렸던 네 편의 글(「미필적 고의」, 「외신 보도의 자세」, 「다시 이상주의자가 되자」, 「미래와의 대결」, 325~337쪽) 및 「기자 풍토 종횡기」(338~348쪽)가 있다. 『우상과 이성』에는 「편집국 민주주의」(305~308쪽)와 「신문 읽는 기술」(309~311쪽) 두 편이 있고, 『8억인과의 대화』에는 영국의 중국 연구 권위자 맥파쿠하(Roderick MacFarquhar, 1930~)의 「언론과 보도기관」(308~320쪽)을 번역, 게재했다. 『분단을 넘어서』에는 1973년에 쓴 「신문이 하나둘씩 사라지는데 ……」(213~214쪽)가 실려 있고 『역설의 변증』에는 1975년에 쓴 '한때 《동아일보》 읽는 맛에 살았다」(266쪽)가 실렸다.

『自由人, 자유인』에는 1988년에 쓴 「후배 기자들에게 하는 당부: '신문지'를 만들지 말고 '신문'을 만들자」(87~92쪽)가 수록되었고, 『새는 '좌 ·

우'의 날개로 난다』에는 1993년에 쓴 「끝내 변할 줄 모르는 언론인들의 기회주의」(316~318쪽)가 실렸다. 또한 1995년에는 월간 ≪말≫ 6월 호에 「통일 시대 언론의 사명」(≪말≫지 창간 10주년 심포지엄 발표문)이 실렸다. 『스핑크스의 코』에는 1996년 전후에 발표했던 여론조사 왜곡 보도와 관련한 「속임수는 이제 그만」(137~142쪽), 「이승복 소년 이야기」(150~154쪽), 「'고정간첩 5만'의 유령」(156~159쪽), 「남북문제에 관한 한국 언론의 문제」(160~174쪽)가 실려 있다. 끝으로 『21세기 아침의 사색』에는 2000년에 쓴 「남북 정상회담과 언론」(368~371쪽)이 있다.

언론에 관련해서는 주로 권력과의 유착 문제를 지적했고, 언론인들에 대해서는 기자의 자세와 바람직한 보도 태도, 기자직의 타락 문제와 작업 풍토 비판, 왜곡 보도, 기자들의 기회주의 등을 주제로 하는 것이 대부분이다.

「다시 이상주의자가 되자」[24]에서는 기자직에 대한 리 선생의 생각이 정리되어 있다. 우선 기자는 현실을 부정하고 자신의 이상적인 현실관을 실현하고자 하는 아이디얼리스트가 되어야 한다는 것이다. 둘째, 기자는 관료가 되지 말고 지식인이 되어야 한다며 가장 순수한 지식인의 유형으로 갈릴레오 갈릴레이(Galileo Galilei)와 5·4 운동 이후 역사를 주도한 중국의 지식인을 예로 들었다. 끝으로 기자는 미국식 객관주의의 몰사상, 몰가치적 행위에서 벗어나 지사(志士)를 지향할 필요가 있다. 물론 구한말과 같은 지사가 되어야 한다는 것이 아니라, '지식인적 자각에 입각한 실천적 행동을 하는 사람'으로서의 지사의 정신을 승계할 필요가 있다는 것이다. 끝으로 기자는 한편으로 범세계적·범인류적이면서 동시에 민족적이어야 한다고 강조한다(『전논』, 331~322).

---

24 ≪기자협회보≫, 1971년 1월 8일 자.

「기자 풍토 종횡기」는 《창조》 1971년 9월 호에 실린 글로 리 선생이 합동통신 외신부장에서 해직되기 직전에 쓴 글이다. 1957년부터 14년간 기자 생활을 하면서 느꼈던 기자직에 대한 소회를 솔직하게 적고 있다. 사실 중간 제목만 보더라도 하고자 하는 이야기가 다 드러난다. 「누가 먼저 돌로 치랴」 ─ 「소속 계층에 대한 착각」 ─ 「권력 측 발표를 그대로 사실화」 ─ 「약자에게만 강한 건 '깡패'」 ─ 「'척지(尺志)'[25] 횡납과 포커판」 ─ 「특파원 기사 천편일률」 ─ 「수습 때 실력에서 퇴보하는 지성」 ─ 「조건반사의 토끼」 순으로 이어진다. 당시 기자 사회의 부패 타락상을 떠올리면서 동시에 지금 언론사의 기자들은 어떠할지 생각하게 한다. 부패 타락해 권력에 기생하고 약자에게는 군림하며 돈이나 뜯어내고 갈수록 지성이 퇴보하는 것이 '조건반사의 토끼'가 된 기자들이라는 이야기다. 기자의 타락은 기자들만의 문제로 끝나지 않는다는 데 문제의 심각성이 있다.

조건반사의 토끼가 되어버린 기자가 그 가치관과 의식구조를 통해 취재하고 그것을 그런 각도에서 국민에게 전달해온 결과가 최근 우리 사회의 안팎에서 일어나는 사태에 국민이 넋을 잃게 된 것이라면 기자는 모름지기 의식구조를 뜯어고쳐야 한다. 기자는 이와 같은 비정상을 애써 찾아내어 정상적 형태를 부여해야 할 것이지 그것을 비웃는 풍조마저 있다. …… 기자가 마련하지 못한 것을 민중이 스스로 쟁취하려 하고 있다(『전론』, 348).

---

25 리 선생은 규모가 큰 촌지(寸志)를 척지라 표현했다. 예를 들면 "소속사 봉급 외 수입은 직무상 관계하는 대상의 재정적 규모에 따라 문자 그대로 수천 원의 '촌지'에서 수십만 원 '척지'까지 가지가지다"라거나 "촌지가 나오는 대로 기자실에서 '섰다'의 밑천이 되는 것이 보통이지만 '척지'는 포커판 밑천이 되고서도 저택, 기업체의 투자, 승용차, 골프 멤버 등으로 확대재생산 된다"라는 식으로 표현하고 있다.

「신문이 하나둘씩 사라지는데 ……」는 유신 정권의 언론 탄압을 비판하는 내용이다. 한양대로 직장을 옮긴 1973년 6월 22일 ≪기자협회보≫에 기고한 글인데 이후 1984년에 나온 『분단을 넘어서』에도 실린다. 이 글 때문에 리 선생은 중앙정보부에 끌려가 며칠 간 호되게 당하고 ≪기자협회보≫는 이후 정간 및 폐간 처분[26]을 당했다가 월간으로 바뀌게 된다 (『자유인』, 87~88). 이 글은 사실상 공식 언론 기능이 마비되어버린 유신 직후 언론 현실에 대한 고발이다. 당시 미디어들이 잇달아 문을 닫거나 통합되는 상황에서 낭설, 풍문, 유언, 비어, 뜬소문, 눈짓, 귀엣말 등에 의존할 수밖에 없는 현실을 우회적으로 끌어들여 공적 미디어의 기능이 마비되어 쑥덕공론이나 귀엣말, 눈치로 때려잡기, 유언비어 등이 미디어 기능을 대신하는 '어용 미디어' 현실을 개탄한다.

1970년대 이후 한국 언론과 권력의 유착은 '권언복합체'라고 할 정도로 공고화된다. 리 선생은 1980년 초 출소하지만 곧이어 '광주 배후 조종' 혐의로 투옥되었고, 대학에서도 해직되기 때문에 1980년대 중반까지 중국, 베트남, 제3세계 관련 글 이외에는 발표한 것이 없다. 언론 비판은 「신문이 하나둘씩 사라지는데 ……」 이후 15년이 지난 1988년에야 다시 등장한다. ≪기자협회보≫에 실린 「후배 기자들에게 하는 당부」는 '신문지'를 만들지 말고 '신문'을 만들자라는 부제를 달고 있다. 이 글에서 리 선생은

---

26 국정원 과거사위에 따르면 중앙정보부는 ≪기자협회보≫ 1973년 6월 22일 자 3면에 리영희 교수의 기고 「신문은 하나 둘 사라지는데 ……」가 실리자 박기병 당시 회장과 정진석 편집장, 리영희 교수를 연행하고 사전 검열을 받겠다는 서약을 받아냈다. 또 1974년 10월 25일 기자협회가 민주언론수호결의 성명을 발표하고 1975년 3월 8일 제351호 증면 호를 통해 조선일보 경영진의 무더기 기자 파면을 보도하자 이틀 뒤인 3월 10일 '신문 · 통신 등의 등록에 관한 법률'을 들어 ≪기자협회보≫를 폐간 조치했다. 이유는 기자협회가 법정 시설 기준을 갖추지 못했다는 것이었다. 중정은 또 1975년 4월 24일 제13대 기협집행부였던 김병익 회장과 백기범 부회장 등을 국가모독죄로 연행, 구속하겠다고 위협해 집행부로부터 사퇴 의사를 받아낸 것으로 드러났다(≪기자협회보≫, 2007년 10월 25일 자).

지난 한 세월 동안 자신이 한국에는 신문이 아닌 '신문지'만 있고, 언론인을 참칭하는 '언롱인(言弄人)'만 있을 뿐이라고 단정하는 등 언론 자체를 노골적으로 경멸해왔다는 점에 대해서 사과한 후, 기자들에게 다음 다섯 가지를 다짐해줄 것을 당부한다.

첫째, 기자들의 부르주아적 관점을 반성해야 한다. 둘째, 빼앗는 쪽에 서지 말고 빼앗긴 쪽에 서야 한다. 셋째, 권력에 한눈을 팔지 말아야 한다. 넷째, '주의화(主義化)'된 반공 이데올로기를 털어버려야 한다. 다섯째, 남북한 문제나 정부, 안기부, 경찰, 군 등의 발표문을 기사화할 때 독자적 판단에 근거해 진실을 보도해야 한다(『자유인』, 88~91). 27년 전에 쓴 글임에도 리 선생이 환생해서 2015년 현재 한국 신문기자, 방송 관련자들에게 들려주는 이야기 같다. 한국 언론의 퇴행과 언론인의 반지성적 이익집단화는 그때보다 오히려 더 심해졌다.

1993년 6월 ≪언론노보≫에 발표한 「끝내 변할 줄 모르는 언론인들의 기회주의」는 한국 언론, 언론인의 고질병인 기회주의를 강도 높게 비판하고 있다. 악명 높은 리승만 정권이 12년씩이나 폭정을 계속할 때 '국부 리승만 대통령', '세계적 반공주의 지도자'를 외쳐댔던 이 나라의 신문(기자)들이 4·19 기운이 무르익자 언제 그랬냐는 듯이 리승만 대통령과 자유당 정권의 부패, 타락상의 폭로에 앞장섰다. 5·16 쿠데타, 10·26 정변, 문민정부가 지나갈 때도 이들의 행태는 크게 달라지지 않는다.

40년 가까운 세월에 걸쳐서, 6대의 정권이 바뀌는 동안에 목격하고 체험한 결론은 소위 '언론인'을 자처하는 기능인들의 전천후적 기회주의. 영원히 변할 줄 모르는 그 일관된 기회주의의 속성은 바람의 방향이 살짝 달라질 듯한 낌새만 보여도 풍향침보다도 먼저 재빨리 표변하는 뛰어난 선천적 처세술이다. 정말로 놀라운 재능이다. …… 그런데 한 가지 현상 역시 변함없이 되풀이되었다. 언론사 사주, 간부 기자들 중에서 형무소엘 갔다거나 감투를 벗었다거나 한 사실들을 들은 일이 없다. 박정희와 전두환을 세종대왕 급으로 신격화한 언론인들 중에서 자기반성의 글을 썼다는 말을 들어본 일이 없고, 부끄러워서 사표를 내고 신문사를 떠났다는 말은 더더구나 들어본 일이 없다(『새는』, 316~317).

2000년 7월 호 《신문과 방송》에 게재한 「남북 정상회담과 언론」은 리 선생이 생전에 쓴 언론 관련 마지막 글이다. 이것은 2000년 6월 13일 김대중 대통령이 2박 3일간 북한을 방문한 이후, 남북 화해와 평화통일을 위해 언론이 어떻게 변해야 하는지 그 방향을 제시하고자 한 글이다(『21세기』, 370~371). 이 글의 내용을 보면 과잉 흥분과 급냉각을 오가는 냄비 언론 경계, 여전한 냉전 의식·극우 반공주의 청산, 누구에게도 도움이 되지 않는 '맹목적 애국주의' 문제, 남북문제에 대한 작용·반작용이라는 관계론적 이해, 북한에 대한 편견과 이중 기준 탈피, 북한 입장 역지사지 해보기 등이다. 요컨대, 북한이 '악마'인 것도 아니고 남한이 '천사'인 것도 아니라는 '당연한' 사실을 늘 명심하라는 것이다.

텔레비전 · 대중문화 비판

방송과 대중문화에 관한 글은 1972년의 「텔레비전의 편견과 반지성」(『전논』, 151~156) 이후로 간헐적으로 등장한다. 1993년 방송 관련 기관지 등에 기고하고 그 이후『새는 '좌·우'의 날개로 난다』에 다시 수록된 「오욕의 역사 청산해야」(307~310쪽), 「방송을 보는 마음」(311~315쪽), 「한 비영상 세대의 부탁」(319~324쪽) 등 세 편의 글이 있고『스핑크스의 코』에는 「귀순자 기자회견 방송」(143~149쪽)이 있다. 대중문화와 관련된 글로는 1974년에 쓴 「제복과 유행의 사상」(『우상』, 53~64), 1983년 《공동체

문화≫ 1집에 쓴 「키스 앤드 굿바이」(『분단』, 187~204)가 있다. 『스핑크스의 코』에는 1996년 전후에 쓴 「한국 젊은 여성은 바쁘다」(83~89쪽), 「마이클 잭슨이라는 신과 그 신도들」(95~101쪽), 한국과 일본의 축구 경기에 관한 「2등에게도 꽃다발을」(107~110쪽)같이 대중문화 비평 글이 있다. 또 ≪신동아≫ 1973년 3월 호에 발표한 「텔레비전의 편견과 반지성」에는 이런 대목이 있다.

> 한 스토리의 주인이 있고 그에 매인 사람이 있으면 주인은 으레 서울말을 쓰고, 매인 사람은 사투리를 쓰면서 등장한다. 또 유심히 보았더니 가정극에 나오는 식모에게는 어느 도의 사투리로 한다는 것이 정해져 있는 것 같고, 사회 풍자극 등에서는 건전하지 않은 행위를 하거나 수모를 당하는 역의 출신지도 대개 정해져 있고, 쾌감을 주거나 용기와 정의를 상징하는 역의 언어는 거의 예외 없이 또 어느 도 사투리가 독점하고 있는 것 같은 느낌을 받는다(『전논』, 154).

텔레비전을 중심으로 한 지배 권력 재생산 구조와 저질 대중문화 확산에 대한 리 선생의 비판은 지금 봐도 그 관찰력, 통찰력에 감탄하게 된다.[27] 리 선생은 1960년대 중반 노모에게 효도하기 위해 집에 텔레비전을

---

27 리 선생의 「텔레비전의 편견과 반지성」에 대해 강준만 교수는 1997년에 쓴 「새는 좌우의 날개로 난다」에서 '지역 차별 문제 제기의 소극성'이라는 측면에서 아쉬운 점을 지적한다. "선생이 말하는 어느 도란 전라도다. …… 이 문제는 결코 사회과학적 해설을 해야 할 고통, 그리고 텔레비전에 대한 원망과 고민의 차원에서 접근할 문제가 아니다. 선생이 민족의 화해와 사랑을 염원하며 직설을 마다하지 않았듯이, 텔레비전을 움직이는 사람들과 그 사람들을 꼭두각시로 부리는 박정희와 그 추종자들에게 직설과 독설을 퍼부어야 하는 문제가 아니었을까? …… 선생은 우리 사회에서 깨부수어야 할 수많은 우상이 버티고 있음을 역설해왔다. 그런데 어찌하여 그 우상의 목록 가운데 '전라도 차별'이라고 하는 우상은 포함되지 않았던 건지 참으로 안타까운 일이 아닐 수 없다"(강준만, 1997: 225).

들여놓았고 오며 가며 보게 된다. 그러면서 이 문명의 '이기'가 과연 가정에 필요한 것인지 대한 깊은 고민에 빠진다. 상업주의적 프로그램으로 인한 생각하는 기능의 마비 혹은 '인간 백치화(白癡化)', '도시 부유층 소비문화의 확산', 만연해 있는 지역에 대한 차별, 정치 선전 드라마의 편견과 비이성적 태도 등이 노골적이기 때문이다.

하지만 노모님과 식구들 때문에 텔레비전을 없애지도 못하고 늘 등골이 오싹해지는 경험을 하면서 고민이 계속된다. 그 고민은 곧 텔레비전을 비롯한 대중매체라는 것이 결국 거대한 사회자본주의 구조의 최말단에서 대중을 세뇌시키는 수단에 불과하다는 사실에 대한 문제의식으로 변한다. 1976년에 쓴 「농사꾼 임 군에게 보내는 편지」의 일부분이다.

텔레비전 프로그램이 생각나는가. …… 라디오, 신문, 잡지, 텔레비전을 떠들썩하게 하는 노래와 춤과 이야기와 유흥물이라는 것들, 무슨 배우, 무슨 탤런트, 무슨 인사의 정사 이야기, 가을의 여자 옷이 파리의 유행을 따르고, 겨울옷은 도쿄의 유행을 따른다는 식의 온갖 내용이 농민과 무슨 관계가 있단 말인가. …… 이 겨레, 특히 농촌의 농민과 도시의 하급 노동자와 영세민이 무엇을 원하며, 무엇을 그들에게 주어야 하는가 따위는 대체로 이 소비문화의 제조가들과는 무관한 일이지. 소비문화를 대중화함으로써만 움직임을 계속할 수 있는 전체적 경제의 원리와 구조, 그것을 힘과 제도로 뒷받침하기 위해서만 존재하는 정치의 원리와 구조, 이것이 문제란 말일세(『우상』, 315).

리 선생의 이런 생각과 태도는 평생 달라지지 않는다. 아니 달라질 수가 없었다. 텔레비전을 비롯한 대중매체의 상업주의, 인간 마취, 몰가치, 생각 마비, 유행 조장, 소비 창출 기능은 오히려 훨씬 강력해졌기 때문이

다. 방송과 같은 대중매체에 의해 매개되는 유행과 소비, 문화 제국주의
와 연관된 문제에 대해서는 주로 푹스의『풍속의 역사』의 내용을 기반으
로 「제복과 유행의 사상」(『우상』), 「키스 앤드 굿바이」(『분단』)에서 차분
하게 비평하고 있다. 1983년에 쓴 「키스 앤드 굿바이」는 리 선생이 교복
자유화 소식을 듣고 자녀들과 대화를 나누는, '소설 형식'으로 쓴 에세이
다. 유행과 사치라는 것이 결국 여성의 3중의 예속 상태를 영속화하는 수
단이라고 강조한다. 삼중의 예속이란 남성에 대한 예속, 자본에 대한 예
속, 다른 문화나 국가에 대한 예속을 말한다. 설명은 구체적으로 이어진
다. 지금 되새겨도 대단히 중요한 이야기다.

> 이 나라의 많은 가난한 여성이 유행의 사치를 따르기 위해서는 자기의 몸
> 을 남자의 애무의 재료로 맡기거나, 생명의 창조와 사랑의 행복을 위해서
> 신이 갖추어준 몸을 상품으로 팖으로써 남자에게 그 대가를 받을 수밖에
> 무슨 밑천이 있니? 여공보다 조금 나은 지체나 직장이나 수입의 여성은
> 여공이 자기의 몸을 상품으로 내놓는 대상보다 조금 더 수입이 많은 남성
> 에게 같은 행위를 함으로써 여공보다 한 급 위의 사치를 구하리라는 것을
> 이해할 수 있지. 많은 탤런트가 재벌의 아들이나 정계의 거물들에게 그렇
> 게 해서 유행과 사치를 누린다는 것은 이 사회의 상식 아니냐? …… 남자
> 가 여자보다 수입이 많고, 큰 경제권을 갖게 되어 있는 사회경제구조에서
> 유행과 사치는 여성 스스로 남성의 예속물로 전락하는 가장 쉬운 길이야
> (『분단』, 197).

남녀평등이나 여성해방이라는 것도 이러한 사회경제구조와 소비문화
의 본질을 이해할 때 비로소 그 가능성이 열린다. 언론과 대중문화 관련
글 중에서 마지막으로 ≪생활성서≫ 1996년 11월 호에 실린 「마이클 잭

슨이라는 신과 그 신도들」을 보자. 이 글은 소위 '오빠부대'로 통하는 팬덤 현상에 대한 우려를 정리한 것이다. 젊은 학생이나 청소년들이 공연장 등에서 '절망의 몸짓'을 보이는 것은 사회구조적 억압에 대한 표출일 수 있고, 일종의 '구원의 몸짓'이라고 볼 수도 있다. 리 선생이 주목하는 것은 군중이 되어 '정신줄을 놓아버리는' 그 현상의 이면에 도사리고 있는 '권력'이다.

> 자의식을 상실한 시민은 정치적 꼭두각시가 된다. 이 사실은 군중 조작의 악마적 천재인 히틀러에서 최고조에 달했지만, 히틀러의 앞과 뒤의 시대에도 그의 아류적인 정치가들에 의해서 끊임없이 개인의 집단화가 시도되었다. 소년 소녀들의 히스테리적 광란을 목격하거나 그 소식에 접할 때 내가 두려워하는 진정한 이유는, 환경의 인위적 조작을 일삼는 정치권력들이 그들의 목적을 위해서 만들어내려는 인간형이 바로 그렇게 이성적 자의식과 비판 능력을 상실하고 히스테리적 광란을 일삼는 획일화된 집단의 시민이기 때문이다(『코』, 100).

드라마든 유행이든 팬덤이든, 어떤 사회 현상을 보며 그것을 가능하게 하는 사회경제구조와 그 구조에 작용하는 권력관계를 읽어내고, 그 해소 방안을 제시하는 것은 리 선생의 독보적 영역이기도 하다.

3. 냉전 체제와 반공 정권

리 선생이 평생 싸운 것은 '우상'이다. 우상 중에서도 핵심은 냉전 체제, 반공 이데올로기였고 이를 통해 세계를 지배하고자 했던 미 제국주의와 그 우산 속에서 권력을 유지한 국내 정치체제였다. 리 선생은 7년간의 군대 생활을 하면서 미 제국주의와 반공 이데올로기의 실체를 뼈저리게 경험한다. 제대 후 외신부 기자와 대학교수, 지식인으로서의 삶은 이러한 냉전·반공 체제와의 전쟁이었고, 이는 리 선생의 '자유인'으로서의 생존의 문제였다.

여기서는 리 선생의 '냉전과 반공'에 관련한 글을 냉전 체제, 국내의 반공주의, 국내 독재 정권과 정치 현실 등 세 영역으로 나누어 정리해보기로 하겠다.

냉전 체제의 해부

냉전은 사회주의 국가가 등장하면서 나타난 새로운 형태의 국제정치 질서였다. '냉전 체제'와 관련해 검토해볼 글은 「냉전의 역사와 전개」(『우상』), 「조건반사의 토끼」(『전논』), 「제로섬적 대결 구조에서 경제 전쟁으로」(『새는』), 「자유와 민주주의의 적: '매카시즘'」(『21세기』) 등이다.

냉전과 관련한 리 선생의 본격적인 글은 1970년 크리스천 아카데미 '대화' 토론의 발제문인 「냉전의 역사와 전개」다. 이 글은 나중에 수정, 보완되어 『우상과 이성』 제5장 '사상과 행동의 구조' 편에 수록된다. 리 선생은 이 글에서 냉전의 기원을 '자본주의 질서의 세계와 역사 속에 이에 대립되는 사회주의 국가 형태의 출현된 시기'로 보고 있다. 소비에트 정권이 수립된 이후 1941년 미소경제원조협정이 체결될 때까지가 1차 냉전 시기라고 할 수 있다. 1945년까지 미국과 소련은 손을 잡고 대 파시스트 전쟁을 승리로 이끈다. 제2차 세계대전 이후의 냉전 체제는 정치적 분할, 양대 군사 진영화, 미소 중심 권력 체계, 이데올로기 택일 강제 구조, 약소국가의 미소 진영 예속 체제를 그 특징으로 한다고 보고 있다. 이러한 미소의 세계 분할 지배는 로마제국 한 시기를 제외하고는 역사상 경험해보지 못했던 정치 구조였다(『우상』, 296~297).

이 논문에서 리 선생은 제2차 세계대전 이후 냉전의 전개 과정을 세계 분할 시기(1944~1945), 냉전의 발동(1945~1950), 양극적 군사 진영화 과정(1950~1955), 광기와 이성의 혼합 시대(1955~1962), 냉전 질서 해체 과정(1963~1972)으로 정리한다. 요컨대 전후 세계 분할 과정인 얄타 체제에서 시작해 1972년 닉슨의 중국 방문과 '세계의 헌병' 역할 포기로 형식상 종결된다는 것이다. 냉전 시대 미국의 동북아 전략은 아시아 공산주의 고립화 시기(1946~1949), 중국 포위 고립화 시기(1950~1969), 4대국 질서 모색 시기(1970년 이후)로 구분하고 있다. 중요한 것은 이런 냉전의 역사가 우리에게 주는 교훈이다.

열·냉전의 역사를 통해서 드러나는 하나의 공통된 현상[結果]은 그것이 사회주의나 사회주의적 국가 세력을 산출해왔다는 사실이다. 제1차 대전에서 최초의 사회주의 체제인 소련이, 제2차 대전 결과로 동구와 중국·베트남·북한⋯⋯ 등이 나타났다. 서방측 지원을 받는 이스라엘의 중동 전쟁은 많은 아랍 국가들을 자본주의 노선에서 중립 내지 친사회주의 노선으로 전환케 했음을 보게 된다. 아인도 국제 전쟁에서 승리한 인도와 서파키스탄은 친소련으로, 패배한 동파키스탄(방글라데시를 말한다. _ 인용자)도 내부 체제를 사회주의화하면서 친중국 노선을 취하게 되었다. 베트남·인지(印支) 전쟁의 결과는 크메르·남베트남·라오스·버마 심지어 태국까지도 그 국가 체제와 국제정치상의 노선이 친서방에서 친동방적으로 전환케 하는 것을 본다(『우상』, 301~302).

「조건반사의 토끼」는 ≪한반도≫라는 잡지의 1971년 9월 호에 실렸던 글로, 미국의 ≪뉴욕타임스(The New York Times)≫에서 국방성 극비 문서인 『펜타곤 페이퍼』 내용을 보도한 직후에 작성된 것이다. 그 서두에서는 미국의 '미시시피 주(State of Mississippi)'의 예를 들면서 사상의 자유와 표현의 자유를 억압하는 체제는 필연적으로 가장 낙후할 수밖에 없다는 역사의 진실을 되새기고 있다. 리 선생은 수천 쪽에 이르는 방대한 분량의 『펜타곤 페이퍼』를 읽으면서 냉전 체제가 어떻게 한 국가 체제를 마비시켰는지 새삼 깨닫게 된다.

미국 정부의 지도자들이 위는 대통령에서 밑으로는 하나의 조사원에 이르기까지 얼마나 도착된 가치관과 사고방식에 사로잡혀 있나 하는 것을 느끼게 된다. 그들의 생각은 다만 공산주의와 자본주의의 투쟁만이 이 세상에서 유일한 절대적인 가치라는 관념에 지배당하고 있다. 그것은 하나의 종교적 신앙처럼 되어 있고, 따라서 한 체제가 딴 체제를 파괴하는 것만이 신의 축복을 받는 일로 생각하고 있다(『전논』, 142).

하나의 신앙이란 '냉전 의식'임은 두말할 나위가 없다. 자본주의와 공산주의, 백과 흑, 천사와 악마, 선과 악, 우방국과 적대국이라는 이분법의 포로가 되어버린 것이다. 미국의 석학인 오언 라티모어[28]는 이것이 냉전 십자군의 사상적 표현이었던 1950년대와 1960년대 초의 매카시즘의 논리적 결과라고 개탄하기도 한다. 이러한 '냉전 의식'은 언어라는 표현 수

---

28 오언 라티모어(Owen Lattimore, 1900~1989)는 미국의 동양학자다. 워싱턴 시 태생으로 1920년 중국으로 건너가 상하이, 톈진, 베이징 등지에서 상업에 종사하며 몽골·신장·만주 등지를 탐험한 후 1927년 귀국해 하버드 대학을 다녔다. 1930년 베이징의 하버드·연경 연구소에서 일하기도 했다. 1938년에는 존스홉킨스 대학 교수 겸 동 대학 국제문제연구소장이 되었고, 제2차 세계대전 때에는 프랭클린 루스벨트(Franklin D. Roosevelt) 대통령의 추천으로 장제스 총통의 정치고문으로 일하기도 한다. 미국에서 1955년 이후 매카시즘이 기승을 부리자 영국으로 건너가 여러 대학에서 강의했다(『8억인』, 10~11).

단을 통해 주입되기 마련이다. 냉전 의식은 권력과 언론에 의해 조직적으로 유포되고 세뇌된다. 문제는 우리가 권력이 그렇다고 말하면 그렇게 믿어야 하고, 어떤 사상에는 어떤 용어를 사용해야 하며, 그 용어를 사용하면 반드시 일정한 고정관념을 머릿속에 형성하는 냉전 용어의 조건반사 법칙에 충실한 토끼가 된 것은 아닌가 하는 점이라는 것이다.

「제로섬적 대결 구조에서 경제 전쟁으로」는 《사회평론》 1993년 4월호에 실린 글이다. '전환기 동북아 정세의 성격과 남북 관계'라는 부제를 달고 있는 것에서 알 수 있듯, 동구 사회주의 체제 붕괴의 의미와 우리의 미래에 대한 생각을 담고 있다. 핵심은 동구 사회주의 몰락이 자본주의 진영에 승리를 가져다준 것이 아니라 위기를 가속화하고 있기 때문에, 역사가 끝난 것이 아니라 인간의 얼굴을 한 제도로 변해야 한다는 과제가 시작되었다는 것이다. 러시아나 중국, 북한과 같은 북쪽 국가들의 구조 변화는 적어도 20~30년 이상의 긴 과정으로 전개될 것이기 때문에, 북한에 대한 냉전적 흡수통일은 불가능하다고 보았다.

미국의 경우 자국 내의 모순이 골수에까지 미친 상태인데, 아직도 미국은 경제력, 군사력으로 세계의 나머지 국가들을 지배하려는 존재다. 미국은 여전히 대결주의적 본성을 버리지 않고 있다. …… 미국은 중동전쟁 이후 소위 '신세계 질서'를 자신의 강력한 군사력으로 구축하려고 한다. 미국의 '신세계 질서' 구상은 군사력으로 세계를 지배하려는 것, 즉 군사적 헤게모니하에서 미국의 이익에 합치된 형태로 세계 질서를 고쳐나가는 것을 말한다. 클린턴 정부든 또는 어떤 대통령의 정부든, 미국이 진정으로 지구 상의 평화를 원한다고 생각하는 사람이 있다면 그는 그것이 곧 환상임을 깨닫게 될 것이다(『새는』, 198~199).

동북아 정세의 불안 요인이 오히려 미국, 일본, 남한 쪽에 더 많이 존재한다고 보았는데, 이는 지금부터 22년 전에 미국의 미래 전략을 예측한 것이다. 이런 통찰력은 리 선생이 현상을 구조적·역사적으로 장기간 학습해온 결과다.

반공주의 체제의 허구성

리 선생은 1970년대 중반까지 주로 베트남전쟁이나 중국 혁명, 국제 관계에 대해 글을 썼고 국내 문제와 관련해서는 주로 언론이나 문화 관련 에세이를 썼다. 1970년대 말 『우상과 이성』 등과 관련해 재판을 받는 과정에서 「상고이유서」를 쓴 후 국내 반공주의의 문제에 관한 글을 발표하기 시작했다.

대표적인 글로 「상고이유서」(『역설』), 「민주주의와 진실의 추구」(『분단』), 「국가보안법 없는 90년대를 향하여」, 「40년 묵은 원한 풀어줄 때」, 「객관적 진실과 법률적 허구」(이상 『자유인』), 「6월이면 앓는 '희귀성 열병'」, 「신념대로 살기가 이토록 어렵다니」(이상 『새는』), 「한국판 매카시즘이라는 유령」, 「김대중 대통령에 대한 부탁」(이상 『신화』), 「영원한 질문: 숭고한 삶이란」(『21세기』) 등을 들 수 있다.

「상고이유서」는 1978년 11월 28일 감옥에서 참고 자료 하나 없이 '상고하는 이유'라는 제목으로 쓴 글이다. 리 선생이 평생 쓴 글 중에서 가장 소중하게 생각하는 글로 무려 4만 5600자에 달한다. 자신에 대한 반공법 위반 혐의를 적용한 하급심의 판결이 부당함을 논증하기 위한 장문의 글로 ① 집필, 저술의 동기·목적 등에 대해, ② 집필, 저작 과정, 내용, 구성, 성격에 대해, ③ 경찰, 검찰의 조사·조서에 대해, ④ 하급심의 판결 및 과정에 대해 상세하게 기술하고 있다. 또 여기에는 제1심 판결과 관련된 재미있는 이야기도 적혀 있다.

그런데 웃지 못 할 일은 제1심 판결문의 '이유(판결이유)' 부분의 길이가 어쩌면 그렇게 정확히 14매, 자수로서 8286자입니다. 십수 회의 공판에서 일곱 명의 변호인이 변호하고 두 명의 피고인이 진술한 만 6개월간의 법적 자료에서 피고인 측이 자신에게 유리한 단 한 가지의 사안도 제시하지 못한다는 말입니까. …… 법정 안에 걸린 시계 같은 무생물을 묘사하라 해도 검사와 판사의 글짓기의 길이 · 표현 · 글자 수가 꼭 같을 수는 없을 겁니다. 그런데 판결이유는 기소장에서 글자 하나, 마침표 하나, 말 순서 하나 틀림없이 정확히 일치합니다. 진실로 경이적인 솜씨가 아닐 수 없습니다(『역설』, 358).

당시 기소장과 판결문이 동일한 경우를, 한승헌 변호사는 '정찰제'라고 불렀다(『대화』, 492). 이어 리 선생의 종합적 견해를 ① 국민을 소외시키는 반공법, ② 법 집행 관리의 지적 수준, ③ 국민의 알 권리, ④ 지식의 사회적 본성, ⑤ 이중 기준의 법 적용과 판사의 경향성, ⑥ 현대판 이단 재판소, ⑦ '통치행위'[29]론의 위험성, ⑧ 지도층의 인식 정지중, ⑨ 역사적 상황의 변화로 나누어 제시했다. 또한 반공법과 판검사 등 법조인, 최고 통치자 및 지도층 인사들의 '인식 정지중'을 지적하면서 반공주의의 문제점과 사상의 자유의 필요성을 주창했다.

반공의 이유로 민주주의적 이념 · 권리 · 자유 · 생활 방식을 억압하게 되면, 그 사회의 인간(시민)은 지적으로나 정서적으로 왜소 · 편협해지고 타

---

29 리 선생에 따르면, 1930년대 파쇼 초기 시대 나치 독일, 파쇼 이탈리아, 천황제 파쇼 군국주의 일본, 프랑코 시대의 스페인 등 파시즘 체제의 집권자들이 그 절대적 독재 권력을 기정사실화하는 과정에서 취한 크고 작은 내외 행위를 '통치행위'라고 강변한 데서 시작된 말이다(『역설』, 378).

락하여 발랄한 창의적 능력을 상실하게 됩니다. 언제나 잠재적 의존 상태·미개발 상태에 머물게 되며, 잠재적 공포감 때문에 정상적인 세계관을 배양할 수 없습니다. 그것은 결과적으로 국가의 타락을 초래합니다(『역설』, 387~388).

리 선생은 결론적으로 자신에게 적용된 반공법이 그 입법 정신에 어긋나며, 재판 과정에서 차별적으로 이중 기준이 적용되었고, 대한민국 헌법이 보장하고 있는 학문·언론·출판의 자유에 대한 침해이기 때문에 자신에 대한 기소는 부당한 것이었다고 마무리한다. 하지만 대법원은 리 선생의 상고를 기각한다.

「민주주의와 진실의 추구」는 1980년 출소 직후에 쓴 글로 「상고이유서」의 문제의식을 계승한 후속편이라고 할 만하다. 1980년 초 해직되었다가 복직된 리 선생을 비롯한 한완상, 김찬국, 문동환, 김병걸 교수 등의 기고를 묶은 『다시 하는 강의』에 실려 있다. 대학에서 다시 강의하게 된 소회와 '지식 활동'이 왜 억압되어서는 안 되는지에 대해 상세하게 적고 있다. 지식이란 어느 한 개인이나 민족의 소유물이 될 수 없는, 누구나 한 몫을 부가해 세상에 널리 알려야 하는 '공동의 생산물'이라는 것이다.

지식이란, 이처럼 많은, 서로서로는 아무런 인간관계를 맺음이 없이 고립해 있는 듯 보이는 수많은 사람의 협동적 생산물임을 인식하자. 지식은 엄격히 따지면, 자기가 덧붙인 지적 부가가치의 몫만큼이 자기의 것이지, 누구도 독점할 수 있는 성격의 사품이 아니다. 연구실에 가두어 둔다거나, 정부가 필요하다고 할 때, 돈으로 바꿔야 하는 그런 것이 아니라고 생각한다(『분단』, 117).

「40년 묵은 원한 풀어줄 때」와 「객관적 진실과 법률적 허구」는 1989년 ≪한겨레신문≫에 기고한 칼럼이다. 「40년 묵은 원한 풀어줄 때」는 6·25 전쟁 당시 빨갱이로 몰려 억울하게 죽은 거창, 문경, 산청, 남원 등지의 양민들의 원한을 풀어주어야 한다는 이야기다. 「객관적 진실과 법률적 허구」는 「국가보안법 없는 90년대를 향하여」의 내용을 신문 칼럼으로 압축해놓은 것이다.

「국가보안법 없는 90년대를 향하여」는 ≪사회와 사상≫ 1989년 12월호에 실렸다. 리 선생을 비롯한 한국 진보 지식인들의 목줄을 움켜쥐고 있었던 국가보안법의 문제점을 직접 겨냥했다. 리 선생은 국가보안법을 선하고 아름다운 것은 무엇이든 골라가며 시기하고, 비틀고, 꺾고, 깨고, 부수고, 찢고 그리고 피를 빨아 죽여야 만족하는 '법률의 프랑켄슈타인'이라고 단정한다.

국가보안법은 '남한의 좌익 세력을 제거하기' 위해 정부 수립 직후인 1948년 12월 1일 공포되었다. 이후 6·25 전쟁 시기까지 남로당 등 좌익 세력을 한층 강하게 옥죄기 위해 '단심제'를 도입하는 등 두 차례 개정된다. 리승만 정권은 언론과 국민의 입에 재갈을 물리고 귀를 틀어막는 '인심혹란죄'를 추가하기 위해 1958년 12월 24일 세 번째로 국보법을 개정한다. 1960년 6월 민주당 정부는 4차 개정을 통해 독소조항 일부를 제거했으나 과거에 없던 '불고지죄'를 추가해 큰 파문을 일으켰다. 박정희 정권은 1961년 추가로 '반공법'과 '중앙정보부법'을 제정한다. 반공법은 처벌 범위나 대상, 형량 등을 더욱 광범위하게 규정했다. 전두환 군사정권은 1980년 12월 반공법을 폐지하고 그 주요 조항을 국가보안법에 포함시켰다. 외형상 악명 높은 반공법을 폐지했지만 국가보안법은 더 강화되었다.

리 선생은 1989년 4월 ≪한겨레신문≫ 방북 취재 기획 과정에서 국가보안법 위반 혐의로 구속되어 9월에 풀려난다. 취재를 하러 북한에 간 것도 아니고 취재 계획을 세운 것을 문제 삼아 리 선생을 구속한 것이다. 리 선생은 특유의 탄탄한 논리를 앞세워 '국가보안법 전문(前文)의 대전제'를 진실 검증대에 세운다.

리 선생이 세운 진실 검증 기준은 다음과 같다. 휴전선 이북 지역의 정치적 성격, 승계 국가 여부, 유엔 결의 '유일 합법 정부' 해석 문제, 유엔 결의의 '권고 사항', 북한의 '국가' 자격 문제, 북한 지역에 대한 대한민국의 통치권 유무 문제, 6·25 전쟁 휴전협정의 조인 당사자 지위 문제, '7·4 남북공동성명'의 상호 국가승인, 김일성 (국가) 주석 호칭의 공식화, '한미상호방위조약'의 남한 행정권 지역 제한 규정 등이다. 결론은 명확하다. '대전제'는 앞서 제시한 검증 기준을 단 한 가지도 충족시키지 못한다는 것이다(『자유인』, 77~84). 이어 지금은 국가보안법이 태어난 1940년대가 아니고, 전 세계가 반전 평화의 분위기로 변하는 등 많은 것이 변했다는 점을 고려해 서둘러 폐지해야 한다고 촉구하고 있다.[30]

「6월이면 앓는 '회귀성 열병'」은 1993년 6월 27일에 쓴 글이다. 리 선생은 해마다 6월이면 시청 앞 지하철역 등지에서 열리고는 하는, 일방적 정치 선전을 위해 인민군의 양민 학살이나 공산당의 비인간성 등을 고발하는 '6·25 전쟁 사진전'을 볼 때마다 마음이 편치 않다. 7년 동안 겪은 자신의 전쟁 체험이 오버랩되면서 거창 양민 학살 사건을 비롯한 전쟁의 광기가 빚어낸 참극들을 떠올리게 되기 때문이다.

6·25라는 40년 전의 전쟁 속에서, 북에서 내려온 인민군이 그랬고 그들을 맞은 국군이 그러했다. 38도선을 뭉개버리고 이북으로 진격해 올라간

---

30 1998년 김대중 정권이 들어서면서 국가보안법 철폐, 개정 논의가 활발해지지만 결국 과제를 다음 정권으로 넘긴다. 노무현 대통령은 2004년 9월 MBC에 출연해 국가보안법 폐지를 강하게 주장했지만 결국 폐지하지 못했다.

이남의 군대가 북쪽 땅에서 그러했고, 그들을 맞아 싸운 이북의 인민군이 그러했다. 쌍방의 지휘관이 그랬고, 경찰·청년단이 다 그러했다. 전쟁에서 일어난 '잔인무도'에는 어느 한쪽만의 책임과 죄로 돌리는 것으로 해소될 수 있는 일은 없다. 이것이 나의 전쟁관이라면 전쟁관이다. 그러기에 나는 전쟁에 관한 한 어느 쪽의 당사자건, 전쟁 상대방에 대한 그들의 선전은 믿지 않는다(『새는』, 270).

아직도 우리는 6·25 전쟁 관련 양민 학살의 진상을 잘 모른다. 얼마나 죽었지, 누가 죽었는지, 제대로 규명조차 되지 않은 상황에서 그때, 국군에 의해 학살된 양민의 현장 사진이 확대, 복사되어 '6·25 기념 북한 공산당 양민 대량 학살의 증언'이라는 이름을 달고 전시되고 있는 것이 현실이다. 상식적으로 봐도 그렇다. 그 사진들이 진정 공산군의 양민 학살을 담은 것이라면, 그 사진은 누가 찍었다는 것인가?

「신념대로 살기가 이토록 어렵다니」는 1992년 9월 한 잡지에 기고한 짧은 글로 비전향 장기수 문제를 다루고 있다. 당시 43명의 비전향 장기수가 감옥에 있었는데, 40년 이상 수감된 사람도 세 명이나 되었다. 과거의 반공법과 현재의 국가보안법을 근거로 삼아 그들을 감금하고 있다는 것이다.

이 43명의 대부분이 몇십 년이라는 캄캄하고 긴 세월을 그 속에 유폐돼 있어야 할 명분이 '전향서'를 쓰기를 거부하기 때문이라고 한다. 어째서 꼭 '전향'을 시켜야 하는 것일까? 대한민국 헌법이 보장한 양심과 사상의 자유를 혹독한 고문으로 뭉개고, 40년의 징역으로 탄압해야 하는 것일까?(『새는』, 346)

「영원한 질문」은 1993년 3월 19일 비전향 장기수였던 이인모[31] 노인 송환을 보며 소회를 적은 글로, ≪전교조신문≫ 1993년 4월 5일 자에 실려 있다. 리 선생은 이 글에서 이인모 노인의 삶을 보며 인간의 신념과 신앙에 대해 성찰한다. 여기저기서 흔히 볼 수 있는 하나님과 예수님을 죽도록 사랑한다고 맹세하는 크리스천들을 0.9평 감방 속에 잡아넣고 43년 동안 전향(신앙 포기)을 강요한다면 과연 몇 사람이나 크리스천으로 남을까?(『21세기』, 67) 기독교가 사람을 인간 이상으로 높였듯이 세속적 공산주의도 그 신도들을 인간 이상으로 높인 '종교'임을 이인모 씨에게서 새삼 배운다는 것이다.

「김대중 대통령에 대한 부탁」은 ≪한겨레≫ 1999년 2월 10일 자에 실린 글로서 대담이나 인터뷰가 아닌 기고문으로는 거의 마지막 글이다. 김대중 대통령이 3·1절을 맞아 큰 사면 조치를 할 것이라는 소식을 듣고, 아직도 사면의 조건으로 '준법 서약서'를 요구하고 있다는 사실을 환기하며 그 부당성을 몇 가지로 나누어 지적하고 있다. 첫째, 기본 상식에 어긋난다. 국가 안위를 위협했던 전두환에게는 왜 요구하지 않았는가? 둘째, '자유시장과 민주주의'에 어긋난다는 점이다. 이 둘은 표현의 자유와 의견 다양성을 전제로 작동하기 때문이다. 셋째, '세계인권선언'에 위배된다는 것이다. 넷째, 지금 국가보안법 위반 혐의로 수감 중인 사람들은, 과거 김대중 대통령이 그러했듯이, 이 나라의 발전을 위해 행동했던 선량한 사람들이라는 점이다. 다섯째, 남한이 도덕적으로 북한보다 우월하다는

---

31 함경남도 풍산군 출신으로 6·25 전쟁 때 조선인민군 종군기자로 참여했다가 체포되었다. 1952년 빨치산 활동 중 검거되어 7년간 복역했고 1959년 출소했지만, 1961년 6월 부산에서 지하당 활동 혐의로 붙잡혀 15년형을 선고받아 '실형'을 살고도 두 차례나 더 복역하는 등, 총 34년간 옥살이를 한 뒤 1988년 석방된다. 북한의 줄기찬 송환 요구로 76세가 되던 1993년 3월 19일 김영삼 정부가 북한으로 송환한다[이인모의 기록을 신준영이 정리한 『이인모: 전 인민군 종군기자 수기』(말, 1992) 참조].

사실을 '구체적'으로 보여주어야 한다. 여섯째, 집권 초기 소수의 극우·반동 수구 세력을 배려해서 '준법 서약'이라는 구차스러운 절차를 인정했던 것이라면 이제는 폐지할 때가 되었다는 것이다(『신화』, 74~76).

독재 정권, '침묵의 공화국'

리 선생은 리승만 정권 말기에 언론인 생활을 시작해 이명박 정권이 한창이던 2010년 12월 작고했다. 제1공화국부터 제6공화국에 이르기까지 리승만·박정희·전두환·노태우·김영삼·김대중·노무현·이명박 씨가 대통령을 지낸 시기를 살았다. 리 선생은 지식인으로서 평생 정치권 근처에도 가지 않았고 '정치 행위' 자체에도 큰 관심이 없었다. 오로지 지식인으로서 양심에 따라 각 정권의 문제점이나 비리, 부조리를 일관되게 비판했을 뿐이다. 각 정권의 배후나 국제 관계, 법의 부당성, 한반도와 반전 반핵 등 주요 이슈와 관련해서는 많은 글을 남겼지만 각 정권이나 대통령을 직접 겨냥해 쓴 글은 그리 많지 않다.

먼저 리승만 이후 한국의 독재 체제를 비판한 글로 「언제부터인지 어째서인지」(『우상』), 「서대문형무소의 기억」(『서대문』), 「백주 평안도 도깨비 '어둑서니'」(『자유인』), 「새는 '좌·우'의 날개로 난다」(『새는』), 「고정간첩 5만'의 유령」(『코』), 「한국판 매카시즘이라는 유령」(『신화』) 등을 들 수 있다. 반공 독재 체제가 삶을 어떻게 속박하고 있는지 기록한 비교적 짧은 글들이다.

「언제부터인지 어째서인지」는 유신 독재로 넘어가는 1972년에 쓴 글로 1977년 출간된 『우상과 이성』에 실려 있다. 대학으로 옮긴 직후 한 달치 지난 신문을 넘겨 보며 어서 상식이 통하는 사회가 되었으면 좋겠다는 의미에서, 침묵과 냉소가 흐르는 당시 사회 분위기를 진단하고 있다.

개인 생활에 닥치는 소외감, 사회에서 일어나는 부조리, 국가의 이름으로 정부가 하는 일의 비리 같은 것을 걱정하거나, 생각하거나, 말한다거나, 글로 표현하려 한다거나 하는 민주사회에서의 당연한 행위는 오히려 웃음거리가 되어버렸다. '돈 사람'이 아니면 잘 봐주어서 '아직 철이 덜 든' 사람, '딱지가 덜 떨어진' 사람으로 취급되는 것이 이 사회의 풍조다. 빈정대는 것이 세상사를 통달한 현자(賢者)의 표시이고, 생각하며 고민하는 것은 우자(愚者)의 표시처럼 되어버렸다(『우상』, 45).

이렇게 돌아가고 있는 세상이 답답했는지, 아니면 대학으로 옮긴 후 모처럼 여유를 찾은 탓인지 리 선생은 『맹자』에서 왕도와 패도의 도리를 논한 부분과 『논어』에서 정치의 기본을 이야기하는 대목을 끌어온다(『우상』, 48~49).

힘으로 백성을 안정시킨다는 명분으로 인(仁)을 가장하는 자는 패자(霸者)다. 패자는 반드시 큰 나라, 즉 큰 권력을 가지려 하고 그 권력의 힘으로 민을 굴복시키려 한다. 반대로 덕으로 백성을 사랑하고 다스리는 자는 진정한 왕자(王者)다. 왕자는, 백성이 스스로 따르고 복종하는 까닭에 큰 권력을 필요로 하지 않는다(『맹자』, 공손추 상 3).[32]

"정치란 무엇인가" 계강자가 물었다. 공자가 답하기를 "정(政)의 뜻은 정(正)이다. 당신이 자기 자신을 바르게 하고 아랫사람에게 모범을 보인다면 어찌 바르게 되지 않을 자가 있겠는가?"(『논어』, 안연 17).[33]

---

32 孟子曰(맹자왈), 以力假仁者霸 霸必有大國(이력가인자패 패필유대국), 以德行仁者王 王不待大(이덕행인자왕 왕부대대), ……以力服人者 非心服也 力不瞻也(이력복인자 비심복야 력불섬야), 以德服人者 中心悅而誠服也(이덕복인자 중심열이성복야).

한마디로 지도자는 사랑으로 아랫사람을 대해야 하고, 윗물이 맑아야 아랫물이 맑다는 이야기다. 정치라는 것이 이러한 상식을 구현하는 것임에도 국민총생산이니, 국론 통일이니, 금융 적정 수급이니 민은 알지도 못하는 학설·이론·철학이 범람하고 있다는 것이다. 그러한 요설들은 "신문, 텔레비전, 라디오, 방송, 잡지, 강연, 선전 삐라 등에 의해, 고매한 학설·이론을 공부하지 못한 민중에게 집중적인 '이론 공격'이 가해지고 있다. 어떤 것은 속삭이듯, 어떤 것은 달래듯, 그러다가 차차 음성이 높아져서 강압적인 목소리도 들린다"(『우상』, 49~50). 박정희 대통령의 '10월 유신 선포' 직전 한국 사회의 모습이다. 최소한 '상식'이 지배하는 사회에 대한 간절한 소망을 담은 글이다. 리 선생이 말하는 상식이란 민중이 어떤 조작이나 설득, 세뇌 없이 오랜 삶의 경험으로 옳거나 그르거나를 판단하는 것을 말한다.

「서대문형무소의 기억」은 1988년 2월 서대문형무소[34]가 폐쇄된 후 사적으로 지정되는 시점에 과거 기억을 정리한 글로서 1988년에 나온 『서대문형무소』에 실려 있다. 리 선생은 평생 세 번 서대문형무소 '신세'를 진다. 조선일보 기자이던 1964년 11월 남북한 유엔 동시 가입 제안 보도와 관련해서 처음 들어갔고, 이어 1977년 『우상과 이성』 등의 반공법 위

---

33 季康子(계강자), 問政於孔子(문정어공자), 孔子對曰(공자대왈), 政者 正也 子帥以正 孰敢 不正(정자 정야 자수이정 숙감부정).

34 '서대문형무소'의 뿌리는 구한말의 전옥서(典獄署)다. 1904년 경무청감옥서(警務廳監獄署)로 바뀌고, 1908년 현저동에 경성감옥(京城監獄)을 신축해 이전했다. 1912년 서대문감옥, 1923년 서대문형무소, 1946년 경성형무소, 1950년 서울형무소, 1961년 서울교도소, 1967년 서울구치소로 개칭되었고, 1987년 경기 의왕시로 이전한다. 1988년 2월 27일 기존의 서대문형무소 건물 등은 사적 324호로 지정되었다. 일제강점기 때는 주로 민족지도자와 독립운동가, 4·19 혁명 이후 1980년대까지는 정치인·기업인·세도가·군 장성·재야인사·운동권 학생 등이 주로 수감되었다. 서대문형무소의 역사는 나명순의 「서대문형무소: 1907~1987년의 小史」(1988)에 잘 정리되어 있다.

반 혐의로 체포되었을 때 두 번째로 들어간다. 마지막은 1984년 1월 기독교사회문제연구원 건으로 2개월간 서대문형무소에 갇힌다. 공교롭게도 세 번 모두 한참 추운 계절이었다. 1977년 12월 모친이 작고하셨을 때, '알사탕 한 봉지'를 놓고 제사를 지내기도 한 곳이다. 세 번의 끔찍했던 기억들을 떠올리며 리 선생은 판사와 검사 등 법조인들에게 한 가지를 제안한다.

> 검사와 판사는 연수 기간이나 임용 전후에 반드시 이 관(길이 여덟 자, 너비 넉 자의 감방을 말한다. _ 인용자) 속에, 또는 관 속이 싫다면 냉장고 속에 단 하루만이라도 들어갔다 나오는 것을 의무화해야 한다는 것입니다. 그러면 육법전서의 국가보안법이니 반공법이니 집회시위법이니 하는 법조문의 활자보다도 '인간'의 얼굴이 조금 크게 보이겠지요(『새옹』, 181).

「백주 평안도 도깨비 '어둑서니'」는 ≪한겨레신문≫ 1988년 6월 2일 자 칼럼이다. 이런 내용이다. '어둑서니'란 어린 시절 고향인 평안북도 산간마을에 캄캄한 밤에 나타나는 허깨비의 일종이다. 어둑서니는 있다고 생각해서 쳐다보면 점점 커져버린다. 리 선생은 철이 들어 과학을 공부하면서부터 어둑서니 공포에서 벗어날 수 있게 된다. 그런데 그로부터 50년이 지난 어느 날 대낮에 신문과 텔레비전에서 그놈들을 다시 보게 된다. "북한 SAM 미사일 보유", "한국 상공 거의 사정권 안에"가 그들이다. 이들은 광주 사태, 주한미군 문제, 통일 논의, 올림픽, 남북 학생회담, 국회 개원 등 세상이 시끄러울 때면 으레 나타난다. 대통령 주재 안보 회의 등에서 '사회불안 단호 조치', '좌경 폭력 엄중 경고'하고 애국과 반공을 독점하는 단체에서 신문광고까지 해대면 그 공포는 더욱 증폭된다. '어둑서니'는 진실의 빛을 쐬면 꺼져버린다.

역대 대통령 비판

리 선생은 1980년대 중반까지 정권을 직접 비판하는 글은 거의 쓰지 않는다. 외신부 기자였던 1970년대 초까지는 국내 정치와 관련한 글은 쓸 겨를이 없었고, 이후에는 연행과 구속, 재판이 계속되었기 때문에 쓰고 싶어도 쓸 수가 없는 상황이었다. 그러다 1988년 ≪한겨레신문≫의 창간으로 정론을 펼 수 있는 공간이 확보되자 본격적으로 권력 비판을 시작한다. 과거 리승만 대통령과 박정희 대통령 정권의 성격에 대한 '종합 비판'은 1997년 7월 9일 ≪법보신문≫에 쓴 「한국판 매카시즘이라는 유령」에 잘 정리되어 있다.

문민 대통령 리승만 씨와 군인 대통령 박정희 씨에게는 출신 성분은 다르지만 두 가지 공통점이 있어 보인다. 첫 번째 공통점은, 그들이 정치적 경쟁자를 '빨갱이'라는 악랄한 상징조작으로 매장해버린 수법이다. 두 번째 공통점은, 그런 수법으로 이룩하려 했던 '황제'의 야망이 본인, 혈육, 측근들의 처참한 죽음으로 끝나버린 '추악한 종말'이다(『신화』, 327~328).

빨갱이 상징조작이 한국판 매카시즘이다. '색깔 논쟁'이나 휴전선에서의 긴장 조장은 대통령 선거 때마다 어김없이 치러야 했던 불길한 '통과의례'였다. 1950년대 전반기 미국을 지배했던 매카시즘의 의미를 모르는 사람은 없다. 하지만 찰리 채플린(Charles Chaplin, 1889~1977)이 '가난한 사람들'을 동정하는 영화를 만든다는 이유로 '기소'되어 미국에서 쫓겨날 때 여기에 큰 역할을 했을 뿐 아니라, 할리우드와 미국 영화계에서 벌어진 매카시즘 재판에 정보 제공자 역할을 했던 사람이 미국 40대 대통령인 레이건(Ronald Reagan, 1911~2004)이라는 사실을 아는 사람은 많지 않다.

레이건은 1981년 1월 미국 대통령에 취임한 후 외국 정상 중에서는 처음으로 전두환 씨를 만난다. 대학 초년병 시절 들었던 "금번 본인은 미합중국 대통령 로널드 레이건의 공식 초청을 받아 ……"로 시작되는 전두환 씨의 방송 연설이 생생하게 기억난다. 전두환 정권에서 고난의 세월을 보냈던 리 선생은 전두환과 관련한 몇 편의 글을 썼다.

그중 '한겨레 논단' 칼럼 「아, 이 어찌 두렵지 아니한가」(1988.11.20)와 「200,000,000,000원」(1989.2.12) 두 편의 글이 있다. 「아, 이 어찌 ……」는 1988년 10월 열린 '5공 비리 청문회'에 등장한 전두환 등 패거리들의 왜소하고, 타락하고, 부정직하고, 비굴하고, 파렴치한 모습을 보면서 적은 글이다. 이들의 모습을 보며 리 선생은 '대일본 제국'의 전쟁범죄자들을 대상을 열린 극동범죄재판[35]과 독일의 전쟁범죄자들에 대한 뉘른베르크 전범재판[36]을 떠올린다. 일본과 독일의 전쟁범죄자들이나 이 나라 군부 파시스트들이 공유하고 있는 망탈리테(mentalités)는 곧 파시즘과 극우 사상이다. 극우 사상이 그들을 그렇게 만든 것이다. 아, 이 어찌 두렵지 아니

---

35 공식적인 명칭은 극동국제군사재판(極東國際軍事裁判, International Military Tribunal for the Far East: IMTFE)이며 도쿄 재판(東京裁判, Tokyo Trials)이라 부르기도 한다. 1946년 5월 3일 도쿄 이치가야 구 육군사관학교 강당에서 재판이 시작되어 1948년 11월 12일 최종 판결이 났다. 60여 명의 용의자 중 28명이 기소되어, 도조 히데키(東條英機) 전 수상 등 일곱 명이 교수형을 선고받는 등 25명이 실형을 선고받았다.

36 제2차 세계대전 직후인 1945~1948년 독일의 뉘른베르크에서 나치 전범자를 처벌하기 위해 거행된 재판이다. 1945년 11월에 시작되어 403회에 걸쳐 진행되었다. 공군 총사령관이었던 헤르만 괴링(Hermann Göring), 외무장관이었던 요아힘 폰 리벤트로프(Joachim von Ribbentrop) 등 12명에게 사형이 언도되었고, 부총통 루돌프 헤스(Rudolf Hess) 등 세 명에게 종신금고형이 선고되는 등 다수의 관계자를 10년 이상의 금고형에 처했다. 독일의 정치철학자 한나 아렌트(Hannah Arendt)는 나치의 유대인 학살의 책임자였던 아돌프 아이히만(Karl Adolf Eichmann)에 대한 예루살렘에서의 재판(1961년 4월 11일)을 보고 『예루살렘의 아이히만』(1963)을 썼다. 여기에서 그녀는 '악의 평범성(Banality of Evil)'을 이야기한다. 사람들이 비판적 생각 없이 당연하게 여기고 일상적으로 행하는 일이 악이 될 수 있다는 것이다. 악 자체가 평범하다는 것이 아니라 우리 모두가 쉽게 '악'에 물들거나 편승할 수 있음을 지적하는 이야기다.

한가!(『자유인』, 223)

「200,000,000,000원」은 1986년 전두환 정권이 벌였던, 서울이 물바다로 된다는 '평화의 댐 사기극'에 대한 글이다. 당시 전두환 정권은 직선제 개헌 등을 막고 영구 집권을 획책하기 위해 '63빌딩이 3층까지 잠긴다는 등'의 대국민 협박 사기극을 벌였다. 해당 권력자들이나 동원되었던 '어용 지식인'들은 사실이 잘못되었음을 인정하고 사과하든지 아니면 돈을 돌려주든지 하라는 이야기다.

≪월간 중앙≫ 1988년 12월 호에 게재한 「파시스트는 페어플레이 대상이 아니다」도 '5공 청문회'와 관련이 있는 글이다. 제목은 유명한 루쉰의 글 「페어플레이」는 아직 이르다」[37]에서 따온 것이다. 물에 빠진 개는 두들겨 패야 하듯이, 파시스트들은 용서의 대상이 될 수 없다는 것이다. 특히 7년간 전두환 정권에서 호의호식한 자들이 대부분 '친일 부역자'의 자손들이다. 광복 직후 우리 사회는 친일파, 반민족행위자 집단을 '숙청' 하지 못했던 까닭에 지금까지 신음하고 있다는 생각을 담고 있다.

「명예, 거짓, 죄송의 뜻」은 ≪생활성서≫ 1995년 12월 호에 기고한 글로 노태우라는 전직 대통령의 부정 축재 문제를 화두로 한국의 역대 대통령의 파렴치함을 '고발'하고 있다. 당시 5000억 원에 달하는 노태우 씨의 부정 축재 이야기는 한 달 이상 전 세계의 웃음거리가 된다.

'대통령'이라는 최고의 권세, 권력, 직위, 지체, 힘, 승리, 성공, 1등, 힘, 화려함 등의 한국적 '명예'를 누린 대한민국이라는 나라의 대표에게는 정직, 정의감, 순결, 긍지, 인격, 신의, 염치, 도덕심, 윤리성, 희생심, 약자에 대

---

[37] 원제는 「논 "비액발뢰" 응해완행(論 "費厄潑賴" 應該緩行)」이며 ≪망위안≫ 반월간 제1기에 처음 발표했다(『루쉰전집』, 404).

한 사랑, 겸양, 모범성, 책임감 등의 서양적 '명예'의 내용물이 털끝만큼도 없다는 사실이 백일하에 드러났으니 …… 이 폭로보다 더 흥밋거리와 웃음거리가 어디 있겠는가?(『코』, 75)

「김영삼 대통령에게 드리는 고언」은 김영삼 정권 말기인 1997년 1월 17일 ≪한겨레≫에 쓴 칼럼이다. 당시 김영삼 정권은 국가파산(외환위기와 IMF 구제금융) 사태로 치닫고 있었다. 1997년 1월 한보그룹이 부도를 선언한다. 당시 은행들이 한보그룹에 융자해준 돈만 5조 7000억 원이었다. 정경유착의 한 전형이었다. 리 선생의 심각한 국가 위기 상황을 예감하고, "해방 후 대통령과 동 세대적 역사를 살아온 나에게는 지금의 상황이 리승만 정권, 박정희 정권, 전두환 정권의 말기 현상을 보는 것 같습니다. 특히 리승만 정권의 1959년 상황을 회상하게 합니다"(『코』, 288~289)라고 적는다. 문제의 핵심으로 대통령이 '인의 장막'에 쌓여 있고, 남의 말을 들으려 하지 않으며, 힘의 논리에 도취되어 있다는 점을 든다. 결론은 '북한의 상황이나 북한 인사들의 망명' 같은 사건을 이용하려는 유혹에 빠지지 말고, 한보 사태의 '몸통'과 '전모'에 대한 진실을 밝히라는 것이다.

김대중 대통령과 관련한 글은 두 편 정도가 눈에 띈다. 하나는 앞에서 본 '준법 서약서' 폐지를 촉구하는 서신 형태의 글이고 다른 하나는 인터뷰다. 「DJ에게 정 떨어졌어」는 월간 ≪참여사회≫ 2002년 5월 호에 실린 박호성 교수와의 인터뷰다. 당시 리 선생은 뇌출혈에 따른 마비 증세로 글을 전혀 쓸 수 없었다. 박 교수와 인터뷰에서 리 선생은 심신이 불편한 상황임에도, "DJ가 통일 이후에도 미군이 주둔해야 한다고 말해서 정 떨어졌어"라며, 점진적인 북과의 관계 개선을 통해 외국 군대가 남을 필요가 없는 상황을 만들어야 한다고 역설한다(『21세기』, 242~243). 향후 15년 정도만 노력하면 미군 지배에서 벗어날 수 있다는 것이다. 북한을 방문해서 역사적인 남북 정상회담을 성사시키고, 노벨평화상까지 받은 김대중 대통령이 발언이라서 더욱 '분개'한 것으로 보인다.

노무현 정권에 대해서도 비판은 계속된다. 특히 이라크 파병 문제에 대해서는 신랄한 비판을 계속했고, 2003년 5월 미국 방문 이후에는 CBS 등과의 인터뷰에서 대통령의 '굴욕 외교'와 외교에 대한 '무지'에 대해 비판하기도 한다. 노무현 대통령의 방미 후 남북 관계 및 대미 관계에 대한 자세 변화와 관련해 "노 대통령이 변한 것이 아니라 무식한 것"이라고 비판했다. 리 교수는 지난 2003년 5월 21일 CBS 시사 프로그램 〈시사자키 오늘과 내일〉과의 인터뷰에서 "표현이 안됐지만 국가원수로서 국제 관계의 기본적 움직임에 대한 이해나 지식이나 인식이 너무도 막연했던 것 같다"고 평가하면서 이같이 말한 바 있다(≪경향신문≫, 2003.5.24).

이명박 정권에 대해서는 사실상의 '파시즘 체제'로 규정하고 한국인의 불퇴전의 노력을 촉구한다. 리 선생의 생애 마지막 강연이 된 2009년 인권연대 10주년 기념 특강에서, 국민의 정부와 참여정부를 거치면서 형성된 한국 사회에 형성된 최소한의 인권이라는 것이 전면 '역전'될 위기에 처해 있다고 경고한다.

리 선생은 살펴봤듯이 정권 변화와 상관없이 우리 사회의 부조리와 부당한 권력 작용에 대해 비판의 고삐를 늦추지 않았다. 리 선생은 다른 많은 진보적 지식인들과 달리 국민의 정부, 참여정부 시기에도 일체의 공직을 맡지 않았다. 참여정부 시절 정치권 일각에서 리 선생을 KBS 이사장으로 모시려는 움직임도 있었으나, 일언지하에 거절했다. 아예 정치권의 근처에도 가지 않았다. 진정한 자유인이자 독립적인 지식인의 모습이었다. 그렇게 권력의 장에 철저하게 거리를 두었기 때문에 평생 소신을 굽히지 않으면서 자신의 목소리를 낼 수 있었다.

4. 베트남전쟁과 중국 혁명

『중국백서』와 『베트남전쟁』, 이 두 책을 읽다 보면, 『삼국지』를 읽을 때
느끼는 즐거움을 얻을 수 있지요. 그러는 사이에 2차 세계대전 이후 아시
아 대륙에서의 소위 극우적·반공적·반민중적·외세 의존적 권력과 집
단이 코믹하기도 한 비극적 생리를 우리는 알게 돼요(『대화』, 590).

외신 기자였던 리 선생의 1950년대 후반 이후 주요 관심사는 베트남전
쟁과 중국 사회주의와 문화대혁명 문제였다. 중국 혁명에 대한 관심은
1948년 해양대학 재학 시절에 시작된다. 1957년 외신부 기자가 된 뒤에
는 본격적으로 베트남, 중국을 포함한 세계 각국의 정세에 깊은 관심을
기울이기 시작한다. 베트남과 중국 관련 글은 리영희의 글과 사상을 검토
할 때 가장 중요한 주제이자 글쓰기 방법 측면에서도 심층 해독이 필요한
부분이다.

리영희는 1950년대 후반 치열하게 전개되었던 베트남 민족의 반식민
지 민족 해방 투쟁과 사회혁명의 몸부림, 중국 5억 민중의 인간다운 삶을
찾으려는 중국공산당 혁명전쟁은 물론 이란의 석유 국유화, 가나공화국
의 반식민지 투쟁, 아프리카 16개국의 해방과 독립, 쿠바혁명 투쟁 등 전
세계 피압박 인민의 백인 자본주의 투쟁에 큰 공감을 느낀다. "나는 그런
주제의 큰 뉴스가 들어올 때마다 희열을 느꼈어요. 한마디로 제국·식민
주의 국가들이 지배하는 구질서에 대항하는 각 대륙인민의 '현상 타파' 운
동이 나의 주관심사였어요"(『대화』, 193).

리영희의 주요 관심이 베트남과 중국에 집중되는 것처럼 보이지만 엄
밀히 말하면 한반도를 둘러싼 전반적 국제 관계를 이해하기 위해 미국,
중국, 일본, 러시아, 이란, 아랍, 아프리카, 쿠바, 이스라엘, 캄보디아, 포

르투갈, 에티오피아 등 여러 국가들의 변화에 주목했다.

> 우리 국민은 부국강병을 외치는 경향을 보인다. 부국강병은 중요하다. 그
> 러나 그에 못지않게 …… 국제 관계의 여러 요소를 여태까지의 고정관념
> 을 떨쳐버리고 맑고 넓은 눈으로 볼 줄 아는 국제적 시각의 일대 수정이
> 급선무라고 생각한다. …… 그러기 위해서 무엇보다도 선행해야 할 우리
> 의 과제는, 우리 자신의 현대 세계를 보는 인식의 바탕을 냉철하게 재검토
> 하여 외부 세계와의 생존 관계 양식을 고쳐나가는 노력이라 하겠다(『80
> 년대』, 머리말).

각 국가와 민족, 국제 정세에 대한 고정관념을 버리고 변화하는 상황을
냉철하게 인식해야 한다는 것이다. 1980년대 중반 이후 리영희는 자신의
전공 분야를 '국제 관계론'이라고 고수한 이유도 이와 무관하지 않다. 이
러한 국제 관계 이해의 큰 틀에서 본다고 해도 베트남과 중국은 특별히
중요한 대상일 수밖에 없다. 한국은 박정희 - 케네디 회담에 따라 베트남
전쟁에 수만 명의 군인을 파병해 학살 대열에 동참했다. 중국과 한국의
관계는 수천 년 역사가 말해준다. 리 선생은 기존의 한중 관계가 아니라
19세기 이후 망해가던 중국을 혁명을 통해 재편하고 새로운 가능성을 열
어가는 중국 사회주의에 깊은 관심을 기울인 것이다. 중국 사회주의혁명
은 리영희의 휴머니즘으로서의 사회주의라는 사상 체계의 현실적 근거이
기도 했다.

그 영향도 컸다. 리영희의 첫 저서이자 대표작인 『전환시대의 논리』에
는 중국 관련 논문이 다섯 편, 베트남전쟁 관련 논문이 세 편 실려 있다.[38]

---

38 권두 논문 「강요된 권위와 언론 자유」는 미 국방부의 베트남전쟁 관련 극비 문서 『펜타곤

분량으로도 절반 가까이 되며 실제로 『전논』이 한국 사회에 충격을 준 가장 큰 이유는 베트남전쟁과 중국 혁명에 대한 새로운 시각과 사실을 제공해준 데 있다고 해도 과언이 아니다.

한마디로 베트남전쟁의 진실을 규명하는 일에 외신 기자 리영희가 집요하게 매달렸던 것은 어디까지나 냉전 시대의 폐색 상황이 강요하는 지적 불구화와 사상적 빈곤에서 벗어나고자 하는 필사적인 고투였고, 그 덕분에 한국 사회는 적어도 정신적인 호흡 정지 상태를 면할 수 있었다(김종철, 2011: 5).

베트남전쟁, 인류 양심의 상처

'태초의 말씀'과 '바른말'의 정신으로 베트남전쟁을 볼 수 있다면 모든 정치적 선전과 조작된 관념을 뚫고 현재의 세계정세와 인류의 역사적 움직임을 더 올바르게 파악할 수 있다. 그리고 그 의식적 작업을 통해서 우리는 우리 사회의 실태와, 그 속에 나타나는 여러 가지 사실에 대한 올바른 눈을 가질 수 있을 것이라고 믿는다(『전논』, 254).

리 선생이 1972년 ≪창작과비평≫에 베트남전쟁 관련 첫 본격 논문인 「베트남전쟁 I」을 쓰며 서두 부분에 '출사표'처럼 던지는 말이다. 리 선생이 이 전쟁에 관심을 갖게 된 것은 물론 외신부 기자로서 직업과 관련이 있다. 미국의 베트남 참전 요구와 이에 따른 파병은 1960년대 내내 성전의 분위기를 만든 언론과 권력에 대한 비판 측면에서도 중요한 주제였다. 박정희 정권은 정보를 철저하게 통제했고, 언론은 자발적으로 동참하는

페이퍼』를 다루고 있기 때문에 베트남 관련 논문에 포함시킬 수 있다.

상황이었다. 하지만 아무리 박정희의 철권통치였다고 해도 국제 뉴스까지 철저하게 통제하기는 어려웠던 것으로 보인다. 외신 기자 리영희는 그지점을 정확히 포착했다고 할 수 있다. 하지만 리영희의 베트남전쟁에 관한 관심과 글쓰기는 저널리스트로서의 임무를 넘어서는 것이었다.

> 미국이 베트남 사태에 대해 군사적으로 개입한 1960년부터 미국이 패망하고 베트남에서 도망치다시피 철수한 1975년까지의 긴 세월 동안, 정말이지 나의 온 관심은 베트남전쟁에 쏠려 있었어요. 그동안 미국 군대의 포탄과 고엽제와 기총소사로 수없이 죽어간 베트남인들의 죽음과 고통과 눈물을 어느 하룻밤도 생각하지 않은 적이 없어요. …… 아무리 취했어도, 베트남인들을 생각하면서 분노하고, 그들을 위해 기도하지 않고 잠자리에 든 날이 단 하루도 없었어요(『대화』, 339~340).

리 선생은 억압된 현실이지만 베트남에 대한 다양한, 다른 시각의 외국 정보를 전달하기 위해 쉼 없이 노력한다. 1970년 이후 발표된 베트남 관련 주요 논저는 다음과 같다. 「강요된 권위와 언론 자유」(≪문학과 지성≫ 1971년 가을 호), 「베트남전쟁 I」(≪창작과비평≫ 1972년 여름 호), 「베트남전쟁 II」(≪창작과비평≫ 1973년 여름 호), 「베트남 정전협정의 음미」(『우상』), 「베트남 35년 전쟁의 총 평가」(≪창작과비평≫ 1975년 여름 호), 「종전 후 베트남의 통합 과정」(『우상』), 「베트남: 그 후」(『80년대』), 「중국과 베트남의 전쟁」(『80년대』),[39] 저서 『베트남전쟁』(1985), 「광기의 베트남전

---

39 런던 정경대 레 부진스키(Les Buszynski) 교수가 1980년에 쓴 글을 번역한 것이다. 리영희는 이 글 해설에서 사회주의 국가 관계의 기본 요소도 이데올로기가 아닌 내셔널리즘이라는 사실을 확신케 해준 것이 중국과 베트남전쟁이라고 보고, 이를 통해 소련·중국·북한의 관계에 대한 안목을 가질 필요가 있다고 강조했다(『80년대』, 215).

쟁을 회고하며」(≪한겨레21≫, 1995.5.4), 「한국과 베트남, 그 바람직한 관계를 위하여」(1997년 10월 20일 강연), 「베트남전쟁의 본질을 바로 알자」(≪시사저널≫, 2000.7.20) 등이다.

10여 편의 논평과 한 권의 책이다. 1975년 베트남전쟁 종전까지는 전쟁 자체를 정확히 알리기 위한 글을 쓰다가 1980년대 이후에는 한국의 참전 문제와 반성, 사죄를 촉구하는 글로 전환한다. 1980년대 중반까지 리영희 글의 상당 부분을 차지한 것이 베트남전쟁이다. 리 선생은 1985년에 낸『베트남전쟁』의 내용과 그 책이 한국 사회에 끼친 영향에 대해 큰 만족감과 자부심을 가지고 있었다(『대화』, 563~565). 베트남전쟁은 단순한 '공산주의 대 반공산주의'의 대결이 아니었다. 민족주의 대 제국주의, 독립 투쟁 대 식민주의, 혁명 대 반혁명, 통일 대 분열, 독립 대 의존, 인권 대 종교, 자유 대 억압, 황색인 대 백색인, 아시아 대 서양, 낙후 대 현대, 농업 대 공업, 원시적 소총 대 초현대 폭격기, 주판 대 전자계산기, 선입관 대 고정관념, 사랑 대 증오, 그리고 그밖에 상상할 수 있는 20세기의 모든 갈등의 요소가 뒤범벅이 되어서 전개된 전쟁이었다. 그것이 '20세기 인류의 양심에 그어진 상처'라고 일컬어지는 까닭이다(『베트남』, 서문).

특히 남한의 베트남 파병(1964년 9월) 이후에는 베트남전쟁의 진실 규명을 위해 헌신한다. 베트남전쟁에 대한 리영희의 관심은 '전쟁 기계' 미제국주의의 본질을 드러내는 것과 동시에 베트남 인민의 헌신적 투쟁과 승리를 보여주며, 이를 통해 '무지몽매한' 한국인과 한국 지식인들이 국수주의적 반공주의 맹신에서 벗어나게 하는 데 있었다.

리영희 생각의 근저에는 파병을 통해 학살에 동참한 대한민국 지식인으로서의 양심이 강하게 자리 잡고 있었다. 한국은 상시 5만 명의 병력을 파병함으로써, 베트남전쟁에서 사실상 교전 당사국이었다.[40] 리 선생은 1965년 초 조선일보 정치부의 외교 담당 기자에서 국제부(외신부)의 책임을 맡으면서부터 1975년에 베트남의 총소리가 멎기까지, 그곳에서 헛되이 죽어가고 있는 이쪽저쪽의 생명들을 생각하며 편히 잠자리에 들지 못했다. 6·25 전쟁의 최전방에서 살던 3년 반의 시기에도 느끼지 못했던 양심의 쓰라림이었다고 술회한다. 리 선생은 베트남전쟁을 '제2의 스페인 내전'이라고 생각하고 있었다.

20년이 지난 후 리 선생은 "내가 할 수 있는 일은 미국의 전쟁으로 변한 베트남 '반공 성전'의 철없는 나팔수가 되기를 거부하는 것이 고작이었다. 한국 군대의 잔학 행위에 관한 서방국가 통신들의 기사도 자주 들어왔다. 그것도 공정하게 독자에게 알려야 한다는 나의 신문인적인 책임감은 그때마다 외부 압력에 부딪혀 번번이 좌절하고 말았다"(『코』, 252)라고 술회한다.

그럼에도 '통킹 만 사건'의 진실 등을 최초로 탐사 보도하던 시절은 기자 리영희 삶의 한 절정이었고(김삼웅, 2010: 184~197), 대학으로 간 후 베트남과 중국 관련 글을 지속적으로 발표하던 때가 지식인 리영희의 정점이었다고 할 수 있다.

베트남 정부는 지난해(1994년) 6월 22일 베트남전쟁에서 100만 명의 옛 월맹(북베트남) 군인이 전사하고 200만 명의 민간인이 죽었다고 처음으로 공식 통계를 발표했다. 미국의 고엽제 등 화학무기로 200만 명의 불구자가 생겼다고도 밝혔다. 베트남 인민의 이 고통을 누가 보상할 수 있는가?(『코』, 255~256)

---

40 한국 이외에 베트남에 파병한 나라로 필리핀, 타이, 호주 세 나라가 있다. 세 나라에서 보낸 병력은 포병, 공병, 병참 등 1000~3000명 수준이었다. 미국과 '혈맹'인 영국의 경우 미국의 압력에 못 이겨 의장대 여섯 명만 파병했다(『대화』, 357).

지난 1992년 12월 통일 베트남과 한국이 수교했다. 초대 주한대사로 응우엔 푸 빈(Nguyen Phu Binh) 씨가 부임했는데 응우엔 대사는 김일성 대학에 유학했던 사람으로 한국어를 잘했다고 한다. 리영희는 연락을 받고 대사관을 방문해 그를 만난다. 응우엔 대사는 리영희의 글을 잘 읽어 봤다고 감사를 표했다. 그는 나중에 베트남 국경일을 맞아 리영희를 다시 초대하기도 했다. 리영희는 그에게 한국 군대가 베트남에서 많은 인명을 살상했으니, 전사자 자제 가운데 한 사람에게 대학 졸업할 때까지 장학금을 지급하겠다고 제안하기도 했다(『대화』, 706).

중국 사회주의와 '제3의 길'

리영희가 중국 혁명에 관심을 갖기 시작한 것은 해양대학 3학년 실습선을 탔을 때였다. 그 실습선은 상하이까지 가게 되어 있었는데, 중공군의 장강도하로 갈 수 없게 되었다고 한다. 이것이 리영희가 중국에 관심을 갖게 된 원천적 사건이었고, 6·25 전쟁 동안 중공군과 싸우게 되면서 중공이라는 존재를 알게 된다(리영희·백영서, 2003: 140~141).

김만수가 조사한 바에 따르면 리영희가 발표한 중국 관련 논문은 대략 19편 정도이고, 분량으로는 리영희가 발표한 전체 글의 10% 정도 된다(김만수, 2003: 554). 다만 이 수치는 번역, 편역서를 제외한 것임을 염두에 둘 필요가 있다. 신문 기사를 제외한 본격적인 글들은 1971년부터 1983년 사이에 발표된다.

1971년 「중국 외교의 이론과 실제」(≪정경연구≫ 1971년 1월 호)를 시작으로 발표한 글이 19편이고 번역, 소개한 글 37편 외에도 발췌, 편집해 번역한 『중국백서』[41]가 있다. 『전환시대의 논리』(1974)에 다섯 편이 실려

---

41 흔히 *China White Paper*라는 이름으로 불리는데 원제는 『미·중 관계: 1949년 미국무성 정

있고, 『우상과 이성』(1977)에 여덟 편,[42] 편저서 『10억인의 나라』(1983)에 다섯 편이 각각 실려 있다. 번역 논문은 『8억인과의 대화』(1977)에 24편, 『10억인의 나라』(1983)에 12편, 『80년대 국제 정세와 한반도』에 한 편을 각각 실었다. 모두 56편에 이른다. 논문과 번역한 글을 게재한 주요 잡지는 ≪창작과비평≫, ≪정경연구≫, ≪다리≫, ≪세대≫, ≪대화≫ 등이다. 이 시기 리영희가 중국 연구에 얼마나 몰두하고 있었는지를 잘 보여준다. 다음은 리 선생이 1972년 ≪창조≫ 4월 호에 발표한 「사상적 변천으로 본 중국 근대화 백년사」에서 중국의 마르크스주의 수용 이유를 설명하는 대목이다.

레닌이 후진적인 러시아의 조건에 마르크스주의를 적용한 거대한 실험에 성공했다는 사실은 중국인에게는 마지막 남은 가능성으로 비쳤다. 마르크스주의는 삼중의 현대화 기능을 동시적으로 촉진할 수 있는 기능으로서 수용되었다. 그것은 ① 아편전쟁으로 시작된 100년의 유럽·일본 제국주의 지배에서 중국 민족의 해방, ② 제국주의와 결탁한 내부 지배 세력으로부터의 피압박 민중의 해방, 그리고 ③ 이 두 가지의 내외적 해방으로 가능해진 사회혁명과 물질적 혁명의 동시적 근대화다(『전논』, 109).

리영희가 중국 혁명에 몰두한 것은 중국공산당이 지향하는 미래의 중

보파일을 바탕으로 한 1944~1949년의 기록(United States Relations With CHINA: with Special Reference to the Period 1944~1949, based on the Files of the Department of State, 1949)』이다.

42 『우상과 이성』 1977년 초판에서는 일곱 편이 실렸고, 1980년 증보판에서 「중국의 소수민족 정책과 한민족」이 추가되어 여덟 편이 된다. 1988년 제2개정판에서는 「한중 관계의 오늘과 내일」, 「중국의 국력: 자력갱생의 철학」, 『중국의 소수민족 정책과 한민족』 세 편이 제외되어 다섯 편만 남는다. 여기서는 1980년 증보판을 기준으로 했다.

국 사회체제, 중국 인민의 새로운 가치관, 새로운 사회구조와 정치형태 등 마오쩌둥의 사상과 철학, 실천적 행동 양식에 공감했기 때문이다. 동시에 구제불능의 자기상실 상태에 빠진 농민들과 노동자를 역사 변혁의 거대한 주체로 바꾼 그 기적에 열광했던 것이다(『대화』, 444).

리 선생은 한양대로 직장을 옮긴 후, 1974년 국내 최초로 한양대 안에 중국문제연구소 설립을 주도한다. 이 연구소에 있는 공산권과 관련한 방대한 '불온문서'를 자유롭게 볼 수 있었던 것도 리영희의 중국 연구의 밑바탕이 된다. 하지만 1977년 『우상과 이성』, 『8억인과의 대화』의 필화사건으로 구속되었다가 1980년 초 출소하고, 다시 한양대에서 해직되는 관계로 리영희의 중국 연구는 1983년 『10억인의 나라』를 펴낸 후 사실상 중단된다.

> 1960년대 중반 조선일보사 외신부장으로 본격적으로 중공 문제에 관해 쓰고 발언하면서 중국 사회주의에 대한 남한 국민들의 올바른 이해를 촉진하려 했던 내 일종의 계몽적 활동은 15년 정도의 업적을 가지고 사실상 막을 내렸다고 할 수 있지. 나에게는 굉장히 섭섭한 일이었지만 …… 병적인 극우 반공 교육의 해독을 상당한 정도까지 중화시킬 수 있었다는 자부심으로 만족했어요(『대화』, 454).

리 선생은 자신의 중국 관련 글쓰기의 목적이 극우 반공 교육의 해독을 중화하는 데 있었음을 명확히 하고 있다. 적극적으로 보자면, 현재와 같이 중국에 대한 정보가 많지도 않고 중국 연구 자체가 신체적 위협이 되는 당시의 한국적 상황에서 바로 그런 한국 상황을 비판하고 타파하기 위해 중국을 끌어들인 것이다(김만수, 2003: 317). 사회주의라는 금기에 대한 글쓰기 자체가, 권력의 실상을 드러내고 담론 공간을 확장할 수 있는 중요한 실천 수단이었다.

내가 세계정세 전반, 특히 중공 혁명에 관련한 어떤 문제에 천착·평가하든지 간에, 그와 같은 나의 지적 행동에는 한 가지 목적과 원칙이 있었어. 외부의 현상을 한국에 투영할 때에 나의 가장 큰 관심사는 우리 남한 사회와 국가 내부의 온갖 부조리와 왜곡을 파악할 수 있도록 그 대조적인 현상으로서 외부의 현상을 제시하는 것이지요. 그것들이 지니는 '반면교사(反面教師)'적 효용과 의의를 중요시한 거요(『대화』, 447).

중앙대 백승욱 교수는 리영희의 중국 관련 글쓰기를 더욱 다층적인 전략의 산물로 읽는다. 요컨대 리영희에게서 중국은 단순한 지적 호기심의 대상이 아니라 그의 연구와 글쓰기, 그리고 정치적 개입을 연결시키는 핵심 고리였다는 점에 주목한다(백승욱, 2013: 126~131). 백승욱은 연구-글쓰기-정치적 개입 연결의 고리로, 권위주의로 봉쇄된 세상 속에서 새로운 담론 가능성과 공간 개척하기, 냉전 이분법 구도에서 불가능한 제3의 공간 확보를 위한 '그들의 언어를 그들에게 되돌려주기', 한국의 시간과 세계사의 시간 동조화하기, 예견된 논쟁 준비하기, 자기 언어를 발견하기 위한 한계 돌파하기 등 다섯 가지를 들었다.

정리하자면 리영희 중국 담론의 내용으로 확보되는 것(새로운 담론 공간 확보, 세계사적 시간 인식과 이해, 자기 언어 발견)과 글쓰기 방법을 통해 확보되는 것(그들의 언어를 그들에게 되돌려주기, 예견된 논쟁 준비하기)으로 구분해볼 수 있다. 리 선생은 어떤 나라의 이야기도 자신의, 우리의 이야기로 만들려 했다는 점과 광신적 극우 반공 정권의 탄압에 맞서기 위해 철저하게 서방세계에서 검증된 정보원을 중심으로 글을 썼다. 베트남이나 중국과 관련해 저명한 서방 학자나 서방측 자료를 중심으로 글을 쓴 이유를 리영희는 세 가지로 들었다. 첫째, 1차 자료로 논증한다. 둘째, 베트남 전쟁에 관한 연구 결과를 제시했을 때 벌어질 수 있는 법적인 문제라든가 이데올로기적인 반격 등에 대해서, 발표의 기교로서 '그들의 입'을 빌렸다. 셋째, 한국인들의 학문적 사대주의를 고려해 미국 정부 공식 문서를 이용함으로써 신빙성을 높이기 위해서다(리영희 선생 화갑 기념 문집 편집 위원회, 1989: 598). 그런 면에서 자기 언어의 발견과 상대 언어 되돌려주기는 리영희 담론 이해의 새로운 지점이라고 할 만하다.

리영희가 중국과 베트남, 그리고 아시아, 아프리카 각국에 대해 깊은 관심을 가졌던 것은 여러 이유가 있다. 외형상 베트남전쟁을 통해서는 미 제국주의의 본질과 약소국가 민족해방 과정에 주목했다면, 중국 혁명을 통해서는 자본주의적 삶의 대안으로서 사회주의적 휴머니즘의 구현과 '제3의 생존 양식의 모색'(리영희 · 김동춘, 2000: 289) 가능성에 주목하고자 했다. 근본적으로는 4대 강국 등 국제 관계 변화에 큰 영향을 받을 수밖에 없는 한반도 · 한국인의 생존과 평화 · 미래를 위한 타산지석으로 접근했다는 점이 중요하다. 당시 현실에서는 직설적으로 한반도와 북한, 남북 통일을 거론하는 것이 어려웠기 때문에 그 우회로로서 베트남전쟁과 중국 혁명에 집중한 면도 있었다.

1980년대 후반 이후 개인적인 여건이 갖추어지고 한국 사회의 민주주의가 발전함에 따라 리영희의 지적 관심은 한반도의 평화와 한민족의 미래를 위한 방안을 모색하는 쪽으로 전환된다.

5. 민족과 탈식민

리 선생은 자신을 '민족주의자'라고 부르는 것을 싫어했다. '민족'에 대한 거부감이 아니라 '주의'에 대한 거부감이었다. 아무리 좋은 의도를 가진 이념이나 조직도 교조화되면 부패하고 본말이 전도되어 버린다고 믿었기 때문이다. 맹목적 국수주의나 자민족 우월주의는 민족이라는 이름을 어떻게 타락시키는지 잘 보여준다. 역사적으로 볼 때, 우리 민족은 정치적·사회적 면에서 그 성격을 수정해야 할 부분도 많다고 여겼다. 특히 해방 이후 식민지 잔재 청산 작업의 중요성을 틈만 나면 강조했다.

일본 제국주의는 식민 지배를 통해 우리 민족을 '부정'하려고 했기 때문에 이 '부정을 부정'하는 작업이 식민 잔재 청소의 기본 방향이라고 보았다. 40여 년간 '주입한' 식민 정신과 시스템을 고치는 것보다 더 중요한 것은 식민지에서 일본 군국주의 지배 체제의 손발이 되어 밀정, 주구, 앞잡이 노릇을 하던 친일파를 청산하는 일이었다. 친일파 청산이 선행되지 않을 경우 그들이 결국 다시 주요 권력을 장악하고 자신들의 기득권 유지를 위해 민족정기를 지속적으로 말살할 것이기 때문이다. 해방 이후 한국의 역사가 보여주듯이 식민 잔재 청산은 여전히 우리의 중요한 화두이고, 일제 잔재가 청산되지 않은 자리에 결국 친미 반공주의가 들어와 우리를 여전히 '식민지 시대'처럼 옥죄고 있기 때문이다.

민족과 탈식민 문제에 관한 리 선생의 글은 일제 잔재 청산, 일본 제국주의의 실체, 한미 관계와 예속의 역사 등으로 구분해 정리할 수 있다.

친일 청산, '부정의 부정'

일제 잔재 청산 문제는 『우상과 이성』을 관통하는 가장 중요한 문제의식이다. 리 선생은 이 책의 제1장 제목을 '부정의 부정: 식민지 시대의 극복'으로 정하고 「소리가 들린다」, 「광복 32주년의 반성」, 「다나카의 망언을 생각한다」 등 세 편을 배치했다. 리 선생이 말하는 식민지 시대 극복으로서의 '부정의 부정'은 이런 의미다.

남에게 수모 받던 노예가 대등한 독립의 인격이 되기 위해서는 상대방이 자기를 부정했던 그 모든 것을 나의 의지와 힘으로 재부정했어야 한다. 일본 제국주의의 식민주의 군국주의가 이 민족을 부정하기 위해서 사용한 그 인간, 그 제도, 그 가치관, 그 교육, 그 사고방식, 그 생활양식은 해방되고 독립된 민족의 이름으로 일단 깡그리 청산했어야 할 것이다. 그런데 지난 30년은 어떠했고 현재는 어떤가(『우상』, 10).

「광복 32주년의 반성」은 월간 ≪대화≫ 1977년 8월 호에 실린 글이다. '자기부정' 과정이 없었던 해방 30여 년간 우리 현실에 대한 준열한 반성을 촉구하고 있다. 요컨대 식민지 상태에서 벗어나 민족이 '내 나라'를 꾸미는 작업은 식민 지배자가 남긴 것 위에서의 '변장'이어서는 안 되고, 식민 지배자와 그 제도가 남기고 간 모든 것을 부정하고 단절하며, 이를 극복하는 과정으로서의 '질적 변화'가 되어야 하는 것은 상식이라는 것이다. 그런데 지난 32년간 이 나라는 어떠했는가?

사실 우리는 우리 힘으로 해방을 쟁취한 것이 아니라 연합국의 승리에 힘입어 '정치적 노비 문서'를 소각할 수 있었다. 그렇기 때문에 우리는 식민 체제와 단절이 더 어려웠고, 그 극복이 더욱 절박했던 것이다. 리승만 대통령은 조선총독부를 '경무대'로 바꾸고 일제가 남기고 간 '전구나 애자'를 깨부수는 것으로 반일 감정을 표출했을 뿐이다. 일부 언론과 지식인이 이러한 행위에 '내셔널리즘'의 옷을 입히고 '주체 의식'이라는 눈부신 후광을 얹어주었다(『우상』, 14). 새 나라와 새 사회를 건설하고자 했던 우리 민족의 내적 노력은 1948년 9월 22일 '반민족행위특별조사위원회(이하 반민특위)'[43]의 활동으로 시작되었다. 하지만 반민특위는 친일 경찰

---

43 1948년 9월 22일 법률 제3호로 반민법이 공포되자 국회는 동년 10월 12일까지 반민특위

세력의 방해 책동과 리승만 정권의 국회 프락치 사건 조작 등으로 어려움을 겪다가 결국 리승만 정권에 의해 반민특위 산하의 특별 경찰대가 강제 해체됨으로써 사실상 막을 내린다. 민족정기를 바로잡기 위한 역사적 사명을 위해 태어났던 반민특위가 한 사람의 매국노, 친일 분자도 처단하지 못한 채 거꾸로 '처단할 대상'에 의해서 역사 속으로 매장되어버린 것이다. 리 선생이 평생을 살면서 가장 애통해했던 일이 김구 선생 암살과 반민특위의 강제해산이었다.

시대적으로 볼 때 수세에 몰렸던 친일 수구 반민족 세력은 기득권 수호라는 공통의 이해관계가 있어 똘똘 뭉쳤지만 개혁을 추진해야 했던 사회 세력은 대중을 조직화하지 못했고 지도층은 분열되어 있었다. 그 결과 해방되기 전날까지 '일조동조동근(日朝同祖同根)', '황국신민의 영광', '황국군대 입대'를 외치던 자들이 그대로 둥지를 틀고 앉게 된다. 우리는 스스로 해방을 거부한 것이다(『우상』, 18). 그 결과가 해방 이후 지금까지의 우리의 삶이다. 일제에 맹종하던 수구·친일·기득권 세력은 '친미 반공'이라는 새로운 옷을 입고 식민주의자들보다 더 혹독하게 우리 민족을 억압했다.

해방 이후 30년간, 이 사회를 지배해온 유일한 가치관은 민주주의가 아니라 반공주의다. 이 대통령과 그 후의 모든 지도 세력이 오늘날까지 30여 년간 '유일무이'하고, '절대적'이며 '시간을 초월한' '성스러운' 이념으로 삼

구성을 완료했다. 이후 5개월여의 활동을 통해 전체 682건 중 기소 221건, 재판부의 판결 40건이 이루어졌으며 체형을 받은 사람은 14명이었다. 그중 사형을 당한 사람은 없었고, 체형을 받은 사람도 곧 풀려났다. '반민특위'의 구성 과정과 활동, 와해 과정 등 자세한 사항에 대해서는 오익환, 「반민특위의 활동과 와해」; 송건호 외, 『해방전후사의 인식』(한길사, 1979), 101~171쪽을 참조했다.

아온 결과는 이제 그 이념의 수호신으로 믿었던 아메리카마저 경원하게 되었다. 아메리카에 새 정부가 들어서며 대한(對韓) 정책 전환이 공언되고 주한미군 철수가 기정방침으로 밝혀졌다. 당황한 정부가 일본에 군사적 동맹관계 형성의 뜻을 비치자, '그것은 되지도 않는 말'이라는 냉담한 반응을 보였다. …… 무엇인가 근본적 잘못이 있지 않은가? 우리는 어떤 허구와 환상을 진리와 현실로 믿고 살고 있지는 않는가?(『우상』, 21~22)

지난 1977년 1월 '주한미군' 철수를 공언했던 지미 카터가 미합중국 대통령에 취임한다.[44] 당시 박정희 정권이 갈피를 잡지 못하고 좌충우돌했던 것은 잘 알려진 사실이다. 겉으로는 반일을 외치면서 일본과 군사동맹까지 고려했다는 것이다. 게다가 한일 국교 정상화 이후 한국이 국가의 목표로 추구하고 있는 '조국 근대화'의 모든 작업이 사실상 일본 경제의 모방이고 하청 작업이 되고 있었다. 경제적·군사적으로 그런 상황이라면 어찌 이 나라의 독립을 이야기할 수 있느냐는 것이다.

「다나카의 망언을 생각한다」는 월간 ≪세대≫ 1975년 5월 호에 실렸던 글로 일본 이와나미(岩波)에서 발행하는 월간지 ≪세계(世界)≫[45] 1975년 9월 호에도 번역, 전재되었다. 1977년 리 선생이 재판을 받을 때 검찰은 이 글에서 북한 대표의 한글 연설에 대해 언급한 것이 반공법 위반이

---

44 지미 카터(Jimmy Carter, 1924~)는 1977년 대통령 취임 후 1982년까지 3단계에 걸쳐 주한미군을 철수하기로 결정한다. 하지만 주한미군 사령관을 비롯한 미국 군부와 정보기관 등의 반대로, 주한미군을 완전히 철수시키는 대신 6000명을 감축하는 데 그친다.

45 ≪세계(世界)≫는 1946년 창간된 일본의 진보적 월간 학술지다. 1970년대 이후 한국의 민주화 운동이나 진보 지식인 동향에 대해 적극 알리려고 노력했다. 유신 독재가 시작된 1973년부터 노태우 정권이 수립된 1988년까지 15년 동안 매달 「한국으로부터의 통신」을 고정 연재했다. 「한국으로부터의 통신」에는 김대중 납치 사건 등 한국의 인권과 노동운동, 김지하·리영희 선생에 대한 재판 소식, 광주민주화운동 관련 정보 등이 자주 게재되었다.

라고 물고 늘어진다. 여하튼 이 글은 1988년 『우상과 이성』 제2개정판을 낼 때 빠졌고, 2006년에 나온 12권짜리 리영희 저작집에도 포함되지 않았다. 이글은 1974년 2월 2일 일본 중의원 본회의(제72회 통상국회)에서 다나카 가쿠에이(田中角榮) 수상이 일본의 식민 통치와 교육이 한국 발전에 도움이 되었다고 발언한 것[46]을 화두로 삼고 있다.

이 글에서 리 선생이 제기하는 문제는 두 가지다. 망언 사태 등 어떤 분쟁거리가 생겼을 때 이에 대한 우리 사회의 '반응 방식'과 그러한 판단의 토대가 되는 '관점'에 문제가 있다는 것이다. 우선 망언이든 도발이든 발생하면 우리나라 정부에서는 항의 성명을 내고, 시민들은 대사관 앞에서 항의 데모를 한다. 그렇게 며칠 지나면 일본에서는 대사나 관계자를 통해 '유감'을 표명한다. 그러면 우리 정부는 기다렸다는 듯이 사태가 일단락되었다고 마무리하는 식이다. 주지하듯 우리 정부의 '대처 방식'은 이후 독도 문제나 종군위안부 문제가 터졌을 때도 크게 달라지지 않는다.

'관점'과 관련해서는 다나카의 말이 과거 일본의 식민지 시절에 대한 이야기가 아니라 현재를 두고 하는 말이라는 사실을 놓치고 있다는 점을 지적한다. 요컨대, 다나카는 식민지 교육의 결과가 지금도 한국인의 마음에 남아 있다는 점에서 식민 교육의 우월성을 이야기한 것이다. 그 점에 대해서 정권이나 언론은 아무 말이 없다. 왜 그럴까? 대다수 한국 지도층

---

46 다나카 수상 발언 전문은 다음과 같다.

과거 일본과 조선반도의 합방 시대가 길었습니다만, 그 후 한국이나 그 밖의 사람들의 의견을 들을 때면 긴 합방의 역사에서 지금도 민족의 마음에 심어져 있는 것은 일본으로부터 김 양식을 가지고 와 가르쳐주었고, 나아가 일본의 교육제도, 특히 의무교육 제도는 지금까지도 지켜가는 훌륭한 것이라고들 하는데, 아무래도 경제적인 것보다는 정신적인 것, 정말로 생활 속에 뿌리를 내린다는 것이 상당히 중요하다는 것을 이번 아세안 5개국 순방에서 나는 뼈저리게 느꼈습니다[국회도서관 엮음, 『일본의 역사교과서 왜곡 관련 자료전(2001.5.30~6.20) 자료집』(국회도서관, 2001)].

이 식민지 시대에 일본인과 한국인이 같은 혈통이라며 '천왕폐하 만세'를 외치던 자들이고, 해방 후에도 일본인을 만나면 일본 군가를 부르거나 일본인들보다 일본어를 더 잘하는 것을 '가문의 영광'으로 생각하며 사는 자들이기 때문일 것이다. 현실 인식이 이러한데 광화문에 이순신 장군 동상을 세우거나 독립기념관을 세우는 것과 같은 보여주기 위한 '쇼'로 극일(克日)이 될 리 없다.

식민지 통치에 관한 일본인의 우월감과 망언이 계속되는 동안 우리는 여전히 일본의 정신적 식민지인 것이다. 우리가 형태를 달리한 식민지 아닌 식민지에서 진정 해방되는 길은 식민주의자가 우리를 부정했던 그 부정을 우리의 의지로 부정하는 곳에 열릴 것이라고 나는 믿는다(『우상』, 42).

리 선생의 식민 잔재에 대한 반성은 이후에도 계속된다. 「해방 40년의 반성과 민족의 내일」(『분단』), 「일본인 망언 규탄 전에 국민 총반성이 필요하다」, 「김구 선생 암살범 안두희의 교훈」(이상『새는』), 「8·15 50주년」, 「해방 52주년의 우울」(이상『코』) 등이 그것이다.

「해방 40년의 반성과 민족의 내일」은 1984년 나온 『분단을 넘어서』의 권두 논문이다. 이 글은 후에 『역정』에 다시 등장하는 '독립군으로 나타난' 외가의 머슴 문학빈 이야기로 시작한다. 리 선생이 일본의 밀정 노릇을 한 조선인을 가장 경멸하고 미워하게 된 것은 식민지 시절 만주를 근거지로 움직였던 독립군 체포의 선봉에 선 것이 조선인 경찰, 밀정, 첩자들이었기 때문이다. 우리는 이들을 청산하지 못한 민족이다. 1960년 5월 7일 자 《동아일보》 기사에 의거하면, 전국 경찰 총경의 70%, 경감의 40%가 일본 경찰 출신이었다. 제1공화국의 친일파 분포는 각료의 31.3%, 대법원 판사의 68.4%였다. 당연히 일본 군인 출신도 미군정과 대한

민국 정부에서 군부 내 지배적·실제적 위치를 장악했다. 리 선생은 해마다 거행되는 8·15 광복절 기념식을 보면서 생각에 잠긴다.

저 단상에 선 이가 과거 일제에 충성을 맹세했던 만군 장교가 아니라, 단하에서 훈장을 받는 이와 마찬가지로 만주 벌판에서 피 흘리며 독립을 위해 싸운 사람이었다면 …… 두 사람은 단상과 단하에서 표창장을 사이에 두고 무감동하게 대하기에는 심장의 고동이 너무도 벅차서 서로 부둥켜안고 만세를 부르거나 뜨거운 눈물을 흘릴 것이 아니겠는가(『분단』, 20).

해방 이후, 즉 1945년의 식민지 구질서의 굴레에서 벗어난 신생국가 가운데, 실질적으로 독립운동가나 혁명가들이 국가의 지도 세력이 되지 못하고 과거의 질서 유지자들이 국가를 타고 앉은 나라가 더 있는지 몹시 궁금했다. 그래서 나는 기회 있을 때마다 찾아보았다. 남베트남 하나가 있을 뿐이었다. "아, 그렇구만." 많은 의문이 저절로 풀리는 것 같았다!(『분단』, 25)

상황이 이러함에도 지식인이라는 사람들이 "과거에 친일파가 반공에 앞장섰기에 나라가 지켜진 것 아닙니까?"라고 반문하거나 "새 나라에서는 일제하에서의 행적을 묻지 맙시다"라고 당당히 주장하고 있는 것이 현실이다. 하지만 일본 우익이나 정치인이 도발을 하면 한국 사회는 '머리에 띠 두르고 손가락을 잘라 혈서를 쓰는 등' 발작적 흥분 상태에서 일본의 오만을 규탄하는 것이다. 조건반사의 토끼처럼 자극만 생기면 '발작'하고 '유감' 한마디만 나오면 그대로 주저앉는 '약속 대련'이 이어져 온 것이다. 독립기념관도 사실 1982년 가을 일본의 교과서 왜곡 문제가 터졌을 때 시민들이 자발적으로 건립 운동을 시작한 것이 계기가 되어 건립한 것이다. 대중의 각성이 두려운 권력은 시민의 '반일 감정'을 엉뚱한 곳으로 향하게 하기 마련이다.

　　운동경기가 있을 때마다 아나운서나 선수들이 "일본만은 꼭 이기겠어요"니, "아, 방금 일본 선수를 보기 좋게 눕혔습니다. 고국의 동포 여러분 기뻐하십시오!" 따위의 차원 낮은 민족 감정을 애국심으로 착각하는 시대는 하루속히 사라져야 한다. 해방 이후 이 소리를 듣거나 그런 장면을 볼 때마다 얼마나 구역질이 났던가. 그 같은 도착된 말초신경적 애국심을 누군가가 우리 대중에게 불어넣고 있는 동안 문제의 핵심인 대일 자세와 친일 반역자 세력에 대한 정확한 비판의식이 마비되어가고 있다는 사실을 대중은 몰랐었다(『분단』, 41~42).

　　군사 대국화한 일본은 겉으로 우리 민족의 화해와 통합을 바라는 것처럼 말하지만 실제로는 한반도의 영구 분단이 일본을 위해 가장 바람직한 상태라고 생각하고 있다. 일제시대에 교육받고 동포를 핍박하면서 호의호식한 친일파의 후예들이 민족의 화해와 통합을 방해하고 분단을 고착화하려 하는 것은 어찌 보면 당연한 일이다.

　　「일본인 망언 규탄 전에 국민 총반성이 필요하다」는 「해방 40년의 반성과 민족의 내일」을 발표한 지 꼭 10년이 지난 1994년에 쓴 글이다. 동일한 문제의식으로 일제 잔재 청산의 필요성, 이를 위한 '국민 총반성'을 이야기하고 있다. 이 글도 1994년 일본 법무장관이었던 나가노 시게토(永野茂門)의 "아시아에서 일본의 전쟁은 침략 전쟁이 아니고 난징 대학살은 조작된 것이다"라는 망언과 관련해 쓴 것이다. 일본 유력 정치인들의 망언은 6·25 전쟁 이후 주기적으로 반복된다. 한국인의 항의 목소리는 채 3일을 가지 않는다. 망언하는 사람들은 예외 없이 극우 반공주의자들이고 이를 반대하는 사람들은 대개 사회주의자·자유주의자·진보주의자들이다. 일본 극우 정객의 망언은 사실 일본 지배 권력의 생각을 그대로 표출하고 있는 것이다. 리 선생은 일본 보수의 실체를 드러내기 위해 전후 40년 시점에서 독일 바이츠제커(Richard von Weizsäcker, 1920~2015) 대통령의 담화와 나카소네 야스히로(中曾根康弘, 1918~) 총리의 '전후총결산' 발언을 대비시킨다.

바이츠제커 지나간 일이 수정되거나 백지화될 수는 없다. 그렇지만 과거에 대해서 눈을 감는 사람은 현재에 대해서도 장님이 된다. …… 참회와 속죄 없이는 구제가 없다는 것을 명심해야 한다. …… 이 증거를 망각하거나 거부하는 자는 내일의 일을 상실하게 된다(『새는』, 256).

나카소네 일본은 이제 누구에게도 빚을 진 것이 없고, 무엇에 대해서도 부끄러워하거나 죄책감을 가질 필요가 없다. 오늘부터 일본인은 과거의 자랑스러운 일본인으로 머리를 높이 치켜세우고 세계를 당당하게 활보해야 한다(『새는』, 258).

바로 이 나카소네가 수상 취임 후 40억 달러를 들고 전두환을 찾아온다. 두 사람은 어깨를 두들기며 손을 맞잡고 술잔을 나누면서 군국주의 시대의 일본 군가를 합창했다. 국내 언론과 어용학자들은 또 한 번 '지한파', '친한파'라며 칭송을 늘어놨다. 그리고는 그들의 입에서 한일 합방은 조선의 자발적 의사에 의한 것이었다는 망언을 듣게 된다(『새는』, 258).

그러면 우리는 또 망언을 규탄하고 교과서 왜곡에 분노한다. 일본의 교과서 왜곡을 규탄하는 것은 좋다. 동시에 한국의 역사 교과서는 역사를 제대로 기술하고 있는지 점검해볼 필요가 있다는 것이다. 리 선생은 묻는다. 공산주의자와 사회주의자들이 주도한 항일 독립운동이 교과서에 단 한 줄이라도 기술되어 있는가? 해방 이후 각 분야에서 권력을 잡은 인물들의 일제하 친일 행각과 반민족 행위에 대해 기술한 대목이 한 군데라도 있는가?[47]

한국 내의 구체적인 '친일 현상'에 관한 글로는 「한국의 '친일파' 들에게」, 「일본 교과서 논쟁과 우리의 자세」, 「친일문학(인)의 마조히즘과 사디즘」(이상 『역설』), 「우리에게 '일본 환상'은 없는가」(『자유인』)가 있다.

「한국의 '친일파'들에게」는 1986년 해방 41주년을 맞아 쓴 글이다. 당시 해방둥이들이 40세가 넘어 우리 사회의 주역이 되었기 때문에, '새로운 관점'에서 일본을 봐야 한다고 역설한다. 우리가 일본을 이해할 때, 일본인 개개인을 보는 방법과 일본이라는 국가의 조직 원리와 지배 세력의 세계관 등을 중심으로 보는 방법이 있다. 일본인 개개인을 보면 친절과 예의, 근면과 치밀, 질서와 책임감이 있고 여기에 단결심과 순응성 등을 그 특성으로 이야기하는 사람들이 있다. 하지만 일본인을 경험해보면 이런 속성이 있으면서도 동시에 그 반대 측면도 강하다는 것을 알게 된다.

개개인의 특성이나 인간적 차원에서 본다면 모든 민족이 대동소이하다는 것이다. 일본인에 대해 편견이나 환상을 가질 필요가 없다는 이야기다. 하지만 우리가 일본을 이야기할 때 말하고자 하는 것은 일본인 개개

---

47 리 선생이 시게토의 망언과 관련해 글을 쓴 것은 1994년이다. 당시 한국의 국사 교과서는 '국정' 체제였기 때문에 리 선생의 지적은 전적으로 타당하다. 국사 교과서의 역사를 보면 일제강점기에도 검정제였다. 전면적인 국정화가 진행된 것은 박정희 정권 때다. 역사 교과서 국정 체제는 1974년 이후 2003년 한국 근현대사 교과서가 검정으로 발행될 때까지 계속되었다. 이후 2010년 중학교 역사 검정 전환, 2011년 고등학교 한국사 교과서 검정 전환을 통해 37년간 지속되었던 국정 교과서 체제가 붕괴되었다. 그런데 박근혜 집권 이후 2013년 뉴라이트 계열의 교과서가 검정을 통과했고 뒤이어 2015년 박근혜 대통령은 아버지가 그러했듯이 국사교과서 국정화를 추진하고 있다.

인의 속성이 아니다. 일본이라는 나라의 총체적 국가 의지, 즉 정부와 국가라는 정치적 유기체의 속성과 본질을 논의하고자 하는 것이다. 일본이라는 나라의 극우 반공주의와 정치적 후안무치, 재무장과 군군주의에 대해서는 앞서 정리한 바와 같다.

「일본 교과서 논쟁과 우리의 자세」는 역시 1986년 쓴 글로 일본 교과서 왜곡 문제와 관련해 우리의 자세를 다시 성찰하고 있다. 이 글의 핵심은 다음의『맹자』의 다음 구절이다.

> 사람은 반드시 스스로 업신여긴 뒤에 남들이 업신여기며,
> 집안도 반드시 스스로 망쳐버린 연후에 남이 망하게 하며,
> 나라도 반드시 스스로 공격한 뒤에야 남들이 공격한다.[48]
>
> 『맹자』, 이루편 상, 8장

개인이든 가정이든 국가든 자존심·자긍심·자부심이 있어야 존속할 수 있다는 것이다. 국가든 개인이든 자존심이 있으려면 자신을 돌아보고 부끄러움이 없어야 한다. 일본 교과서 왜곡 문제가 터지자 어느새 그 문제와 아무런 직접적 관련이 없는 독립기념관 건립 문제로 사람들의 관심이 이전되었다. 맑은 정신으로 우리 내부와 일본 교과서 문제에 집중해야 해결 방안을 찾을 수 있다.

「친일문학(인)의 마조히즘과 사디즘」은 1986년 김규동과 김병걸이 엮은『친일문학작품선집』(실천문학사, 1986) 두 권을 하루 만에 독파하고 쓴 '감상문'이다. 이 책에는 이광수, 정비석, 서정주, 모윤숙, 곽종원, 조연현

---

48 夫人必侮 然後人侮之(부인필자모 연후인모지), 家必自毁 而後人毁之(가필자훼 이후인훼지), 國必自伐 而後人伐之(국필자벌 이후인벌지).

등 37명의 '거룩한 작품'이 실려 있다. 리 선생은 이들의 작품을 읽으면서 이들이 자민족에 대한 가학성(사디즘)과 일본인에 대한 피학성(마조히즘)을 공유하고 있다는 사실을 발견한다. 예외 없이 말이다. 문학인들도 다른 영역의 친일파들과 마찬가지로 반공 독재 정권 속에서 화려하게 변신·부활했다. 리 선생의 우려는 한 단계 더 들어간다.

> 이 민족 안에서는 불과 40년 전에 일본의 사악한 의도를 일본인들보다도 더 열성적으로 지지한 조선 지식인들이 있었다. 만약 오늘과 내일, 자기 민족과 나라에 실의(失意)한 지식인의 전철을 밟는 비극을 되풀이하지 않으리라고 단언할 수 있을 것인가? 일본의 보수 세력과 군국주의 천황 숭배 사상자들의 정치·외교·경제·군사적 지원으로 정권을 유지하거나, 자신의 부를 확보하려는 이 나라의 개인과 세력이 40년 전 친일 문학가들의 뒤를 이을 가능성은 없는가? 따라서 자기 민족과 사회의 역사를 왜곡함으로써 기득권을 놓지 않으려는 자들은 생겨나지 않을 것인가?(『역설』, 204)

「우리에게 '일본 환상'은 없는가」도 망언과 관련한 이야기다. 일본 우익의 망언은 '연례행사'처럼 반복되고 있다. 우리의 '망언 규탄'도 마찬가지로 연례행사가 되었다. 우리가 일본 극우의 망언에 대해 분노하는 것은 일본에 대한 어떤 '환상'이 존재하기 때문이라는 점을 지적한다.

일본의 재무장과 역사 왜곡

식민 잔재 청산의 실패는 일본 의존의 고착화로 나타난다. '극일'을 위해서는 전후 일본의 실상과 되살아나는 군군주의의 정체를 정확하게 이해할 필요가 있다. 리 선생은 한국인의 '총반성'을 촉구하는 동시에 일본의 실체에 관한 무게 있는 글도 계속 발표한다.

리 선생의 대표 저서『전환시대의 논리』에는 일본 군국주의에 관련된 「일본 재등장의 배경과 현실」, 「현해탄」 두 편의 글이 실려 있다. 이후 여러 저서에 보이는 관련 글들로 「한·일 문화 협력」에 대하여」, 「일본 '친한파'의 정체」, 「다시 일본의 '교과서 문제'를 생각한다」(이상『분단』), 「일본의 교과서 왜곡 현장」(이상『역설』)이 있다.

「현해탄」은 1971년 ≪여성동아≫ 12월 호에 발표한 에세이다. 1970년 6월 17일부터 부산과 시모노세키 사이를 이틀에 한 번씩 오가는 부관페 리호가 다니기 시작한 후 우리 사회의 변화상을 '가볍게' 스케치하고 있 다. 식민지에서 자란 리 선생에게 현해탄은 '식민지 조선의 백성에 얽힌 갖은 비애를 실어 나른 뱃길'이다.[49] 처음에는 이 뱃길로 일본 관광객이나 차량들이 드나들겠지만 결국은 일본 군대가 들어올 것이라는 우려가 들 었다. 그러던 어느 날 무교동 막걸리 집에서 일본 유명 대학의 '대수롭지 않은' 교수 한 사람을 만나게 되는데, 다음은 그 교수의 말이다.

내가 보는 바로는 한국에 대한 일본의 군사적 역할이 본격화된다면 그것
은 일본 쪽에서 그러고 싶어서라기보다는 오히려 한국 쪽에서 일본 군대
를 불러들이려 하기 때문이 아닌가 생각합니다(『전논』, 150).

「일본 재등장의 배경과 현실」은 ≪창작과비평≫ 1971년 여름 호에 기 고한 글이다. '올바른 내일의 판단을 위한 시론'이라는 부제를 달고 있는 방대한 논문이다. 리 선생이 직접 쓴 글 중에서 처음 ≪창작과비평≫에

---

49 1905년 1월 경부선 열차가 개통되고 같은 해 9월 이 뱃길이 열린다. 부산(釜山)과 시모노 세키(下關)에서 한 글자씩 따 관부연락선(關釜連絡船)이라고 불렀다. 경부선 개통과 관부 연락선 취항으로 조선은 본격적으로 수탈당하기 시작한다.

게재한 것이 「일본 재등장의 배경과 현실」이다. 일본이 1960년대 중반 이후 강력한 경제력을 기반으로 정치 대국, 군사 대국을 지향해가는 과정을 면밀하게 분석하며 그것이 한반도에 미칠 영향과 대응 방향을 고민한다. 1970년대는 한국의 국가 안보와 국제사회에서의 위치라는 측면에서 중대한 전환기였다. 특히 일본은 엄청난 경제력으로 아시아의 '도시'가 되었고 그 밖의 아시아 자본주의 국가들은 '일본 도시'를 둘러싼 '농촌'으로 전락한다. 한국 등 아시아 각국의 지배 집단이 일본의 수탈을 허용하면서까지 일본의 투자를 무한정 끌어들일 수 있는 형국이었다. 이는 6·25 전쟁 이후 미국의 극동 정책과 궤를 같이하는 것이다.

중국 대륙에 우익 정권이 패망하여 사회주의 정권이 수립되고 한국전쟁이 발생하자, 1946년부터 계속되어온 850개 일본 공업 시설의 철거·반출은 52년 4월 26일 맥아더령에 의해 중지되었다. 이에 앞선 52년 3월 8일에는 점령 직후에 내려진 일본 무기생산 금지령이 폐기되었다. …… 미국은 일본 공업을 부흥시킴으로써 일본을 한국전쟁의 병참기지로 강화하는 한편, 피침 아시아 국가들에게 일본 생산품과 용역을 제공함으로써 이 나라들을 일본 경제의 상품 시장으로, 일본 공업의 원료 시장으로 만드는 길을 터 주었다(『전논』, 211~212).

이렇게 축적한 경제력을 바탕으로 일본은 정치 대국을 향해 치닫고 있었다. 물론 그 방향과 속도는 일본 집권 세력에 따라 다를 수 있지만, 정치 대국을 지향하는 것은 일본 국민의 내적 희구와 충동과 관련이 있다는 점에서 큰 차이는 없을 거라고 본다. 일본 국민의 일치된 의향이라는 것은 패전 후 점령당한 국민의 반발 의식, 불패 민족이라는 역사의식, 가해자 의식의 망각, 우익 지도자들의 노스탤지어와 자신감, 미국의 군사 예속으로부터의 해방, 대중공관계의 정상화, 산업·재계·군부의 이해관계 등과 관계가 있다. 이는 방위력에서 공격력으로 변질한 일본 자위대의 막강한 군사력과 일본 산업의 군사화 혹은 '군산결탁체제(Military-Industrial Complex)'[50]로의 질적 변화로 나타나고 있다는 것이다.

일본의 우익 집권 세력은 20~30대 청년층이 대다수가 헌법 개정이나 자위대 재편에 대해 비판적이라는 사실에 충격을 받고 학교교육 및 역사 교과서 개편 등 중장기적 대책 수립에 나선다. '재무장'한 일본이 한반도를 지향하는 것은 역사적으로 보면 당연한 일이다. 을사늑약 직전에 미·일 간에 체결된 가쓰라·태프트 밀약[51]을 떠올릴 수밖에 없다. 다음은 가쓰라·태프트 밀약 전문이다.

1905년 7월 27일 오후 가쓰라 백작(桂 伯爵)과 태프트 美 國防장관 사이에는 장시간의 비밀 회담이 이루어졌다.

제1: 미국에 있는 유력한 어떤 친로파(親露派)는, 일본의 승리(露日戰爭)가 필리핀제도(諸島) 방면의 일본 침략의 서막이 될 것이라고 말하고 있으나, 태프트 장관은 필리핀에 대한 일본의 유일한 관심은 차라리 미국과 같은 강대하고 우호적인 국가가 필리핀을 통치하는 것으로 생각한다는 그의 견해를 피력했다. 가쓰라 백작은 태프트 장관의 견해가 옳다는 것을 강조 및 확인하고 또 일본은 필리핀에 대해 하등의 침략적 의도가 없다는 뜻을 적극적으로 개진했다.

---

50 일반적으로 '군산복합체'로 번역한다. 미국의 군산복합체에 관한 상세한 논의는 이 책 238쪽을 보면 된다.

51 1905년 7월, 제26대 미국 대통령 루스벨트는 자신의 측근이자 육군 장관이던 윌리엄 태프트(William H. Taft, 후에 미국의 제27대 대통령이 됨)를 일본에 특사로 파견한다. 태프트는 7월 29일에 당시 일본의 총리대신 겸 외상이던 가쓰라 다로(桂太郎)와 만나 '합의각서(Agreed Memorandum)' 형식의 밀약을 맺는데, 이것이 바로 가쓰라·태프트 밀약이다.

제2: 가쓰라 백작은 일본 외교정책의 기본 원칙은 극동에서 일반적 평화를 유지하는 것이라고 말했다. 따라서 전기(前記)의 목적을 이룩하기 위해서 미·일·영 3국 정부 간에 이 지역에 관한 선의의 요해(了解)를 형성하는 일이다.

제3: 가쓰라 백작은 조선 문제에 관해, 조선은 일본이 노국(露國)과 싸운 직접적인 원인이 된 것이므로 전쟁의 논리적 결과로서 반도 문제를 완전히 해결하는 것이 일본에 절대로 중요한 사항이라는 사실을 말했다. 만일 조선이 그대로 방치된다면 조선은 반드시 무분별하게 타국과의 협정이나 조약을 체결하는 습벽(習癖)을 되풀이하게 되어, 이렇게 해서 전쟁에 존재한 국제 분규를 재현할 것이다. 위와 같은 상황을 고려할 때, 일본은 조선이 구태로 돌아가 일본으로 하여금 다시 외국과의 전쟁에 돌입하지 않을 수 없게 될 그런 상황을 저지하기 위해 단호한 수단을 취하지 않을 수 없다고 생각하고 있다.

태프트 장관은 가쓰라 백작의 견해의 정당성을 십분 인정하여 그의 개인적 견해로서 일본이 조선에 대하여 종주권을 확립하고, 그 범위로 조선이 외국과 조약을 체결하려면 일본의 동의를 얻어야 한다는 것이 이번 전쟁의 논리적 결론이며 아울러 동양의 항구적 평화에 직접 기여할 것이라는 취지의 말을 했다. 동 장관은 이에 대한 보장을 해줄 권한은 없지만 자기의 판단에 의하면 루스벨트 대통령도 이점에 관하여 그의 견해에 동의할 것이라고 말했다. 1905년 7월(『전논』, 236).[52]

가쓰라·태프트 밀약의 핵심 내용은 일본의 조선 병합과 미국의 필리

---

[52] 리 선생이 미 국무성 잡건서류(雜件書類) 제3부와 야마베 겐타로(山邊健太郎)의 『일한병합소사(日韓倂合小史)』에서 인용한 것이다.

핀 식민화에 대한 상호승인이었다. 이 밀약에 대해 루스벨트는 1905년 7월 전보를 보내 추인했고, 1908년 11월에도 일본의 한국 지배권을 재확인해준다. 이 글의 문제의식은 이후 리 선생의 일본 관련 글에서 교과서 왜곡 해부, 재무장과 군국주의 비판으로 이어진다.

「한 · 일 문화 협력'에 대하여」는 1984년 당시 한일 양국에서 문화 교류 확대 관련 논의가 이어지고 있을 때, 한일 문화 교류에 앞서 고려할 것들을 정리한 글이다. 리 선생은 텔레비전을 통해 1984년 7월에 열린 LA 올림픽 개막식의 일본 선수단 일장 장면을 보며, 40년 전 중학교 때 보았던 대일본 제국 황군(皇軍) 군대의 모습을 떠올린다.

일본 선수단의 입장은 보행이라기보다는 군대의 '분열행진'이었다. 그것도, 고도로 훈련되고, 비인간적일 만큼 엄격한 규율을 자랑하는 '대일본 제국'의 황국 군대의 그것에 방불했다. 300명 가까운 선수가 하나같이 멀리 정면을 응시하고 , 옆으로 눈알을 돌리는 선수는 하나도 없었다. 행렬의 대(隊)와 오(伍)는 바로 그 위에서 바둑을 둬도 될 만했다(『분단』, 44).

한국과 일본은 1965년 국교 정상화 때 '문화재 및 문화 협력에 관한 협정'을 체결한 바 있다. 1983년 1월 전두환 대통령과 나카소네 수상은 서울에서 정상회담을 갖고 문화 교류 확대가 양국 관계 발전에 도움이 된다는 전제하에 학술, 교육, 스포츠 등의 문화 교류를 점차 확대해나가기로 합의했다. 우선 양국에서 호혜 · 평등의 문화 교류를 확대하려고 하는 것인가? 그것이 가능하기나 한 것인가? 의문이 들 수밖에 없었다. 나카소네는 한국을 방문해 40억 달러 경협 기금을 내놓고 '한일 문화 협력 촉진'에 관한 한국의 서약을 받아들고 돌아갔다. 한국에서는, 어인 일인지 일본 외무대신이 화를 냈다는 보도와 함께 학생들이 즐겨 부르던 「독도는 우리땅」이 금지곡이 되었고, 일본에서는 조용필의 「돌아와요 부산항에」가 애창된다는 소식도 들리는 상황이었다.

한일 문화 협력은 '불평등한' 한일 국교 정상화의 산물로 겉으로는 호혜와 평등을 외치고 있지만 실제로는 '문화 침략'의 성격이 짙다는 것이다. 게다가 일본은 1980년대 들어 놀라운 속도로 군사 대국화의 길을 치닫고 있고 '대일본 제국' 황군의 위대성을 찬양하는 출판물과 영상물이 범람하고 있었다. 리 선생이 주장하고자 했던 것은 '쇄국'이 아니다.

우리가 한일 '문화 협력'을 진행하는 데 시급히 선행해야 할 작업이 있다. 하나는 역사에서 교훈을 찾는 노력이고, 하나는 현실적 요소들에 대한 냉철한 인식을 하는 일이다. 두 과제는 합쳐서 진정한 민족적 주체 의식을 확립하는 자세로 귀일된다고 본다. 일본에서 지금과 같은 '문화 협력'에 앞장서는 개인이나 집단 또는 세력의 과거 성분을 알아두자. 그들이 주로 왕년에 제국주의자 · 군국주의자, 왕년의 조선총독부 관리들, '대동아 공영권'의 주역들이라는 것은 흥미롭다. 이들과 이들의 지지자인 우익 인사와 단체들이 이른바 일본 역사 교과서에서 과거를 청산하기를 거부하는 세력으로 알려져 있다. 그리고 바로 이들이 소위 '친한파'니 '지한파'니 하여 대한민국을 지지한다는 것이다(『분단』, 51~52).

「일본 '친한파'의 정체」도 1984년 정치권에서 한일 문화 협력 논의가 무성했던 시기에 쓴 글이다. 앞 인용문의 마지막에서 언급된 '친한파' 이야기다. 한국에는 국교 정상화 이후 일본과의 관계에서 정부와 경제계가 주축이 되어 상징조작으로 만든 '미신'이 있다. 이른바 '친한파'라 불리는 일본의 극우 정객들에 대한 근거 없는 우호적 감정과 예우다.

리 선생이 꼽은 대표적인 '친한파' 인사는 기시 노부스케,[53] 가야 오키

노리,[54] 오노 반보쿠,[55] 사사카와 료이치,[56] 야쓰기 가즈오[57] 등이다. 이들
은 정부 총리급이거나 자민당 지도부 출신으로 A급 전범이거나 극우 인
사들이었다. 기시와 가야는 태평양전쟁을 감행한 도조 히데키(東條英機)
내각에서 대장대신(기시)과 상공대신(가야)을 지냈다. 가야는 A급 전범으
로 도쿄 재판에서 종신형을 언도받았고, 기시는 A급 전범 용의자였으나

53 기시 노부스케(岸信介, 1896~1987)는 야마구치 현에서 태어나 농상무성 장관, 제56 · 57대
내각 총리대신을 역임했다. 쇼와의 요괴(昭和の妖怪)라는 별명이 있다. 1936년에 만주국
정부의 산업부 차관이 되어 산업계를 지배하다가 1941년 도조 히데키 내각의 상공대신에
취임했다. 1957년에 일본 총리가 되었으나 1960년 미일안보조약 비준을 강행하면서 대규
모 군중 시위 등 혼란이 일어나자 책임을 지고 사퇴했다. 1966년과 1972년 민간 외교 차원
에서 한국을 찾은 것을 비롯해 박정희와 긴밀한 관계를 유지했다.

54 가야 오키노리(賀屋興宣, 1889~1977)는 히로시마 출신의 대장성 관료이자 정치가다.
1937년 제1차 고노에 내각에서 대장상을 지냈고, 1941년 태평양전쟁 개전 당시 도조 내각
에서 다시 대장상을 맡아 전시 재정을 담당했다. 극동국제군사재판에서 종신형 판결을 받
아 약 10년간 스가모 형무소에서 복역했다. 1958년에 사면 후 도쿄에서 중의원 의원을 다
섯 차례나 지낸다. 기시 노부스케 총리의 경제 고문, 이케다 하야토 내각의 법무대신과 자
민당 정무 조사 회장 등을 역임한 그는 자민당 내의 극우 강경파로 널리 알려져 있다. 기시
와 함께 정계에 복귀한 대표적인 A급 전범으로, 나중에 A급 전범들의 야스쿠니 신사 합사
를 사실상 주도한다.

55 오노 반보쿠(大野伴睦, 1890~1964)는 메이지 대학 정치경제학부 중퇴 후 입헌정우회(立憲
政友會)에서 정치 활동을 시작했다. 중의원 의원, 중의원 의장, 홋카이도 개발청 장관, 일
본 자민당 간사장, 자민당 부총재를 역임했다.

56 사사가와 료이치(笹川良一, 1899~1995)는 A급 전범 용의자로 체포되었지만 불기소 처분
되었다. 우익 단체 국수대중당 총재, 중의원 의원, 일본재단 회장, 후쿠오카 공업대학 이사
장을 역임했다.

57 야쓰기 가즈오(矢次一夫, 1899~1983)는 일제의 만주 침략 때부터 군부의 배후에서 암약한
인물이다. 공직이 없는 '낭인'이면서도 기시가 총리이던 1958년에는 특사 자격으로 방한해
이승만 대통령을 만나기도 한다. 일본에서 '쇼와(昭和) 최대의 괴물'로 불리며 기시에게
'당신'이라고 부를 정도로 영향력을 행사했다. 1957년에는 한일협력위원회를 창설하고 그
방향성을 제시했다. 이 모임은 한일각료회의와 같은 공식 채널과는 달리 박정희 정권의 주
요 인사들과 '만주 시절부터 이야기가 잘 통해온' 일본 자민당의 '우리 그룹'만이 만나 한일
간의 각종 중대사를 논의하는 조직으로 자리 잡았다. 지난 2014년 11월 서울에서 열린 한
일협력위원회에는 정의화 국회의장이 참석해 축사를 하기도 했다.

기소되지 않았다. 기시가 아베 신조(安倍晋三, 1954~) 현 일본 총리의 외조부이며, '영혼의 멘토'라는 것은 잘 알려진 사실이다. 박정희는 1961년 11월 11일 국가재건최고회의의 의장 자격으로 미국 방문 길에 먼저 일본에 들른다. 이때 일본에서 이케다 하야토(池田勇人) 수상과 전 수상 기시 노부스케 등 만주국 시절의 인맥들과 조우하게 된다.

제국의 귀태(鬼胎)[58]라고까지 불러야 마땅할 이런 만주 인맥 '동창회'는 해협을 넘어선 브로커들의 암약을 통해 실현되었다. 이 조직 깊숙한 곳에 모습을 감추고 자리하고 있던 실력자가 바로 기시 노부스케였다. 그리고 군사 쿠데타의 주모자 박정희와 기시 노부스케를 연결한 사람은 기시의 오른팔 야쓰기 가즈오였다(강상중 · 현무암, 2012: 20).

이들과 한국 정권과의 '내밀한' 관계는 제대로 알려지지 않았지만 굴욕적인 한일 국교 정상화의 추진자들이었고, 일제의 장교 출신인 박정희가 집권했을 때부터 지금까지 한 · 일 간의 각종 정치경제적 의혹 사건의 주역이었다. 박정희 정권과 '기시 라인'의 유착은 1968년 6월 '한일국회의원 간담회'라는 조직을 통해 역사의 전면에 처음 등장하게 된다. 오노는 박정희가 대통령으로 취임하는 1963년 12월 17일 경축특사(당시 자민당 부총재) 자격으로 방한한다. 합동통신 정치부 기자로 있던 리 선생은 12월 18일 오노를 기자회견장에서 만난다.

"나와 박정희 대통령의 관계는 부자지간이나 다름없다."

이 발언에 아연실색해서 말없이 있는 기자단 가운데 한 사람이 추궁했다.

"당신과 박정희 대통령이 부자지간이라는 말을 좀 더 자세히 설명해주시오."

---

58 일본 작가 시바 료타로(司馬遼太郎)의 조어다. 의학적으로 융모막 조직이 포도송이 모양으로 이상 증식하는 '포도상귀태(葡萄狀鬼胎)'를 뜻하지만 '태어나서는 안 될, 불길한' 같은 부정적 뉘앙스가 강한 말로 쓰인다.

그러자 오노는 자신의 실언에 놀라 발언을 수정하는 해명을 했다.

"아니야(そうじゃない). 나의 뜻은 다만 부자지간처럼 다정하다는 것이오. 차라리 형제지간이라고 하는 게 옳겠지"(『역설』, 115).

오노에게 부자지간이라는 말을 좀 더 자세히 설명해달라고 한 것은 물론 '리영희 기자'다. 한국 대통령 박정희를 '아들' 혹은 '동생' 취급하는, 이들 소위 '친한파'들은 자민당과 경단련, 정치자금 출연 기업, 일제 군대 퇴역 장교 집단, 야쿠자 조직 등에 적을 두고 있다. 이들은 기본적으로 유대 민족의 '선민사상' 못지않은 일본 민족의 우월성에 대한 신념을 가지고 있다. 그 당연한 논리적 귀결이 무사 정신, 군사 대국화, 군비 확장, 군대와 전쟁에 대한 숭배다. 이들의 중장기적 과제는 일본의 교과서를 '개악'해 청년 세대를 군국주의화하는 것이다.

이러한 만주 귀태와 '친한파'가 이끌어온 한일 관계가 이후 제대로 진전되지 않은 것은 어찌 보면 당연한 일이다. 최근 일본에서 기승을 부리는 '혐한론(嫌韓論)'은 단순한 반한론(反韓論)과는 차원이 달라 근거 없이 한국 및 한국인을 멸시·매도하며 온갖 저주를 퍼붓는 경우가 많다고 한다. 한국인 또한 이런 일본을 불신하며 강하게 경계한다. 물론 식민 지배 역사에서 기인하는 면이 클 것이다. 하지만 1965년 한·일 수교 후 한국의 '친일파'와 일본의 이른바 '친한파'가 엮어낸 특수한 관계로 말미암아 관계 자체가 왜곡된 면도 있다. 국교 정상화의 이면에 어슬렁거렸던 한일 간의 '검은 유착'이 이후 제도권으로 당당히 들어와 한일 관계를 더욱 왜곡시켰기 때문이다. 박정희 전 대통령과 '기시'를 중심으로 한 이른바 만주 인맥의 재결합은 한일 관계의 진정한 '정상화'를 가로막는 주요 요인이었다(이동준, 2015).

「다시 일본의 '교과서 문제'를 생각한다」에서는 1982년 대한민국을 떠들썩하게 만들었던 일본 '정부 검정 교과서' 문제를 이데올로기와 국제정치 측면에서 분석하고 있다. 학교의 교과서는 한 국가나 사회가 시민들에게 이상적인 가치와 세계관을 제시하는 집약적 표현이다. 일본의 교과서 왜곡 문제는 먼저 일본 내에서 크게 문제가 되었고, 이후 한국에서 규탄의 대상이 된다.

일본에서 교과서가 문제가 된 이유는 그것이 단순히 '역사'로서의 '과거'에 대한 기술을 왜곡하고 있기 때문이 아니다. 그 교과서는 과거뿐 아니라 '현재'를 왜곡하고 있고, 그 현재의 사실에 대한 왜곡이 '내일', 즉 앞으로의 일본이라는 나라의 진로에 대한 심각한 의구심과 불안감을 갖게 하기 때문이다. 문제는 과거의 왜곡이 아니라 그 왜곡을 통해 현재와 미래를 그릇되게 재편하는 근거로 작용한다는 점이다(『분단』, 58). 그럼에도 한국 정부와 지식인들은 오로지 '임나일본부' 운운하며 과거 역사 기술 문제에 함몰되어 있었다.

중장기적으로 일본 사회를 군국주의로 재편하려 하는 우익들은 1955년 교과서 '검정위원회'를 설치한 후 기존 교과서에 대한 검열을 시도하기 시작한다. 일본의 역사 교과서인 『신일본사』를 집필한 이에나가[59] 교수는 1962년 교과서에 태평양전쟁, 난징 대학살, 731 부대 등 일제의 아시아 침략 행위를 포함시킨다. 이에 대해 문부성이 '검정위원회'를 통해 삭제를 요구한다. 과거에 대한 반성을 거부하는 일본의 우익 정권은 과거에 대한 반성이 담긴 교과서를 '좌경·진보'라고 낙인찍는다. 이들은 미국의 일본 재군비화 정책에 따라 전범에서 풀려난 제국주의 이데올로그들이었

---

[59] 이에나가 사부로(家永三郎, 1913~2002)는 일본의 역사학자로 역사 교과서 소송사건으로 유명하다. 나고야에서 태어나 1937년 도쿄 대학을 졸업하고 도쿄 교육대(1949~1977)와 주오 대학(1977~1984)에서 교수로 재직했다. 그는 1999년과 2001년에 노암 촘스키의 추천으로 노벨평화상 후보에 오르기도 했다.

기 때문이다.

이에나가 교수는 1965년 문부성을 상대로 '교과서 검정은 학문이나 표현의 자유를 침해하는 검열이고 위법'이라며 그 유명한 '이에나가 소송'을 시작한다. 이에나가 교수의 소송은 검열에 대한 위헌 소송(1차), 교과서 검정 거부 관련 행정소송(2차), 국가에 대한 배상청구 소송(3차)에 걸쳐 진행되었는데, 32년간 치열한 공방 끝에 1997년 최종 판결이 나온다.

1997년 일본 최고재판소는 국가의 검정 제도 자체는 합법적이라고 보았고, 그 제도를 통해 검정하는 행위는 문제가 없다고 보았다. 하지만 이에나가 교수가 쓴 난징 대학살과 일본의 전쟁 중 성범죄 및 731 부대 등에 대한 삭제 요구는 '국가의 재량권 남용'이라며 이에나가 교수에게 40만 엔을 보상하라고 최종 판결한다. 이 판결은 일제의 전쟁 책임과 전후역사 교육 문제에 대한 일본 사회의 관심을 일깨우는 계기가 되었다(≪한겨레≫, 2015.4.13).

교과서 검정은 군국주의를 지향하는 세력이 전 국민, 특히 인구의 55% 이상을 차지하는 전후 세대에 대한 치밀하고 조직적이며 장기적인 일대 '세뇌' 정책이라 할 수 있다(『분단』, 72~73). 이러한 일본의 교과서 왜곡은 전후 세대 세뇌라는 내적 목적에서 출발한 것이다. 그 이면에는 한국 등 아시아 국가에 대한 우월감과 멸시의 감정이 깔려 있다. 우리의 국가적 체질과 생리의 개선, '진정한 의미'의 민족주의를 토대로 하는 국가 관계의 재조정 없이는 이후에도 교과서 문제는 달라지지 않을 것이라는 것이, 1984년 당시 리 선생의 확신이었다.

이토록 뿌리가 깊은 일본의 교과서 왜곡 문제에 대해 이 정도 수준에서 끝낼 리 선생이 아니었다. 1986년 쓴 「일본의 교과서 왜곡 현장」은 '역사 왜곡 문제의 정확한 이해를 위하여'라는 부제에서 알 수 있듯이, 작정하고 일본의 교과서 왜곡 현장을 치밀하게 들여다본 뒤 문제를 끄집어낸 역작이다. 리 선생은 1985년 1학기 도쿄 대학 사회과학연구소에 초빙교수로 머물 때 일본의 교과서 문제에 대한 많은 자료를 모으고 분석 작업을 시작한다.

리 선생의 많은 글이 그러하듯이, 우선 문제에 대한 세간의 무지나 오해를 바로잡는 것으로 시작한다. 오해는 크게 네 가지다. 첫째, 흔히 말하는 '역사 교과서' 문제는 역사 과목만의 문제가 아니라 일본 각급 학교에서 사용하는 국어·현대사회·역사·지리 등 모든 교과서에 걸친 문제다. 둘째, 과거 고대사부터 제국주의 시대 역사는 물론이고 1945년 이후의 현대사와 미래사까지 포함하는 내용이다. 셋째, 타민족 역사뿐만 아니라 일본 자체의 역사도 포함된다. 넷째, 교사의 교과서 선택, 학부형의 자제 교육권, 사법부의 교과서 내용 및 채택에 관한 심판권 등 교육제도와 관습 문제를 포함하고 있다(『역설』, 143~144).

일본 '교과서 문제'는 이렇게 많은 영역에서 문제를 야기할 수 있다는 것이다. 이렇게 큰 틀에서 문제가 검토, 논의되어야 함에도 불구하고 한국에서의 '교과서 논란'은 과거사에 대한 논쟁, 감정적 대응, 정부의 외교적 노력 수준에 머물러 있다. 이 논문에서는 일본의 검정 교과서 채택 제도의 정확한 실태 규명, 특히 어떤 관점에서 검정을 하고 있는지 그 현장의 실상을 분석하고 있다. 32쪽에 이르는 글 중에서 일본 교과서 심사 과정과 방식(4쪽), 과목별 심사 현장과 사례(8쪽), 심사 현장에서의 한반도 관련 지시(8쪽) 등 현장에 관한 구체적 자료 제시가 20쪽에 달한다.

이렇듯 일본의 교과서는 '물 샐 틈 없는' 검열(검정)을 통해 세상으로 나온다. 일본의 우익 세력은 교과서 검열을 통해 천황제의 복구, 지배 질서 관념의 확립, 일본 민족의 우월성 신화 창조, 군사 대국화를 위한 사상 교육, 친미·반공, 친자본주의·반사회주의 이데올로기 교육을 꾀한다는 것이다. 최소한 지난 1955년부터 이런 교과서 '검열' 시스템이 작동하고 있다. 우리는 이런 과정에서 나오는 일본의 교과서에 대해 말만 들어도 흥분한다. 그렇다면 우리나라 교과서는 어떤 모양인가?

"좌파 세력이 준동하며 어린 학생들에게 부정적인 역사관을 심어주고 있다. 역사 교과서를 국정교과서로 바꾸기 위한 노력을 하고 있다."

2015년 7월 31일 김무성 새누리당 대표가 미국 LA에서 한 말이다.

한미 관계, 예속과 굴종의 '이중주'

외견상 부침이 있기는 했지만 해방 이후 한국 정치는 미국 정부의 '위임통치' 내지는 '머슴 정치' 수준을 벗어나지 못한다. 특히 6·25 전쟁을 거치며 그 군사적 예속 구조는 한국의 정치와 경제 모든 영역을 아우르며 미 제국주의 우산 속으로 편입된다. 이는 한미상호방위조약과 한미행정협정의 '자발적' 혹은 굴욕적 체결에서 시작된 것이다.

한미 관계를 다룬 비중 있는 글들은 주로 『전환시대의 논리』, 『自由人, 자유인』, 『새는 '좌·우'의 날개로 난다』에 실렸다. 「미군 감축과 한·일 안보 관계의 전망」, 「한미 안보 체제의 역사와 전망」(이상 『전논』), 「릴리 주한 미국 대사에게 묻는다」, 「릴리 대사 응답에 대한 리영희 교수의 반박」, 「또 '사우스 코리아'인가」, 「한국인 몽땅 까무라치기' 증상」(이상 『자유인』), 「1953년 한미상호방위조약」, 「한미 관계의 본질을 알면 ……」(이상 『새는』) 등이 그것이다. 이 밖에도 「극단적 사유재산제, 광신적 반공주의, 군사국가」(『자유인』), 「미국식 평화주의의 이율배반」(『새는』), 「미국 군사동맹 체제의 본질」(『신화』) 등 미국 사회 내부를 들여다보고 쓴 글들도 몇 편 있다.

「미군 감축과 한·일 안보 관계의 전망」은 1970년 《정경연구》 8월호에 발표되었다. 1970년 7월 8일 주한 미 대사가 주한미군 감축 또는 일부 철수를 한국 정부에 통보했다는 보도가 나간 후 '패닉 사태'에 빠진 한국 사회의 현실을 진단하고 있다. 당시 나는 초등학생이었다. 미군이 철수하면 대한민국은 바로 공산화될 거라는 공포심이 그 당시 각인된 것 같다. 이후에도 미군 철수 이야기만 나오면 '조건반사적 공포'로 가슴이 조마조마했던 기억이 난다. 미국이 경제난으로 연간 10억 달러에 이르는 주한미군 주둔 비용을 줄이기 위해 철수한다는 이유에 대해 한국인들은 '반공의 전초기지'이자 '혈맹 관계'에 있는 한국에게 미국이 어찌 그럴 수 있느냐는 식의 사고에 사로잡혀 있었다. 이는 미국을 포함한 세계정세 변화에 대한 무지이자 미국만 바라보며 자기 보존을 의탁해온 정치권력의 한계를 잘 드러낸다.

1950년대를 '냉전 체제'의 시대라고 한다면 60년대는 세계적 규모의 '냉전 해소' 또는 '군사적 양극화와 정치적 다원화'라는 이름으로 불리는 '전환의 시대'라고 한다. 물론 모든 국부 현상이 이 특성을 따른다고 말할 수 없다. 한국과 한반도의 경우는 특히 그렇다. 그러면서도 동시에 우리는 우리의 국가적 안보라는 문제를 50년대의 냉전 시대적 사고방식으로 재단할 수는 없는 시대에 들어섰다는 사실을 잊어서는 안 될 것으로 생각한다. 반공주의와 '반공전초(反共前哨)'를 유일한 국가 생존의 이데올로기로 내세우며 미국과의 '혈맹 관계'가 '영원한 형제애'로 지속될 것이라는 사고는 너무도 단선적이고 불모적이 아닐까 한다(『전논』, 177).

이 글이 실린 책의 제목을 왜 '전환시대의 논리'로 정했는가에 대한 해답이기도 하다. 미군 단계적 철수를 비롯한 미 행정부의 한반도·동아시아 정책은 닉슨독트린[60]으로 갑자기 등장한 것이 아니다. 원초적으로는

---

60 미국 37대 대통령 리처드 닉슨(Richard Nixon, 1913~1994)은 1969년 7월 25일 괌(Guam)

6·25 전쟁 직후 (구)미일안전보장조약에 이미 그 구상이 포함되어 있었다는 것이다. 이는 박정희 - 케네디 회담에서 한일 국교 정상화를 정권 승인의 조건으로 삼은 부분에서 더욱 명확하게 드러난다. 닉슨은 그러한 미행정부의 일관된 정책을 단계적으로 추진하고자 했다. 미국이 비용을 줄이기 위해 당장 주한미군을 전부 철수하고 싶어도 뜻대로 할 수 없는 조건도 있다는 점을 정확히 이해하면 대책도 쉽게 나온다는 것이다.

우선 한미상호방위조약이 있고 유엔 결의가 번복되지 않는 한 미국은 한국의 방위를 책임져야 할 의무가 있다. 미국은 한반도에서 분쟁 재발을 방지하고 이에 말려들지 않기 위해서는 일정 수준의 미군을 유지할 수밖에 없다. 한국 입장에서는 대북 견제와 남한 보호 효과를 발휘할 만한 수준 이하로 미군 병력이 축소된다면 자주국방의 견지에서 미8군 사령관에게 양도한 국군 작전권 환원을 요구할 수밖에 없다. 이를 막기 위해서도 미국은 '적정선의 병력 및 기구'를 유지할 수밖에 없다(『전논』, 183~184).

리 선생은 시야를 넓혀 미국과 일본, 미국과 중공 관계도 살펴봐야 한다고 역설한다. 6·25 전쟁 이후 미국의 일관된 아시아 정책은 일본을 재무장시켜 극동 방위를 대행케 하는 것이었다. 이 과정에서 일본은 급속히 군사 대국으로 발돋움한다. 당시까지 일본은 대외적으로 신중한 태도를 보이고 있었지만 분명한 것은 일본 군대가 대륙, 즉 한반도를 지향하고 있다는 사실이다. 나아가 미국 행정부는 재무장한 일본을 중심으로 한 동북아시아에서의 대중공 포위망을 구성하고 이를 강화하는 한편 장기적으

에서 새로운 대아시아 정책을 담은 닉슨독트린을 발표했다. 주요 내용은 다음 세 가지다. ① 미국은 앞으로 베트남전쟁과 같은 군사적 개입을 피한다. ② 강대국의 핵에 의한 위협의 경우를 제외하고는 내란이나 침략에 대해 아시아 각국이 스스로 협력해 그에 대처해야 한다. ③ 아시아 여러 국가들이 5~10년의 장래에는 상호안전보장을 위한 군사 기구를 만들기를 기대한다.

로 중공에 정치적으로 접근하려 한다는 것이 리 선생의 견해다. 닉슨 대통령은 1971년 2월 21일 중공을 방문해 저우언라이(周恩來) · 마오쩌둥과 회담을 했고, 중공은 그해 10월 유엔에 가입했다. 미국과 중공의 관계 개선은 리 선생의 예상보다 신속하게 이루어졌다.

이 글 마무리에서 리 선생은 미군 철수와 관련해 우리에게 중요한 것으로 차원 높은 의식구조, 국제 관계 변화에 대한 감각, 국가 안보 개념의 재평가, 대미 예속성의 탈피, 한반도 긴장의 단계적 완화 등을 들었다.

「한미 안보 체제의 역사와 전망」는 1971년 『합동연감』에 실린 글로 한미 관계와 주한미군 주둔의 역사를 심층 분석했다. 내용으로 보면 앞서 분석한 「미군 감축과 한 · 일 안보 관계의 전망」의 '확대판'이다.

주한미군은 1945년 9월 8일 일본 항복 후 점령군으로서 제1진이 인천에 상륙한 것이 그 시초로, 6 · 25 전쟁을 거치면서 증강을 계속해 한국 안보의 기틀이 되었다. 그런데 미국이 1970년대 들어 이러한 주한미군을 향후 5년 이내에 전면 철수할 수도 있다고 선언하고 나선 것이다. 물론 미국은 주한미군뿐 아니라 베트남, 필리핀, 타이완, 일본, 타이의 미군에 대해서도 대폭 감축하기 시작한다. 미국의 대아시아 정책이 근본적으로 변하고 있었다.

미국은 이미 1950년 1월 애치슨 선언[61]을 통해 한국과 타이완을 공산주의 저지를 위한 미국의 방위선(알류샨 열도-일본-오키나와-필리핀)에서 제외한 바 있다. 하지만 불과 5개월이 못되어 6 · 25 전쟁이 발발하자

---

61 미 국무장관이었던 애치슨(Dean G. Acheson)은 1950년 1월 12일에 열린 전미국신문기자협회에서 스탈린과 마오쩌둥의 영토적 야심을 저지하기 위해 미국이 태평양에서 고수할 방위선을 발표한다. 흔히 '애치슨 라인'이라 불리는 이 선은 알류샨 열도-일본-오키나와-필리핀을 연결하고 있는데, 한반도가 제외된 이 방위선은 이후 6 · 25 전쟁의 원인이 되었다는 비판을 받기도 했다.

미국은 즉각 군사적으로 개입하게 된다. 이에 대한 리 선생의 설명은 이렇다.

애치슨 선언에 표시된 바 한국·대만을 미국의 방위선에서 제외한다는 미국 아시아 전략이 확정된 지 불과 5개월이 못되어 한국전쟁에 미국이 군사개입을 결정한 것은 미국 국내 정치의 부산물이기도 하다. 민주당 트루먼 대통령 정부는 전통적으로 중국에 애착을 느끼는 많은 국민과, 특히 대공 강경 노선을 주장하는 공화당을 비롯한 의회 우파 세력으로부터 중국 상실의 정치적 책임을 묻는 압력에 놓이고 있었다. …… 민주당 정권은 1950년 대통령 선거를 수개월 앞에 두고 민주당의 '반공적 노선'을 유권자에게 보여줘야 할 입장에 있었기 때문에 한국전쟁에 군사개입을 함으로써 중국 상실로 추락한 정치적 지지를 급격히 회복할 수 있었다(『전논』, 357~358).

미국은 6·25 전쟁 이후 국제회의에서의 중공 배제와 자본주의 국가들의 중공 승인 방지 등을 통해 중국에 대한 고립화 정책을 펴면서 동시에 일본의 재무장에 박차를 가한다. 그 후 20년 가까운 세월이 흐르면서 아시아 정책을 전반적으로 수정하려는 움직임이 닉슨독트린으로 드러난다. 핵심은 경제·군사 강국으로 부상한 일본에게 아시아 방위의 비용과 책임을 분담시키는 것이다. 이러한 변화가 남한에서의 주한미군 철수로 나타난 것이다.

미국 정부는 주한미군 철수의 이유로 극동 전략의 비지상전·핵무기 중심적 성격, 미·일 공동방위체의 형성, 한국군 현대화에 따른 자주방위 능력 향상, 한반도 전쟁 재발 위험의 감소, 군사비 절약, 비상 작전 계획 완성 등을 들었다. 동시에 한미상호방위조약에도 미군 주둔의 의무는 없

으며 미군 주둔과 한국 방위는 별개의 문제라고 밝힌다(『전논』, 372). 그
럼에도 한국 정부는 주한미군 주둔과 철수할 경우의 사전 합의를 미국에
요구했다. 이렇듯 미군의 주둔과 철수 문제는 미국의 국익에 따라 자기들
이 알아서 할 문제라는 것이 미국 정부의 일관된 입장이었다. 반면에 한
국 정부는 "한국의 동의 없이 미군은 철수하지 않는다"는 점을 미국 정부
가 확약해줄 것을 지속적으로 요구한다.

　이 논문의 발표 이후 한동안 리 선생 글에서 미국에 관한 이슈는 등장
하지 않는다. 1988년 릴리 주한 미 대사와의 '지상 논쟁'은, 릴리 대사가
≪동아일보≫ 5월 27일 자에 '광주 사태' 등에 관한 인터뷰를 하고 리 선
생이 그 내용에 공식 반박하며 시작된다. 원래 리 선생은 동아일보에 장
문의 반론문을 보냈으나 실어주지 않자 이를 6월 12일 자 ≪평화신문≫
에 기고한다. 이에 릴리 대사는 6월 17일 '답변서'를 평화신문사에 보냈
고, 리 선생의 6월 25일 재반반문을 쓴다. 재반박이 늦어진 것은 당시 리
선생이 해외 출장 중이었기 때문이다. ≪평화신문≫은 릴리 대사의 '답변'
과 리 선생의 '재반박'을 7월 3일 자 신문에 동시에 게재한다(『자유인』,
159~186). 릴리 대사와 리 선생이 벌인 '지상 논쟁'의 주요 내용을 재구성
하면 다음과 같다. 먼저 한국 내 반미 운동에 대한 릴리 대사의 비난을 둘
러싼 논쟁이다.

릴리　최근 한국의 반미 운동은 '히트 앤드 런' 작전으로 홍보 효과를 추
구하고 있다.

리영희　전도양양한 한국의 학생들의 목숨을 버리면서까지 미국 정책을
비판하는 것이 고작 '홍보 효과'를 노리는 것이겠는가? 미국은 강자이니까
'히트'하고 '런'할 필요가 없지만 약자는 '런'할 수밖에 없다. 미국의 국가
이념인 정의를 후진 · 약소국가에도 적용하면 테러는 사라질 것이다.

릴리(재반론) 반미 시위에 가담해온 학생들은 줄곧 외부의 관심을 끌려 했다. 금년 2월 24일 몇몇 학생들이 미공보원(USIS) 도서관을 점거했다. 그리고 깃발을 걸었다. 외부의 이목을 끌고자 한 것이고 큰 성공을 거두었다. 서대협도 '대화'에는 관심이 없고 홍보를 의식한 '정치극'을 벌이려 한다. 나는 향후에도 폭력에 호소하는 사람을 계속 비판할 것이다.

리영희(재반론) 학생들의 반미 운동에 홍보 목적이 있다고 해도 그것이 규탄받을 일은 아니다. 미국에도 홍보 효과를 노리는 운동은 많다. 폭력에 대한 대사의 견해에는 공감할 수 없다.

이어 리 선생은 자신도 누구보다 폭력을 반대하지만 학생들이 왜 그런 '작은 폭력'에 의지하려 하는지 이해할 필요가 있다고 적는다. 요컨대, 미국 정부가 전면적으로 부추기고 축복하는 폭력 정권과 그 군대가 광주에서 감행한 학살과 여러 해를 두고 자행한 수많은 살인·고문·투옥·추방 등과 같은 '진짜 폭력'에 대한 릴리 대사의 생각은 뭐냐는 것이다. 이어진 문제는 '광주 사태'에 관한 미국의 책임 문제와 관련해 한국군에 대한 연합사령관 관할권의 범위, 20사단 이동 승인 책임, 한국 정부와 미국의 '명령' 관계, 광주 사태 때 미국 항공모함이 부산에 있었던 이유 등이다.

릴리 미군 장교가 광주에서 부대를 지휘하지 않았다. 광주에 있던 부대는 미군 작전통제권 밖에 있었다. 연합사의 목적은 대북한 관계다. 연합사는 한국의 내정에 어떤 방법으로든 관여해서는 안 된다.

리영희 편제상 특전사가 소속된 한국군 제2군 사령부가 한미연합사 권한 밖에 있다는 것은 사실이다. 그렇다면 한국군 60여 만 명을 주한미군 사령관 지휘권하에 편입하면서 어째서 박정희 정권 이후 특전사와 같은 그런 부대 병력을 미군 권한 밖에 두었냐는 점이다.[62] 이런 군사력이 박정희 쿠데타 이후 군인 정권 보위용이었다는 사실은 1960년 주한미군 사령관이었던 맥그루더가 시인한 바 있다.

릴리　20사단은 한국이 연합사 작전통제권 밖으로 빼갔다.

리영희　대사가 말했듯이 연합사는 북한의 침공에 대응하기 위해 존재한다. 한국 정부가 20사단 이동을 '통지'할 때 북한의 공격이 있었는가? 그들이 남한의 어딘가를 향하고 있다는 것을 모르고 승인했는가?

릴리　한국 내부 문제에 대해 충고는 할 수 있지만 명령을 할 수는 없다.

리영희　'명령'이 무슨 의미인지 모르겠다. '군대식 명력'이라면 대사 말이 맞을 수 있다. 하지만 한국에 대해 '명령'과 동일한 효과를 갖는 각종 압력으로 '명령'을 대신해온 일은 없는가 묻고 싶다. 건국 이후 사례를 일일이 적시하고 싶지 않다. 어째서 하필 광주 학살 행위에 대해서만 제재(制裁) 명령을 내리지 않았는가?

릴리　광주 사태 당시 미국 항공모항이 부산에 있었던 것은 맞다. 하지만 항공모함은 광주 사태와 관련이 없다.

리영희　미국과의 이익 체계로 연결된 약소국가에서 정변을 시도하거나 계획하거나 진행 중일 때, 미국의 군사력이 바로 그 지역 또는 부근에서 시위행동을 하지 않은 예를 본인은 알지 못한다.

리 선생이 제기한 광주와 미국 관련 반론에 대해 릴리 대사는, "작전지휘권(OPCON) 문제와 광주 사태 문제는 한국 측의 공정한 조사에 맡겨두

---

62 박정희는 1961년 5월 26일 국가재건최고회의와 유엔군 사령관 간의 합의를 통해 작전통제권을 유엔군 사령부에 귀속시키는 대가로 일부 부대의 작전통제권을 넘겨받는다. 이후 베트남전쟁에서 파월 한국군의 지휘권을 한국군 사령관에게 부여했으며, 1968년 4월 17일에는 한미 정상회담을 통해 대간첩 작전 시 예비군을 포함한 한국군에 대한 작전통제권을 한국군이 행사할 수 있도록 동의를 얻었다.

는 것이 가장 좋을 것으로 믿습니다"(『자유인』, 182)라며 즉답을 피하고 빠져나간다. 리 선생은 마지막으로 자신의 입장에 대해 대사관 측이 '공개적인 견해 교환'을 제의한다면 기꺼이 응하겠다고 마무리한다.

「또 '사우스 코리아'인가」, 「한국인 몽땅 까무라치기' 증상」은 1980년대 말 ≪한겨레신문≫에 쓴 글이다. 「또 '사우스 코리아'인가」(1988.5.22)는 필리핀에 있는 미국 핵전략 기지인 클라크 공군기지와 수빅(Subic) 만 해군기지를 '사우스 코리아'로 이전하려 한다는 소식에 놀라 쓴 글이다.

세계에서 국민적 자존심의 그루터기라도 남아 있는 정부와 국민들은 최근 잇따라 미국의 군사기지, 특히 핵 기지와 군대의 주둔을 거부하고 있다. 스페인이 올 들어 만료되는 35년간의 기지 협정의 갱신을 단호히 거부하고 있다. 포르투갈·그리스·뉴질랜드가 그렇고, 이름조차 들어본 일이 없는 대서양의 바하마조차 그렇다(『자유인』, 190).

그런데 남한은 왜 미국의 터무니없는 요구를 거부하니 못할까? 1954년 11월 7일 발효된 '대한민국과 미합중국 간의 상호방위조약' 제4조 때문이다. 내용은 이렇다. "상호 합의에 따라 미합중국의 육해공군을 대한민국 영토 내와 그 주변에 배치할 수 있는 권리를 대한민국은 이를 허용하고 미합중국은 이를 수락한다." 이러한 조약에 따라 체결된 '주한미군 주둔군 지위 협정(SOFA)'에는 "(미국의) 선박과 항공기는 대한민국의 어떠한 항구나 또는 비행장에도 입항료 또는 착륙료를 부담하지 아니하고 출입할 수 있다"(제10조 1항)고 명시되어 있다. 또한 제10조 2항에는 주한미군 기지뿐 아니라 "대한민국의 항구 또는 비행장 간을 이동할 수 있다"고 되어 있다. 미군이 한국의 군 기지를 이용하는 데는 특별한 동의가 필요 없다는 이야기다.

수빅 만 해군기지는 그 후 어디로 갔을까? 불현듯 제주 강정의 해군기지 논란과 추진 문제가 떠오른다. 지난 2007년 본격 추진되기 시작한 제주 강정 해군기지는 2015년 말에는 완공 예정이다. 2007년 대한민국 해군과 정부는 2014년까지 1조 300억 원을 투입해 전투함 20여 척과 15만 톤급 크루즈선 두 척이 동시에 정박할 수 있는 45만m^{2}의 기지 건설 계획을 발표한다. 강정 마을을 중심으로 반대 운동은 지금까지 계속되고 있다. 착공 당시 논란이 계속되자 이해찬 전 총리는 "제주 해군기지 논의가 미군 기지 또는 미국의 MD 체제와 연관되었다는 식의 왜곡된 시각이 있다"며 "제주가 평화의 섬이라는 이유로 군사기지 건설이 안 된다는 것은 말이 안 된다"고 했다(≪노컷뉴스≫, 2007.7.23).

평화롭던 강정 마을에 주민들의 동의 없이 해군기지가 건설되면서 주민들이 온몸으로 저항해온 지 어느덧 3000일 이상이 흘렀다. 지난 7월 27일부터 8월 1일까지 2015 강정생명평화대행진이 열렸다. 강정 마을 3000일 투쟁에 연대하기 위해 일본 오키나와, 나가노, 필리핀, 타이완 그리고 사이판 옆에 있는 티니안 섬에서 각자의 적과 싸우던 활동가 및 주민들이 찾아왔다. 주민 동의 없는 기지 혹은 핵 발전소 건설, 미국의 폭력과 사라진 주권, 오염되는 기지, 인권침해, 고통받는 주민들. 이들의 고향에서도 강정과 비슷한 일들이 일어나고 있다.[63]

≪조선일보≫는 2015년 9월 23일 "좌파 단체 등의 공사 방해 등으로 8년간 우여곡절을 겪은 제주 해군기지가 드디어 완공을 앞두고 해군 함정들을 처음으로 맞았다"고 보도했다.

「한국인 몽땅 까무라치기' 증상」은 ≪한겨레신문≫ 1989년 10월 22일

---

63 백가윤, "제주 강정, '필리핀 수빅 섬'처럼 되나: 강정생명평화대행진에 참여한 외국인들의 육성 증언", ≪프레시안≫, 2015년 8월 11일 자.

자 칼럼이다. '한겨레 방북 취재 시도 건'으로 구속되었다가 나온 직후에 쓴 글이다. 한국인과 정부는 여전히 워싱턴 정가에서 '미군 철수' 한마디만 나오면 모두 기절했다가, 백지화한다는 또 한마디가 나오면 깨어난다. 수십 년간 이어져 온 현상이다. 앞에서 규명했듯이, 미국은 자국의 이익과 필요에 의해 미군을 주둔시키거나 철수시킨다고 누누이 천명해왔다. 역대 한국 정권의 인식 착오와 대미 안보 의존증은 결국 엄청난 주둔비 분담이라는 결과를 초래했다.

1987년 주한미군의 연간 주둔비는 44억 달러였다. 이 주둔비의 43%가 넘는 19억 달러를 한국이 부담해왔다. 한국 국민은 주한미군 한 명당 연간 4만 4000달러 부담하고 있는 셈이다. 한국의 미군 주둔비 부담률은 이미 1982년 미국 동맹국 가운데 '최고'의 자리에 오르는 영예를 차지했다. 미국은 자국의 이익을 위해 주둔한다고 기회가 있을 때마다 공식 천명한다. 미국이 자국의 이익과 필요성에 따라 주둔하는 것이라면 주한미군 주둔비를 우리가 부담할 것이 아니라 미국이 한국에 '국토 이용료'를 내야 한다.

드디어 리 선생은 그간 다른 글에서 수차례 언급했던, 한미 관계를 규정하는 기본 틀이라 할 수 있는 한미상호방위조약을 면밀하게 분석한다. 「1953년 한미상호방위조약」은 ≪역사비평≫ 1992년 여름 호에 기고한 논문이다. 한미상호방위조약은 6·25 전쟁을 마무리하는 와중에 리승만과 워싱턴의 복잡한 '수 싸움' 끝에 체결된다. 리 선생은 이 논문에서 해방 후 40년간 우리를 지배·규정·구속해온 한미상호방위조약을 ① 생성 과정과 배경, ② 조약의 성격과 의무 관계, ③ 조약이 남한의 국가·국민·정부·사회의 일상생활에 작용하는 구체적 문제, ④ 그것이 각기 통일을 지향하는 남북한 관계에 어떻게 연관되며 작용하는지 검토한다(『새는』, 127).

한미상호방위조약은 1953년 전쟁을 조기에 종식시키고자 했던 미국의 해리 트루먼(Harry S. Truman), 드와이트 아이젠하워(Dwight Eisenhower) 대통령과 '북진 통일'을 표방하며 미군의 지속적 주둔과 지원 관련 확약을 얻어내고자 했던 리승만 대통령 사이의 복잡한 게임의 산물이다. 리승만이 지속적으로 요구한 것은 한미 간의 '상호안전보장협정'이었다. 휴전 후 자신이 '북진 통일'을 추진할 때 미국의 무조건 참전을 확약해달라는 거였다. 이 지난한 싸움에서 리승만이 반공 포로를 마음대로 석방하는 등 고집을 피우자 미국은 그를 제거할 계획[64]까지 세웠지만 결국 한미상호방위조약을 체결한다.

한미상호방위조약을 무력 북진 통일을 위한 미국의 군사적 보증으로 삼으려 했던 리승만 대통령은 조약 협상 기간 중 전국적 휴전 반대 운동을 더욱 확대했다. 전쟁 보증적 조약 체결을 위한 미국에 대한 압력이었다. 휴전 반대 운동으로 제2대 대통령에 재당선된 그는 언제라도 휴전 상태를 깰 수 있는 의도와 능력을 과시했다. 미국은 리승만을 달래기 위해서도 조약 체결을 서두르지 않을 수 없게 되었다(『새는』, 140).

하지만 리승만의 고집과 '북진 통일' 주장은 대한민국을 영구적으로 미

---

64 리승만을 설득하는 데 실패한 미국 정부는 1952년 6월경 그에 대한 일종의 쿠데타를 구상하게 된다. 미 국무성, 국방성, 국가안전보장회의, 유엔군 총사령관, 주한 미국 대사관 등 간에 긴밀한 대책 회의가 이루어지고, 그 결과 다음의 비상수단이 강구된다. 한국 정부에 대한 경제원조 중단─미국 해군 함대 부산항 정박─유엔군 사령부 휘하 부대 부산 지역에 진주─리승만에 최후통첩─거부 시 리승만 신체 연금─부산 지역 계엄령 선포─부산 지역 청년 단체와 경찰, 군대 등 접수─한국 국회의원 신체 안전 보호 및 망명처 제공─국회 소집과 개회, 체포·투옥 인사 석방─전쟁 수행 전면 협조할 남한 정부 지도부 구성 순이다. 물론 이 구상은 실현되지 않았다(『새는』, 130~131).

국 '식민지'로 전락하게 만들었다. 미국의 '한미안전보장조약' 초안에는, 지금까지 가장 문제가 되고 있는 제4조의 내용, 즉 대한민국의 영토·영공·영해의 모든 공간에 미국의 육해공군을 무조건 주둔시킬 수 있는 권리가 포함되어 있지 않았다. 그런데 1951년에 체결된 '(구)미일안전보장조약'[65]에는 미군 무조건 주둔 조항이 포함되어 있었다. 동 조약 제1조를 보면 "일본은 국내에 미군 주둔의 권리를 준다. 주둔 미군은 극동 아시아의 안전에 기여하는 것 외에 직접적인 무력 침공과 외국에서의 선동 등에 의한 일본의 내란 등에 대해서도 도움을 줄 수 있다"고 되어 있다(『새는』, 135~136).

(구)미일안전보장조약의 1조를 본 리승만은 한미안전보장조약에도 미군 주둔 조항을 포함해야 한다고 요구했고, 미국은 당연히 동의했다. 그 내용은 다음과 같으며 한미상호방위조약 최종합의안에서 제4조가 된다.

만약 미국이 그 육해공군을 코리아 영역과 그 부근에 주둔시키기를 원한다면 그 목적을 위한 필요한 결정은 당장에 강구될 수 있다(제3조 하단).

이후 남한은 북한이라는 형제와 싸우기 위해 미국이라는 억센 사나이를 집 안에 불러들여, 안방 아랫목에 모셔놓고 수십 년간 알몸으로 시중을 들게 된다. 그러는 동안 집주인은 사나이의 보호 없이는 자기의 목숨

---

65 1951년 9월 8일 체결한 미일안전보장조약(Security Treaty Between the United States and Japan, '구 안보조약')은 전문과 5조로 구성되며 일본의 안전 보장을 위해 미군을 일본에 주둔시키는 것 등을 규정하고 있다. 1960년 1월 19일 체결된 '일본과 미국 간의 상호 협력 및 안전 보장 조약(Treaty of Mutual Cooperation and Security between the United States and Japan, 미일안보조약)'으로 계승, 대체된다. '미일안보조약'은 1960년 체결 당시 그 기한이 10년이었고, 10년 이후에는 체결국이 1년 전에 예고한 뒤 일방적으로 파기할 수 있도록 정해졌으나, 기한이 만료된 1970년 이후에도 파기되지 않고 현재까지 유지되고 있다.

조차 부지할 수 없을 것 같은 '자기최면'에 빠져버렸다(『새는』, 143).

리 선생은 식민지 시대에 태어나 학생 시절 해방을 맞았고 이후 전쟁, 분단, 독재 정권의 시대를 살았다. 한국 현대사를 보면 한국인의 일상적 삶을 근원적으로 속박하고 있는 것이 식민성과 제국주의 지배 논리라는 것을 알 수 있다. 리 선생은 일본과 미국 두 제국주의 사이에서 한국이 어떻게 자주적으로 민족 정통성을 세울 수 있을지를 평생의 화두로 삼았다. 탈식민 문제는 글로벌 시대에 지구촌의 새로운 화두이기도 하다. 디지털, 인터넷, 모바일로 이어지는 21세기 신자유주의 네트워크는 우리의 일상 생활까지 자본주의 시스템 속에 철저하게 편입시키고 있기 때문이다. 일상적 삶의 '자발적 식민화'라고 할 수 있다.

6. 남북 관계와 통일

리 선생은 평안북도에서 월남해 평생을 타지에서 살았다. 고향에 대한 그리움이 없을 리 없었지만 '냉전 체제'에서 그런 마음을 드러내고 살기는 어려웠다. 리 선생이 글을 쓰고 실천한 시기는 국가보안법과 반공법 시대였다. 리 선생은 30년 이상을 형제·가족까지 숨기며 살았다. 1998년에야 북한을 방문해 '이산가족'을 상봉할 수 있었다. 리 선생은 자신이 써온 글들을 회고하면서 제일 쓰기 어려웠던 글이 통일 관련 논의였다고 말한 적이 있다. 수많은 금기와 위험이 분명한 형태로 앞을 가로막고 있었기 때문이다. 국제 관계 속에서 한반도의 미래를 '전망'하는 글은 1970년대도 이따금씩 발표했지만 한반도 통일 문제에 관한 본격적인 논의는 1990년대 중반 이후가 되어야 쏟아져 나온다.

한반도와 주변 정세

1980년 5월 '광주 사태 배후 조종' 혐의로 구속되었다가 풀려난 후 대학에서도 쫓겨나 주로 글을 쓰면서 지내던 시기부터 한반도에 대한 리 선생의 관심이 표출된다. 이 시기에 발표한 글을 모은 두 권의 책이 1984년에 나온다. 『80년대 국제 정세와 한반도』, 『분단을 넘어서』가 그것이다. 그중 전자에는 「한반도 주변 정세의 질적 변화」[66]와 같은 비중 있는 글이 실려 있다. 그 이후에 발표한 한반도 주변 정세 관련 글로는 「한반도의 전쟁 위협과 동북아의 평화」(『역설』), 「한반도는 새 동북아 질서의 출발점」(『새는』), 「6자회담 공동선언 이후 동북아 정세」(『21세기』) 등이 있다.

리 선생은 1980년대 국제 정세 변화를 세계 각국의 주요 사건을 중심으로 정리한 『80년대 국제 정세와 한반도』 서문에서 한반도가 지금 중대한 기로에 놓여 있다고 진단했다. 1980년의 시대적 문턱을 넘어서면서부터 이 반도와 이 민족의 주변에는 새로운 폭풍이 몰려오고 있기 때문에 이제 역사적으로 길들여진 수동적 지위에서 벗어나 국제 정세의 '태풍의 눈'으로 규정되는 것을 거부해야 한다는 것이다(『80년대』, 책머리에).

「한반도 주변 정세의 질적 변화」는 『80년대』에 실린 글 중 유일하게 리 선생이 직접 쓴 한반도 정세 변화에 대한 긴 논문이다. 80년대 이후 한반도 정세의 변화 핵심으로 '무제한' 군비경쟁의 강요, 37년 만에 일본 군대가 재진주할 가능성, 한·미·일 군사동맹 체제 급속 강화, 한반도가 4대 강국 '핵 전장'이 될 가능성 확대를 든다. 이러한 위기에 대한 돌파 방안을 모색하는 것이 핵심이다. 구조 변화를 설명하기 위해 가쓰라·태프트 밀약 이후 한국과 미국, 일본의 관계 변화의 역사를 '도해'로 제시하며,

---

66 이 글은 나중에 다소 수정되어 『분단을 넘어서』에 「한반도는 강대국의 핵 볼모가 되려는가」(83~105쪽)라는 제목으로 다시 실렸다.

다시 한반도가 구한말 때같이 풍전등화의 처지가 될 수 있다고 경고한다.

> 한국과 한반도 주변의 국제 정세는 '질적'으로 변화했다. 그 모든 요소는
> 남북 간 민족사회의 '화해'와 '평화'로만 해소될 수 있는 성질의 것들이다.
> …… 우리에게 요구되는 것은 남북 단위의 '반민족주의(反民族主義)'가 아
> 니라 반도 민족 전체를 생각하는 '대민족주의(大民族主義)'다. 이 금수강
> 산에 다시는 일본 군대가 들어올 필요가 없게 하는 길은 분단 민족 간의
> 화해다(『80년대』, 251).

1905년 미국과 일본의 밀약으로 대한제국이 사실상 일본의 식민지로
전락했는데, 1980년대 중반의 상황도 그와 비슷하게 흘러가고 있음에 주
목하고 있다. 지난 2012년 아베 신조가 수상이 된 이후 급속하게 일본은
우경화가 진행되고 있고, 군국주의 부활 시도가 계속되고 있다. 리 선생
은 1905년 가쓰라·태프트 밀약 이후 한국, 미국, 일본 간의 관계 변화를
〈그림 3-1〉과 같이 7단계로 구분해 살펴본 후, 1990년대 이후 한일 합방
이 되기 직전인 구한말과 동일한 상황을 향해 가고 있음을 경고한다.

「한반도의 전쟁 위협과 동북아의 평화」는 1986년 4월 25일부터 독일
함부르크 대학에서 '제3세계에서의 갈등 질서와 전쟁 위협 및 평화의 모
색'을 주제로 열린 국제 세미나에서 영어로 발표한 논문이다. 리 선생 글
중에서는 흔치 않게 미국이 한반도에 배치한 핵탄두 수 등에 대한 소스를
밝히는 각주가 10개나 달려 있다. 리 선생은 유럽 지식인들에게 한반도에
서 핵전쟁이 발생할 경우 곧바로 세계대전이 될 수밖에 없다는 논리 구조
를 설명하면서 시작한다.

휴전협정 제60항은 휴전협정 발효 60일 이내에 참전 관계 국가들 사이에

고림 3-1 **한·미·일 관계의 변화**

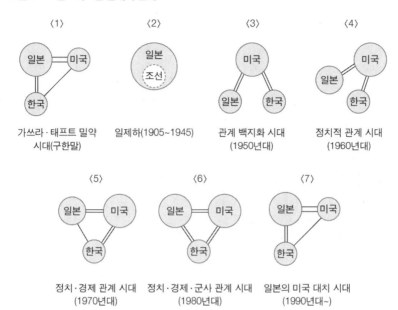

〈1〉
가쓰라·태프트 밀약
시대(구한말)

〈2〉
일제하(1905~1945)

〈3〉
관계 백지화 시대
(1950년대)

〈4〉
정치적 관계 시대
(1960년대)

〈5〉
정치·경제 관계 시대
(1970년대)

〈6〉
정치·경제·군사 관계 시대
(1980년대)

〈7〉
일본의 미국 대치 시대
(1990년대~)

자료: 『80년대』, 243.

휴전 상태를 항구적 평화 상태로 바꿔놓기 위한 정치 회의를 개최하라고
규정하고 있다. 그러나 휴전 후 전쟁 당사자인 남북 쌍방의 휴전 위반 사
례가 빈발하고, 당시 미국의 아시아 정치·군사전략의 요청 때문에 이 평
화 회의는 실효를 거두지 못한 채 오늘에 이르고 있다(『역설』, 75).

유엔은 제2차 세계대전 이후 유일하게 한반도에서만 '전쟁 행위'의 일
방 당사자로 참여했고, '휴전협정'도 유엔과 북한·중국 사이에 체결된 것
이라는 점을 상기해야 한다는 것이다. 이어 한반도에서의 군사 위기 상황
이 제대로 인식되지 않고 있다며, 군사분계선을 사이에 둔 남북한의 군사
력 규모, 미국의 한반도 주변 군사력, 한반도에 대한 소련과 중국의 정치
적·군사적 자세를 설명하고 '두 개의 코리아' 유지에 있어 일본의 역할이

강화될 것이라고 예측한다.

　한국은 1960년대 초에 정치적·경제적·사회적으로 북한에 비해서 미국의 우려를 자아낼 만큼 허약하고 열세에 놓여 있었다. 미국이 강력한 군사력을 남한에 주둔시키고 핵무기 사용까지도 검토해야 했던 이유가 바로 이 같은 남북한 간의 안정성 격차에 있었다. 미국은 이 같은 남한 지원의 부담을 장기 계획에 따라서 일본에게 분양하기로 했다. …… 1960년대의 정치적 지원, 70년대의 경제적 지원, 80년대의 (준)군사적 지원. 현재 진행·전개되고 있는 모든 구체적 징후로 미루어볼 때, 한국과 일본은 1990년대에 군사동맹적 관계를 완성할 것으로 예상된다(『역설』, 88).

　1985년의 이산가족 부분 상봉 등 한반도 긴장 완화와 화해를 위한 남북한의 움직임도 설명한다. 당시 남한의 경우 '교차승인'과 '개별 국가로서의 유엔 동시 가입'을 추진하자는 논리를 펴고 있었고, 북한은 군축과 외국군 기지 철폐 등을 전제로 한 '연방공화국' 구성을 제안하고 있었다. 끝으로 리 선생은 멀리 떨어져 있지만 유럽의 지식인 여러분들도, 세계의 평화를 위해 한반도의 전쟁 위기 제거와 새로운 평화 질서 구축 노력을 적극 지지해달라고 요청한다.
　「한반도는 새 동북아 질서의 출발점」은 1992년 4월 서울대 신문연구소에서 주최한 '동북아 지역에서의 방송 질서의 변화와 대책' 심포지엄에서 발표한 글이다. 세미나의 성격 탓인지 다소 포괄적으로 한반도가 동북아시아에 도래할 새로운 평화 질서의 시발점이 되어야 한다고 주장하고 있다. 1990대 초반 한반도에 새로운 평화 질서 구축과 관련한 일본, 소련, 중국, 미국의 입장 차이를 설명하는 대목이 재미있다.
　새로운 지역 질서 이론 구성이나 실제 적용에 있어 일본은 방해가 될 것이고, 소련은 열 개의 독립 공화국으로 분열되어 동북아 질서에 중요한 변수가 되기 어렵고, 중국은 닫힌 사회임에도 불구하고 빠르게 변하고 있으며 동북아 평화에 협조적이고, 명백히 다른 범주에 있는 미국의 경우 '세계 경찰'을 자임하고 있기 때문에 그 패권주의적 역할을 계속 강화할 것이라는 지적이다(『새는』, 186~187). 이 때문에 동북아에서 새로운 지역 질서가 실현되려면 미국의 영향력을 최소화할 수 있어야 하고, 동시에 1990년에 이미 국방비 예산이 460억 달러로 미국에 이어 세계 2위가 된 일본을 적절하게 제어하는 문제를 심각하게 고민해야 한다는 것이다.

「6자회담 공동선언 이후 동북아 정세」는 지난 2005년 10월 7일 평화통일연구소 창립 1주년 토론회의 강연 내용을 정리한 것이다. 리 선생은 '미국이 6자회담 공동성명[67] 내용을 지킬 것인가?'라는 문제에 대해 "절대로 지키지 않을 것이다"라고 단언하고, 이를 전제로 논의를 전개해야 한다고 주장했다. 지금까지 미국은 자기들 이익에 100% 부합하지 않는 한, 유엔 결의나 국제적 합의에 기초한 많은 조약과 협약을 제대로 지킨 적이 없다는 것이다. 예를 들자면 한반도에서 정전협정을 무시하고 1956년 수백 개의 핵무기를 배치했고, 강대국끼리 핵 폐기에 노력하기로 한 핵확산금지조약(NPT)에도 역행하고 있으며, 1994년에는 빌 클린턴(Bill Clinton) 대통령이 '미·북 핵 협정'을 일방적으로 사문화했다. 또한 1974년 유엔 결의를 무시하고 2003년에 이라크를 불법 침략했던 사실도 있다.

지난 50여 년 간 국제 관계를 연구하며 미국을 지켜봤지만, 미국이 조약을 지키는 일을 한 번도 본 적이 없다는 것이다. 미국이 강대국으로서 자국의 이익만을 추구하는 것처럼 중국, 러시아, 일본도 결정적인 순간에

---

67 9 · 19 공동성명이라 부른다. 지난 2005년 9월 19일 중국에서 열린 북핵 관련 제4차 6자회담 끝에 발표한 합의문이다. 북한의 핵무기 파기와 NPT, IAEA 복귀, 한반도 평화협정, 단계적 비핵화, 북한에 대한 핵무기 불공격 약속, 북미 간 신뢰 구축 등을 골자로 하고 있다.

는 자국의 이익만 챙길 가능성이 크다. 이어 미·일 군사동맹과 중국과의 전쟁 위기가 상존하고 있다고 보고, 타이완 등의 문제를 놓고 가쓰라·태프트 밀약처럼 분할 지배, 나눠 먹기 가능성에 대해 생각해봐야 한다고 보고 있다.

지역 정세를 대국적으로, 총체적으로 전망한다면 우린 민족 간 화해를 통해서 전쟁의 빌미를 미국이 쥐지 못하도록 노력하는 방향으로 힘을 쏟아야 할 것이지, 북경 회담 합의문이라는 종잇조각을 토대로 해서 상황을 판단하고 우리 민족의 행동을 규정할 때는 아직도 아닌 것으로 생각합니다 (『21세기』, 377).

이런 냉철함이 리 선생의 '이성'이다. 북한은 실제로 2006년 7월 4일 미국 독립기념일을 기해 공해상에 대포동 2호 등 다섯 발의 미사일을 발사하며 합의의 공식 파기를 선언한다. 이어 동년 10월 9일에는 1차 핵실험을 단행한다.

분단 체제와 남북 갈등
남북 관계를 다룬 리 선생의 글은 분단 시대 남북 갈등 문제와 향후 교류 협력 강화에 관한 논의로 구분할 수 있다. 북방한계선 문제와 남북 전쟁 수행 능력에 관한 연구는 국내외적으로 큰 반향을 불러일으켰다.

「남북한 전쟁 능력 비교 연구」(『자유인』), 「대한민국은 한반도의 '유일 합법 정부'가 아니다」,[68] 「북방한계선'은 합법적 군사분계선인가?」(이상

---

68 이 글은 《사회와 사상》 1989년 12월 호에 실린 「국가보안법 없는 90년대를 위하여」(『자유인』에 수록)의 앞부분을 대폭 삭제하고 부분적으로 수정해 『반세기의 신화』에 재수록한 것이다.

『신화』) 등은 1980년대 말에 발표되어 대한민국을 발칵 뒤집은 글들이다. 「이제는 진실을 알고 싶다」, 「평화를 기피하는 방법」, 「두 지도자에게 하고 싶은 이야기」(이상 『자유인』)는 1988년 무렵 '한겨레 논단' 기고문이고, 「남한 간첩 보내고 북한 간첩 받자」(『신화』)는 ≪말≫의 신준영 기자와의 대담이다. 구체적으로 보면 「이제는 진실을 알고 싶다」은 민방위 훈련에 대한 단상이고, 「평화를 기피하는 방법」은 한국 정부와 언론에서 27만 명 규모의 팀스피릿 훈련은 '방위' 목적이라 하면서 7000명이 참가한 소련 해군과 북한군의 훈련은 '공격 훈련'이라고 말하는 작태를 질타하는 글이다.

「두 지도자에게 하고 싶은 이야기」와 「남한간첩 보내고 북한 간첩 받자」는 모두 남파·북파 공작원과 비전향 장기수 문제를 다루고 있다. 우선 「두 지도자에게 하고 싶은 이야기」는 1989년 1월 5일 자 ≪한겨레신문≫ 칼럼이다. 여기서 두 지도자는 노태우 대통령과 김일성 주석이다. 이 글에서 리 선생은 두 지도자에게 상대방이 수용하기 어려운 거창하고 근본적인 것에 대한 양보를 요구하기에 앞서, 남북이 체포 투옥 중인 간첩들을 교환함으로써 상호 불신의 실마리를 풀고 진의를 확인할 것을 제의하고 있다(『자유인』, 231). 이미 미국과 소련 사이에 간첩을 교환한 사례가 있고 그들은 체포된 뒤 이미 20~30년간 억류되어 사실상 '폐인'이기 때문에 인도주의적 견지에서, 또 이미 치른 죄의 대가로 보아서도, 국민의 의무와 정부의 책임으로서, 역사적 민족 화합의 상징으로서 서로 석방하는 것이 순리라는 것이다.

김영삼 정부는 1993년 3월 19일 34년을 복역하고 출소한 비전향 장기수 이인모 노인을 송환했다. 북한은 '남북고위급회담' 등을 통해 이인모 노인 송환을 줄기차게 요구했다.

리영희 선생은 1998년 11월 일주일간 '이산가족 생사 확인과 재회'를 위해 북한을 방문, 조카(누님의 아들)를 만나고 돌아온다. 1999년 2월 법무부 장관이 장기수 송환 문제를 거론하고 북측에서 남파 공작원 등 20명에 대한 송환을 요구하면서 장기수 송환 문제가 현안으로 떠올랐을 때, ≪말≫의 신준영 기자가 리 선생을 만나 방북 이야기를 듣는다. 방북 중에 한국 참가자들과 북측 안병수 조평통 부위원장이 만나 대화를 나눈다. 안 부위원장은 남북 관계 개선의 전제 조건으로 '비전향 장기수 무조건 송환'을 들었다. 그 이야기를 듣고 리 선생은 이렇게 답했다고 한다.

당신들이 비전향 장기수들을 수십 년간 억류하고 고문한 남한 정부를 비난하는데, 내가 보기에 절반의 책임은 북한 당국에도 있다. 남한 정부가 남파 간첩 등의 문제로 국제 무대에서 당신들을 비난할 때마다, "우리는 모른다. 남쪽의 조작이다"라고 일관되게 주장하지 않았소? 그럼으로써 남한의 감옥에서 20~40년 가까이 동물적 처우를 견딘 당신들의 영웅적인 혁명가들은 공화국 공민도, 남한 국민도 아닌 무국적의 인간이 되어버렸다. 남한 당국이 북송을 거부하고 가혹행위를 할 수 있는 근거를 준 셈이다(『신화』, 67).

분위기는 심각해졌고, "검토하겠습니다"라는 말과 함께 자리가 끝났다. 회의가 끝나고 나오면서 "우리가 대남 적화통일을 추구하는 것이 아니라는 명분을 내세우기 위해 그동안 간첩과 공작원의 남파를 부인할 수밖에 없었습니다. 오늘 제기해준 문제는 상당히 진지하게 검토될 것입니다"라는 한 북측 인사의 말을 듣는다.

비전향 장기수 송환 문제는 2000년 6 · 15 남북공동선언[69] 이후 탄력을

---

69 2000년 6월 14일 분단 이후 최초로 성사된 남북한 정상회담을 통해 김대중 대통령과 김정

받는다. 남북 양측은 2000년 6월 30일 금강산 적십자회담에서 "북으로 갈 것을 희망하는 비전향 장기수 전원을 2000년 9월 초에 송환한다"고 합의한다. 이에 따라 김대중 정부는 9월 2일 송환을 희망하는 비전향 장기수 63명을 북한으로 보낸다. 그렇다면 남한에서 북으로 보낸 '북파 공작원'은 얼마나 되고 그들은 어떻게 되었을까? 리 선생은 2003년에 쓴 「집단적 기억」(『21세기』)에서 이렇게 밝힌 적이 있다.

휴전 이후 남에서 북으로 올려 보낸 간첩과 파괴·납치 공작원이 무려 1만 4000여 명이나 된다. 이 가운데 남쪽으로 돌아오지 않았거나 돌아오지 못한 숫자는 정확히 7662명이었다. 이들의 위패를 국방부가 비밀리에 간직하고 있어 일절 공지된 일이 없다. 운이 좋아서 목적을 달성했거나 달성하지 못했거나, 또는 갔다 돌아온 숫자가 얼마인지는 확실치 않지만 하여튼 돌아오지 못한 숫자가 7662명이다(『21세기』, 388).

리 선생이 비밀문서를 찾아 공개한 것이다. 이후 한국 정부도 이를 시인했고, 유족의 항의가 빗발치자 돌아오지 못한 사람에 대한 명예 회복과 연금 지급이 이루어졌다는 것이다. 하지만 남한 정부가 북한에 억류 혹은 감금되어 있을 수 있는 '북파 공작원'들에 대한 송환을 요구했는지는 확실히 밝혀진 바가 없다.

「남북한 전쟁 능력 비교 연구」와 「북방한계선'은 합법적 군사분계선인가?」는 남북한 현실에 대한 중대한 문제를 꼼꼼하게 분석하고 있기 때

일 국방위원장이 합의하고 6월 15일 발표한 공동선언을 말한다. 통일 문제의 자주적 해결, 1국가 2체제의 통일 방안 협의, 이산가족 문제의 조속한 해결, 경제협력 등을 비롯한 남북 간 교류의 활성화, 이런 합의를 실천을 위한 조속한 실무회담 개최 등 5개항의 합의사항을 담고 있다.

문에 상세한 논의가 필요하다.

「남북한 전쟁 능력 비교 연구」는 1988년 8월 4일 열린 국회통일정책특별위원회 공청회에서 처음 발표했고, 동년 9월에 나온 ≪사회와 사상≫ 창간호(140~166쪽)에 게재된다.[70] 리 선생 스스로 평가하고 있듯이 이 논문은 역대 군부독재 정권과 그 권력 기반이라 할 수 있는 광적인 극우·반공 세력이 그들의 영구 집권을 위해 북한의 군사적 우월성을 부당하게 과장해 고의적으로 대북한 공포 불안 의식을 조성하던 시기에 그들의 주장이나 선전이 진실이 아님을 논증한, 이 분야에서 나온 국내 최초의 논문이다(『신화』, 151).

이 논문에서는 널리 알려진 북한의 군사력 우위론과 남침 가능성 주장을 비판하기 위해 4년 이상 서방의 권위 있는 자료를 모아 분석했다. 군사 문제이고 남북한 문제를 다룬 탓인지 무려 46개의 각주를 단 것도 눈에 띈다. 우선 한 국가가 다른 나라에 전쟁이나 대규모 군사 공격을 감행하기 위해서는 다음 여섯 가지 요소에 있어 명확한 우월성이나 확신이 있어야 한다(『자유인』, 104~105).

① 개전 시점의 군사력
② 공격군에게 필요한 2~3배의 종합 전력(병력·무기·화력·기동력 등)
③ 군사력으로 전환 투입될 국가의 총자원(민간 부문 자원·능력)
④ 국제적 조건과 환경
⑤ 전쟁의 피해를 상쇄하고 남을 만한, 전쟁으로 달성할 수 있는 가치
⑥ 전쟁 수행 의지

---

70 저서로는 1990년의 『자유인』에 수록되었다. 1999년 『반세기의 신화』를 내면서 '남북한의 군사 문제 및 군사력 문제를 전문가 및 일반 시민에게 다시 제공하기 위해' 수정 없이 재수록한다. 그런 이유로 2006년에 나온 전집판 『자유인』(한길사)에는 이 글이 빠져 있다.

제시한 ①, ②, ③ 조건을 합쳐져 전쟁 수행 능력을 구성하며 전쟁 계획의 1차 조건이 된다. ④의 국제적 조건은 작은 나라일수록 크게 작용한다. 과거 6·25 전쟁 당시 북한은 ①, ②, ③ 조건을 갖추고도 ④의 요소 때문에 실패한 경우라 할 수 있다. ⑤에 나온 '전쟁에서 얻는 이익'은 강대국의 약소국에 대해 펼치는 속전속결형 전쟁을 제외하면 실현되기 어렵다. ⑥의 경우 앞의 다섯 가지 조건이 좋을수록 커진다. 리 선생은 이런 기본 전제하에 우선 남북한의 병력 규모, 지상·해상·항공 전력, 군사비 지출, 무기 구입 등 종합 전력을 비교한다.

주한미군과 그 핵 군사력을 제외하고도 남북한의 군사력은 균형(parity) 상태라는 사실이다. 쌍방의 어느 쪽이 그 재래식 군사력의 어느 부분이라도 계속 증강한다면 이 '균형'은 깨지기 마련이다. 이 불균형 상태는 거의 자동적으로 그리고 필연적으로 타방의 대응적 군사력 증강 노력을 유발한다. 그 대응 노력은 먼저 증강하는 쪽에서 상대방에게 '강요'하는 것이나 다름없다(『자유인』, 125).

기본 전력은 균형 상태지만 인적 자원과 동원력의 경우 북한은 남한의 비교 상대가 되지 않는다. GNP 민간 부문 자원에 있어 남한은 북한의 10배 수준이다. 북한은 군사력과 민간 부문 전환 능력 등 물질적 전쟁 수단에서는 어떤 방법으로도 이른바 '남침'을 할 수 없다는 결론에 도달한다.

정부나 미국의 과장된 '관급 정보 보도'만 보고 살았던 사람들에게 이 결과는 아주 충격적이었다. 리 선생의 논문이 공론화되자 국방부는 그때까지의 군사 기밀주의를 깨고 대한민국 건국 이후 최초로 대국민 홍보용 『국방백서 1988』(1988년 12월)을 발행한다. 이어 『국방백서 1990』에서는 마침내 남한 군사력의 질과 종합 전쟁 능력의 우위를 시인하게 된다.

「'북방한계선'은 합법적 군사분계선인가?」 역시 냉전 논리에 젖어 있던 한국 사회에 큰 충격과 논란을 불러일으켰다. '1999년 6월 15일의 서해상 남북 해군 충돌[71] 배경의 종합적 연구'라는 부제가 붙었던 이 글은 ≪통일시론≫ 1999년 7월 호(23~63쪽)에 기고한, 치밀한 '논증'이 돋보이는 방대한 논문이다. 1999년 6월 15일 제1연평해전은 정전협정 체결 이후 남북 간에 일어난 군사 충돌 중 최대 규모의 불상사였다. 과거의 다른 교전들과 달리 연평해전은 1953년 7월 27일 발효된 정전협정의 불확실성과 남북한의 해석 차이에서 기인한다(『신화』, 81). 따라서 '북방한계선(Northen Limit Line: NLL)' 관련 문제를 '영해 침범'이나 '불법 도발'로 단정하고 보도하거나 선동하는 것은 사태 해결에 도움이 되지 않는다.

리 선생은 과거 정전협정의 원천으로 돌아가서 '분계선' 등의 의미를 정확하게 이해하는 데서 문제 해결의 실마리를 찾아야 한다고 보고, 가능한 모든 자료를 동원해 실상에 대한 규명을 시도한다. 이를 위해 리 선생이 집중 검토하는 것은 다음 아홉 가지 요소다.

① 정전협정의 '분계선'과 관할 '구역'
② 서해 5도 '북방한계선'과 '군사 완충지대'의 법적 성격 및 지위
③ 정전협정상 유일한 '분계선'과 '수역'
④ 서해 5도의 정전협정상 성격 및 법적 지위
⑤ '북방한계선'의 근거(또는 전신)로 주장되는 '클라크 라인'의 실상

---

71 제1연평해전을 말한다. 1999년 6월 15일에 서해 연평도 부근 해상에서 일어난 대한민국 해군과 조선인민군 해군 간의 교전이다. 조선인민군 해군 경비정이 연평도 서쪽 NLL을 2km 침범해 일어났고 조선인민군 해군의 경비정 1척 침몰, 5척 파손, 사상자 50(전사 20, 부상 30)여 명이 발생했다. 이 전투는 같은 해 7월 3일 공식적으로 '연평해전'이라 명명되었다. 이후 이 지역에서 또 무력 충돌이 발생하자 이때의 충돌을 '제1연평해전'이라 부르게 된다(≪연합뉴스≫, 1999년 7월 3일 자).

그림 3-2 **정전협정 제1조 군사분계선과 비무장지대 제5항 한강 하구의 수역**

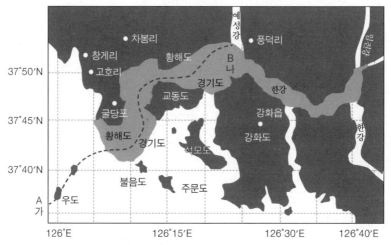

자료: '정전협정' 첨부지도 제2도(『신화』, 85).

⑥ '북방한계선'의 생성 과정, 그 동기·목적·성격·효과

⑦ 정전협정 수정 또는 증보에 관한 규정

⑧ '북방한계선'의 남한 '영해선' 주장의 문제점

⑨ 1991년 남북기본합의서 11조와 부속합의서 9조·10조 해석

「북방한계선'은 합법적 군사분계선인가?」는 위의 아홉 가지 문제를 치밀하게 분석한다. 정전협정의 모든 조문과 지도 등 첨부 자료와 비밀이 해제된 미국 정부의 6·25 전쟁 관련 극비 문서 더미 등이 근거 자료다. 앞에 적시한 아홉 개 요인을 세밀하게 분석한 잠정적 결론은 다음과 같다 (『신화』, 124~126).

첫째, 클라크 라인은 점유의 경계선이 아니라 해상봉쇄선이었고 더 이상 존재하지 않는다. 존재하던 당시에도 국제법상으로 불법적인 일방적인 선이었다. 정전협정으로 봐도 남북 어느 쪽이건 해상봉쇄 성격의 해상

포위선을 설정할 수 없다.

둘째, 서해안과 서해상에서 '쌍방'이 설치하거나 공동으로 관할해온 '구역'은 한강 하구의 '황해 · 경기 경계선'(지도상의 'A 가'에서 'B 나' 수역)뿐이다. 직선거리로 100km에 달하는 연평도와 소청도 · 대청도 · 백령도 사이의 해상은 어떤 의미로든 군사적 주권 행사의 기준으로 삼을 수 없다.

셋째, 서해 '북방한계선'이 있다면 그것은 북한 해군에 대한 남방 한계선이 아니라 유엔군 총사령관이 한국 해군의 서해상 북방 행동 경계를 설정한 내부 규정에 근거한 선이라고 할 수 있다. 정전협정 조인 후에 남한 정부와 군부의 북한에 대한 군사 도발 행위를 예방 · 저지해야 하는 긴급한 필요성 때문에 설정된 것이다.

넷째, 북한이 NLL을 '묵시적으로'나 '실제적(de facto)으로' 인정했다고 볼 근거는 없다. NLL에 대해 정전위원회에서 늘 항의했고, 서해상에서 이 선을 무시하고 '침범'한 실제적 행동은 그 무효성을 주장한 행위라고 볼 수밖에 없기 때문이다.

다섯째, 지난 40년간 NLL의 실효성이 '응고'되었다고 볼 근거도 없다. 그간의 주기적 '침범' 행위와 지난 1999년 6월 15일 전후의 연평해전에서 드러나듯 NLL 자체를 실력으로 그리고 공개적으로 부인했다고 볼 수 있기 때문이다.

여섯째, 유엔군 사령부가 NLL에 대해 정전협정 당사자인 북한과 중국에 통보했다는 근거가 없다. '서해교전' 이후에도 유엔군 사령부(미국 정부)는 그 정당성과 합법성을 주장하는 한국 정부 · 군을 지지하는 발언을 한 적이 없다.

일곱째, 1991년 12월 13일 조인된 '남북기본합의서'와 '부속합의서'에서도 한강 하구의 '황해 · 경기 경계선' 이외에 어떤 존재도 인정하지 않았고 향후 협의하는 것으로 규정하고 있다.

결론은 NLL은 그 명칭에서 알 수 있듯이 한국 해군의 북진을 저지하기 위한 선일 뿐, 국제법상 '분계선'이 될 수 없다는 것이다. 서해 5도는 각기 별개로 존재하며, 섬과 섬 사이의 해역은 앞으로 정전협정을 대체할 평화협정 체결이나 새로운 '남북합의서'를 통해 새롭게 합의를 하기 전까지는 누구에게도 배타적 권리를 인정할 수 없는 공개적 해역 공간으로 존재할 수밖에 없다. 주지하듯 6·25 전쟁의 정전협정 조인 주체인 북한·중국과 유엔군(미국·한국) 간에는 평화협정이 체결되지 않은 까닭에, 각기의 영해에 관한 합의도 승인도 없는 것이 현재의 상황이다. 여러 충돌이 발생할 수밖에 없는 이유이기도 하다.

이후에도 서해 NLL 인근에서 남북한 충돌은 계속된다. 지난 2002년 6월 29일 오전 북한의 경비정 중형 1척과 대형 1척이 연평도 서쪽 11km 해상에서 NLL을 넘어왔다. 교전·예인 과정에서 참수리호가 침몰했고 여섯 명의 해군 승조원들이 전사했으며 19명의 부상자가 발생했다. 군은 이 사건을 제2연평해전이라 부른다.

지난 2010년 3월 26일에 백령도 해상에서 대한민국 해군의 초계함인 천안함이 침몰했다. 사건 발생 직후 출동한 해안경비정에 의해 천안함에 탑승하고 있던 승조원 104명 중 58명이 구조되었으며 나머지 46명 중 40명이 사망했고 여섯은 실종되었다. 이 사건은 이후 국내외에서 엄청난 파장을 몰고 왔다.[72] 2010년 6월 14일 참여연대는 천안함 침몰 사건의 조사 결과에 대한 의문점을 담은 서한을 안전보장이사회와 이사국들에 보냈다. 이에 대한 정부와 수구 언론의 비난이 빗발치자 야당은 "민간단체의 영역인 비판적 활동을 친북 이적 행위로 매도하는 것은 매카시즘"이라고 반박했다. 검찰은 이 사건으로 참여연대에 대한 수사에 착수했으나 결국

---

[72] 자세한 내용은 위키백과(https://goo.gl/k0CSeR)에 잘 정리되어 있다.

사실의 조작이나 왜곡이 없다며 무혐의 처리했다.

평화통일로 가는 길

리 선생이 분단 시대를 살면서 통일을 생각하지 않고 산 날은 거의 없었다. 통일과 관련해 처음으로 쓴 긴 글은 4·19 이후 민주당 정부 때인 1961년 3월 미국의 ≪뉴 리퍼블릭≫에 기고한 「중립화 통일론의 대두와 논리」라는 글이고 마지막으로 쓴 논문은 ≪당대비평≫ 1998년 가을 호에 발표한 「통일의 도덕성」이다. 「중립화 통일론의 대두와 논리」(『21세기』) 에서는 4·19 이후 민주당 정부에서 새롭게 대두되고 있는 대학생·지식인들의 민족주의와 이에 근거한 중립화 통일 '논란'의 흐름을 정리하고 있다. 이런 대목이 눈에 띈다.

한국 국민들 사이에서 한쪽 강대국 진영에 예속되거나 속한다는 것이 과
연 현명한 일인가 하는 문제에 대해 새로운 각성이 일어나고 있다는 것이
다. 냉전의 한쪽 진영에 몰입되거나 예속되는 상태는 다시금 그들의 땅을
세력 간 전쟁 또는 위기 갈등의 마당으로 제공하는 결과가 초래될 것이라
는 새로운 의식에 눈을 뜬 것이다(『21세기』, 306).

일찍부터 남북 재통합에 관심을 가지고 있었지만 5·16 쿠데타 이후 1980년 무렵까지 통일 관련 글은 거의 발표하지 않는다. 박정희는 쿠데타로 집권한 후 18년간, 이렇게 각성하고 있는 시민들을 제어하기 위해 사실상의 '반공 공포정치' 체제를 유지한다.

리 선생의 통일 관련 글들을 시기순으로 보면 다음과 같다. 「독일통일 문제를 보는 눈」(『우상80』), 「남북 긴장 완화와 통일 논리」, 「'독일식' 한반도 통일 방안 비판」(이상 『역설』), 「남한이 서독 같았으면야 ……」(『자

유인』), 「한여름의 잡감」(1990), 「민주적 문민정부만이 통일 과업의 담당자가 될 수 있다」(1994), 「'작지만 건강한 통일국가'란?」(이상 『새는』), 「애꾸가 이끄는 통일에의 길」(1996), 「'독일 통일 재상' 콜의 교훈」(1997), 「민족 통일의 세계사적 인식」(이상 『코』), 「통일의 도덕성: 북한의 변화만큼 남한도 변해야 한다」, 「학생들에게 남북문제와 통일을 어떻게 가르칠 것인가: 다시 교단에 선 전교조 교사들에게」(이상 『신화』).

「독일통일 문제를 보는 눈」은 1973년에 쓴 글로 1980년 증보판 『우상과 이성』에 수록되었다. 이 글은 한반도 통일 문제를 논의하기 위한 '예비 논의' 성격의 글이다. 1970년대에 들어서면서 동·서독은 상호 배제의 정책을 조심스럽게 전환한다. 1970년 5월에 이루어진 빌리 슈토프(Willi Stoph, 1914~1999) 동독 수상과 빌리 브란트(Willy Brandt, 1913~1992) 서독 수상의 역사적 '재회' 이후 동·서독의 관계는 급속히 개선된다. 그 결과가 1972년 12월 21일 베를린에서 정식 조인한 '동·서독 기본조약'이다. 조약의 주된 내용은 동·서독 국가 상호 인정, 평화적 방법에 의한 이견 조정, 현 국경선에 대한 서독의 승인 및 불가침, 군비축소 노력, 동독에 대한 서독의 대외 대표권 주장 포기, 내정불간섭, 유엔 동시 가입 등이다.

리 선생은 이 논문에서 동·서독 기본협정이 체결되기까지의 과정을 역으로 추적한다. 이 글 서두에서 리 선생이 강조하는 것은 두 가지다. 첫째, 독일 통일 문제와 관련한 독일 민족 중심의 관점이 필요하다. 둘째, 동·서독에 대한 혹은 동·서독 통일에 관한 냉전적 고정관념과 편견을 청소해야 한다(『우상80』, 333~334). 그래야만 동·서독 대립 관계와 해소 과정의 실상을 제대로 볼 수 있다는 것이다.

이어 서독의 동방 정책과 이에 대한 동독의 대응을 시기적 흐름에 따라 정리하고 있다. 서독의 동방 정책은 빌리 브란트 개인의 '작품'이 아니라 복합적 국제정치 관계의 변증법적 결과라는 전제하에 바라볼 필요가 있다. 독일이 '1민족 2국가'식으로 해결 방법을 찾기까지는 여러 난제가 있었다. 서독이 고수해온 독립 주권국가 문제(동·서독 양쪽 모두 분단국가로서 상대방을 법적으로 대표한 권리가 없었음에도 서독은 독립 주권국가의 길을 택함), 동독의 국제법상 지위 불인정(서독의 동독 국가 자격 부인), 유일 합법 정부 이론(할슈타인 원칙을 통한 동독 고립화), 영토·국경·국적 문제 등이 그것이다. 서독은 냉전 시기 이러한 원칙을 고수하고자 했지만 1960년대 중반 이후 민족 화해와 협력을 요구하는 서독 국민들의 여론이 높아진다. 동시에 동독의 사회적 안정과 민중 생활 수준의 급격한 향상으로 대등한 접촉과 교류가 가능해진다.

동독은 비스마르크(Bismarck) 이후 나치에 이르는 관료주의 파시즘 체제를 전면 부정하는 것을 국가철학의 기본으로 삼고 고수한다. 이후 동독의 정책은 서독의 정책에 대응하는 방식으로 순차적으로 이루어졌다. 우선 동·서독 화해를 꾀하려는 서독의 모든 노력을 '제국주의적 저의'로 보고 역(逆)할슈타인 원칙(서독과 국교를 맺은 국가와 단교)을 선언한다. 이 속에서 1960년대 중반 이후 동독 경제는 급속 발전하며, 발터 울브리히트(Walter Ulbricht)의 뛰어난 지도력으로 사회가 안정되고 '협의(協議) 권위 체제'를 통해 공포정치 분위기를 불식시킴으로써 권력과 민중과 일체감도 강화된다. 하지만 동독 정권도 1960년대 말에 이르면서 서구 진영과 동유럽의 불가피한 화해 추세에 역행하기 어렵다는 판단에 이른다. 이런 변화 속에서 동독에게는 필수적인 '전제 조건'을 관철시키며 '동·서독 기본조약'을 체결하게 되었다는 것이다.

'동·서독 기본조약'의 의미와 한계는 1986년 쓴 「독일식' 한반도 통일방안 비판」에서 상세하게 논의했다. 한국 정부는 1982년 1월 22일 '남북기본관계 잠정협정'(이하 기본협정) 체결을 북한에 제안한다. 이 '기본협정'은 1972년 체결된 '동·서독 기본조약'(이하 기본조약)을 모델로 하고 있다. 이 논문에서는 '기본조약'과 '기본협정' 내용에 대한 비교, 분석을 통해 그 유사성과 차이점, 의미와 한계를 지적했는데, 먼저 '기본조약'과 '기본협정'의 정신을 담고 있는 전문을 검토한다.

동·서독 기본조약 '전문(前文)'은 '독일통일은 불가능하다'는 합의를 천명한 것이다. 그 사실 인식은 바로 '역사적 현실에 입각하여'의 뜻이다. 또 군사적 방법에 의한 것은 물론이려니와 '평화적 방식'의 통일도 전체 유럽의 안정과 안정을 파괴한다는 인식을 토대로 해서 이 전문의 정신(특징)은 국가(정부)적 차원에서 '통일'을 위한 논의는 일절 하지 않기로 한 것이다. 통일의 날을 기약하지도 않았다. 바로 그 완전한 외국으로서의 관계를 설정한 것이다(『역설』, 49~50).

이것이 '전문' 분석의 결론이다. '기본조약' 이후 정치 영역의 개념으로서 '하나의 독일 민족'은 사라지게 된다. 독일 민족이 당시 유럽에서 처한 위치, 한계를 반영한 부분이다. 독일 통일은 프랑스를 비롯해 주변국들의 불안과 공포의 대상이다. 미국도 독일 통일에 찬성할 리 없다. 실제로 독일에는 당시까지 언제나 독일군보다 더 많은 나토(NATO)군이 주둔했다. '기본조약' 전문은 제2차 세계대전 종결 이후 형성·고정된 유럽의 세력 구조하에서는, 오스트리아식의 중립화 통일을 포함해 어떤 형태의 독일 통일도 불가능하다는 현실 인식을 반영하고 있다.
하지만 한반도는 독일과 다르다. 전범 국가도 아니고 지정학적 위치도 큰 차이가 있기 때문이다. 역사적으로 봐도 반도국으로서 여러 열강 세력에 대한 '완충 국가'로서의 기능을 수행하는 점에 대해서는 주변국들이 크게 반대할 이유가 없다는 것이다. 다만 한민족 스스로 자주적으로 자신의 미래를 열어가지 못할 때 '강제 분할'의 대상이 되고 분할이 영구화될 수 있다. 자주적 '완충 국가'가 되는 방안은 곧 중립화 통일이다. 프랑스의 드골(Charles De Gaulle) 대통령, 아널드 토인비(Arnold Joseph Toynbee) 교수, 로버트 케네디(Robert Kennedy) 상원 의원, 미국의 맨스필드 의원, 라이샤워 교수 등 많은 관련 전문가들도 한반도의 중립화 통일을 제안하거나 지지한 바 있다(『역설』, 46~47).

'기본조약'은 그런 '분단의 영구화'라는 전제하에서 "쌍방은 현재 존재하며 또 앞으로도 존속할 雙方 간의 경계선의 불가침성을 재확인하고 각기 영토 보전을 전면적으로 존중할 의무를 지닌다"(제3항 후반부)라고 합의했던 것이다.

하지만 남한이 제한한 '기본협정' 전문을 보면 '기본조약'의 정신과는 전적으로 다르다는 점을 알 수 있다. '민족 통일 지향적'이며 통일이라는 목표가 달성될 때까지의 제반 과정도 세심하게 제안하고 있다. 남한 정부가 과거처럼 '선전'을 위해서가 아니라 통일 자체를 진지하게 고민한 결과물이라고 짐작할 수 있다. 문제는 본문의 일부 조항이 이러한 '전문'의 정신과 상충한다는 점이다.

쌍방은 한반도에서의 긴장 완화와 전쟁 방지를 위하여 현존 휴전 체제를 유지하면서 군비경쟁의 지양과 군사적 대치 상태의 해소 조치를 협의한다(제4항).

'휴전 체제'란 1953년 7월 휴전협정 조인 시의 군사적 실세의 선을 분계선으로 삼아 잠시 '전투행위'를 정지한 상태를 말한다. 달리 말하자면 지금도 '전쟁 상태'는 계속되고 있는 것이다. '전쟁 상태'를 평화적 상황으로 전환해야만 한반도의 진정한 '긴장 완화'가 이루어지고 전쟁 재발을 막을 수 있다. 평화협정으로 휴전협정을 대체해야 한다는 것은 이미 휴전협정

제4조[73]에 포함된 내용이기도 하다. 이를 위해 1954년 4월 24일 19개 쌍방 참전국 정치 회의가 열렸으나 타협하지 못한 채 오늘에 이르고 있다.

이후 북한은 일관되게 평화협정 체결을 요구해왔지만 남한은 위 제4항 내용처럼 휴전 체제 유지를 고수해왔다. 평화조약 체제가 될 때 불이익을 보게 되는 것은 미국이다. 주한미군과 군사기지를 철수해야 하는데, 주한미군은 동북서 및 북서 태평양 지역에서의 군사적 대결 전략의 사활적 요소이기 때문이다(『역설』, 66).

> 쌍방은 통일이 이루어질 때까지 사상・이념・제도의 차이에 구애됨이 없이 전 세계 모든 나라와 각기 체결한 모든 쌍무적 및 다자 간 국제조약과 협정을 존중하며 민족의 이익에 관한 문제에서는 서로 협의한다(제6항).

제6항의 경우 이미 각기 체결한 조약과 협정을 유지한다는 의미다. '휴전 체제'를 유지한다는 것을 다시 한 번 확인하는 조항이다. 현실적으로 휴전협정의 일방 당사자가 유엔군 총사령관(주한미군 사령관)이었고, 대한민국 군대의 작전지휘권이 1954년 발효된 '한미상호방위조약' 등으로 주한미군 사령관에게 이양된 상태이기 때문에 대한민국 정부와 대통령에게는 휴전협정의 수정・변경 또는 존속・폐기의 여부에 대한 권한이 없다.

핵심은 한 국가의, 그것도 주권, 자주, 독립을 표방하는 국가의 독립과 영토적 보전을 보장하는 최후의 물리적 힘인 군대와 작전권이 그 나라 헌법상 원수에 있지 않고 다른 나라의 현지 사령관에게 장악되어 있다는 점

---

73 휴전협정 제4조 쌍방 관계 정부들에의 건의 60. 한국 문제의 평화적 해결을 보장하기 위해서 쌍방 사령관은 쌍방의 관계 각국 정부에 정전협정이 조인되어 효력을 발생한 후 3개월 이내에 각기 대표를 파견하여, 쌍방의 한 급 높은 정치회담을 소집하고 한국으로부터의 모든 외국 군대 철수 및 한국 문제의 평화적 해결 등의 문제들을 협의할 것을 이에 건의한다.

이다(『역설』, 72). 한반도 문제 해결의 알파이자 오메가인 군사적 문제에 대한 결정권을 대한민국 정부가 가지고 있지 못한 한계가 '기본협정'에 그대로 내포되어 있는 것이다.

「남북 긴장 완화와 통일 논리」는 한반도 통일 방안에 대한 심층 분석으로, 앞의 논문과 문제의식이 동일하다. 1980년대 이후 국제 정세는 긴장 완화로 진전되었다. 1972년 '7·4 남북공동성명' 이후 답보 상태였던 남북 관계도, 앞서 검토했듯이 1982년 한국 정부에서 '기본협정' 체결을 제의하며 변화하기 시작했다. 북한은 1983년 가을 홍수 때 휴전선을 통해 구호물자를 보낸 데 이어 1984년 1월에는 '3자회담'을 제안하기에 이른다. 리 선생은 '3자회담' 제의의 배경과 의미를 추적하고, 한반도에서 진정한 긴장 완화와 통일 논의가 이루어지기 위한 전제 조건들을 다각도에서 검토했다.

리 선생은 북한과 주변 국가 관계의 흐름 등을 고려해볼 때, 북한의 '3자회담' 제안은 과거와 같은 '평화공세' 차원이 아니라고 본다. 중국과 소련이 모두 한반도에서의 긴장 완화를 원하고 있고 중소 관계 정상화도 북한의 입장을 돕는 방향으로 작용하고 있었다. 이런 상황에서 북한은 자본주의 국가와 접점을 늘리면서 국가 경제의 현대화 등을 위한 평화 환경을 조성하기 위해 '3자회담'을 제안했다는 것이다. 특히 북한에 대한 서방국가들의 차관 투자 합작을 위해서는 한반도에서 군사적 모험을 하지 않는다는 확증적 정책과 행동이 필요했다고 본다.

하지만 한반도 평화의 열쇠를 쥐고 있는 미국의 레이건 행정부는 전쟁을 통한 제국주의 체제 유지 전략을 고수하고 있었다.

(한반도에 관계하는) 모든 대국 가운데 한반도의 평화 그리고 끊임없는 분쟁에 대한 가장 큰 지속적 책임은 미국에 있다. 미국은 남한의 영토에 4

만 병력의 군사력을 주둔시키고, 핵무기를 배치해놓고 있으며, 작전상으로는 남한 군대를 지휘하에 두고 있다. 이와는 대조적으로 중국과 소련은 북한 영토에 아무런 직접적인 군사적 개입도 없다. 그런 까닭에 (한반도 평화를 향한) 외교 행동의 이니셔티브는 미국의 책임이다(『역설』, 16).[74]

한반도 평화의 열쇠는 미국이 쥐고 있고, 한반도 분단 상태의 유지로 가장 큰 이익을 보고 있는 국가가 일본이라는 것이 리 선생의 기본 입장이다. 따라서 일본의 군국주의를 지속적으로 경계·주시·견제하면서 한반도에서의 미국의 태도 변화를 이끌어내는 것이 통일 논의의 관건이 된다. 한반도의 위기 구조를 평화 구조로 대치하기 위해서는 큰 틀에서 휴전협정의 강화조약(peace treaty)으로 대체, 주한미군의 철수, 한반도에서의 핵전쟁 위협 제거가 필요하다.

평화조약 체결이 선결 과제다. 하나의 전쟁이 끝나고 그 전쟁 관계를 정상화하는 강화조약이 이처럼 장구한 시간 동안 체결되지 않은 예는 세계 전쟁 사상 전무후무한 일이다. 여기서 한반도의 문제가 시작된다. 북한은 미국의 강화조약 체결 거부를, 정전협정이 규정한 한반도 외국 군대 철수를 거부하기 위한 구실이라고 강하게 비판해왔다. 강화조약을 통해 평화 체제가 구축되면 유엔군(미군)이 더 이상 주둔할 명분이 없어지기 때문이라는 것이다. '주한 유엔군' 철수은 중공군 철수 이후 매년 유엔총회에 상정되고 부결되었으나, 1975년 제30차 총회에서는 유엔군 사령부를 해체하고 남한 주둔 외국군 철수를 요구하는 북한 측 지지안이 찬성 54, 반대 43, 기권 42표로 채택되었다. 동시에 유엔군 사령부 해체와 정전

---

74 Bruce Cumings, "Ending the Cold War in Korea," *World Policy Journal*, Vol. 1, No. 4(1984), pp. 769~791을 재인용.

협정의 조건부 유지를 지지하는 서방측 안[75]도 통과되었다.

서방측 안은 유엔군 사령부가 1976년 1월 1일을 기해 해체될 수 있도록 해 동 일자로 남한에는 유엔 기치하의 군대가 잔류하지 않도록 하고, 정전협정 유지를 위한 대안이 마련되어야 한다는 것이 핵심이다. 이에 따라 주한미군은 1978년 11월, 유엔 결의가 아니라 한미상호방위조약을 근거로 하는 '한미연합군'으로 개편되고, 작전통제권도 '한미연합사령부'로 이전되었다(『역설』, 19~20). 이후 유엔사는 정전협정과 관련한 임무만 맡고 있다. 유엔사는 정전협정에 따라 군사 정전 위원회의 가동, 중립국 감독 위원회 운영, 판문점 공동경비구역(JSA) 관할 경비 부대 파견 및 운영, DMZ 내 경계초소 운영, 북한과의 장성급 회담 등을 맡고 있다.

요컨대 유엔총회 결의가 있었음에도 유엔사는 해체되지 않았고, 주한미군 사령관이 한미연합사령관, 유엔군 사령관을 겸하고 있기 때문에 외형상 미국의 영향력은 오히려 더 강화된 셈이다. 더 근본적 문제는 6·25 전쟁 중에 창설된 유엔사는 합법적 조직이 아니라는 데 있다. 1950년 7월

---

75 유엔총회를 통과한 서방측 안은 다음 네 가지를 권고하고 있다.

1. 총회에 의하여 1973년 11월 28일 자로 채택된 합의 성명에서 표현된 회원국의 여망을 재확인하고, 한국의 평화적 통일을 촉진시키기 위하여 남북한이 그들의 대화를 계속할 것을 촉구한다.
2. 모든 직접 관계 당사자들이 정전협정을 대체하고 한반도의 긴장을 완화하며, 항구적 평화를 보장할 새로운 약정을 위하여 교섭을 시행할 것을 희망한다.
3. 정전협정의 계속적인 준수 및 이 지역에서의 평화와 안전의 최대한 유지를 보장할 필요성을 감안하여, 정전협정의 유지를 위한 적절한 방안과 더불어 유엔군 사령부가 해체될 수 있도록 제1단계 조치로서 모든 직접 관계 당사자들이 가능한 조속한 시일 내에 협의를 시행할 것을 촉구한다.
4. 유엔군 사령부가 1976년 1월 1일을 기하여 해체될 수 있도록 해 동 일자로 남한에는 유엔 기치하의 군대는 잔류하지 않도록 상기 협의가 완결되고 정전협정 유지를 위한 대안이 마련될 수 있기를 희망한다.

7일 유엔 안보리를 통과한 것은 미국의 '통합군 사령부' 창설 권고였음에
도, 지금까지 미군 사령부는 유엔의 군대인 것처럼 행세하고 있다. 유엔
사는 유엔의 조직이 아니고 통합군 사령부가 이데올로기적 효과를 얻기
위해 '작명한' 것이다(이시우, 2013: 31).

　미국이 이러한 불법 조직에 대한 유엔총회의 해체 결의에도 굴하지 않
고 유엔군 사령부라는 이름을 유지하는 이유는 명백하다. 유엔군 사령부
는 정전협정 조인의 주체로 한반도에서 엄청난 권한을 행사할 수 있기 때
문이다. 평화운동가 이시우는 유엔사의 근본 문제 혹은 해체되어야 하는
이유로 다음 네 가지를 든다. 첫째, 전쟁이나 북의 붕괴로 북을 점령할 경
우 그 통치의 주체가 유엔사라는 점이다. 둘째, 유엔사는 어떤 절차도 필
요 없이 당장 한반도에서 전쟁을 일으킬 수 있다는 점이다. 실례로 지난
1994년 미국은 한국과 전혀 상의 없이 북한 침공 시나리오를 작성해 시행
단계에 들어가기도 했다. 셋째, 유엔사의 작전 통제 아래 주한미군과 한
국군뿐 아니라 주일미군까지 한반도에 동원할 수 있다는 점이다. 넷째,
일본의 자위대가 유엔사 통제 아래 한국 전쟁에 자동으로 개입할 수 있다
는 점이다(이시우, 2013: 12~18).

　북한 측이 평화협정 체결과 외국 군대 철수를 지속적으로 요구해온 것
은 이런 상황과 무관하지 않다. 평화협정 체결이나 주한미군 철수는 미국
의 의지 없이는 사실상 불가능한 일이다. 유엔총회 결의조차 '무시'할 수
있는 것이 미국의 힘이기 때문이다. 북한이 1984년 1월 '3자회담'을 제안
한 것은 미국의 3자회담 안을 수용한 형식이었다. 북한은 지난 1960년대
부터 평화협정 체결을 주장하면서 미국과 양자회담을 요구해왔다. 그 이
유는 휴전협정의 조인 주체가 북한 · 중국 · 미국(유엔군 대표 자격)이었는
데, 중국 군대가 한반도에서 완전히 철수했기 때문에 북한과 미국이 합의
하면 된다는 주장이었다. 미국은 남한을 포함한 3자회담을 주장했고 남

한 정부는 북한의 제의를 거부했다.

그 제안은 제1단계로, 북한과 미국 사이에 휴전협정을 대치할 평화조약을
체결하고 남한에서의 미국 군대 철수 문제를 협의한다. 제2단계로, 남북
민족 사이에 서로 무력을 사용하지 않을 것과 상대를 공격하지 않을 것을
약속하고, 병력과 군비를 축소함으로써 군사적 대력 상태를 해소하는 '불
가침선언'을 채택한다. 그리고 제3단계로서 미국과는 평화협정 체결, 남
한과는 불가침선언 채택으로 자주적 평화적 통일의 조건이 갖추어진 다
음 남북 간의 통일을 위한 대화를 하자는 내용이다(『역설』, 31).

남한 정부가 거부한 이유는 1단계에서는 여전히 '양자회담' 체제가 유
지되기 때문이다. 북한의 '3자회담' 제의는 한반도에서의 핵전쟁 위기 고
조에 따른 절박감, 핵전쟁 위협을 피하는 길은 대화라는 인식, 미국과의
우호 관계 형성 의지 등으로 볼 때 이전의 '평화공세'와는 다르다는 것이
리 선생의 분석이었다.
    남북 분단과 전쟁 위기 상황에 대한 남한 측이 제시한 대안은 1981년
이후 고수하고 있는 3단계(① 남북한 상호승인 ② 관계 열강의 두 국가 교차승
인 ③ 남북 유엔 동시 가입) 평화 정책 방안이라고 볼 수 있다. '정전 상태'
유지를 골간으로 하는 이 안은 1982년 '남북 기본협정'으로 정리되어 북
한에 제안된다. 현재의 휴전협정은 그대로 두고, 현 군사분계선을 정치
분계선으로 인정하며, 정전 감시위원회 활동으로 군사적 충돌은 방지한
다는 안이다. "통일은 먼 훗날로 미루고 우선 두 나라로 살자"(『역설』, 34)
는 발상에서 나온 것이다. 미국이 이 안을 지지하는 이유는 주한미군 유
지를 전제로 하고 있기 때문이다. 한마디로 통일 이론이 아니라 '분단 합
법화' 이론이라는 데 문제가 있다. 미군의 주둔도 우리의 필요가 아니라

미국의 이해에 따라 미국이 판단하는 것을 용인하고 있다는 점에서, 사실상 남한이 미국에 '예속'되어 있음을 인정하고 있다는 것이 더 문제다.

1991년 8월 8일, 유엔 안보리 결의 제702호와 1991년 9월 17일 제46차 유엔총회 결의 제1호를 통해 대한민국과 조선민주주의인민공화국이 유엔에 동시 가입했다. 제46차 유엔총회 결의 제1호는 대한민국이 한반도 유일의 합법 정부라는 제3차 유엔총회 결의 제293호를 번복했다. 대한민국은 휴전선 이남의 남한 정부이고, 조선민주주의인민공화국은 휴전선 이북의 북한 정부라고 입장을 변경한 것이다. 남북한의 유엔 동시 가입 직후 노태우 대통령과 김일성 주석은 1991년 12월 13일 '남북기본합의서'에 합의하고 이듬해 발효시킨다. '남북기본합의서'는 남북한 상호 체제 인정과 상호 불가침, 남북한 교류 및 협력 확대 방안 마련 등이 핵심이다.

이후 한동안 리 선생은 통일 관련 칼럼이나 에세이를 여러 편 발표했다. 「남한이 서독 같았으면야……」는 ≪한겨레신문≫의 1989년 12월 3일 자 칼럼이다. 11월 10일 베를린 장벽이 붕괴되는 세계사적 변화를 보며 적은 글이다. 이때 마침 1989년 11월 20일, 노태우 대통령은 서독을 방문해 콜(Helmut Josef Michael Kohl, 1930~) 총리와 만난다. 동독의 변화를 부러워한 노 대통령이 콜 총리에게 '북한이 동독 같았으면'이라고 운운했다는 보도를 보고, 리 선생은 '남한이 서독같이' 될 생각을 하는 것이 먼저라고 일침을 놓는다.

리 선생은 서독이 남한과 달랐던 점으로 다섯 가지를 꼽았다. 첫째, 민족정기 문제로, 서독 정부는 나치 범죄자 5000명 이상을 적발해 처벌했다. 나치처벌법에는 공소시효가 없다. 둘째, 서독은 동독을 '괴뢰'니 '반란 집단'이니 하며 공격하지 않았다. '국가보안법'도 없었다. 셋째, 서독은 사상의 자유를 인정하며 국가 차원의 이데올로기 교육을 시키지 않았다. 넷째, 서독은 군대가 있기는 하지만 평화 · 반전 · 반핵 지향 사회였다. 심지어 장난감 무기도 없었다. 다섯째, 서독에는 사회주의 정당이 있고 세계 최고 수준의 사회복지 정책으로 노동자·농민·빈민 대중들에게 부를 고루 분배하고자 했다(『자유인』, 267~268).

「한여름의 잡감」은 ≪한양대대학원신문≫ 1990년 9월 호에 기고한 글이다. '통일호'[76]를 타봤던 기억을 더듬으며 우리 사회에서 '통일'이라는 말이 어떤 대우를 받고 있는지 성찰한다. 열차의 이름을 통해서, 당연시되는 권력의 이데올로기를 '간파'한다. 표현도 '독보적'이다.

> 미끈한 몸매의 이 두 열차(새마을호와 무궁화호)가 쏜살같이 지나간 뒤, 동강난 국토의 남쪽 땅 절반의 산과 계곡을 씩씩거리며, 덜컥거리며, 볼품없이 기어가는 열차를 보면, 그것이 바로 이름도 거룩한 '통일'호라는 것이다. 겨레의 간절한 소원을 담은 이름의 기차로서는 그것이 받고 있는 멸시와 천대가 너무나 노골적이다. …… 차표에 적힌 번호를 찾아 올라가 출입문을 열라 치면, 장사의 힘이 아니고는 끄떡도 하지 않는다(『새는』, 119~120).

「'작지만 건강한 통일국가'란?」은 1994년 3월 19일 자 칼럼이다. 당시 군을 대표해서 통일을 연구하는 기관의 유력 인사와 토론회를 함께하고 그 소감을 적은 글이다. 우선 그들이 이해하는 '통일된 국가의 상'이 "물리적 규모는 작지만 힘 있고 건강한 국가"라는 점에서 공감을 느낀다. 문제

---

76 통일호는 1955년부터 2004년 3월까지 운행되었던 여객열차다. 개통 당시에는 '특급'열차였다고 한다. 1974년 8월 15일 초특급 새마을호가 등장했고, 1980년 새마을호와 특급열차의 중간으로 무궁화호가 등장하면서 통일호는 뒷전으로 밀린다. 2000년 11월 모든 역에서는 '완행'의 대명사였던 비둘기호가 사라지면서, 통일호는 최하등급 '완행열차'가 된다. 2004년 3월 운행이 중단될 때까지 전국 65개 노선, 636개 역에서 운행되었다.

는 '건강한 국가'의 의미에 대한 그들의 해석이 어이없다는 것이다. 통일되는 과정에서도 그렇고 통일된 이후에도 현재와 다름없이 미국 군대가 주둔해야 한다고 보고 있기 때문이다. 물론 국군의 작전통제권을 회수해야 한다는 이야기도 덧붙였다. 실제로 대한민국 국군은 1994년 12월 1일 0시를 기해 평시작전통제권을 44년 만에 주한미군으로부터 이양받았다(≪한겨레신문≫, 1994.12.1).

작전통제권 반환 문제를 마치 미국이 한국에 시혜를 베푸는 식으로 착각하는 사람들이 있다. 한국군 작전통제권은 6·25 전쟁 초기인 1950년 7월 25일 리승만 대통령이 맥아더(Douglas MacArthur) 원수에게 보낸 서한(실제로는 맥아더의 요청으로 보냄)에 근거해 한미 정부 간에 공식화되어 유엔에 보고된 것이다. 그런데 그 서한에 보면 '현 작전 상태가 계속되는 동안'이라는 단서가 있었다.[77] 당연히 1953년 7월 27일 정전협정 체결과 동시에 작전지휘권 문제는 종료된 것이다(『새는』, 153). 반환받고 말고 할 사안이 아니라는 이야기다.

작전지휘권은 불평등 조약의 본보기라고 할 '한미상호방위조약'이 존재하는 한 지엽적 문제다. '한미상호방위조약' 제4조에서는 대한민국의 영토, 영공, 영해를 통틀어 미국의 군사기지로 '무기한' 양도하고 있기 때문이다.

통일과 관련해 끝으로 검토해볼 글은 다음 세 편이다. 「민족 통일의 세계사적 인식」은 1997년 4월 5일 열린 경제정의실천연합(경실련) 주최 강연회 발표문이다. 이 강연에서 리 선생은 한민족 통일의 세계사적 의미, 통일의 가능성, 통일을 위해 우리가 할 일에 대해 쉽게 정리했다. 리 선생은 민족 통일의 세계사적 의미로 ① 민족 공동체의 재현, ② 외세 결탁에

---

77 국회도서관 입법조사국, 『한국외교관계조약집』(입법자료 제193호, 1976).

제3장 우상 타파와 반전 평화 | 219

의한 우리 민족의 비자주적 역사 청산, ③ 국제사회에 대한 우리 민족의 적극적·능동적 공헌, ④ 동북아 지역 평화 질서 확립 기여, ⑤ 근현대 제국주의 유산의 청산, ⑥ 제2차 세계대전 '전후 처리' 문제의 종결, ⑦ 50여 년간 인류를 양분해 총체적 대립을 조성했던 '냉전 체제'의 실질적 종식 등 일곱 가지를 들었다.

이어 통일의 가능성을 알아보기 위해 제2차 세계대전 이후 도처에서 벌어졌던 분할과 분쟁, 통일 사례로 이라크와 쿠웨이트, 베트남, 독일과 오스트리아 등을 소개한다. 이라크와 쿠웨이트는 본래 하나의 나라였지만 1961년 영국이 아랍 세계에서 식민지를 청산하고 철수할 때 인위적으로 분할한 경우다. 엄청난 석유 자원이 고스란히 이라크로 넘어가는 것을 막기 위해서였다. 이런 배경 속에서 이라크는 1990년 쿠웨이트를 침공한다. 이에 아랍 세계의 석유에 대한 지배권을 놓치지 않으려는 미국은 국제 여론과 압도적 군사력을 이용해 이라크를 제압한다. 베트남의 경우는 이미 앞에서 자세히 언급했듯이 강대국의 인위적 남북 분할 상태에서 두 차례의 전쟁을 거쳐 1975년 스스로 통일을 달성한다.

독일과 오스트리아는 제2차 세계대전 전후 처리 과정에서 대조적으로 분할, 통일된 나라다. 오스트리아의 경우 1945년 제2차 세계대전이 종전한 직후 미·영·소·불 4대 연합국이 분할 관리했다. 1955년 4대국 분할 관리 체제가 종식되자 국민투표에 의해 '영세중립'과 비동맹을 선언하고 통일 정부 국가를 수립함으로써 통일을 이룩했다. 독일의 경우 양차 세계대전 전범 국가로서 또 다른 전쟁을 방지하기 위해서라도 분할할 수밖에 없었다. 그렇기 때문에 모든 사람들이 독일의 통일은 요원하다고 생각했다. 하지만 예기치 않았던 정세 변화로 독일은 평화적인, 적어도 군사력에 의존하지 않은 통일을 이룬 몇 안 되는 나라들 가운데 하나가 되었다(『코』, 230~231).

많은 사례에서 알 수 있듯이 분단되었던 민족이 평화적으로 재결합한 경우는 독일과 폴란드, 오스트리아뿐이다. 리 선생은 오스트리아의 영세중립국화 통일이 우리에게 가장 바람직한 통일국가 형태라고 생각한다.

끝으로 평화통일을 위해 우리가 할 일을 정리한다. 첫째는 냉전 사고의 종식이다. 상대를 말살의 대상으로 인식하는 한 평화는 불가능하다. 둘째, 분단의 역사적 배경과 이후 진전 과정을 정확하게 이해해야 한다. 셋째, 남북한의 갈등과 긴장 완화의 역사는 '인과관계 구조' 속에서 생각해야 한다. 넷째, 남북한에 대한 선악 이분법 인식이나 고정관념을 버려야 한다.

김일성 주석이 민중과 유리되어 강권으로 통치한 단순 권력형 지도자가 아니었다는 사실을 남한에서는 모르고 있습니다. 그는 항일운동의 경력을 가지고 있고 또 한국전쟁 이후 폐허가 된 영토를 인민들과 함께 일구어서, 70년대 중반까지만 하더라도 남한보다 월등히 우월한 사회적·경제적·문화적 인민 생활을 실현했고 …… 주석궁에 있는 시간의 몇 배를 농어촌, 광산, 탄광, 간척지 등을 돌아다니면서 초토화된 땅을 일구고 중공업화하고 국가 재건을 하는 민중 속에서 살았습니다. 인민들 속에 들어가서 어울렸다는 사실, 우리가 잘 알지 못하는 지도자와 인민대중의 관계가 그들 사이에는 존재하고 있었던 것입니다(『코』, 243).

다섯째, 재통합 과정에서 가장 시급한 일은 군사력을 줄이는 것이다. 여섯째, 남북 상호 간의 이질화 문제다. 북한만 이질화한 것이 아니라 남한도 함께 이질화되었다는 사실을 우리도 인정해야 한다. 외국의 다양한 사례에서 보이듯 평화적 통일은 지난한 과정이다. 아무리 어렵다고 해도 우리에게는 평화통일 이외의 다른 방법이 없다는 사실을 직시해야 하고,

이를 위한 최선의 노력을 기울여야 한다는 것이다.

「학생들에게 남북문제와 통일을 어떻게 가르칠 것인가」(『신화』)는 한국교육연구소가 1998년에 주최한 전교조 교사 대상 강연 내용을 정리한 것이다. 강연 제목은 '남북문제와 통일을 위한 올바른 기초 인식: 생도·학생들을 어떻게 가르칠 것인가'였고, 월간 ≪기독교사상≫ 1999년 8월호에도 게재되었다. 이 강연의 대상이 교사들이기 때문에 교육 현장에서 학생들에게 한층 명확한 사실을 전달하는 것이 중요하다고 보고, 남북문제와 통일과 관련한 '기본적 사실'들을 자세하게 설명하는 방식으로 작성되었다.

우선 냉전 사고에서 벗어나야 한다는 것은 리 선생의 모든 글에서 강조하는 바다. 구체적인 사례로는 먼저 남북한의 '휴전협정' 위반 건수를 든다. 한국에서는 휴전 이후 1998년 6월까지 북한이 무려 42만 4356번이나 휴전협정을 위반했다고 보고 있다. 반대로 북한에서는 유엔군(남한 군)이 45만 4605번 휴전협정을 위반했다고 본다. 그 가운데 유엔군 측이 인정한 것은 16건뿐이다. 이어 맹목적 애국심의 '자기 기만성'을 1971년 미국에서 발생한 『펜타곤 페이퍼』 사건으로 설명한다.

다음으로 북한을 역사적 맥락에서 봐야 한다고 강조한다. 북한이 '핵무장'하려는 이유, 팀스피릿 훈련이 북한에 미치는 영향을 따져봐야 한다는 것이다. 1960년대 말, 남한이 자전거를 만들고 있을 때 북한은 전기기관차를 수출하고 있었다. 경제 수준이 비교가 되지 않는 상황이었고, 이때 박정희 대통령이 핵무기 개발을 시도했다는 것은 널리 알려진 사실이다. 1972년 이후 지구 상에서 팀스피릿 훈련과 같은, 핵항모와 핵 폭격기가 동원되는 초대형 규모의 핵 공격형 군사훈련은 없다(『신화』, 292).

다음은 군사비 문제다. 1993년 현재 한국의 군사비는 북한의 다섯 배에 달한다. 서독의 경우 통상적으로 사회복지비가 군사비의 두 배에 달했다. 한국은 군사비가 복지 예산의 네 배에 달한다. 동·서독 통일에서 겸 허하게 배워야 한다는 것이다.

「통일의 도덕성」은 ≪당대비평≫ 1998년 가을 호에 발표한 글로 '북한 의 변화만큼 남한도 변해야'라는 부제를 달고 있다. 남한의 많은 사람들 이 우리의 물질적 부의 우월성 측면에서 통일을 바라보고 있다. 물질주의 를 한반도 전체로 확산하는 것으로 통일을 이룬다면 그것이 우리가 원했 던 재통합이라고 볼 수 있을까? 리 선생은 이런 의문에 대한 답을 찾고자 한다.

> 혹시라도 통일된 사회가 사람과 사람 사이에 두려움이 앞서고, 서로 믿을
> 수가 없고, 정직이 비웃음의 대상이 되고, 물질적 소유의 다과가 인간적
> 덕성보다 존경과 선망의 표적이 되고, 형제·시민·동포적 유대가 단절
> 되고, 개개인이 자기 이익만을 좇는 분자화된, 사람이 나눔과 협력의 대상
> 이 아니라 오로지 빼앗음의 대상으로만 일반화되고, 또 그래서 일상의 생
> 활에서 공포와 두려움이 마음에서 떠나지 않는 상태라면, 그래서 모든 인
> 간이 소외된 상태라면, 이 같은 사회상과 인간관계라면, 그토록 염원하고
> 추구한 통일의 의미란 무엇이란 말인가?(『신화』, 252~253)

남한의 그동안의 정치, 사회의 역사를 볼 때 통일은 '빵과 떡'으로 오지 않는다는 것이다. 물질적 풍요가 행복이 될 수 없다는 전형적인 사례가 미국이라는 나라의 현실이다. 모든 정권은 '범죄와의 전쟁'을 선포하지만 범죄는 지속적으로 늘어나고 있고, 인구 10만 명이 넘는 200개의 도시 중 146개 도시에서 청소년의 야간 통행금지를 실시하고 있을 정도다. 1976 년 중국의 당산에서 최악의 지진 사태가 났고, 1977년 7월 미국 뉴욕에서 12시간 정전 사태가 발생한다. 지진과 화재 속에서 중국인들은 자기희생

으로 남을 위하는 공동체 정신을 잘 보여주었지만, 뉴욕 주민들의 경우는 아주 달랐다.

남이 자기 얼굴을 확인할 수 없다는 생각이 든 순간, 모든 인간이 밖으로 뛰어나와 혼란·무질서·약탈·파괴·방화·강간·난동·살인을 일삼았다. "1000만 미국인이 1000만 가지의 행동을 했다"고 한다. 유명한 사건이다. 세계는 그 모습에 전율했다. 하나는 천재지변의 불가항력적 사태이고, 다른 하나는 다만 사람의 실수일 뿐인 일시적 정전 상태다. …… 기독교가 없는 중공 도시의 시민들은 예수의 십계명대로 행동했다. 기독교 사회임을 자랑하는 미국 도시의 시민들은 예수의 십계명을 배반했다(『신화』, 262).

리 선생은 1990년대 초 동구 사회주의 붕괴를 보면서 '인간의 이기주의'는 변할 수 없는 것인지 고민에 빠진 적이 있다. 동시에 자본주의가 필연적으로 이기주의를 극대화해 인간을 소외, 타락시킬 수밖에 없다는 점에서 자본주의가 일방적으로 승리한 것이 아니라 절반은 이기고 절반은 실패한 것이라고 평가한 바 있다.

1980년대 이후 중국은 사실상 사회주의를 포기하고 미국식의 '물질적 풍요'에 매진하고 있다. 중국이 자본주의에 문호를 개방한 후 범죄 사건이 37배 늘었다는 통계도 있다. 리 선생은 통일 후 독일을 방문해 구 동독 지역을 여행하며 범죄 현장을 여기저기서 목격하기도 한다. 그때 동행했던 한 법률가가 말했다. "자본주의는 구 동독인들에게 오른손으로는 자본주의적 자유와 풍요의 보증서를 넘겨주는 것과 동시에 왼손으로는 인간적 부패와 타락, 사회적 범죄의 보증서를 넘겨주었다." 세계화된 미국식 자본주의의 대표적인 현장 중 하나가 남한이라는 사실은 새삼 지적할 필

요도 없다. 먼저 남한 사회의 인간을 자본주의 악덕에서 구해내기 위해서
도 남북한의 '절충형 통일'이 필요하다고 본다.

남한의 자본주의적 물질적 생산력의 우월성과 정치적 및 개인적 자유에
북한의 사회주의 인간학적 공동 이익 우선주의 도덕과 민족문화 생활양
식에 대한 강렬한 긍지와 '자존(自尊)'의 가치를 지혜롭게 배합하는 방식
에서, 통일 방법과 통일국가의 최선은 아니더라도, 차선의 해답이 얻어지
지 않을까 하는 생각을 버릴 수 없다(『신화』, 271).

리 선생은 통일이라는 말보다 민족의 재통합이라는 표현을 좋아했다.
통일이라는 말이 뭔가 하나의 방향으로 획일화한다는 느낌을 주기 때문
일 것이다. 남북한의 재통합은 동북아의 평화, 나아가 인류의 평화와 직
결되는 인류사적 과제이기도 하다. 박근혜 대통령은 2014년 1월 6일 신
년 기자회견에서 "통일은 대박이다"라고 했다. 경제문제의 출구로 생각
하는 발로일 수 있다. 남북한의 재통합에 대한 주변 국가의 태도도 여전
히 모호하다. 리 선생이 던진 통일에 관한 화두는 여전히 답보 상태다.

7. 반전 · 반핵과 인류평화

많은 사람들이 이구동성으로 리 선생을 '휴머니스트'라고 하는 이유는
거의 모든 글의 저류에 '인간'이라는 주제가 흐르기 때문일 것이다. 인류
역사상 전쟁과 핵무기는 인간을 말살하는 집단 범죄행위의 정점이다. 동
족상잔의 현장에서 7년간 근무하면서 겪은 전쟁의 참상과 반인간성은 평
생 리 선생을 반전주의자로 살게 한 원체험이었다. 한반도는 1953년부터

지금까지 '휴전' 상태를 유지하고 있다. 전쟁의 위협은 리 선생 삶의 구조적 상황이기도 했다. 전쟁으로 살 수밖에 없는 전쟁광들은 군비경쟁 끝에 핵무기를 개발했고, 제2차 세계대전은 일본에 대한 핵무기 투하로 종결되었다. 냉전 시대를 보내며 열강과 군소 국가들은 세계 지배 또는 자기 보호의 명분으로 핵개발에 주력했고, 지구는 '핵 세상'이 되었다. 리 선생이 살아간 시대가 그러했고, 지금도 그 시대는 이어지고 있다.

리 선생은 1980년대 초반부터 핵과 핵전쟁의 위험성을 알리기 위해 적극적으로 나섰다. 1984년에는 공편 저서로 『핵전략의 위기적 구조』를 냈고, 1984년에는 노벨평화상을 받은 알바 뮈르달[78]의 『핵전쟁의 위협』 번역서를 감수했다. 1988년에는 임재경 선생과 『반핵』을 공동으로 펴냈다. 『핵전략의 위기적 구조』는 출간 직후 금서가 되었다가 이듬해인 1985년에 『핵문제 입문』이라는 변경된 제목으로 재출간되었다.

리 선생의 「한반도는 핵전쟁의 볼모가 되려는가?」는 『핵전략의 위기적 구조』에 실린 권두 논문이다. 이어 이 책에는 도요타 도시유키(豊田利幸) 나고야 대학 물리학과 교수의 「핵전략의 기초 인식」과 다카기 다카시(高榎堯) ≪마이니치(每日)신문≫ 논설위원의 「현대의 핵전략과 미소 핵무기 경쟁」 등 긴 논문 두 편이 포함되어 있다. 『핵전쟁의 위협』 서두에는 14쪽에 달하는 「감수의 말」을 실었다. 『반핵』은 1부 핵 위기의 구조, 2부 한반도의 핵으로 구성되어 있다. 1부에는 『펜타곤 페이퍼』 사건으로

---

78 알바 뮈르달(Alva Myrdal, 1902~1986)은 스웨덴의 사회학자, 정치가, 외교관, 저술가다. 1902년 스웨덴의 웁살라(Uppsala)에서 태어나 스톡홀름 대학(Stockholms universitet)을 졸업했다. 제2차 세계대전 기간에는 반(反)나치 운동에 뛰어들었고, 전후에는 스웨덴 사회민주당에 입당해 인도, 스리랑카, 미얀마의 대사를 역임하고 유엔 제네바 군축 전문가 회의 의장(1964~1967)을 지냈다. 1968년 스웨덴 정부의 핵 보유 의지 포기 선언을 이끌어내기도 했다. 군축과 반핵운동의 공로로 1982년 노벨평화상을 수상했다. 1974년 노벨경제학상 수상자인 군나르 뮈르달(Karl Gunnar Myrdal)이 그의 남편이다.

유명해진 대니얼 엘즈버그(Daniel Ellsberg)의 「반항에의 요구」와 E. P. 톰 슨(E. P. Thompson)의 「문명의 마지막 단계인 절멸주의에 대한 단상」, 알 바 뮈르달의 「유럽에서의 초강대국들의 승부」, 카쿠오(M. Kakuo)와 엑셀 로드(D. Axelrod)의 「한국전쟁과 원폭 투하」 등이 실려 있고, 2부에는 리 선생의 「핵무기 신앙에서의 해방」과 고승우(당시 《한겨레신문》 기자)의 「한반도와 핵」, 피터 헤이스(Peter Hayes)의 「한국에 있는 핵무기」가 실 려 있다.

반전·반핵 및 인류 평화와 관련된 리 선생의 글은 핵무기의 위험, 한 반도의 핵 문제, 반전 평화 영역으로 구분해볼 수 있다. 물론 리 선생은 핵무기 위험성에 대한 지적이나 반전 평화를 외치는 글에서도 한반도· 한민족의 생존과 안전 문제를 기본 바탕으로 삼는다.

핵무기의 치명적 위험

여기서는 「핵무기 숭배사상의 배리」(『80년대』), 「핵무기와 인류의 양 심」(『분단』), 「핵은 확실히 '죽음'을 보장한다」(『역설』), 「핵무기 신앙에서 의 해방」(『반핵』), 「1945년 '히로시마' 영원한 논쟁」(『21세기』) 등 다섯 편 의 글을 차례로 검토해보겠다.

리 선생이 핵무기와 관련해 처음으로 쓴 글은 「핵무기 숭배사상의 배 리」라고 볼 수 있다. 이 글은 『80년대 국제 정세와 한반도』에 실린 다른 글들처럼 외국 학자의 논문을 번역한 것이다.[79] 1970년대 말 세계는 다시 핵무기 경쟁 시대로 들어갔다. 미국은 소련과 핵무기제한협정(SALT) 비 준을 거부하고 새로운 중성자탄 개발에 들어갔고, 소련도 이에 대응해 핵

---

[79] 리 선생은 미국의 과학자 키니와 스탠퍼드 대학 물리학과 교수인 파노프스키가 《포린 어 페어스(Foreign Affairs)》 1981년 겨울 호에 기고한 논문을 번역한 것이라고 밝혔다.

전력을 강화한 때였다. 또 1970년대 중반에는 인도가 핵무장을 선언했고, 이스라엘과 남아공 등 10개국에 달하는 중진 국가들이 핵무기 숭배 사상에 사로잡혀 있었다.

이 글은 핵무기를 국가주권의 상징으로 여기거나 집권 세력의 위신을 위한 장식물로 여기는 위험천만한 사고방식에 경종을 울리기 위한 것이었다. 키니(S. M. Keeny)와 파노프스키(W. K. Panofsky)는 이러한 핵무기 숭배 사상을 '매드(MAD) 이론과 넛츠(NUTS) 이론'이라 명명하고 신랄한 비판을 가했다. MAD란 '상호 간의 확신한 파괴(Mutual Assured Destruction)'의 약자로 1960년대 이후 핵전략의 근본 성격을 규정하는 이론이 되었다. 글자 그대로 핵개발 전략은 '미친 짓'이라는 것이다. NUTS란 핵무기가 '초과잉'된 상황에서의 '핵 사용 목표 선정(Nuclear Utilization Targets Selection)' 이론으로서, 요컨대 특정한 상황·상대에 대해서만 강대국들이 선택적으로 핵을 사용할 수 있다는 주장이다. 필자들은 핵무기 개발 및 사용과 관련한 역사와 현실을 검토한 후, NUTS란 한마디로 돌대가리 혹은 멍텅구리 이론이라고 결론지었다.[80]

이 모든 실정을 검토한 결과 한 가지 분명한 사실은, 일부 핵무기 숭배자들이 제창하는 '멍텅구리(NUTS)'적 접근 방법은 서로를 확실하게 파괴하는 '정신 나간(MAD)' 세계로부터 안전한 탈출이 되지 못할뿐더러, 상호 확실한 파괴적 세계의 소름 끼치는 현실 상황과는 관계없이 제한적 또는 통제된 핵전쟁을 할 수 있다는 환상을 조장하는 심각한 위험성이 도사리고 있다(『80년대』, 270).

---

80 영단어 'nuts'가 돌대가리나 바보를 뜻하는 속어라는 것을 연상하면 된다. 2014년 12월 5일 조현아의 KAL기 회항 사건을 미국 언론에서 'nuts return'이라고 부른 것과 같은 맥락이다.

『분단』에 실린 「핵무기와 인류의 양심」은 알바 뮈르달 여사의 『핵전쟁의 위협』[81]에 실린 '감수자의 말'을 다소 수정한 글이다. 핵에 대한 무지, 유엔의 핵무기와 핵전쟁 보고, 한반도가 핵무기의 표적이 되고 있다 등 세 부분으로 구성되어 있다. 인류의 진보에 대한 괴테의 말을 화두로 삼는다.

인간들은 머리가 더 좋아지고 더욱 날카로와지기는 하겠지만, 더욱 선량해지지도 더욱 행복해지지도 더욱 활발해지지도 않을 것이다. 설사 그렇게 흡족한 일이 있다 해도 그것은 어떤 한 시기에 국한될 것이다. 나는 신이 이미 인간들에게 정이 떨어져서 모든 것을 거둘내버리고, 생명 있는 모든 것을 죽음과 함께 되살아나게 하는 시기가 올 것만 같다. 일체의 것이 그렇게 예정되어 있고, 먼 미래에 이 되살아남이 시작되는 시기가 이미 작정되어 있다고 확신하고 있다. 다만 거기까지 가는 데는 아직 얼마간의 여유가 있으리라는 것도 확실하다. 우리는 앞으로 몇천 년일지 모르지만 이 정들고 사랑하는 지구 위에서 온갖 희롱을 계속하겠지"(에커만, 『괴테와의 대화』 중 1928.10.23).[82]

제2차 세계대전이 끝난 후 인류의 모습은 한 세기 반 전에 괴테가 한 말을 떠오르게 했다. 군사력으로 평화가 유지되고 강력한 군사력만이 국가와 세계의 안전을 보장한다는 무서운 환상에 사로잡혀 있었기 때문이다. 미소(美蘇)는 지구를 넘어 우주로 전쟁터를 확대했다. 1974년 유엔에

---

81 Alva Myrdal, *The Game of Disarmament: How the United States and Russia Run the Arms Race*(Pantheon Books, 1976).

82 요한 페터 에커만, 『괴테와의 대화』, 곽복록 옮김(동서문화사, 2007), 693쪽 참조. 리 선생의 번역과 표현상 다소 차이가 있다.

서 오랜 연구 끝에 발표한 「우탄트 보고서」는 다음과 같이 지적했다.

인구 100만이 사는 반경 8~10km의 실재하는 도시에 1Mt의 핵폭탄 하나
가 지표에서 터졌을 때의 가상적 피해는, 폭풍과 열선에 의한 순간적 사망
27만, 방사선 낙진에 의한 사망 9만, 부상자 9만이 된다. 이틀 동안 전 인
구의 3분의 1이 죽고 71만이 살아남는다. 방공호나 대피 시설이 충분하지
않은 맨해튼 상공에서 20Mt급 수폭이 폭발하면, 뉴욕 시 인구 800만 가운
데 아마도 600만이 죽고, 시의 교외 지역에서 별도로 100만이 죽을 것이
다(『분단』, 142).

폭발 후에 살아남더라도 얼마나 더 살 수 있을지는 미지수다. 사람들
이 전부 지하 대피소에 들어가 살아남는다고 가정해도 지상에 있던 곤충
과 박테리아 외에는 모두 절멸하기 때문에 생존이 사실상 불가능하다. 더
심각한 문제는 이러한 핵무기 사용의 가장 유력한 지역이 한반도라는 점
이었다. 당시 레이건 행정부의 핵전략 구상의 핵심은 재래식 전쟁이 장기
화될 경우, 현지 주둔군 야전 사령관의 건의에 따라 핵무기를 사용할 수
있다는 것이었다. 두 초강대국은 각기 본국을 겨냥한 대륙 간 탄도 핵무
기에 대비해 거의 완벽한 요격 시스템을 완성했다. 요컨대 본토는 핵 공
격으로부터 안전하게 방위망을 구축해놓고 하위 동맹국 영토에는 중거리
핵미사일을 설치해 그곳을 공격기지로 이용하는 것이었다.

대한민국(남한)에는 하나의 '위대한 미신'이 있다. 이 나라 국민의 거의 전
원이 그것을 신봉하고 있다는 뜻에서 그것은 가히 '국민 미신'이라고 말할
수도 있다. 국가가 그 신앙을 보호 · 지원한다는 뜻에서 '국가적 미신'이라
고 이름할 수도 있다. 그 '미신적 신앙'은 다름이 아니라 핵 에네르기와 핵

무기에 대한 맹목적 신앙심이다. 표현을 바꾸어 말하면 '핵'은 한국 국민의 신으로 추앙되고 있다. '핵신(核神)'에 대한 절대적 신앙심으로 말미암아 이 나라에서는 '핵 종교(核宗敎)'가 다른 어떤 종교보다도 광범위한 신자를 확보하게 되었다(『역설』, 95).

리 선생이 1986년에 집필한 「핵은 확실히 '죽음'을 보장한다」는 대한민국의 핵 숭배로 화두를 시작한다. 하나의 '국민 미신'이 된 핵 종교가 대한민국에서 기승을 부리게 된 원인으로 민족 내부 문제의 군사적 해결 정책, 맹목적 반공 이데올로기, 핵무기의 위험성과 핵전쟁의 종말성에 대한 무지, 미국 국가이익 위주의 선전 결과, 미소라는 초핵강국들의 핵 기지화 위험성에 대한 인식착오 등을 들었다. 특히 핵에 대한 비판이나 반대운동은 반국가적 행위로 매도되어 처벌되었기 때문에, 핵 미신은 정권이 조직적으로 유포한 '사이비 종교'라고 보는 것이 합당했다.

1986년 체르노빌 사고 직후에도 전두환 정권은 수억 달러가 드는 두 개의 핵 발전소 건설을 미국 회사와 계약했다. 백보 양보해 핵 발전소 건설의 불가피성을 인정하다고 해도, 한국 정부와 핵 발전소 건설 계약 업무를 수행한 미국인 전문가가 한국의 발전소 건설 안전기준과 방사능 물질 확산 방지 장치가 외국보다 훨씬 소홀하다는 점을 지적했다는 것은 충격적이다.

첫째, 남한에서는 핵 발전소 건설 계획이나 세부적·현장적 과정이 정부 관료 기구에 독점되어 있어 공중의 토론·검토·이의 제기·현장검증 등의 과정이 일절 배제된 채 추진되고 있다.
둘째, 남한에서는 공사 예정표가 인간의 안전보다 우선했다. 따라서 안전 관리인들은 공사 예정을 늦추는 것을 '구조적으로 억압'당했다.

셋째, 미국의 스리마일 핵 발전소 대규모 사고가 난 지 3년이 지났는데도 남한 정부는 아직도 '개별적이고 상세한 구체적 개선 조치들'을 취하지 않고 있다.

넷째, 남한은 핵 방사능 물질의 저장과 처리에 관한 종합적 계획을 수립하지 않고 있다.

다섯째, 한국 핵 계획은 수준 높은 전문적 인원의 부족으로 조작·운영·훈련의 난관에 직면해 있다.

여섯째, 한국에 건설한 네 개의 핵 발전소에는 미국 국내 핵 발전소에 적용하도록 되어 있는 규제가 적용되지 않았다. 이것은 '미국 핵규제이사회(NRC)'의 규정 위반이다.

일곱째, 남한 정부는 1980년 레비(Levy) 씨가 「한국 핵안전에 관한 보고서」[83]에서 작성해 제출한 개선 권고 사항의 '대부분'을 묵살했다(『역설』, 98~99).

이렇게 최소한의 안전 관리나 안전장치를 고려하지 않은 채 건설된 원자로가 지금 대한민국에서 작동하고 있다. 국내 원전 관련 역사를 보면 국내 최초의 원전 고리 1호기가 1978년 4월 29일 상업 운전을 시작한 후, 전두환 정권에서 급속하게 원전이 늘어났다. 월성 1호기(1983년 4월 22일), 고리 2호기(1983년 7월 25일), 고리 3호기(1985년 9월 30일), 고리 4호기(1986년 4월 29일), 한빛 1호기(1986년 8월 25일), 한빛 2호기(1987년 6월 10일)가 연달아 건설되었다.

---

83 출전은 "Updated Review of Safety Aspects of the Nuclear Power Program in the Republic of Korea"(1980). 리 선생에 따르면 이 문서는 세계은행에 제출되어 '비밀문서'로 취급되어오다가 1983년 2월 3일 해제되었다. 한국기독교사회문제연구원, 『핵과 평화: 일지·자료』(1985), 95~97쪽에 게재되어 있다.

전두환 정권은 이렇게 졸속으로 무려 6기의 원자로를 들여왔다. 처음에는 46개를 건설한다고 했다가 이후 17개로 수정했고, 임기 중 6기를 완공한 것이다. 전형적인 전시효과를 노린 건설인 동시에 자원과 돈의 낭비였다. 특히 남북이 군사적으로 대치하고 있는 상황에서 공중 공격에 취약한 핵 발전소를 대거 건설하는 것은 상식적으로 납득할 수 없는 일이었다. 핵 발전소 건설 전부를 미국 회사와 계약했다는 점에서 미국의 압력설과, 한국 정부가 독자적으로 핵무기 생산을 계획하고 있는 것 아니냐는 '핵 개발설' 의혹이 제기되었다.

「핵무기 신앙에서의 해방」[84]은 1988년에 『반핵』을 엮으면서 쓴 논문이다. 리 선생은 1977년 11월 11일 이리(현재 익산) 대폭발 사건을 떠올리는 것으로 논문을 시작한다. 이날 이리 철도역에는 전날 저녁에 도착한 화물열차가 철로 변경 지시를 기다리고 있었다. 열차에는 한국화약에서 생산한 60톤의 공업용화약(TNT)이 3량의 무개화차에 나누어 적재되어 있었다. 호송 요원들이 어두운 열차 칸에 촛불을 켜놓았다가 폭발 사고로 이어졌다. 이 사고로 이리시 건물의 70%가 어디론가 사라져버렸다.[85]

핵폭탄 기초 원료인 우라늄 235는 1kg의 폭발력이 TNT 2만 톤과 맞먹는다. 이리시의 70%를 흔적도 없이 날려버린 60톤 = 6만 kg의 TNT를 핵폭탄으로 치면 3g짜리가 된다. 반드시 산술적 계산대로는 아니지만 간단한 이해를 위해 설명하자면 이리시의 그 괴멸적인 파괴를 위해서는 TNT 60

---

84 2006년 나온 리영희 저작집 중 12권 『21세기 아침의 사색』에 실려 있다.

85 전라북도가 집계한 열차 폭발 사고로 인한 인명 피해는 사망자 59명, 중상자 185명, 경상자 1158명 등으로 총 1402명에 달했다. 또한 피해 가옥 동 수는 전파가 811동, 반파가 780동, 소파가 6042동, 공공시설물을 포함한 재산 피해 총액이 61억 원에 달했다. 이로 인해 발생한 이재민 수만도 1674세대 7873명이나 되었다(『한국민족문화대백과』, 한국학중앙연구원).

톤이 필요했는데, 핵폭탄일 경우 3g짜리면 충분하다는 말이다(『반핵』, 264~265).

일본 히로시마에 투하된 원자탄은 17kg짜리였다. 그 피해가 어느 정도였을지는 이리 폭발 사고의 사례를 통해 짐작할 수 있다. 이리 사고는 소위 '전문가'라는 사람들의 사소한 실수로 발생한 것이다. 핵무기를 이용한 전쟁만 문제가 되는 것은 아니다. 1986년 체르노빌 원전사고[86]에서도 알 수 있듯이 원자력발전소는 늘 사고 위험성을 가지고 있다. 인공위성 핵연료 추진 장치에 문제가 생길 수도 있고 핵무기를 탑재한 폭격기에서 사고가 발생할 수도 있다. 1960년대에서 1980년대 중반에 이르기까지 헤아릴 수 없을 정도로 큰 규모의 방사능 유출 사고가 있었다. 아슬아슬한 대규모 핵폭탄 사고만 11회 발생했고, 작은 규모의 사고는 제2차 세계대전 종결 이후 40년 사이에 250회나 발생했다(『반핵』, 270).
　인류는 '절멸주의(exterminism)'의 살얼음판을 걷고 있는 셈이다. 그런데 한국은 어떠한가? 여전히 주한미군의 핵무기가 대거 배치되어 있고 핵발전소가 곳곳에서 가동되고 있다.

우리 남한 국민은 너나 할 것 없이, '사무삼과(四無三過)'에 빠져 있다. ……
핵에 대해서 무지하고, 무관심하고, 무감각하고, 무민족(無民族)적이다.
핵에 대해서 인간이성을 과신하고, 기계의 정밀성을 과신하고 군사력을
과신한다(『반핵』, 271).

---

86 1986년 4월 26일 소련 우크라이나 체르노빌 원자력발전소에서 발생한 폭발에 의한 방사능
누출 사고를 말한다. 20세기 최대·최악의 사고로 사고 당시 31명이 죽고 피폭(被曝) 등의
원인으로 1991년 4월까지 5년 동안 7000여 명이 사망했으며 70여만 명이 치료를 받았다.
소련은 초기에 사고 자체를 은폐하려 했기 때문에 아직도 정확한 실상을 알기는 어렵다.

리 선생의 생각은 이렇다. 무지란 핵 기술을 모르는 것이 아니라 '자기 땅에 남의 핵무기가 들어와 있으면 안전하다고 착각하는' 무식함이다. 무감각하게 된 것은 수십 년간 언론의 '냉전·반공 세뇌'의 결과다. 소위 언론이라 '참칭하는' 매체들이 미국 정부와 군사정권의 말만 주입해왔기 때문이다. 그 '세뇌'의 결과 한국인은 핵 문제에 무관심하게 되었다. 한반도가 강대국 핵전략의 희생양이 될 수 있는데도 아무런 자각이 없는 것이 현실이라는 것이다. 세 가지 과한 것은 미국의 이성과 호의에 대한 과신, 원자로 같은 초정밀 기계는 안전할 것이라는 과신, 그리고 핵무기를 포함한 군사력의 우위가 우리를 지켜줄 것이라는 과신이다.

「1945년 '히로시마' 영원한 논쟁」[87]은 1995년에 나온 『히로시마의 그늘』에 실린 '추천의 글'(3~19쪽)이다. 『히로시마의 그늘』은 원자폭탄이 투하된 뒤 서방 기자로서는 최초로 히로시마에 '잠입'해 원폭 투하의 참상을 현장에서 취재·보도한 윌프레드 버칫[88]이 당시 기사와 인터뷰, 관련 자료 등을 모아서 출간한 책이다.

리 선생은 히로시마 원폭 투하 소식을 중학교 4학년(17세) 때 경성에서 들었다. 물론 당시에는 그 폭탄의 정체를 아는 사람이 없었다. 히로시마와 나가사키에 투하된 두 발의 원자폭탄으로 식민 통치에서 벗어나게 된 한국인으로서 일본인과 같은 입장일 수 없었다. 오히려 리 선생은 '낙하

---

87 2006년에 나온 리영희 저작집 12권인 『21세기 아침의 사색』에도 실려 있다.

88 윌프레드 버칫(Wilfred G. Burchett, 1911~1983)은 1911년 오스트레일리아에서 태어나 영국의 ≪데일리익스프레스(Daily Express)≫와 ≪타임스(The Times)≫, 미국의 ≪크리스천 사이언스 모니터(The Christian Science Monitor)≫ 등에서 기자로 활동했다. 주로 국제분쟁 지역을 쫓아다니며 현장을 취재·보도한 그는 제2차 세계대전이 끝난 직후, 히로시마의 원폭 투하 현장과 베를린에서의 동서 냉전에 관해 보도했다. 또한 중공 건국 당시에는 중국 대륙 현장에 들어가 취재 활동을 했고, 6·25 전쟁 당시 한반도에 특파되기도 했으며 1983년에 세상을 떠날 때까지 반핵운동에 적극 참여했다.

산에 매달려 하늘에서 내려온 축복'으로 여길 만했다고 회고했다. 하지만 민족적 입장을 떠나 미국의 원자탄 사용에 대해서는 많은 논란이 있었다.

> 두 개 도시의 일본인 비전투원 남녀노소 수십만 명을 일순간에 무차별 살 상한 행위가 전쟁 승리자의 국제법 위반 및 '비인도적 범죄'를 구성하지 않느냐 하는 법 이론도 나왔다. '비인도적 범죄'라는 개념은 미국을 비롯 한 연합국이 나치 독일에 대한 뉘른베르크 전쟁범죄 재판에서 처음으로 도입한 규범으로, 패전자인 일본에게도 적용되었다. '비인도적 범죄'는 패 자에게만 강요되는 것인가?(『21세기』, 441)

당시 일본 도시에 원폭을 투하하는 것을 반대하는 사람도 많았는데 '맨 해튼 프로젝트(Manhattan Project)'[89]에 참여한 주요 과학자 중 한 사람인 닐스 보어(Niels Bohr)를 비롯한 과학자들도 그러했다. 그들은 원폭의 실 전 사용을 반대했을 뿐만 아니라 제조 계획 자체를 백지화해야 한다고 건 의했다. 원폭이 갖는 비인도적 살상 무기로서의 위험성이 제2차 세계대 전 이후 세계를 다시 핵전쟁으로 몰고 갈 수 있다는 예측 때문이었다. 미 국 전략폭격조사단의 조사 결과도 마찬가지였다. 일본의 육해공군은 사 실상 궤멸했으며 본토의 경우도 미국의 제공권하에서 장기적 · 조직적 저 항이 불가능하다고 보았기 때문이다. 하지만 금융가 출신이었던 트루먼

---

[89] 원자폭탄 비밀 제조 계획을 맨해튼 프로젝트라고 불렀다. 미국의 과학자들은 물론, 나치를 피해 미국에 와 있던 유럽의 과학자들과 영국과 캐나다를 대표하는 과학자들이 이 프로젝 트에 참가했다. 비밀을 유지하기 위해 미국 정부는 뉴멕시코 주 산중에 있는 로스앨러모스 (Los Alamos)에 새롭게 세운 연구소에서 일하도록 했다. 연구 책임자는 로버트 오펜하이 머(Robert Oppenheimer)였고 연구진은 닐스 보어, 엔리코 페르미(Enrico Fermi), 리처드 파인만(Richard Feynman), 빅토르 바이스코프(Victor Weisskopf), 폰 노이만(John von Neumann) 등 100여 명에 이르는 당대 최고의 물리학자와 수학자들이었다.

대통령은 '추호의 동요도 없이' 원폭 투하 명령을 내렸다.

일본에서는 1951년까지 원자폭탄에 대한 언급이 금지되어 있었다. ……
히로시마 시내에 있었던 사람의 경우 10명 중 여섯 명이 수일 내에 사망
했다. …… 의사 298명 가운데 생존자는 18명에 불과했고 …… 죽지 않은
생존자들이 전염병, 불충분한 위생 시설, 음식물 및 물 부족 등으로 고통
을 겪었음은 명약관화한 사실이다. …… 몇몇 생존자들의 경우에는 압력
파의 여파로 안구가 몇 센티씩 튀어나와 매달려 있었다. 도처에 널려 있
는 시신들은 수많은 구더기와 가스 발생으로 마치 움직이는 것처럼 보였
다. 이런 장면들은 「요한계시록」의 공포를 방불케 하는 것으로 인간의 상
상을 초월하는 것이다(『반핵』, 241~242).[90]

트루먼은 1945년 8월 6일 히로시마에 이어 8월 9일 나가사키에도 원폭
을 투하했다. 여러 국제조약을 위반하면서까지 3일에 걸쳐 두 발의 원자
폭탄을 투하한 이유는 여전히 논란거리가 되고 있다. 미국 군대의 희생을
최소화하고 단시일 내에 전쟁을 종식시킨다는 '인도적' 이유가 지금까지
표면상으로 널리 알려져 있다. 그러나 더욱 중요한 이유는 소련을 견제하
고 미국 단독으로 전쟁을 종식시킴으로써 전후 동북아시아에서 패권을
유지하는 것과 무리한 핵개발 추진에 대한 엄청난 비난 여론을 잠재우는
것이었다(『21세기』, 449).

일본은 진작 소련을 통해 항복 의사를 전했고, 소련은 8월 8일을 기해
만주로 진격해 일본 공격에 나섰다. 미국이 소련 진격 이틀 전에는 히로

---

90 Till Bastian, *Atom-katastrophen und ihre Folgen*(Neckarsulm: Jungjohann, 1986), 『반핵』에는
「핵 재난과 그 결과」라는 제목으로 전재되어 있다.

시마에, 하루 뒤에는 나가사키에 원폭을 투하했다는 점에서 '대소련 견제'가 더 중요한 이유일 수도 있었다. 당시 트루먼이 처한 국내 정치의 역학관계를 고려해봐도 그러했기 때문이다.

거액의 투자와 무리한 계획 추진, 의회 권한의 침해, 극소수 전쟁 수행 책임자들의 권한 남용, 극비 거대 계획에 필연적으로 뒤따르는 정부 권력과 자본가의 횡포, 부패 사실 폭로 등, 만약 일본에서 어떤 극적인 방법과 형태로 원자폭탄의 효과가 입증되지 않거나 입증할 기회가 오지 않으면 그들은 준엄한 책임 추궁에 직면할 가능성이 컸다(『21세기』, 451). 핵폭탄 개발 예산만 봐도 그랬다. 1941년 루스벨트 대통령의 비밀 명령으로 미국 군부가 최초 계획을 세울 당시 총소요 예산은 1억 3000만 달러였다. 온갖 반대와 반발에도 불구하고 1945년 7월 원폭이 제조될 때까지 실제 투입된 예산은 20억 달러였다.

트루먼 대통령에 이어 1952년 대통령에 당선되어 8년간 재임한 아이젠하워는 1961년 1월 17일 고별 연설에서, 미국의 군부와 군수산업의 상호의존적 결탁 체제, 즉 군산복합체(military-industrial complex) 개념을 제시하며 미국이 항시적으로 전쟁의 위기에 놓이게 되었다고 경고했다.

방대한 군사 조직과 거대한 군수산업 간의 결합은 미국인들이 전혀 경험하지 못했던 새로운 현상입니다. 경제적인 영역, 정치적인 영역 및 심지어는 정신적인 영역에까지 침투하고 있는 그것의 전면적인 영향력은 어느 도시, 어느 주정부, 어느 연방 정부의 사무실에서나 뚜렷이 느껴지고 있습니다. …… 정부 내의 여러 회의에서 이 군산복합체가 의식적이건 무의식적이건 간에 부당한 영향력을 획득하려는 데 대해 우리는 경계해야만 합니다. …… 오로지 경계심을 게을리하지 않는 분별 있는 시민정신만이 국방상의 이 거대한 산업과 군사기구를 우리의 평화적 수단과 목적에 적절히 조화시키고, 그리하여 안전과 자유를 동시에 반영시키는 일을 가능하게 할 수 있을 것입니다(렌즈 외, 1985: 19).

아이젠하워는 이 고별 연설 하나로 우리가 기억해야 할 미국 대통령 중 한 사람이 되었다. 이 연설 이후 군산복합체라는 말이 널리 쓰이게 되었다. 군산복합체란 군부나 준군사적 세력이 집권하고 있는 국가, 경제 이권이 지배하는 사회에서 모든 정책이 군부와 재벌의 이해 결탁에 의해 좌지우지되는 정치·경제체제를 의미한다. 미국 사회는 제2차 세계대전과 6·25 전쟁을 거치며 군산복합체 사회로 진입했다. 게다가 1950년대를 강타한 매카시즘으로 군산복합체에 대한 건전한 비판과 견제 기능이 상실되었고, 그 처참한 결과가 베트남전쟁으로 나타났다. 시드니 렌즈[91]는 1970년 군산복합체의 기원, 전략, 대학과의 관계, 그 대책 등을 담은『군산복합체론(The Military-Industrial Complex)』이라는 책을 출판한다.

서동만 교수는『군산복합체론』의「편역자 서문」에서 일반적으로 군산복합체가 미국의 사회경제구조 내에서 제도화된 이유로 크게 세 가지를 들었다(렌즈 외, 1985: 4~6). 첫째, 연방 재정규모 팽창에 의한 '대형 정부'의 등장이다. 미연방의 예산은 1948년 360억 달러에서 1964년에 1200억 달러, 2000년에는 5500억 달러, 2014년 3조 3700억 달러로 급속 팽창했

---

91 시드니 렌즈(Sidney Lens, 1912~1986)는 미국의 저명한 노동운동가이자 반전·반핵운동가, 저술가다. 진보 잡지 ≪프로그레시브(Progressive)≫의 편집자였고, 시민당의 일리노이 주 연방 상원 의원 후보이기도 했다. 베트남전쟁 때는 반전운동에 적극 참여했고 존슨 대통령의 베트남전쟁 관련 증세 반대 서명운동에 나서기도 한다. 대표 저서로『군산복합체론(The Military-Industria1 Complex)』(1970) 외에도 미국 정부의 제국주의적 대외 개입의 역사를 정리한『미 제국주의 침략사(The Forging of the American Empire)』(1974), 핵전쟁의 절멸 위기를 경고한『최후의 심판(The Day Before Doomsday)』(1977)이 있고, 자서전『당당한 급진주의자(The Unrepentant Radical)』(1980)가 있다.

다. 둘째, 미국 군사전략의 세계적인 확대, 무기 체계의 고도화로 미국의 군수산업이 전문 산업으로 급속하게 발전했다는 점이다. 셋째, 제2차 세계대전을 통해 더욱 확장된 생산 설비를 갖춘 미국의 대기업은 안정적이고 수익률이 높은 시장으로서의 군수의 항구화·제도화를 강력히 요구해왔다는 점이다. 특히 1980년대에 보수적인 레이건 정부가 신자유주의와 제국주의 팽창정책에 적극 나섬으로써 미국은 군산복합체 사회를 넘어 '군신국가'가 되었다.

히로시마와 나가사키 원폭 투하는 사실상 인류가 절멸주의 시대에 돌입했음을 의미했다. '절멸주의'는 톰슨의 「문명의 마지막 단계인 절멸주의에 대한 단상」[92]에 등장하는 용어로서, 톰슨에 따르면 '절멸주의'란 한 사회를 다수 대중의 절멸을 초래하기 마련인 방향으로 치닫게 하는 그러한 속성들을 지칭하는 것이다. 결과는 절멸이지만 우연히 일어나지는 않는다. 대표적인 절멸주의는 군사주의 혹은 제국주의다. 군사주의와 제국주의는 군부, 특권적 무역회사, 노예 상인, 무기제조업자 등 현실 제도에 그 기반을 두고 있으며 그 토대로부터 삶의 모든 영역에 그 영향력을 확대한다.

성숙한 군사주의와 제국주의는 제도적·정치적·경제적·이데올로기적 부문의 통합체로 나타나며 각 부문은 다른 부문을 반영하고 강화한다. 하지만 제국주의는 일반적으로 능동적 행위자와 희생자가 존재한다는 점에서 절멸주의와 구별될 수 있다. 절멸주의에는 제국주의와 같은 명확한 대상과 목표가 존재하지 않는다. 냉전시대 절멸주의는 전쟁을 향한 관성적인 지향성이 대립되고 있는 강대국들 내부에 구조적으로 자리 잡고 있

---

92 Edward Thompson, "Note on Extermminism, the Last Stage of Civilization", *Beyond the Cold War*(Random House, 1982). 『반전』에 전문이 번역, 게재되어 있다.

는 토대에서 발생한다는 것이다. 요컨대 소련과 미국이 군산복합체를 가지고 있는 것이 아니라 양국 자체가 바로 그러한 복합체들이다(『반핵』, 63~65).

세계주의의 부활만이 필요에 맞는 충분한 힘을 끌어모을 수 있다. 이 세계주의는 의식적으로 반(反)절멸주의적이어야 한다. 이 세계주의는 양 블록의 이데올로기적 요청에 맞서야 하며 그 사상, 상호교류, 태도, 상징적 표현들 속에서 인간의 생태적 생존의 요청을 구현해야 한다(『반핵』, 77).

우리의 의식 깊은 곳에서 과연 이 문명이 존속할 수 있을지에 대한 의문이 자리하게 되었고 그것에 익숙하게 되었다. 톰슨은 절멸주의를 제어하기 위한 효과적인 '역공'이 양 블록에 살고 있는 시민들의 저항에서 시작될 것이라고 보았다.

핵의 '볼모'가 된 한반도

리 선생이 핵 문제에 큰 관심을 갖고 연구하기 시작한 것은 1980년대 중반 한반도가 핵전쟁 앞의 '풍전등화' 신세가 되는 것을 인식하면서부터다. 리 선생은 2004년 한 매체와의 인터뷰에서 '북핵 문제'라는 질문에 정색하고 바로잡았다. 북핵 문제가 아니라 '미국의 핵 협상 약속 파기 문제'가 되어야 한다고 정정했다. 북한이 핵 개발을 시도한 것은 남한의 핵 문제와 무관하지 않고, 미국의 북한에 대한 핵 공격 시도와 직접 관련이 있다는 것이다. 따라서 '한반도의 핵' 문제라는 틀에서 접근할 필요가 있다. 앞서 살핀 한반도 주변 정세 관련 글이나 핵무기의 위험 관련 글에서도 한반도 핵무기 관련 논의가 상당 부분 이루어졌기 때문에 여기서는 주로 '북핵 문제'와 관련해 1990년대 이후에 발표한 네 편의 글을 검토했다.

집필 순으로 보면 「한반도 핵위험의 구조: 그 해부와 대안」(1991년 7월) 「미국·북한 핵문제의 PTSD적 특성」(1992년 5월) 「한반도의 비핵화·군축 그리고 통일」(1993년 9월), 「북한: 미국 핵과 미사일 위기의 군사정치학」(1999년 가을) 순서다. 원고의 분량도 200자 원고지 70~200매 내외로서 다소 긴 논문들이다. 앞의 세 편은 『새는 '좌·우의 날개로 난다』에 실려 있고, 마지막 것은 『반세기의 신화』에 실려 있다.

「한반도 핵위험의 구조」는 ≪창작과비평≫ 1991년 가을 호에 기고한 글이다. 북한이 1991년 7월 국제원자력기구(IAEA)와의 개별적 협정에 가서명한 이후에 한반도의 핵 위험 현실을 연대기 형식으로 정리하고 있다. 북한의 서명으로 즉각적인 위기의 일부가 제거되었지만 구조적인 문제가 그대로 남아 있다는 데 문제의 심각성이 있었다.

1945년 8월, 인간의 두뇌 속에서 나온 핵에너지의 프랑켄슈타인은 일본의 두 개 도시를 순식간에 잿더미로 만들었다. 그것으로 대전쟁이 끝났다. 그 후 1980년까지 35년 사이에, 미국 군부가 전 세계에 걸쳐 핵폭탄을 사용하기로 결정·구상·협박 또는 준비한 일이 26회나 있었다. 그 26회 중 한반도가 미국 핵폭탄 사용 목표로 정해졌던 것이 5회나 된다. 한 나라에 대해서 5회의 기록은 달리 없다(『새는』, 18~19).

불과 35년 동안 한반도에 다섯 번이나 핵폭탄 사용이 검토되었던 것만 보아도, 한반도가 핵전쟁의 위협에 얼마나 심각하게 노출되어 있는지 쉽게 알 수 있다. 리 선생은 한반도의 핵전쟁 위험성 구조와 원인을 규명하기 위해 ① 북한의 핵 시설 선제공격 계획, ② 한반도에서의 항시적 핵전쟁 위협, ③ 미국의 대 북한 강경 정책의 배경과 논리, ④ 북한 핵 시설과 주한미군 핵무기의 연계 문제, ⑤ 후진 핵 개발국에 대한 미국 정책: 그 이중성격, ⑥ 미국 핵무기의 유무·수량·유형·성능, ⑦ 미국의 핵무기가 불필요한 정세 변화, ⑧ 미국 핵무기와 대한민국 주권의 위상순으로 논의를 전개했다.

1991년 당시 미국이 문제 삼은 선제공격 대상물은 영변에 있다고 '확인된' 플루토늄 채취 시설이었다. 이와 관련해 1991년 3월 1일 미군 병력 20만이 투입된 미국의 전쟁 구상이 국회에 보고되기도 했다. 미국이 북한 핵 개발에 대해 적대적인 이유는 남한과 주한미군에 대한 중대 위협, 주한미군 핵전력의 대북한 억지력 상실, 남한 정권의 대응적 핵무기 개발 재개 가능성, 한반도 정세 불안에 따른 일본의 핵전력 보유 시도 가능성, 일본 핵무장이 초래할 아시아 전역에서의 불안 요소 증가 등으로 다양했다(『새는』, 24). 실제로 박정희 대통령은 1973년 베트남에서 미군이 철수하는 것을 보고 '자주국방'의 구호 아래 핵개발에 착수했다가 미국의 방해로 포기하기도 한다.

반면 북한이 미국에 분개하는 이유는 그 이중성에 있기도 하다. 미국 정부는 미국의 세계 패권 질서 구조의 종속적 지위를 거부하는 국가·정권·국민·지도자에 대해서 그들의 핵 시설을 직접 행동으로 공격하거나 대리자로 하여금 파괴적 공격을 하게 한 반면, 친미주의적 국가에 대해서는 조약 위반을 묵인하는 태도를 취해왔기 때문이다(『새는』, 27~28). 이런 이유로 북한은 국제 사찰의 조건으로 미국 정부에 남한 배치 핵무기를 전면 철수하는 것, 한반도의 비핵지대화, 북한에 대한 핵무기 불사용 공약 등을 시종일관 요구했다.

문제는 이러한 북한과 미국의 갈등이 남의 일이 아니라는 데 있었다. 근본적으로 주한미군의 주둔과 핵무장에서 기인하는 문제였기 때문이다. 주한미군과 핵무장은 남한과 관련해 휴전협정, 한미상호방위조약, 미국의 핵무기 사용과 대한민국 주권 세 가지 차원에서 검토할 필요가 있었다. 우선 휴전협정을 보면 재래식 무기만 교체가 가능하다고 되어 있기 때문에 미군의 핵무기는 협정 위반이 된다. 둘째, 한미상호방위조약 제4조에서는 대한민국 영토에 미군의 배치를 허용하도록 하고 있기 때문에 미국의 핵무기는 대한민국의 동의 여부와 무관하게 무기한 배치될 수 있다는 것이다. 사실상 군사 주권이 양도된 것이다.

한미상호방위조약으로 인해 대한민국은 주한미군의 핵무기 사용에 개입할 수 있는 여지가 없어졌다. 역설적으로 남한에 있는 미군의 핵무기에 대해 북한에서는 휴전협정 위반 문제를 제기할 수 있지만, 남한 정부는 '꿀 먹은 벙어리'가 될 수밖에 없다. 상황이 이러하기 때문에 미국은 한반도에서 어느 쪽에 의해 전투행위가 일어나든 핵무기를 사용할 수 있으며, 사용 시기 등은 주한미군 사령관이 결정할 수 있다. 유럽 지역 동맹국들에 비해 대한민국의 주권과 그 국민의 생명에 대한 배려가 전혀 없다(『새는』, 36). 북한이 핵무기 개발에 박차를 가하고 있는 것은 1970년대에 유신정권이 그러했듯이 임박한 위기에 대응하기 위한 자구 노력이라고 볼 수 있다. 하지만 북한의 핵무기 개발 시도는 한반도를 핵전쟁의 위기로 몰아넣을 수밖에 없다. 남북한이 공동으로 한반도의 비핵화, 비핵지대화에 적극 나서야 한다고 결론짓고 있다.

「미국·북한 핵문제의 P.T.S.D적 특성」은 월간 ≪사회평론≫ 1992년 5월 호에 기고되었던 논문이다. 「한반도 핵위험의 구조」는 북한이 국제원자력기구 개별적 협정에 가서명한 직후에 쓴 것이고, 이 논문은 북한이 국제원자력기구와 핵안전협정을 비준한(1992.4.9) 이후에 쓴 것이다. 협정 비준에도 불구하고 미국 군부의 대북 강경론은 이어졌다. 이 논문에서 북한에 대한 미국 군부의 집요한 '핵 공격 시도'의 역사적·심리적 배경을 추적했다.

미국 군부는 남한을 포함한 35개 국가의 영토에 375개의 크고 작은 군사 기지를 설치해놓고 있다(1989.11.2 기준, 남한에 41개). 지구 표면을 거미줄처럼 엮어 덮은 이 방대한 기지망에 정규 전투 병력 50만 명과 그 전력을 지탱·보조하는 국방부 소속 민간직원 및 군인·군속 가족 45만 명, 합계 95만 명의 미국인이 퍼져 있다. 이 중 한국 주둔 병력과 그 가족은 약 5만 명으로 전체의 20분의 1에 지나지 않는다. 나라로서는 전체의 35분의 1이며 기지의 수로서도 전체의 9분의 1이다(『새는』, 42~43).

미국 고위 군인들에게 있어 한반도는 기회의 땅이자 치욕의 땅이었다. 그 시작은 6·25 전쟁이 한창이던 1951년 4월, 트루먼 대통령이 맥아더 원수를 해임한 사건이었다. 당시 맥아더는 한국에서 원자탄 사용을 주장하다가 파면되었다. 두 번째는 1977년 주한미군 철수를 공약으로 걸고 당선되었던 지미 카터(Jimmy Carter) 대통령에 의한 주한미군 참모장 싱글러브(John K. Singlaub, 1921~) 소장 파면 사건이다. 싱글러브는 군통수권자인 대통령의 결정에 대해 정면으로 반대하고 나섰다가 파면되었다. 미국 군인이 대통령에게 정면으로 도전한 사례는 흔하지 않다. 반기를 들었던 자들은 모두 주한미군 고위 장성이었다. 미국 군부의 대북한 정책은 강경론 일변도였다.

미국의 정신병연구소 소장 로이드 드마우스(Lloyd deMause, 1931~) 박사는 『레이건 대통령하의 미국과 정신병리학적 징후의 기초』[93]라는 저서로 유명한 사람이다. 그는 미국 군부의 정신병리학적 징후를 '외상 후 스트레스 장애(Post-Traumatic Stress Disorder: PTSD)'라고 진단하기도 했다. PTSD 환자에게는 공통적으로 첫째, 감정의 극단적 기복 상태를 수반한

---

93 *Reagan's America*(New York: Creative Roots, 1984)를 말한 것으로 보인다.

정서적 불안정, 둘째, 장래에 대한 과장된 공포심과 발작적 공격 본능의 발동, 셋째, 걷잡을 수 없는 낭비, 넷째, 약물 남용, 다섯째, 다른 사람이나 대상에 대한 애증 감정의 노골적 표현, 여섯째, 가상의 적(敵)에 대한 신경과민적 적대감, 일곱째 비현실성, 격리 현상, 소외감 등의 복합적인 감정이 나타난다고 말했다[≪더 네이션(The NATION)≫, 1991.3.11].[94]

PTSD 증후군은 개인뿐만 아니라 집단적으로도 발생하는데, 심한 정신적·심리적 충격을 받았던 사람이나 집단이 그 경험을 이성적으로 처리할 능력을 상실할 때 일어난다. 리 선생은 미국 군부가 북한에 대해 PTSD 증후군을 표출할 수밖에 없는 이유로 다음의 아홉 가지를 들었다(『새는』, 53~54).

첫째, 미국 역사상 미국 군대가 치른 전쟁들 중에서 처음으로 비긴 전쟁 (6·25 전쟁)

둘째, 북한 영해를 침범한 푸에블로호와 승무원 82명 나포 사건(1968년)

셋째, 푸에블로호를 대신해 첩보 수집하던 정찰기 EC-121 피격 추락 사건 (1969년)

넷째, 베트남전쟁에서 미국의 적인 북베트남에 대한 북한의 원조(1960~1970년대 초)

다섯째, 미군 헬리콥터 북한 영내에서 피격·추락, 굴욕적인 시체 인수 (1969년)

여섯째, 판문점에서 미군 장교와 하사관 도끼 살해 사건(1976년)

일곱째, 판문점 정전회담에서 40년간 미국의 대표들이 겪은 수모

여덟째, 제3세계와 비동맹세계에서 보인 북한의 격렬한 '반미제(反美帝)'

---

94 『새는』, 51~52에서 재인용.

책동

아홉째, 미국을 대상으로 하는 국제 테러행위의 방조

특히 일곱 번째 요인은 미국 고위 장성들의 필수 코스로서 한국 근무 기간 중에 공통적으로 경험하는 일이다. 이 개인적 모욕감이 이후 북한에 대한 '광적' 보복 심리로 나타나는 것은 자연스러운 일이다. 그런 면에서 미국 군부의 관심은 북핵 제거가 아니라 북한 정권을 붕괴시키는 데 있다는 사실을 쉽게 짐작할 수 있다.

상대적으로 북한의 지도자나 인민들도 6·25 전쟁 이후 미국으로부터 받은 위협과 수모로, 미국이나 주한미군 등의 문제에 있어 정상적이라고 보기 어려운 불안정·과격·발작·과잉 반응을 보이는 면이 있다. 리 선생은 결론적으로 미국이 단독 패권 체제 속에서 북한이라는 거추장스러운 세력을 좌시하지 않을 것이라고 보았다. 북한은 관계 개선을 원하지만 미국은 북한과의 평화공존을 원하지 않는다는 것이다.

「한반도의 비핵화·군축 그리고 통일」은 1993년 9월에 발표한 글로서, 북한이 핵무기를 개발하려는 이유와 북한의 핵무장을 강요하는 미국의 정책을 다각도로 점검한 글이다. 또한 남한은 역지사지하는 마음으로 북한 문제에 접근해야 한다고 강조했다.

반세기에 걸쳤던 비이성적인 냉전 사상과 광적인 남한식 반공주의에 순치된 한국인의 의식 형태에서 가장 두드러진 특성이 '단안(單眼)적' 사물 판단이다. 국제사회의 제반 문제를 오로지 반공주의라는 하나의 시각으로 관찰하고 판단하는 것이다. 개개의 사물, 현상, 관계를 평면적으로, 자기중심적으로 그리고 비(非)원근법적인 단면적 시각으로 관찰하고 성급한 결론을 내리는 것이다(『새는』, 58).

먼저 남한 사람들의 반공주의라는 단순 논리를 바로잡아야 한다는 측면에서, '외눈[單眼]'으로 사안을 볼 것이 아니라 최소한 각도와 거리를 판단하기 위한 '두 눈[兩眼]'으로 보고, 나아가 사안을 종합적이고 총체적으로 판단할 수 있는 '여러 눈[複眼]'으로 인식하는 능력이 필요하다고 강조했다.

리 선생은 먼저 북한이 핵무기를 개발하려는 이유로 구소련의 붕괴로 인한 불안, 주한 미국의 핵무기 무장, 북한 내부의 정치적 · 사회적 불안 요소 증대, 국제사회에서의 남북한 위상 역전, 남북한 GNP의 현저한 차이, 북한의 통일 정책 변화 등을 들었다. 국내외적 위기를 돌파하기 위해 '핵 카드'를 쓸 수밖에 없는 상황이라는 이야기다.

박정희 정권도 1969년 '닉슨독트린', 1973년 베트남에서의 미군 철수 등 정세 변화에 따라 핵무장을 강력하게 추진했다. 박 대통령은 1978년 "만약 미국이 남한 배치 핵무기를 철거하거나 핵 보호를 주저한다면, 한국은 '핵확산금지조약'과 국제원자력기구의 사찰에 동의한 조약 의무를 거부하겠다"고 미국을 압박하기도 했다. 1984년 전두환 정권은 캐나다로부터 플루토늄과 우라늄의 혼합연료 제조를 위한 재처리 시설을 들여오려 했으나 이것 역시 미국의 압력으로 중지되었다(『새는』, 60).

리 선생은 동시에 미국의 대북한 정책이 적어도 네 가지 측면에서 북한의 핵무기 개발을 강요해왔다고 보았다. 첫째, 미국과 일본은 중국 · 소련(러시아)과 남한의 우호 관계 · 국교 수립에 대응하는 북한과의 호혜적 조치를 거부해왔다. 둘째, 미국의 막강한 핵무기가 남한에서 철수되었다고 주장된 것은 불과 1년 전의 일이다. 북한은 일방적인 미국의 핵 공격 위협 속에서 생존을 강구해야 했다. 셋째, 한미 3군 합동 '팀스피릿' 훈련은 1991년에 27만 명이 참가했을 정도로 세계 최대 규모였다. '팀스피릿'는 북한의 관점에서는 분명한 대북한 핵 공격 전쟁 연습으로 비쳤다. 넷째,

남한의 핵 능력이 북한보다 월등하며 미국은 핵에너지 기술과 시설들을 남한에 거의 강제적으로 판매·지원하고 있다(『새는』, 66).

여기에다 북한의 정치·군사 지도자와 지도자 집단을 '예측불허의 광인 집단'으로 단정·경멸하는 미국 군부와 한국인의 일반적인 인식 착오도 고려해야 한다고 보았다. 북한과 북한 지도자들을 그렇게 매도하기에는 미국의 행태가 너무도 부정적이라는 것이다.

> 베트남과 라틴아메리카에서, 그리고 이라크와 아랍 세계에서 미국의 대통령, 우익과 군 및 준군부의 도덕성 평가는 끝났다고 보아도 무방하다. 남한의 경우도 목하 문민정부하에서 백일하에 드러나고 있는 중이다(『새는』, 68).

문민정부는 '이산가족 재회'나 '우편물 교환', '휴전선 면회 장소 설치', 예술·문화 행사 교환' 등 소위 '인도적' 행사를 홍보했다. 1993년 9월 5일 국회에서 진행한 군비 증강을 위한 이른바 '율곡사업'[95]에 대한 국정감사에 따르면, 1990~1999년의 10년 동안 군은 평균 매년 40~45억 달러의 거액을 신규 무기 구입비로 투입하기로 되어 있었다. 한국은 매년 북한 총군사비의 약 세 배에서 네 배를 투입하고 있으며, 그중 신규 무기 구입비만도 북한 총군사비의 거의 두 배에 달한다. 군비 감축만이 남북 간의 신뢰를 쌓는 길이고 평화로 가는 첫걸음이 될 수 있다는 것이 리 선생이

---

[95] 1974년부터 시작한 군무기, 장비의 현대화 작업을 통칭하는 말이다. 베트남전쟁에서 월남이 패망하는 것을 보고 박정희 정권이 추진한 국군 전력 증강 사업이었다. 미사일, 장갑차, 함정, 전투기 등을 개발하거나 도입하는 데 32조원이 투입되었다. 1993년 4월 27일 문민정부 출범과 함께 대대적인 감사가 시작되었다. 7월 9일 감사원(원장 이회창)은 전직 군 고위 관계자 여섯 명을 뇌물수수 혐의로 검찰에 고발하고 현역 장성 여덟 명을 포함한 53명에 대해 징계 또는 인사 조치를 요구했다.

내린 결론이었다.

「북한: 미국 핵과 미사일 위기의 군사정치학」(『신화』, 128~167)은 1999
년 ≪당대비평≫ 가을 호에 실렸던 「한반도 핵·미사일 위기의 군사 정
치학」을 일부 보완한 글로, 리 선생이 쓴 북핵 관련 글의 '총결산'이라고
할 만하다. '위기의 주요인은 미국에 있다'라는 부제에서 알 수 있듯이 한
반도의 핵·미사일 위기의 주요 원인이 미국에 있음을 방대한 자료를 통
해 치밀하게 논증했다. 200자 원고지 200매에 달하는 긴 글로 '칠순' 노인
이 쓴 글이라고 믿기 어려울 정도로 힘차고 논리적이다.

이 논문은 크게 1장 북한과 미국의 새로운 미사일 대결 위기와 2장 한
반도에서의 핵·미사일 위협의 역사적 전개 두 부분으로 구성되어 있다.
리 선생은 1994년 한반도 전쟁 위기가 주로 북한의 핵개발 시도에 기인했
다면, 1999년 위기는 주로 북한의 미사일 문제로 확산되었다고 보았다.
1994년 '1차 대결' 결과는 북한의 군사적·정치적 후퇴로 끝이 났다. 북한
의 제2의 선택, 그리고 어쩌면 마지막이 될 미사일 발전 계획에 대해, 미
국 역시 세계 미사일 무기 질서의 단독 심판관으로서 북한의 굴복을 요구
했다(『신화』, 128~129).

리 선생은 북한과 미국의 새로운 미사일 대결 위기의 원인으로 무려 11
가지를 들며 상세하게 분석했다. ① 미국의 세계 미사일 무기 질서의 단
독적 통제권 강화, ② 북한 미사일 무기의 대일본·남한 미사일 무기 경
쟁 촉발 위험성, ③ 미국의 핵·미사일 보호 체제로부터의 일본과 한국의
이탈, ④ 미·일 동북아 지역 전쟁 협력 체제의 완결, ⑤ 미국 정치권력의
강경 보수화와 압력, ⑥ 미국 대통령 선거와 국회의원 선거, ⑦ 미국 군사
예산의 지속적 증대를 위해 필수적인 무기·장비의 소모와 전쟁 분위기
조성, ⑧ 미국의 세계적 군사 패권주의의 국내 사회 성격화 현상, ⑨ 전쟁
의 불길을 부채질하는 미국의 무기 판매, ⑩ 미국의 재래식 무기·장비의

지속적 해외 판매 확대를 위해 중소 국가들의 핵과 미사일 제조 및 수출을 금지시켜야 할 필요성, ⑪ 미국의 새 '별의 전쟁(star wars)' 계획과 북한의 미사일과 핵 등이다.

첫째, 미국이 세계 미사일 무기 질서 단독적 통제권을 강화하려 한다는 점이다. 미국은 자국 중심의 신세계 질서에서 소련 붕괴 이후 북한의 핵무기 도전을 커다란 위협으로 간주하고 있다.

둘째, 미국은 북한 미사일 개발로 인해 일본과 남한 미사일 개발 경쟁이 촉발될 것을 우려한다는 점이다. 미국은 김대중 정부의 500km 사정거리 미사일 개발 허용 요구나 일본의 첩보 위성 자체 보유 계획 등을 그 '경쟁'의 징후로 간주하고 있다.

셋째, 북한이 미사일을 개발할 경우 미국의 핵 및 미사일 보호 체제로부터 일본과 한국이 이탈할 가능성에 대한 우려. 북한의 핵 및 미사일 개발에 대한 일본과 남한의 독자적 대응은 필연적으로 일본과 남한에 대한 미국의 핵·미사일 '보호 우산'의 무력화를 초래한다. 그것은 일본과 한국에 대한 미국의 거의 영구적인 군사적(또는 정치적) 지배권의 자동적 붕괴를 뜻한다(『신화』, 143).

넷째, 미국과 일본의 동북아 지역 전쟁 협력 체제가 완결되고 있다는 점이다. 이로써 미국은 단기적으로 대북한 군사 공격이 수월해졌고 장기적으로는 중국과 러시아에 대한 군사적 압력 체제 구축이 용이해졌다. 일본은 1999년 8월 초에 천황주의와 제국주의·군국주의의 상징이었던 '기미가요'를 국가(國歌)로, 그 시각적 상징인 일장기 '히노마루(日の丸)'를 국기(國旗)로 법제화한다.

반공·강경 우익·대국주의·천황주의·군사대국·유엔 상임이사국을 목표로 하는 세력이 틀어쥔 일본은, 여태까지 '평화헌법' 규정 때문에 마지못해서 그들이 입은 뿔 달린 '가부토'(사무라이의 투구)와 '요로이'(사무라이의 갑옷) 위에 걸치고 있던 '하오리'(일본 남자의 전통 옷 저고리)를 벗어던지고 일본도를 빼어 들고, 두 발을 탕탕 내딛고 나선 것이다. 미국은 이제 세계 제4위의 막강한 일본 군사력을 직접 그 통제하에 거느리게 된 것이다(『신화』, 131~132).

다섯째, 미국의 정치권력이 강경 보수화되고 있다는 점이다. 미국의 기대와 달리 북한의 붕괴가 현실로 다가오지 않자 미국 군부 강경파는 제네바 합의를 파기할 수 있는 구실을 마련하는 데 몰두했고, 이후 '금창리 핵 지하 시설'설(設)을 유포했으나 사실무근임이 밝혀져 체면만 구기고 만다.

여섯째, 2000년이 미국 대통령 선거와 국회의원 부분 선거의 해였다는 점이다. 미국 정권은 정치적 위기를 전쟁이라는 수단을 통해 돌파해온 오랜 역사가 있다. 게다가 전통적으로 미국인은 전쟁 영웅을 숭배한다. 태평양전쟁과 제2차 세계대전은 1939년 이래의 대금융공황과 경제 위기에 처했던 민주당 정권을 구출했고, 제2차 세계대전 종결로 인한 경기 위축·군비축소의 위협은 6·25 전쟁으로 구제받았다. 1960~1975년 사이의 미국의 베트남전쟁도 같은 효과를 발휘했다. 전쟁 또는 군사적 침공과 정당의 선거 승패 사이의 직접적 함수관계는 두드러진 미국적 현상이다(『신화』, 134).

일곱째, 미국 군사 예산(군사적 소비)의 지속적 증대를 위해서 필수적인 무기·장비의 소모와 전쟁 분위기 조성이 필요하다는 것이다. 탈냉전 이후 미국과 적대 국가들은 모두 군비를 감축하고 있음에도 불구하고 미국의 군사 예산 비중이 늘었다. 1998년 미국의 군사비는 러시아와 중국 군사비를 합한 것보다 세 배가 많고, 북한보다 최소 56배 이상 많았다. 이는 북한, 쿠바, 리비아, 이라크, 수단 등의 군사비 합계의 35배에 달하는 엄청난 액수이기도 하다. 전장에서의 실전 실험 성공은 미국의 군비 증강과 무기 개발을 주장한 강경 우익 · 주전 세력의 주장과 입지를 강화시킨다. 그리고 그 작용은 다시 새로운 무기의 개발, 그에 필요한 예산 증대 결의안에 권위와 설득력을 부여한다. 또한 그것은 그들 상원 · 하원 의원의 재당선을 보장한다(『신화』, 137~138).

여덟째, 미국의 세계적 군사 패권주의로 인해 미국 사회가 퇴행하고 있다는 점이다. 미국의 군사주의는 미국인의 물질적 생활과 정신문화적 행복을 짓누르는 사회적 현상을 초래하고 있다. 미국의 2000년 회계연도에서 군사비가 전체 예산의 51%에 달하는 2810억 달러였고 사회보장 · 의료 예산은 60억 달러로 전체 예산에 1% 남짓이었다. 사회주의 세력이 사실상 소멸한 탈냉전 시대에 미국이 이렇듯 군사 국가로 치닫는 것은 미국 단독의 세계지배 체제를 영속화하려는 의도다. 이 같은 '유일 초강대국'에 대항하고 있는 것이 '노스코리아(North Korea)'다.

아홉째, 미국의 엄청난 무기 판매는 전쟁을 촉진할 수밖에 없다는 것이다. 미국은 1994~2000년에 이루어진 세계 무기 시장에서의 계약액 총 1065억 달러 가운데 63%를 독차지했다. 미국 정부는 무기 수출을 '국가적 정책 사업'이라고 선언하고 미국 내 무기 제조 관련 산업의 이익에 초점을 맞추고 있다. 수출 항목에는 핵 관련 장비나 미사일도 포함되어 있다. 국가를 대표하는 대통령 자신이, 무기 장사가 국가의 주요 정책이라고 선언하는 미국에 있어 전쟁과 무력 분쟁이 없는 세계는 상상하기 싫은 '불안한 세계'다.

열 번째, 미국은 재래식 무기 · 장비의 해외 판매를 지속적으로 확대하기 위해서 여타 중소 국가의 핵과 미사일 제조 및 수출을 금지시켜야 한다. 냉전 위기의 퇴조로 세계적으로 무기 구입의 열기가 식어가는 데 대해 미국 정부와 무기(군수) 산업 이권 집단은 초조해하고 있다. 어떤 학자들은 미국의 대북한 압력의 주요 원인으로 북한의 핵 개발과 초보적 미사일 개발이 미국의 무기 수출에 악영향을 초래할 수 있기 때문이라고 설명한다.

열한 번째, 미국 군부는 새로운 '별의 전쟁' 계획을 뒷받침할 새로운 적이 필요했다는 점이다. 레이건 대통령의 낡은 '우주전쟁'의 꿈은, 1990년대 초 군사 예산의 감축 경향에 겁을 먹은 군부와 공화당 의원들, 무기 자본과 그들에게 협력하는 교수·학자·과학자 집단에 의해서 되살아났다. 미국이 새로운 미사일 공격의 목표가 되었다는 것이다(『신화』, 143). 그들은 동북아시아의 조그만 반도의 북쪽 절반에서 '노스코리아'라는 '괴물' 또는 '불한당' 국가를 찾아낸다.

이어 2장에서는 북한이 한반도에서의 핵·미사일 경쟁에 뛰어든 배경을 다음의 아홉 가지로 나누어 분석하고 있다. ① 남한의 핵·미사일 무장 계획, ② 북한의 내부 사정과 생존 전략, ③ 한미 방위 동맹과 조·소 및 조·중 군사동맹의 차이, ④ 북한 핵·미사일 독자 개발 결정의 직접적 계기, ⑤ 정전협정과 핵·미사일 무기의 관계, ⑥ 핵보유국에 대한 미국의 핵 선제 공격권 독트린의 문제, ⑦ 한미 팀스피릿 훈련의 위협, ⑧ 미국의 '대북한 책임 불이행' 문제, ⑨ 미국 핵·미사일 정책의 이중 기준과 도덕성의 문제 등이다.

그중 ① 남한의 핵·미사일 무장 계획, ⑤ 정전협정과 핵·미사일 무기의 관계, ⑦ 한미 팀스피릿 훈련의 위협, ⑨ 미국 핵·미사일 정책의 이중 기준과 도덕성의 문제에 대해서는 앞의 논문에서 이미 정리가 되었다. 여기서는 나머지 다섯 가지 ② 북한의 내부 사정과 생존 전략, ③ 한미상호 방위조약과 조·소 및 조·중 군사동맹의 차이, ④ 북한 핵·미사일 독자 개발 결정의 직접적 계기, ⑥ 핵보유국에 대한 미국의 핵 선제 공격권 독트린의 문제, ⑧ 미국의 '대북한 책임 불이행' 문제에 대해서만 논의했다.

첫째, 북한의 국가적 실정과 생존 전략 차원에서 핵 개발을 추진하고 있다는 점이다. 북한의 핵·미사일 개발 전략은 과거 남한이 취했던 정책과 동일한 지극히 합리적 행동이라 할 수 있다. 지속적인 식량난과 공산주의 진영의 붕괴로 체제의 위기에 처한 1990년대 북한의 핵·미사일 정책은 과거 1970년대에 남한의 그것과 같은 맥락에서 이해되어야 한다. 남북한은 그 대치적 조건·환경이 너무나 흡사하기 때문에 문제해결을 위한 사고·행동·선택의 체계가 거의 일치한다(『신화』, 149).

둘째, 한미상호방위조약과 조·소 및 조·중 군사동맹의 차이를 이해해야 한다. 북한은 1961년 7월 6일 소련과, 그리고 1주일 뒤인 7월 11일에는 중국과 '우호 협력 및 상호 원조에 관한 조약'을 체결했다. 소련은 북한의 항구를 소련 극동함대의 기지로 제공할 것을 북한 정권에 끈질기게 요구했지만, 북한은 이를 역시 끈질기게 거부했다. 그런데 갑자기 두 강대국과 '조약'을 체결한 것은 5·16 군부 쿠데타와 강경 반공주의 군사독재 정권의 수립을 북한에 대한 군사 공격을 준비하는 미국과 남한의 협동적 의사표시로 해석했기 때문이다.

내용에서도 1954년 10월에 체결된 한미상호방위조약은 남한의 대미 군사 예속이라는 결과를 큰 특징으로 한다. 대조적으로 조·소 및 조·중 군사동맹은 북한의 영토·영해·영공에 대한 중국과 소련의 군사기지 설치 및 군대 배치 불허, 작전지휘권 고수 등을 특징으로 한다. 군사비도 당연히 북한 혼자 감당해야 할 몫이고 이는 경제 위기의 주원인이 된다.

셋째, 북한의 핵·미사일 독자 개발 결정의 직접적 계기가 된 것은 소련과 남한의 외교 관계 수립이다. 미하일 고르바초프(Mikhail Gorbachev)는 1986년 7월 28일 평양을 방문해 미국과의 협력·우호 관계 수립, 남한에 대한 국가 승인과 정식 외교 관계 수립, 북한과의 과거 동맹 관계의 청산 의사를 김일성에게 직접 전달했다. 북한과의 군사동맹 조약의 사실상의 폐기를 의미했다(『신화』, 153). 이때 남한에는 약 700개로 추산[96]되는 미국의 각종 유형 및 용도의 핵무기가 북한을 공격 목표로 상시 발사 준비 상태에 있었다. 심각한 체제 전복의 위기를 느낀 북한은 독자 핵개발에 나서며 남북한 유엔 동시 가입(1991년 9월)에도 동의하게 된다.

넷째, 미국이 핵보유국에 대해서만 적용하는 '핵 선제공격권'을 북한에도 적용하고 있다는 점이다. 미국은 세계 45개국과 군사협정을 맺고 있다. 이들 피보호국들에 대한 보호 의무는 최종적으로 그들의 가상적국(가령 소련, 중공, 쿠바, 북한)에 대한 핵무기 사용을 포함하고 있다. 가상적국들에 대한 미국 핵무기 사용의 일반 원칙은 '핵무기 대 핵무기'였다. 이 핵 일반 원칙에서 유일하게 제외된 국가가 북한이었다. 미국은 이란·이라크·쿠바·수단·리비아 등 미국이 규정하는 '불한당 국가'들 중에서도 유독 북한에 대해서만 '재래식 무기 대 핵무기', 즉 핵무기 '선제공격 사용권'을 고수해왔다. 이것은 미국의 횡포와 '오만'의 표시였다(『신화』, 156).

다섯째, 미국의 '대북한 책임 불이행' 문제도 있다. 북한의 핵·미사일 개발을 애초에 예방할 수 있는 미국의 정책 수단이 없었던 것이 아니다. 먼저 현재의 '휴전협정'을 '평화협정'으로 바꾸고 미군을 철수했다면 북한이 구태여 핵무장에 나설 이유가 없었다는 것이다. 다음으로 미국이 북한에 대한 '국가 불승인' 정책을 고수하고 있다는 점이다. 해결책은 미국과 일본이 북한을 승인하고, 중공과 소련이 남한을 승인함으로써 적대 관계를 선린 관계 내지는 일반적 국가 관계로 해소·발전시킬 수 있었다는 점이다(『신화』, 165). 북방 3국 군사동맹체의 일방적 해체와 그로 말미암은

---

96 리 선생이 미국 국방정보센터 소장 라 로크(Gene La Rocque, 1918~) 해군 제독의 1976년 발언(686개), ≪뉴욕타임스≫의 1983년 11월 15일 자 보도(250개), ≪워싱턴포스트≫의 1983년 10월 19일 자 보도(346개, 괌 포함) 등을 근거로 추정한 수치다(『신화』, 154).

'핵우산'의 상실, 미국의 남북한 교차승인 거부, 대북한 전쟁 위협 속에서 북한이 선택할 수 있는 것은 핵·미사일밖에 없었다는 이야기다.

이상에서 정리한 것이 북한의 핵·미사일 위기의 구조적·역사적 요인들이다. 명확히 말하자면 이것이 1990년대 구소련 몰락 이후 미국이 확립한 단독패권주의의 실상이고 행동규범이다. 한반도 핵·미사일 위기의 원인 제공자가 미국이기 때문에 해결도 미국이 손에 달려 있을 수밖에 없다는 것이다.

리 선생은 한 시절을 베트남전쟁과 관련한 글쓰기로 보낸다. 제2차 세계대전 이후 미국은 전쟁을 통해 군수산업을 부양하고 세계의 헌병 역할을 확대해왔다. 대표적인 것이 베트남전쟁, 걸프전쟁, 이라크 침략 등이다. 미국의 민주주의와 법치주의는 사실 옛날이야기다. 전쟁의 문 앞에서 언제나 법치는 멈추었고, 내부의 적에 대한 인권은 존중되지 않는다(김동춘, 2004: 8). 21세기 인류 평화의 문제는 미 제국주의의 패권주의를 떼어놓고 생각할 수 없다. 리 선생이 미 제국주의의 본질과 군산복합체, 패권 전략, 반전·반핵 등에 대해 글을 써온 것은 결국 반전 평화를 논의하기 위한 '구조 인식' 차원이었다고 볼 수 있다.

8. '소품체' 산문의 미학

리영희는 뛰어난 문장가다. 리영희의 책이 널리 읽혔던 이유 중 하나는 글이 쉽고 탄탄한 구성을 통해 흡입하는 힘이 있기 때문이다. 루쉰과 마오쩌둥의 문장론에서 민중을 위해 쉽게 써야 한다는 것을 배웠다고 한다. 리 선생은 특히 루쉰의 '잡문'을 좋아했다. 리 선생은 격식이나 형식에 구애받지 않고 자유롭게 주장을 펼치는 방식으로 글을 썼다. 소설과 수필, 논문과 신문 기사를 크게 구애받지 않고 넘나들며 글을 썼다. 특히 편지글에 탁월했다. 「농사꾼 임 군에게 보내는 편지」, 「크리스찬 박 군에게」(이상 『우상』), 「옥중으로부터의 편지」, 「젊은이들과 나눈 편지」 등이 대표적이다.

내 주변에서 편지와 엽서를 쉽게 잘 쓰는 사람을 꼽자면 단연 리영희다. 만약 그에게 옥중 생활 동안 집필의 자유가 허용되었다면 우리에게도 로자 룩셈부르크나 안토니오 그람시가 남긴 것 같은 불후의 옥중서한집이 나오는 계기가 되었을지 모른다(임재경, 《한겨레》, 2008.6.18).

조선일보 시절부터 리 선생과 '절친'으로 지냈던 임재경 선생의 말은 전혀 과장이 아니다. 실제로 박정희 정권은 『우상과 이성』에 실린 리 선생 글 중에서도 특히 「농사꾼 임 군에게 보내는 편지」를 끝까지 물고 늘어졌다. 강한 호소력과 확산 가능성 때문이었을 것이다. 리 선생이 가장 애착이 가는 글이라고 했던, 1978년 옥중에서 쓴 장문의 「상고이유서」는 오히려 로자나 그람시가 부러워할 만한 글이다.

루쉰이 쓴 '잡문'의 방식이나, 조선 후기 문체반정[97]의 원인을 제공했던 연암 박지원의 '소품'[98]과 비교할 수 있는 자유분방한 글쓰기라고 볼 수

---

97 문체반정(文體反正)은 정조가 주도한 '문체 복고 운동'이다. 한문 문체를 개혁해 순정고문(醇正古文)으로 환원시키려고 한 주장 및 그 사업이라 문체순정이라고도 한다. 그 당시 조선에서는 박지원과 그 추종자들이 주도한, 형식에 구애받지 않고 솔직하게 자기의 감정을 드러내는 소설과 일상적 에세이류의 글이 유행했다. 특히 박지원의 『열하일기』의 영향은 압도적이었다. 정조의 문체반정에 대해서 정조의 '노론 견제 책략'이었다는 등 의견이 분분하지만, 외형상 감정을 솔직히 표출하는 『열하일기』류의 글을 차단하기 위한 것이었음에는 틀림없다.

98 패관소품(稗官小品)이라고 부르기도 한다. 유교 경전 속의 글들과 달리 인간 본성이나 감정을 자극하는 소설류의 글이나 소설식 문체로 쓴 글을 말한다. 정확히 말하자면 소품체란

있다. 리 선생의 글은 누구나 읽으면 바로 이해할 수 있을 정도로 쉽지만, 그런 문체는 아무나 흉내 낼 수 있는 것은 아니다.

무엇보다 리영희의 문장에는 지적 태만과 후진성의 징표라고 할 수 있는 쓸데없이 현학적인 표현이 없었다. 자주적인 사고와 판단력으로 사태의 근저를 집요하게 파헤쳐 진실에 이르고자 하는 강인한 지적 체력에서 리 영희를 능가할 사람이 없었다(김종철, 2010).

리 선생이 그 나름의 부드러운 글을 쓰는 사람이라는 것을 보여주는 증거로는 범우사에서 낸 문고판『인간만사 새옹지마』, 나남출판사에서 리 선생 칠순 기념으로 엮은 산문집『동굴 속의 독백』, '대담'을 통해 리 선생의『대화』를 함께 만들었던 임헌영 선생이 리 선생 사후에 편집한 산문집『희망』등 세 권의 책이 있다. 세 산문집에 공통적으로 수록된 글은 「마르코스를 위한 변론」, 「D 검사와 리 교수의 하루」(이상『역설』), 「서대문형무소의 기억」(『서대문』) 세 편이다.

위 세 편을 포함해 리 선생의 인간적 풍모와 문체를 엿볼 수 있는 '소품체' 산문을 발표 시대순으로 나열하면 다음과 같다. 「기자 풍토 종횡기」(『전논』), 「불효자의 변」, 「농사꾼 임 군에게 보내는 편지」(『우상』), 「키스 앤드 굿바이」, 「왔다(來了)!」, 「전장과 인간」(『분단』), 「마르코스를 위한 변론」, 「D 검사와 리 교수의 하루」, 「아내 윤영자와 나」, 「경이로운『만인보』의 시인」(『역설』), 「서대문형무소의 기억」[99](『서대문』), 「광주는 '언

명말청초 양명학의 이단아 이탁오(李卓吾)의 철학을 문학비평으로 변주한 원굉도(袁宏道) 그룹의 문체적 실험을 의미한다. 고문이 규범과 권위 안에 갇혀버렸다면 소품은 짧고 강렬했다. 조선 후기 북학 혹은 실학이라는 새로운 패러다임의 원천도 바로 그것이었다(고미숙, 2013: 192).

제나 그곳에' 있었다」(『새는』), 「무한 경쟁 시대의 정보화와 인간」, 「스핑크스의 코」, 「25년 전의 마음의 빚」(『코』), 「못다 이룬 귀향」(『신화』) 등이다.

이 글들은 내용상 문학성과 문체에 주목할 만한 글, 풍자와 해학이 돋보이는 글, 인간적 풍모가 잘 드러나는 글로 나눠볼 수도 있다.

작가 리영희의 '소설들'

리영희 작가[100]의 작품 중 그 문학성과 문체에 주목해볼 만한 글로 「전장과 인간」, 「D 검사와 이 교수의 하루」, 「키스 앤드 굿바이」를 꼽을 수 있다. 「전장과 인간」이 한 편의 실감나는 전쟁 다큐멘터리라면 뒤에 두 편은 탄탄하게 구성된 소설이다.

「전장과 인간」[101]은 청년 리영희가 전쟁을 체험하면서 엄혹한 세상에 대해 눈을 떠가는 과정을 보여준다. 리영희식 '성장소설'이라고 할 만하다. 이 글을 쓰게 된 동기는 서로 바쁜 시간에 쫓겨 차분한 대화의 시간을 갖기 어려운 자식들에게 아버지라는 '한 인간'의 살아온 모습을 숨김없이 이야기해주고 싶은 마음에서였다. 동시에 이 글에 드러나는 아버지의 정신적 성장 과정을 통해 쓰라린 민족상잔의 의미를 알아주었으면 하는 바

---

99 이 글은 1988년에 나온 『서대문형무소』에 처음 실렸고 이어 1991년에 나온 산문집 『인간만사 새옹지마』에 실린다. 2006년 저작집에는 『우상과 이성』에 실려 있다.

100 리 선생은 1992년 1월 민족문학작가회의 회원으로 가입한다. 「어느 늦깎이의 작가론」에서 "나이가 회갑이 넘도록 되고 싶은데 되지 못한 것이 한 가지 있었다. '작가'가 되는 것이다. 이게 내 소원이었다. …… 오늘 아침 안종관 상임이사의 전화가 왔다. 민족문학작가회의 이사회에서 회원 가입 신청서를 놓고 박수를 쳤다는 것이다. 황홀하다. 숙원이 이루어졌다"(『새는』, 411)라고 적고 있다.

101 1984년 나온 『분단을 넘어서』 233~312쪽에 처음 실린 독립적인 글이다. 1988년에 나온 『역정』 140~241쪽에 수정되어 포함되었기 때문에 2006년 나온 '리영희 저작집' 4권 『분단을 넘어서』에는 빠졌다.

람에서였다(『분단』, 서문).[102]

리 선생이 회고하듯이 7년간의 군대 생활은 인생의 내용뿐만 아니라 방향까지도 바꾸어버린다. 전장의 추악한 모습을 체험하며 전쟁 자체를 혐오하게 되지만, 그 체험이 인생에 큰 도움이 되기도 한다. 이 글에서 우선 주목하고 싶은 것은 리 선생이 묘사하는 상황의 실감, 혹은 질감이다.

적어도 1950년 8월 당시의 이 나라에서는 최고의 '지식인'이라 할 사람들 사이에서 밥그릇 소리만 나면 싸움이 벌어졌다. 보리밥의 표면과 밥그릇 언저리까지의 거리를 현미경적 정밀성으로 측량하는 눈빛은 살벌했다. 바다 같은 물 위에 뜬 콩나물 오라기 수를 순간적으로 계량한 손들이 쟁탈전을 벌이곤 했다. 교실 마룻바닥에 보리밥 그릇이 뒹굴고, 그나마 그것으로라도 배를 채워야 할 콩나물 국물이 흥건했다. 끼니때마다 교실에서 거친 욕설이 오가고, 주먹질이 벌어지는 일도 자주 있었다. …… 지식·지성·교양·염치 따위는 인간이 다만 네 발[足]로가 아니라 두 발로 걷는 동물이라는 겉치레에 지나지 않았다. …… 관자(管子)의 한 구절이 천고의 명언이고 진리임을 새삼 깨달았다. "의식(衣食)이 족해서 비로소 예절(禮節)을 알고 창름(倉廩)이 가득해서 비로소 영욕(榮辱)을 안다."[103] 전쟁은 인간을 인간의 원조인 동물로 환원하는 계기다(『분단』, 248~249).

전쟁이라는 극한 속에서 인간이 얼마나 나약한 존재인지, 지식인이라

---

102 2006년 '리영희 저작집' 4권 『분단을 넘어서』 서문에는 이 부분이 없다. 「전장과 인간」이 빠지면서 같이 삭제된 것이다.

103 『관자(管子)』 제1권 제1편 '목민편(牧民篇)' 서두에 나오는 이야기다. 원문은 倉廩實則知禮節(창름실즉지예절), 衣食足則知榮辱(의식족즉지영욕)이다. 倉廩은 창고와 쌀광을 말한다. 제나라의 관중(管仲, B.C.725~B.C.645)이 지은 『관자』는 법가 사상을 비롯한 여러 제자백가 사상의 밑거름이 된 책이다.

는 것이 얼마나 허위의식에 가득 찬 사람들인지 일찍부터 깨닫게 된다. 동시에 지리산 일대에서 토벌 작전에 참여하면서 민족과 역사, 국토와 사회에 대한 '의식'이 싹트기 시작한다.

얼마나 많은 피가 지리산 계곡을 흘러내렸으며, 얼마나 많은 원혼과 가슴이 지리산 주위 8백리에서 찢기고 울부짖고 있는지도 잘 몰랐다. 서로 미워하고 원망하고, 쏘고 찌르고, 공격하고 보복하며, 피로 피를 씻고, 혈육끼리 원수가 되고, 그 속에서 누구는 이름나고 훈장을 타고, 오곡이 익어야 할 논밭에 잡초가 무성하고, 집이 잿더미가 되고, 마을이 벌판이 되고, 밤과 낮의 주인이 바뀌고, 국군과 인민군, 경찰과 게릴라 빨치산, 우익과 좌익 그 어느 쪽도 보호자가 아니면서 언제나 그들의 윽박지름 속에서 살아야 하는, 지리산 주변지역의 가진 것이라고는 땅 파먹는 재주밖에 아무 것도 없는 선량한, 선량하기 때문에 가난하고 시달리는 농민들의 아픔을 나는 몰랐었다(『분단』, 254~256).

이북에서 내려온 피난민으로서 오로지 먹고사는 것에 대한 고민이 전부였던 '학생' 리영희가 지리산에서 '지식인'으로 개안을 하게 된다. 시대 상황에 대한 무지, 정치 의식의 마비, 사회적 현실 문제에 대한 무관심이 단순히 '미숙(未熟)'으로 용납되어서는 안 될 '일'이라는 것을 지리산에서 깨닫게 되는 것이다.

1986년 ≪외국문학≫에 발표한 「D 검사와 이 교수의 하루」는 리 선생 글 중 가장 널리 알려진 편에 속한다. 1970년대 후반 '반공법' 위반 혐의로 구속되었을 때 담당 검사였던 황상구 검사에게 취조받던 이야기를 흥미진진하게 펼치고 있다. 물론 거의 10년의 세월이 지나고 쓴 글이지만 사실관계나 정황 묘사가 치밀하고 구성도 딴딴하다. 경향신문사에서 낸

『1980년대 문제소설집』에 수록되기도 한다(『대화』, 727). 리 선생의 소설가 데뷔작인 셈이다.

책을 들여다보며 한참 동안 골똘히 생각하다 말고 창밖으로 눈을 돌린 이 교수의 상체가 소파 속에서 가볍게 떨리는 것 같았다. 그의 눈은 앞집 슬래브 지붕 위에 멀리 푸른색을 배경으로 떠 있는 구름을 응시하고 있었다. 멋대로 변화하며 푸른 바탕에 흰 무늬를 한가하게 수놓고 있는 구름의 형상이 마치 책상을 가운데 놓고 마주앉아 있는 두 사람같이 보였던 것이다. 아마 그 자리 그 순간 다른 사람의 눈에는 그 모양은 세 개의 아무런 의미도 없는 뿌우연 형상으로밖에 보이지 않았을지도 모른다. 사실 그것은 몇 개의 구름덩어리에 지나지 않았다.
그러나 이 교수의 두 눈 속으로 꽉 차 들어온 구름의 모양은 그의 머릿속에서 책상을 사이에 놓고 마주 앉아 있는 한 사람의 공안 검사와 포승에 묶인 몸으로 마주 앉아 있는 반공법 피의자로 굳어져 있었다. 그는 10년 전인 1977년 12월 어느 날의 환상에 빠져 들어가고 있었다(『역설』, 302).

리 선생은 소학교와 중학교, 대학교를 다니면서 주로 읽었던 책들이 서양 유명 소설이나 영시 등이었다고 술회한 적이 있다. 회상 형식을 빌려서 쓴, 구치소에서 공안 검사에게 신문을 받던 이야기임에도 부담스럽지 않게 읽힌다.

지난 2003년 3월 9일 세종로 정부종합청사에서 노무현 대통령과 40명의 검사들이 모여 대화를 한 적이 있다. 그때 방송을 보면서 많은 사람들이 '검사'라는 직업인의 실상을 이해하게 된다. 급기야 2003년 우리말 사전에 '검사스럽다'라는 말이 '신어' 형용사로 등재되었다. "행동이나 성격이 바람직하지 못하거나 논리 없이 자기주장만 되풀이하는 데가 있다"라

는 뜻이다. 리 선생이 수사를 받은 것은 1977년 겨울이다. 25년 이상 지
난 후의 검사 모습이 그럴 정도니, 당시의 그것도 공안 검사가 어떤 태도
였을지 충분히 짐작할 수 있다. 이 글에서 울림이 커지는 대목은 검사와
'대화'가 거의 끝나고 이어지는 순간의 회상 장면이다. 반공법 위반 혐의
로 리 선생을 엮으려는 검사와 오랜 실랑이 끝에 "빠져나갈 수 없겠구나"
하는 체념의 순간이 온다.

한순간 여섯 인간이 미라로 진열된 방안에는 고대 이집트 박물관의 정일
(靜逸)처럼 모든 소리가 정지해 있다. 반공법에서 빠져나올 수 없게 되었
다는 생각이 들자, 이 교수는 머리를 짓누르고 있던 짙은 불안감이 오히려
증발하듯 두개골 밖으로 사라져가는 것을 느낀다. 이상한 일이다. 검사실
에 발을 들여놓은 순간부터 멈추지 않았던 심장의 가벼운 고동도 가라앉
기 시작한다. …… 그는 검사실에 묶여 들어온 뒤 줄곧 몇 시간을 D 검사
의 눈과, 손에 쥐어진 펜대에 머물고 있던 눈길을 밖으로 돌린다. 처음으
로 창밖으로 시선을 돌릴 만한 마음의 여유를 되찾은 것이다. 섣달의 잎
떨어진 나뭇가지들이 돌담 너머로 내려다보인다. 덕수궁 안뜰인 것을 알
수 있다. 어린이 놀이 틀인 크고 둥근 공중회전 차의 울긋불긋한 철재 골
격물이 정지한 채 서 있다. 까마귀 두 마리가 앙상한 정원 숲 위를 날며,
그가 바라보고 있는 검사실 창문틀 한쪽으로 들어왔다가는 한참 날갯짓
을 치다가 다른 쪽 밖으로 자취를 감추곤 한다(『역설』, 308~309).

오래전의 상황을 기억하는 것임에도 지금 현장에 앉아 있는 것처럼 묘
사가 구체적이고 생생하다. 한 문학평론가는 리 선생의 이러한 유형의 글
쓰기를 '예술적 산문'의 전형이라고 표현하기도 했다(임헌영, 2011: 18~19).
체험을 객관화하고 정황에 대한 치밀한 묘사를 통해 심리 변화를 드러내

보이는 리얼리즘 산문의 한 경지를 보여준다는 것이다.

「키스 앤드 굿바이」는 1983년 부정기 간행물 ≪공동체문화≫ 제1집에 처음 실린 소설 형식의 에세이다. 아버지와 딸, 아내, 아들이 등장해 '제복'에 대해 토론하며, 제복사회의 문제점을 공유해가는 과정을 그리고 있다. 『우상과 이성』에 실린 「제복의 유행과 사상」의 자매편이라 할 만하다. "오늘부터 중·고교생 자유복. …… 오랜 제복 역사에 종지부!"라는 신문 제호를 보며 회상에 잠기는, '버스에 앉았던 젊은이들이 냉큼 일어나 좌석을 비켜줄 생각이 날 정도는 아니고, 그렇다고 모르는 척하고 앉아 있기에는 좀 미안해질 그 정도의 지긋한' 반백의 중년 신사의 이야기다(『분단』, 187).

그는 신문을 놓고 눈을 감고는 제복에 묶여서 마모되어버린 과거를 회상하고 있는 것이다. 왜정 아래서 4년, 해방된 나라에서 13년 2개월. 합쳐서 17년 2개월! 철들기 전의 소년 시절을 뺀, 지나간 전체 삶의 꼭 절반을 제복에 묶여서 지낸 셈이다. 그의 닫혀진 두 눈, 어두운 망막의 스크린에 그 17년 2개월이 주마등처럼 지나갔다. 제복을 입은 자들에 의해서 강요된 2년간의 푸른 제복의 고역을 치르고 나온 지 얼마 되지 않은 어느 날의 오후다. 그는 인생의 절반이 제복 속에서 해지고 닳아버렸다는 데 생각이 미치자 자기도 모르게 부르르 몸을 떨었다. 그리고 감았던 눈을 뜨고, 앞에 펼쳐진 채로 놓여 있는 신문 기사의 제목을 다시 들여다본 것이다(『분단』, 188).

이후 학교에서 돌아온 딸과의 대화가 이어진다. 교복이 없어지니까 모두들 좋아할 것이라는 아버지의 말에 대해, 딸아이는 꼭 그렇지도 않다고 답한다. 그 이유는 교복을 안 입으면 공순이들하고 구별이 안 되기 때문

이라는 거였다. 언제부터인지 제복의 획일성과 불편함보다 제복을 통한
'신분적 허영심'을 드러내는 것이 소중하다고 생각하는 사회가 된 거였다.
반백의 신사는 큰 충격을 받고 딸에게 이야기하기 시작한다.

> 이 민족의 상당히 많은 젊은이들이 왜 일제시대에 자기 발로 일본 제국주
> 의 군대에 지원병으로 장교로 그리고 식민 통치의 경찰에 들어갔는지 이
> 유를 알겠다. 나는 그들의 제복을 비인간화와 구속, 굴종과 민족에 등을
> 돌리는 타락의 틀 속으로 몸을 던지는 것으로 생각했지만 사실은 그렇지
> 않았던가 보다. 그들은 그 식민 군대의 제복을 걸침으로써 일본 황국이라
> 는 막강한 권력 체계의 가장 밑바닥에서 한 단계 위의 사다리 발판에 올라
> 선 셈이었다. 같이 짓눌리는 종족과는 다른 종류의 인간이 될 수 있는 가
> 장 빠른 계급적 상승의 길이 그 제복을 입는 것이었다는 말이다. 일본 군
> 국주의 군복을 자진해서 걸쳐 입고 그 칼을 차고 삐스또루를 찼을 때, 어
> 제의 비천한 '조센징'은 오늘의 '충직한 일본 황국신민', '천황 폐하의 적자'
> 가 될 수 있었다(『분단』, 190).

일제강점기에 군복을 입고 계급적 상승을 꾀했던 사람들을 자연스럽
게 떠올리게 된다. 이어 제복 사회의 권위적인 획일주의, '시대의 제복'인
유행과 인간소외 문제로 이야기의 범위가 확대된다. 딱딱하고 재미없을
수 있는 제복, 유행, 인간소외 담론을 밥상머리에 앉아 담소하는 가족의
대화 형식의 일상으로 재구성하는 솜씨가 돋보인다.

풍자와 역설

리 선생 특유의 강건하면서도 유려한 문제로 비판과 풍자의 한 경지를
보여주는 글들로 「기자 풍토 종횡기」, 「불효자의 변」, 「왔다(來了)!」, 「마

르코스를 위한 변론」을 들 수 있다.

「기자 풍토 종횡기」는 ≪창조≫ 1991년 9월 호에 실린 글로 리 선생이 평생을 일관되게 비판했던 언론과 언론인에 대한 '쓴소리'의 시발점이다. 1971년 10월 합동통신 외신부장에서 해직되기 직전 자신이 소속되어 있는 기자 사회에 '작정하고' 메스를 들이댄다. 시작부터 준엄하다.

> 자기가 속하는 사회를 평하는 것처럼 어려운 일은 없다. 그것은 간부(姦婦)를 치기 위해서 돌을 드는 사람과 다름없다. 오늘날 모든 가치가 전도되고 단테의 연옥(煉獄)을 연상케 하는 이 사회에서 생존하는 기자라면, 기자 풍토를 논하기 위해 돌을 쳐들어도 먼저 자기의 머리를 치지 않고서는 한 줄의 글도 쓰지 못한다는 것을 뼈저리게 느끼기 때문이다(『전논』, 338).

기자가 갖는 구조적 제약이 있기는 하지만, 10월 유신 직전 대한민국 기자 사회는 썩어도 너무 썩은 상태였다. 처음에는 제 나름의 기자 의식이 있어도 출입처에 다니며 재계, 정계의 '고위층'과 어울리는 동안 자기의 물질적 소속 계층이 우리 사회의 하층 민중이라는 사실을 망각하게 된다. 수습기자 시절 선배 기자들의 무력과 타락과 민중에 대한 배반을 소리 높이 규탄하던 목소리가 기어들어 가는 것은 시간문제다.

> 모든 것이 '가진 자'의 취미와 입장에서 취재되고 기사화된다. '지배하는 자'의 이해와 취미에서 신문은 꾸며진다. 그렇게 하기 위해서 가진 자와 지배하는 자는 대연각(大然閣)의 은밀한 방에서 나오면서 이(李) 기자의 등을 다정하게 두드린다.
> "역시 이완용 기자가 최고야. 홍경래 기자는 통 말을 알아듣지 못한단 말이야."

그러고는 득의만면해서 돌아서는 이완용 기자의 등 뒤에서 눈을 가늘게
치뜨며 회심의 미소를 짓는다(『전논』, 340, 고딕체는 인용자).

한국의 기자 집단을 '이완용 기자'류와 '홍경래 기자'류로 대비시킨 것
은, 한국 언론 비평 역사에서 가장 '뼈아픈' 통찰 중 하나임이 틀림없다.
기자가 권력 감시는 고사하고 국가권력이 안심하고 폭력을 행사할 수 있
도록 '망보기꾼'을 자처하는 상황이었다. 베트남전쟁 취재 중 실종되거나
전사한 외국 특파원들이 30명에 이르지만, 상시 5만의 군대를 파병했던
한국의 특파원들은 '순직'할 이유도 없었다. 한 사람의 특파원이 호텔의
안락의자에 앉아 정부 관계자와 '아름다운 협조' 정신으로 작성한 기사를
다른 특파원들이 '이하동문(以下同文)'으로 송고하면 되기 때문이다. 그런
기자들이 기자의 대외 이미지 운운하며 무보수 기자나 '대학을 안 나온'
기자를 사이비 기자라고 규정하고, 규탄에 앞장서고 있었다.

사이비 기자란 사실을 보고도 기사화하지 못하거나, 기자가 애써 취재해
온 기사를 사리(私利)와 권력 때문에 자의(恣意)로 조작·요술을 부리거
나, 백성의 이익이 뭣인지를 알면서도 강자의 대변자 노릇에 만족하는 각
급의 기자 외에는 없다(『전논』, 347).

문제는 기자 사회의 부패와 타락은 그 사회의 비판 기능의 정지를 의미
하고, 권력의 담론과 획일주의만 판치는 '침묵의 공화국'을 시민들에게 강
요하게 된다는 데 있다. '조건반사의 토끼'가 되어버린 기자가 그 가치관
과 의식구조를 통해 취재하고 그것을 그런 각도에서 국민에게 전달해온
결과는 무엇인가? 무슨 일이 발생하느냐에 무관하게 권력 행위에 무조건
동조하거나 아니면 자기 주변의 모든 일에 무심해지는 것이다. 그것이 권

력이 언론을 장악하는 이유다.

「불효자의 변」는 1977년 7월 중순『우상과 이성』을 펴낼 때, 단 한 편이라도 '초고'를 싣고 싶다는 출판사의 강력한 요청으로 '지하세계'에서 쓴 글이다.

그날부터 나는 지하실에 책상을 옮겨다 놓고 돗자리를 깔고 없던 전기를 가설했다. 지하실이라고는 하지만 방이 아니라 움으로 쓰는 콘크리트벽 그대로의 공간이다. 그래도 냉방 시설을 못 갖춘 나로서는 한증 같은 집 안의 어느 방보다도 여기가 시원했다. 여기서 팬티 바람으로 죽치고 앉아서 쓴 것이 그 후 책의 제2편에 들어간 「불효자의 변」이다(『역설』, 276).

앞의 글은 1986년 쓴 「우상과 이성 일대기」에서 인용한 것이다. 갑자기 '불효자' 이야기를 하게 된 이유는 두 가지다. 우선 기골이 강했던 86세의 모친이 돌아가실 날만 기다리는 상황에서 '우둔하고 자존망대한' 리 선생이 참회의 마음을 정리하고자 했다. 둘째, 당시 반공주의 외에는 아무런 이념도 없는 정권과 권력자들이 낡은 예교(禮敎)를 들고 나와 '충효' 윤리로 독재 체제를 굳혀가려는 데 항의하는 뜻에서 역설적으로 쓴 것이다(『역설』, 276).

얼마 전부터 웬일인지 갑자기 '효'가 하나의 '사회 신앙'으로 고양되고 강조되기 시작할 때 그 모든 것이 나를 꾸짖는 것만 같아서 책과 라디오와 텔레비전과 신문과 훈사(訓辭)에 효에 대한 말이나 글자라도 나오면 죄진 사람처럼 비실비실 피해야 했다. 그 말을 하고 있는 사람이나 글을 쓴 사람의 얼굴을 나는 도저히 정시할 용기가 없기 때문이다(『우상』, 66~67).

당시 10년간 모시고 살던 리 선생의 부친은 작고한 상황이었고 리 선생은 모친을 20년간 모시며 살고 있었다. 리 선생은 수시로 미디어에 등장해, 당시 한국 사회의 혼란과 무질서의 원인이 충효 사상의 결핍과 문란 때문이라고 설파하는 사람들의 이야기를 들으며, 그들의 눈은 시민이 아니라 권력자를 향해 있으며 발언은 상업적이고 많은 경우 '위선적'이기까지 하다는 사실을 깨닫게 된다. 본말이 전도되었다는 것이다. 어느 사회의 도덕률이건 어떤 특정 시대의 역사적 발전 단계의 경제적 조직 원리에 따라 형성된 사회구조에 대응하는 인간관계의 규범이라는 것은 상식에 속하는 일이기 때문이다(『우상』, 67).

> 그 모든 '인간의 길'은 그 시대의 그 소유관계[物的條件]를 하나의 뿌리로 해서 생겨난 도덕이다. 그 어느 것도 자기완결적일 수 없고, 분리·독립적일 수 없다는 것은 자명한 사실이다. 효의 위계질서의 확대와 절대화가 군신 관계이며, 그 성적(性的) 생활 표현이 남녀유별이며, 남존여비사상이다(『우상』, 70~71).

이렇듯 효는 유교 사상의 '총질서' 속에 촘촘하게 짜인 도덕 체계의 한 부분일 뿐이라는 것이다. 그런데도 우리 사회의 지식인이라는 사람들이 2000년, 3000년이 지나 이미 골동품이 된 '효'라는 옛 건물에서 기둥을 하나 뽑아다가 콘크리트 건물을 떠받들려 하고 있다는 것이다. 고금을 통해 볼 때 효도와 충성, 선행과 순결, 도덕 재무장 혹은 '회개'를 노골적으로 강요하는 집단이나 권력치고 정상적인 것은 없었다.

> 충과 효의 이데올로기는 그 도덕률의 전제로서, 그리고 동시에 필연적인 결과로서 비이성적·비독립적 인간을 상정한다. 얼마나 많은 사람이 그

늘에서 울었고, 얼마나 많은 아름다운 영혼(마음)이 억울함과 비통함에 찢어졌던가. 얼마나 많은 사람의 당연히 발휘될 수 있었을 창의력과 생명력이 짓눌리고, 해방됐더라면 꽃피었을 인간적 아름다움이 위선의 탈 속에서 시들어갔는가도 생각하면서 효를 찬양하면 좋겠다. 그것은 궁극적으로 지배하는 자, 지배하려는 자, 지배를 계속하고 싶은 자들의 도덕이다 (『우상』, 72).

이 글에서 리 선생의 생각은 권력이 주도하는 충효 사상 '운동'에 대한 비판에만 머물지 않는다. 효 사상의 바탕을 이루는 가족 중심의 불평등 소유관계를 변화시킴으로써 '혈육의 관계'를 이웃 또는 사회로 확대할 수는 없을 것인가라는 성찰로 이어진다.

「왔다(來了)!」는 리 선생이 평생 존경해 마지않았던 루쉰에 대한 '오마주(hommage)'이자 루쉰의 유명한 '잡문' 「온다(來了)」[104]를 '혼성모방'한 글이다. 「온다(來了)」는 '과격주의'의 실체가 있는지 없는지도 모르고 겪어보지도 않은 사람들이 누군가의 조작과 선동에 놀아나는 1920년대 중국 사회의 단면을 풍자한 잡문이다. 리 선생은 루쉰의 「온다(來了)」 전체를 인용하면서 이야기를 시작한다. 「온다(來了)」의 핵심 내용은 이렇다.

근래에 '과격주의'가 온다는 말을 자주 듣는다. 신문에도 자주 '과격주의가 온다'라는 말이 나온다. …… 경찰청도 소속 기관에 '과격당이 설립한

---

[104] 루쉰이 탕스라는 필명으로 1919년 5월 《신청년(新靑年)》에 발표한 잡감문(雜感文)으로, 원제는 「五十六 "來了"」다. 1925년에 나온 루쉰 잡문 모음집 『열풍』에는 「來了」라는 제목을 실려 있다. 루쉰전집번역위원회에서 「來了」를 「온다」로 번역했기 때문에, 여기서도 「온다」로 표기했다. 전문은 루쉰전집번역위원회 역, 『노신 1: 무덤·열풍』(2010: 493~495) 참조.

기관의 유무'를 엄정 조사하라는 공문을 내렸다. …… 우선 물어봐야할 것이 있다. 무엇이 과격주의인가?

이것에 대해 그들의 설명이 없으므로 나도 알 도리가 없다. 비록 잘 모르지만 감히 한마디 하려고 한다. '과격주의'가 올 리도 없고 그것을 두려워할 필요도 없지만, 다만 '온다'가 온다면 마땅히 두려워해야 한다. …… 민국이 세워질 무렵, 나는 일찌감치 백기를 든 작은 현에 살고 있었다. 어느 날 문득 분분히 어지러이 도망치는 수많은 남녀들을 보았다. 성안 사람들은 시골로 도망가고 시골 사람들은 성안으로 도망쳤다. 그들에게 무슨 일인지 물었더니 "사람들이 곧 온다고 했어요"라고 답했다. 그들은 모두 우리처럼 다만 '온다'를 무서워하고 있었음을 알 수 있다.

루쉰이 이 글을 쓸 당시 중국은 '군벌 시대'였다. 군벌들이 군중심리를 자극해 모든 중국인을 '아Q'로 만들기 위해 찾아낸 무기가 '과격주의'였다. 절대적 통치에 불편한 것은 그 무엇이나 가릴 것 없이 '과격주의'의 탓으로 돌렸다. 군벌 통치의 '주구'였던 지식인들은 날이면 날마다 신문과 잡지에 '과격주의가 온다'고 외쳐댔다.

왜 보려고 하는가? 왜 들으려 하는가? 왜 알려고 하는가? 왜 생각을 하려는가? 왜 입을 열려고 하는가? 왜 주먹을 쥐려고 하는가? 왜 생각을 하려는가? 모두 철없는 짓이다. 하나를 보면 둘을 보고 싶어지기 마련이다. 소리를 들으면 뜻을 알고 싶어지기 마련이다. 알게 되면 감정이 격하기 마련이다. 생각을 하면 절규하기 마련이다. 주먹을 쥐면 부수고 싶어지기 마련이다. 뛰면 몸을 다치기 마련이다. 모두 헛된 일이다. 그 모든 것은 힘 있는 사람과 학식과 덕망 있는 사람들에게 맡기고, 너희는 나른한 몸으로 달콤한 꿈을 꾸어라. 꿈은 현실이다. 현실을 깨면 너에게는 꿈마저 없을지도 모른다. 그리고 …… 과격주의가 올지도 모르지 않는가! …… (『분단』, 219).

린위탕(林語堂, 1895~1976), 타오시성(陶希聖, 1899~1988)같이 널리 알려진 학자들이 달콤한 목소리로 민중의 귀에 대고 이렇게 속삭여주었다는 것이다. 겨우 무엇인지 어렴풋이 보일 것 같기도 하고, 뭔가 아득히 들리는 것 같다는 생각을 하기 시작하던 중국 민중은 겁에 질려 움츠려들고 있었다. 루쉰은 이러한 중국 민중을 계몽하기 위해 글쟁이로 나선다. 리 선생은 「왔다(來了)!」 후반부에, 중국의 군벌 시대처럼 군부독재 시대를 살고 있는 한 '몽매한' 한국인을 등장시킨다.

우리 주변에도 '왔다!'가 온 일이 있었던 것으로 생각난다. 뭣인지 크고 작은 일이 벌어지면 으레, 힘 있는 어른들과 학식 많고 덕망 높은 지식인들은 입을 모아 '왔다! 왔다!'라고 친절하게 우리를 깨우쳐주었다. …… 금세라도 천지가 무너질 듯 소란스러운 소리의 홍수 속에서 간혹가다 들리는 말이 있었다. '의식(意識)'이라는 비명 소리였다. 더욱 귀를 기울여보니, 온 누리를 시끄럽게 하는 그 소리들은 '의식이 왔다!'는 것 때문에 가누어 들을 수가 있었다. '의식화(意識化)'가 왔다는 겁나는 소리도 들린다(『분단』, 219~220).

이 '몽매한' 한국인은 『…… 과 이성』『…… 논리』를 읽으면 뭔가가 온다는 이야기를 듣고 찾아서 열심히 읽는다. 아무리 읽어봐도 그 책에는 세상이 무너지기나 할 듯이 '왔다!'고 떠들어대는 이렇다 할 만한 '주의'도 '의식'도 없었다. 민주주의 사회에서는 시민이 각기 생각을 달리할 수 있다든가, 만장일치주의가 반드시 미덕이 아니라든가, 절대적 가치는 없다는 이야기들뿐이었다. 무슨 무슨 주의를 절대화하는 사람들일수록 그 행동은 의심스러운 사람들이라는 것도 알게 된다.

결국은 "진실로 위험한 것은 '왔다!'를 외치는 사람이 두려워하는 그 무엇이 아니라, '왔다!'를 앞세우고 오는 바로 그것들이 위험한 것임을"(『분단』, 226) 깨닫고 "왔다! 만세"를 부른다.

「마르코스[105]를 위한 변론」은 1986년 필리핀에서 쫓겨난 희대의 독재자 페르디난드 마르코스의 사례를 통해서 들여다본, 미 제국주의의 제3세계 '대리 범죄의 역사'다. 물 흐르듯 유려한 문체와 다양한 사례를 중심으로 세우는 강력한 논리는 글을 다 읽을 때까지 눈을 떼기 어렵게 만든다. 이 글도 사람들이 생각하는 '문제'를 문제로 삼는다는 점에서 역설적이고, 계몽적이다.

이 세상에는 늘 많은 '문제'가 있다. 서양 백인들의 '문제'는 유대인이었고, 미국 백인 사회의 '문제'는 흑인이었고, 자본주의의 '문제'는 공산주의였고, 서구 사회의 '문제'는 아랍인들이었고, 일본인들의 '문제'는 식민 통치 기간에 강제로 끌려간 '조센진'이었다.

그런데 '문제'라고 주장하는 사람들의 관점에서 두 발짝만 물러나서 잠깐 생각해보자. 그들이 얼굴을 찌푸리고 이마에 내천 자를 그리면서 '문제'라

---

105 페르디난드 마르코스(Ferdinand Marcos, 1917~1989). 필리핀의 하원 의원과 상원 의원을 거쳐 1965년 대통령이 된 뒤 21년간 장기 집권한 독재자다. 1972년 계엄령을 공포해 정적과 언론인을 투옥하는 등 독재 체제를 구축했다. 1976년 헌법을 개정해 대통령의 권력을 강화하고, 1983년에는 '정적' 베니그노 아키노(Benigno Aquino) 암살을 '배후 조종'한다. 온갖 부정과 비리를 통해 1986년 대선에서 코라손 아키노(Corazon Aquino)를 누르고 다시 대통령에 당선되었으나 대대적인 반정부 시위로 사임하고 하와이로 망명해 그곳에서 사망한다. 이멜다가 그의 아내이자 동지였다.
멕시코의 무장 혁명 단체인 사파티스타 민족해방군의 대변인의 이름도 마르코스다. 흔히 마르코스 부사령관(Subcomandante Marcos)이라고 부른다.

고 개탄하는 것들을 냉철히 따지고 보면, 그것은 문제로 규정된 대상적 존재가 '문제'인 것이 아니라, 문제라고 주장하는 그 자신들의 사회적 · 도덕적 문제임을 알 수 있다(『역설』, 227).

이어 필리핀에서 쫓겨난 '왜소한 독재자' 마르코스 이야기로 넘어간다. 마르코스 치하의 필리핀은 20세기 문명의 수치였고, 인간 존엄성에 대한 반역이었고, 민주주의에 대한 간악한 파괴였다. 세상은 이 모든 비극을 마르코스라는 한 통치자의 '문제'로 보고, 이를 비판하는 것으로 '문제'를 정리하려고 한다. 과연 그것이 필리핀 사태를 제대로 이해하는 것인가? 그래도 별 문제가 없는 것인가? 이것이 리 선생의 화두다.

왕년의 중국과 장제스, 스페인과 프랑코, 포르투갈과 살라자르, 인도네시아와 수하르토, 베트남과 바오다이, 그리고 그 뒤를 이은 고 딘 디엠과 구엔 반 티우, 이란과 팔레비, 남아공화국과 인종격리주의자들, 이스라엘과 신판 제국주의자들 ……. 아르헨티나와 악명 높은 피노체[106] 장군과 군벌들. 엘살바도르, 우루과이, 브라질, 페루, 칠레 …… 수없이 많은 북미합중국의 뒤뜰 안에 무성했던 권력의 잡초들. 그리고 마침내는 권력이라는 희극 무대의 가련한 피에로 신세가 되어 정처 없이 지구 상을 떠돌고 있는 니카라과의 독재자 소모사와 아이티의 뒤발리에 일당들. 이들은 한결같이 미국이라는 나라의 부추김으로 그 무대 위에서 과대망상의 피에로 역

---

106 피노체트 우가르테(Pinochet Ugarte, 1915~2006)는 전 칠레 대통령이다. 미국의 지원으로 '민주적 사회주의'였던 살바도르 아옌데(Salvador Allende) 정권을 쿠데타로 붕괴시킨 뒤 1973년부터 1990년까지 칠레를 통치했다. 아르헨티나의 독재자는 피노체(트)가 아니라 라파엘 비델라(Rafael Videla, 1925~2013)다. 비델라는 1976년 군사 쿠데타로 이사벨 페론(Isabel Perón) 정권을 붕괴시키고 1981년까지 아르헨티나를 지배한 독재자다.

을 맡았던 희극배우들이다. …… 그들의 정치적·인간적 성품을 적절히 표현하기 위해서는 프랑스 대통령 미테랑의 언어학적 지식을 우리는 빌려올 수밖에 없다. 즉 '인간쓰레기'라는 낱말이다(『역설』, 229~230).

이 파렴치한 '인간쓰레기'들은 예외 없이 반공주의라는 '부적'을 걸고 수천, 수만 명의 양심적 인간들을 학살했다. '반공주의'는, 한국의 과거 정권과 현재 정권이 여전히 그러하듯이, 모든 정적을 제거하고 저항하는 시민을 제거할 수 있는 '요술방망이'였던 것이다. 배후에는 미국이 있었고, 어찌 보면 이들은 '바지 정권'이었다.

마르코스가 세계 도처에서 사들인 빌딩이나 이멜다가 소중히 간직했던 2300벌의 브래지어는 20여 년간 대부의 이익을 지켜주는 데 바친 눈물겨운 헌신의 대가로서는 놀랄 만큼 대단한 것은 못 돼 보인다. 발 두 개에 신을 구두 3500켤레 정도의 보수도 없다면 20세기 말의 이 시대에 어느 졸개가 상전의 충견 노릇에 만족할 것인가? 마르코스는 다만 20년 동안에 300억 달러의 보수를 상전에게서 받은 '하수인'에 불과한 것이다(『역설』, 234).

이것이 필리핀만의 문제가 아니라, 이후에도 미국의 제3세계 정책은 크게 달라지지 않고 있다는 것이 '문제'라는 것이다. '필리핀의 문제'는 일단 해결되었지만, 20세기 초 민족자결주의를 표방하며 약소국가의 '구세주'로 떠올랐던 불세출의 대제국, '미국의 문제'는 이후에도 달라지지도 해결되지도 않았다.

인간, 관계와 성찰

끝으로 리 선생의 솔직한 면모와 '인간성'이 잘 드러나는 글로 「아내 윤영자와 나」, 「경이로운 『만인보』의 시인」(이상 『역설』), 「광주는 '언제나 그곳에' 있었다」(『새는』), 「무한 경쟁 시대의 정보화와 인간」(『코』), 「못 다 이룬 귀향」(『신화』) 등을 꼽을 수 있다. 「아내 윤영자와 나」, 「못 다 이룬 귀향」, 「경이로운 『만인보』의 시인」은 아내와 가족, 주변 사람들에 관한 이야기다.

「아내 윤영자와 나」는 리 선생이 '결혼 30주년'이 된 1986년 어느 한적한 토요일 우연히 '누렇게 색이 바랜' 아내의 일기장을 보면서 지난날의 소회를 적은 글이다. 리 선생은 1956년 11월 13일 제주도 모슬포 출신 윤영자 여사와 군산에서 결혼해 부산의 양정동 언덕 끝 '난민 구조 주택'에서 노부모님을 모시고 신접살이를 시작한다(『역정』, 235~236). 1957년 언론계 투신 후 툭하면 연행되고 급기야는 '그 좋다는' 언론사에서 두 번, 대학교수직에서 두 번 몰려나 4년 이상을 실업자로 지낸 남편이다. 아내의 심정이 어떠했으리라는 것은 불문가지다.

> 여보, 당장에 먹고 살 문제도 그렇거니와 아이들 교육 문제를 생각해서라
> 도 제발 평범하게 삽시다. 이렇게 쪼들려서야 지조고 양심이고 다 뭐하는
> 거요. 식구가 살고 나서 국가도 민주주의도 있는 거지, 이렇게 시달리면
> 서 민족이니 사회정의니 해본들 무슨 소용이 있소(『역설』, 293).

리 선생은 '큰일'이 있을 때마다 아내의 목멘 하소연을 듣고 서재로 돌아와 괴로워한다. 자신을 '몰라주는' 아내에 대한 원망이나 회의가 일기도 했지만, 부모님을 모시고 세 자식을 기르며 장래를 걱정해야 하는 아내의 절망감이 자신의 서운함보다 훨씬 컸을 것이라고 생각한다. '남편의

평안과 자식의 장래'가 아내의 전부라는 사실을 잘 알고 있었기 때문이다. 이제라도 '좋은 남편 좋은 아버지'가 되어야겠다는 충동을 느끼면서 1979년 10월 20일 일기 속으로 들어간다.

그전에는 우리 주변에서 당신만이 고집을 부리고 젊은이들을 위해서 사서 고난의 길을 걷는구나라고 원망을 했는데, 요즈음 당신이 들어가고 나서 내가 사회에 나가보니 많은 사람들이 당신과 비슷한 생각에서 나라를 위해서 민주 회복을 위해서 부귀영화를 버리고 투쟁하는 것을 봅니다. 반드시 승리할 거예요. 정의는 승리합니다. 나는 이 나라의 민주주의를 위해서 박해받는 이들을 위한 기도회에 나갔다 오면 용기가 생기고 결코 외롭지 않다는 확신을 갖게 됩니다(『역설』, 295).

이때 리 선생은 반공법 위반 혐의로 기소되어 복역 중이었다. 자신이 감옥에서 고생하고 있는 동안 아내도 '투사'로 변하고 있었다. 리 선생은 천하의 사람들이 다 알듯이 논리적으로 따지는 스타일이라면 윤 여사는 '모난 것이 딱 질색'인 성격이다. 윤 여사는 늘 밝으며 주변 사람들에게 인심 좋은 후덕한 여인네의 '전형'에 가깝다. 윤 여사를 만나본 모든 리 선생 지인들이 동의할 것이다. 언제나 '깐깐한' 리 선생에게 뭔가를 부탁할 일이 있을 때 윤 여사를 통해 '우회'하는 것이 상책이라는 사실을 알 만한 사람은 다 알고 있었다. 리 선생은 30여 년간 윤 여사와 티격태격 지낸 후에야 인간관계에서 서투른 논리나 이론은 결코 사랑의 너그러움을 이기지 못한다는 사실을 깨닫게 된다.

내가 식사를 끝내고 두 끝을 깎은 이쑤시개를 끄집어 입에 물려고 할 때 "그것 절반 꺾어주시오" 하는 데는 좀 지나치다고 생각이 드는 것도 사실이다. 다 큰 아이들은 "엄마는 창피하게시리, 이쑤시개까지 아껴서 뭐하려는 거예요?"라고 핀잔을 주기도 하지만 그녀는 태연하다. 아내의 답변은 당당하다. "그래, 내가 쓰는 이쑤시개 하나 아낀다고 해서 너희들 먹을 것 입을 것 하나 안 사준 적 있니?" 그 말은 진실이고 그런 까닭에 실증(實證)된 권위의 무게를 지니고 있다. 이제는 나의 쪽에서 먼저 절반을 꺾어주는 습관이 몸에 배게 되었다(『역설』, 297).

이 대목에서 슬그머니 웃음이 나온다. 두 분이 옥신각신하는 '그 장면'이 그림처럼 연상되기 때문이다. 리 선생은 1980년대 후반 주례를 많이 섰다. 제자들이나 '낯선' 운동권이 젊은이들의 주례 요청이 빗발쳤기 때문이다. 당시 리 선생이 '주말을 헌납해야 하는' 주례를 거부하지 않은 이유는 자신의 '결혼 생활'이 사회생활과는 '달리' 실패작이 아니었다는 자부심 때문이었다. 이제 결혼해서 30년을 살았으니 앞으로 '더도 덜도 말고' 30년만 더 '병신부부'로 살았으면 좋겠다는 '포부'를 밝히며 아내에 관한 글을 마무리한다. 아쉽게도 리 선생은 이 글을 쓴 후 25년 더 살았다.

「못다 이룬 귀향」은 1998년 11월 1주일간 평양을 방문하고 돌아와서 ≪한겨레≫에 기고한 글이다. 리 선생은 본래 3남 2녀 중 넷째였다. 위로 형님과 두 누님이 있었고 아래로 남동생 명희가 있었다. 남동생이야기만 『역정』에 나오기 때문에 다른 형제가 없는 걸로 알고 있는 사람이 많았다. 실제로는 서울에 누님이, 북에 형님과 누님이 살고 있었다.

'해방'이라는 민족의 분단은, 북쪽 땅에는 형님과 작은 누님이 살고, 남쪽 땅에는 아버지와 어머니 그리고 큰누님과 나와 동생이 살아가는 '이산가족'을 만들어냈다. 나의 무능력 탓에 1957년에 빈곤 속에서 돌아가신 아버지는 20년 동안 매일 아침 북쪽을 향해 두 손을 모아 합장한 자세로, 이북에 놓고 온 아들과 딸에게 마음을 보냈다. 1974년 겨울, 86세로 세상을 떠난 어머니는 마지막 숨을 거둘 때까지 이북의 아들딸과의 만남에 대한 희망을 버리지 않았다(『신화』, 18).

오랫동안 리 선생은 공식적으로 남북한 어디에도 형제가 없는 사람이 었다. 1964년 박정희 독재 정권 시절 아시아 · 아프리카(AA) 외상회담 관련 필화 사건으로 기관에 끌려가 취조를 받을 때부터 형제가 없는 것으로 '위장'하고 산다. 이북에 있는 형과 누이로 인해 어떻게 엮여 고초를 치를지 가늠할 수 없던 시절이었기 때문이다. 1998년 국민의 정부가 들어선 이후에야 '제3국에서의 이산가족 접촉허가 신청서'에 이북의 형님과 누님을 기록할 수 있게 된다. 1970년대 초 어느 날 한 일본인 기자가 1957년에 형이 사망한 것이 거의 확실하다는 소식을 전해주었다. 하지만 그 사실을 부모님들께는 말하지 않는다. 1998년 11월 10일 일흔여섯 살이 된 '순희 누님'을 만날 수 있을 거라는 기대를 가지고 53년 만에 북한 땅을 밟게 된다.

53년 전 헤어졌을 때 스물세 살이었던 순희 누님의 얼굴이 망막에 영상처럼 떠올랐다. 갸름하고 깨끗한 얼굴, 소학교의 같은 반을 세 살 위의 언니와 함께 다니면서 공부를 더 잘했던 반짝반짝 빛나는 총명한 눈빛, 다섯 살 아래인 내가 짓궂게 약을 올리면 나와 맞붙어 싸우다가 어린 동생과 싸운다고 부엌에서 밥 짓다 말고 뛰어 올라온 어머니에게 매를 맞은 누이, 일제 말기에 서울에 유학 중인 동생이 먹을 것이 없다고 미숫가루와 소금 덩어리처럼 짜게 한 쇠고기 장조림을 소포로 보내주던 시집간 누님 …… (『신화』, 24).

기대와 달리 리 선생은 북한에서 누님을 만나지 못한다. 조카의 입을 통해 이미 4년 전에 돌아가셨다는 말을 듣고, 50년간 품어왔던 간절한 그리움도 산산조각 나버린다. 이후 조카 최수당과 나누는 이야기는 차라리 안 들은 것만 못한 말들뿐이다.

북쪽의 당국자들이 방 안에서 우리를 바라보고 있었다. 나는 이런 때에 어떻게 나의 감정을 처리해야 할지 당황했다. 이런 답변은 내가 미처 대응 훈련을 받아본 일이 없는 대화 형식이었기 때문이다. 나는 다시 인간적인 연민의 정을 기대하면서 물었다.
"그런데 너도 장가가서 아들딸 낳고 키운 어른이니까 알겠지만, 어머니가 스물일곱 살의 나이에 남편과 이별해서 50년간 혼자 고된 삶을 살려니 얼마나 외로웠겠냐?"
돌아온 대답은 역시 간단했다.
"외로운 일 없었시요. 원수님과 공화국이 다 보살펴주고, 이웃이 떡도 나누어 주고 먹을 것도 나누어주니까요."
"…… 그랬니? 참 다행이다"(『신화』, 26~27).

이제는 영원히 못 만날 누님 무덤에 향이나 사서 피워달라고 '향촉대'를 쥐어주고 조카와 헤어진다. 리 선생이 알고 있던 누님의 이름은 '리순희'인데 '순희'는 가족이 부르는 아명이었고 실제로는 '리형선'이었다. 이러한 리 선생의 착오로 인해 북한 당국은 우여곡절 끝에 조카를 찾아낸 모양이다. 그럼에도 리 선생의 착각을 나무라기는커녕 '그만큼이라도 할 수 있었던 것을 기쁘게 여겼던' 그분들에 대한 감사 인사로 글을 맺는다.
1986년에 쓴 「경이로운 『만인보』의 시인」은 당연히 고은 선생에 관한 이야기다. 리 선생과 고은 시인이 각별한 사이였다는 것은 널리 알려진 이야기다. 고은 시인은 리 선생을 친근하게 '성님'이라 불렀고, 리 선생은 스스럼없이 '저그니'(평안도 사투리로 동생)라고 불렀다. 이 글은 리 선생이 쓴 '고은 인물론'이다.

> 많은 시인들과 알게 되고 사귀는 과정에서 언제나 내 앞에 '경이'로 나타나는 이가 고은(高銀)이다. 그에게는 도대체 모든 인습이 아무런 힘을 행사하지 못하는 것같이 보이기 때문이다. "어떻게 저럴 수가 있을까" 싶을 만큼 자유이고 그저 자기 자신이다. 고은에게는 시인으로서보다 '인간'으로서 압도당하는 느낌이다. 시인은 둘째이고 '고은'이가 성큼 앞서온다(『역설』, 245).

리 선생이 시인들을 좋아하고 어울렸던 '논리적' 이유는 시인을 자유인이라고 생각했기 때문이다. 리 선생처럼 틀을 도구로 삼고, 틀의 원리를 사물에 적용해 해답을 얻으려는 처지에서 '천변만화'하는 시와 시인 그리고 시의 세계는 언제나 기이할 만큼 신선하고 자유로워 보인다는 것이다. 고은 혹은 고은의 시는 한 치밖에 내다보지 못하는 '현실주의자'에게 무한 광대한 시공간의 세계로 이끌어주는 '문'이기도 하다. 그러다가 『만인보』에서는 홀연히 사바세계로 내려와 사람의 '사람다움'을 끝없이 노래한다.

> 『만인보』 속에서 잠자다가 낱장을 넘길 때마다 우리 앞에 되살아나와 만나게 되는 그 인간들은 왜 그다지도 정다운 것일까? 모두가 하나같이 못나고 찌든 사람들인데도 말이다. 인습과 제도의 무게에 짓눌려 사는 그들에게서 우리는 조선 사람의 인간적 원형들을 발견하게 된다. 그들은 바로 시인, 아니 인간 고은의 분신들임을 깊은 감동으로 알게 된다(『역설』, 247).

필자도 널리 알려진 누군가에 대한 판단이 애매할 때 일찌감치 장만해 둔 고은 시인의『만인보』전집에서 찾아본다. 일단 '만인' 중에 포함되어 있으면 그래도 나름 쓸 만한 분이었구나라고 생각한다. 이어 '보(譜)'를 보며 그 사람의 삶과 내면을 풍경을 짐작해보곤 한다. 가령 백낙청 선생에 대해 "언제나 개념의 개념이었다"라고 하거나, 경기도 교육감 이재정(전 성공회대 총장) 신부에 대해 "성공회 정동 본당은 1920년대 이래 아직 완공되지 않았는데 집보다 사람이 먼저 완공되었다"라고 표현한 것을 보면서 무릎을 치게 된다.

그 뒤 자리를 강가 모래판으로 옮겨, 희미한 등불을 가운데 놓고 캄캄한 밤하늘을 이고 수십 명이 둘러앉은 놀이판에서의 고은은 야차 · 석가 · 악마 · 예수 · 놈팽이 · 건달 · 아기 · 소년 · 청년 · 노인 · 선인 · 악인 · 시인 · 잡놈 · 깡패 · 군자…… 실재하는 인간과 상상할 수 있는 인간이 갖출 수 있는 모든 속성이 뒤범벅되어서 한판에 벌어지는 1인극을 연출했다. 시골의 맑은 공기 탓에 주먹 크기로 빛나 보이는 칠흑 하늘의 별들도 잠시 그들의 운행을 멈추고 도취된 듯 땅 위에서 벌어지는 고은의 광란극을 내려다보고 있었다(『역설』, 252).

그런 '희대의' 광란극을 보지 못한 것이 아쉬울 뿐이다. 이 상황에서도 리 선생은 근엄한 관객이자 기록자였을 것이다. 리 선생이 보기에 가끔 고은 시인은 미치광이처럼 광란하는 '몸'이고, 고은 시인이 보기에 리 선생은 술자리에서조차 감정이 없는 생나무토막 같은 '몸'이다. 이런 두 '몸'이 늘 서로를 그리워하며 '죽고 못 사는' 사이였다.

「광주는 '언제나 그곳에' 있었다」는 1993년 7월 한 잡지에 기고한 글이다. 이 글은 상반되는 이미지의 도시 광주의 역사와 광주민주항쟁의 의

미, 그리고 광주의 '미래'에 대해 이야기하고 있다. 우리 역사 속에서 광주는 두 가지 상반된 이미지의 도시였다. 민족문화의 극치인 민중예술과 삶의 문화의 중심이자 민족 역사의 병목 지점을 처절한 몸부림으로 정면 돌파해온 민중 항쟁의 거점이었기 때문이다. 리 선생에 따르면 '역설적'이게도 1980년 5월 광주는 한국의 '도시'에서 세계의 한 '이념'이 된다.

이 5월을 기해서 광주는 남한의 한 지방의 지도에 표시된 작은 도시명으로서의 고유명사가 아니라 동시대적 세계의 한 이념(理念)이 되었다. 광주는 '광주'가 되었다. '사우스 코리아'의 남단의 한 점은 1980년 5월 이후 세계의 한 정신·문화적 중심으로 받들어지게 되었다. '광주'와 '光州'는 세계의 'Kwang ju'가 되었고, 그 단어는 폭력과 부정에 항의하여 목숨을 바친 민주주의적 시민의 용기와 감동적인 희생정신을 뜻하는 추상명사가 되었다(『새는』, 292~293).

마치 '바스티유'가 전 인류에게 새로운 시대정신을 알리는 '자유·평등·박애'의 대명사가 되었듯이 광주는 '민주 시민이 용기와 희생정신'을 뜻하는 새로운 추상명사가 되었다는 것이다. 1980년 광주 비극은 해방이후 남한 사회에 축적된 부정적 요소들의 총체적 폭발이었다. 해방 후 친일파와 친미 반공주의자가 지배하는 한국 사회에서 전라도는 '3중으로' 소외되어 있었다.

전라도인은 경상도인 권력과 그 제도에 의해 다른 국민에게서 소외를 당했다. 그 결과, 그들은 우리 사회에서 사회적·인간적 불이익을 회피하려는 마음에서 스스로 자신의 출생지와 정체(正體)를 위장하는 반(半)자발적 '자기상실'에 빠졌다. 이중적 소외다. 그들은 더 나아가, 대립적 사회에

대한 강요된 증오심과 상호이익의 보호를 위해 '부족(部族)'적 결속에 의
존함으로써 3중적 소외를 결과했다(『새는』, 294).

다른 지역민의 배제, 자기 정체성 부정, 강요된 증오 속의 '부족'적 결속
이라는 '삼중의 소외' 현장이 전라도였다. 리영희 선생다운 명쾌한 지적
이다. 전라도 사람들이 이런 삼중 소외 구조 속에 있다는 사실을 망각한
채, 타 지역 사람들이 '호남향우회'를 비판하는 것은 파렴치한 일이다. 전
라도인은 해방 이후 한국 사회의 '유대인'으로서, 생존을 위해 자기들끼리
'결속이라도' 할 수밖에 없었다. 문제는 '강요된 증오'다.

우리의 이성(理性)도 다음의 사실을 가르쳐준다. 즉 '증오'는 비인간화다.
상대방의 증오를 증오로 갚는 것은, 자기 자신의 행동을 '적'이 먼저 한 행
동의 범주에서 단순 반복하는 것이다. 이것은 자신의 퇴화이며, 따라서
자신을 부자유하게 한다. 나의 행위의 선택이 '적'이 나에게 둘러씌운 그
한계 속에 굳어져 버린다(『새는』, 296).

이건 리 선생이 광주 사람들에게 하고 싶은 이야기다. 증오를 증오로
갚는 것은 적이 나에게 둘러씌운 울타리에 자신을 감금하는 일이라는 것
이다. 증오에서 벗어나지 못하는 사람은 자유인이 될 수 없다. '적과 나'
의 부정적 관계를 스스로 재편할 수 있을 때 비로소 새로운 삶이 시작된
다. 이것은 '강요된 용서'나 '구원받기 위한 자비'와는 다른 차원의 문제일
것이다.

리 선생은 적과 나의 부정적 관계를 가장 성공적으로 재편해 새로운 삶
의 영역을 열어간 대표적인 사례로 성공회대 신영복 석좌교수를 예로 든
적이 있다. 2006년 9월 『리영희 저작집』 출판기념회가 열렸다. 신영복

선생은 이 행사에 참석하지 못할 사정이 있다며, 출판기념회 며칠 전 필자를 통해 리 선생에게 서화('처음처럼')를 전달해달라고 했다. 다음은 신 선생의 '처음처럼'을 가지고 수리산 자락의 자택을 방문했을 때, 리 선생이 들려준 이야기다.

신영복 선생은 권력에 의해 강요된 '소외'를 극복한 진정한 자유인이지. 해방 이전 이후를 포함해서 권력의 탄압으로 감옥살이를 했던 사람은 수천, 수만 명은 넘겠지. 그 끔찍한 옥살이를 했던 수많은 사람들 중에서 감옥이라는 '인간말살의 공간'을 근본적으로 극복한 사람은 신영복 선생이 거의 유일할 거야. 적들이 자신을 무려 20년 이상이나 강제로 유폐, 소외시켰음에도 불구하고 그들에 대한 '증오'를 넘어 새로운 세상, 새로운 인간을 발견했고 그들과 연대함으로써 감옥에서, 소외에서 스스로 벗어난 것이지.

리영희 선생은 널리 알려져 있듯이 '1980년 5월 광주의 배후 주동자' 중의 한 사람이다. 정작 본인은 그 사실을 두 달이 지나서야 알게 되었지만 말이다(『새는』, 264). 1970년대 말에 광주 교도소에서 2년간이나 복역하기도 했다. 그리고 지금도 '망월동'에서 광주를 지켜보고 있다.

「무한 경쟁 시대의 정보화와 인간」은 1988년 5월 ≪가나아트≫ 창간호에 기고한 에세이다. 이 글은 소위 '정보화 시대' 인간, 인류 문명의 미래에 대한 우려를 담은 글이다. "나는 가끔 과학기술 만능주의적인 물질 문명이 지금 이 정도에서 그 발달을 멈추었으면 좋겠다는 생각을 할 때가 있다"(『코』, 123)는 말로 시작한다. 자본과 기술이 주도하는 무한 경쟁 사회를 보며 일관된 이성의 신봉자였던 리 선생이 '이성의 한계' 들여다보기 시작한다.

인간의 내일은 어떤 모습일까를 두려워하는 나에게 최근에는 또 다른 과학·기술의 괴물이 두려운 발걸음으로 다가오고 있다. 컴퓨터라는 이름의, 인간 두뇌의 대행물과 그것이 인류와 우주를 얽어매는 정보화 시대라는 미래상이다. 이거야말로 정말 두려운 사태다. 그 모습을 보면 볼수록, 어마어마한 크기의 힘으로 나를 압도한다. 마치 '어둑서니'와 같다(『코』, 125).

어둑서니는 어두운 밤에 나타나는 허깨비다. 이미 올드미디어가 된 텔레비전에는 여전히 '사고 정지증' 환자를 대량생산하는 데 여념이 없고, 컴퓨터가 무궁무진한 새로운 세상을 열어갈 것이라는 정보예찬론자들의 '찬송가'가 방방곡곡에 울려 퍼지고 있다. 리 선생이 프랑스 파리의 최신 유행 의상을 무주 구천동에서 입을 수 있는 '환상적' 상황을 보면서 겁을 집어먹는 까닭은 인간의 지성이나 이성의 '한계'가 이미 충분히 드러나고 있기 때문이다.

자본가들의 자본을 들여 개발된 새 과학·기술은 으레 먼저 사람을 죽이는 새로운 무기로 군사화되기 마련이다. 무기 산업은 자본의 이윤 극대화를 보장하기 때문이다. 무한 경쟁주의는 이윤 극대화를 노린 소비주의 상품의 홍수를 낳고, 대량 소비 생활양식은 필연적으로 인간 생존의 토대인 자연과 환경의 파괴를 초래한다. 그것은 인간을 물질만능주의로 타락시키면서 부패와 범죄의 사회를 만들어간다(『코』, 128).

한 인간은 이성적일 수 있을지 모르나 집단이 되면 '집단 논리'가 모든 것을 압도해버린다. 그래서 선한 인간은 있을 수 있지만 선한 '집단'은 존재하기 어렵다. 경험적으로 보아도 기업·군대·종교·계급·체제·정권·민족·국가 등으로 집단화된 인간들이 보이는 행태는 결코 이성적이지 않았다. 끊임없는 각종 전쟁과 대학살에 이어 이제는 수많은 국가가 원자로·원자탄 개발 경쟁까지 벌이고 있다. 우리는 한시도 마음의 평화를 누리기 어렵게 되었다.

지구 상의 50억 100억의 인간들이 끝없는 경쟁의 경주장에서 서로 밟히고 쓰러질 때까지, 뒤도 돌아보지 않고 쉴 사이도 없이, '성공'과 '돈'이 기다리는 종착점을 향해서 일생을 달려야만 하는 정보화 시대! 21세기의 그 모든 인간의 심장이 터질 것 같은 거친 숨소리가 나의 귀에는 벌써 들려온다. 나는 그 끝없이 이어진 경주 대열의 맨 끝에서 따라가고 있다. 그 내가 눈에 보인다. 쓰러질 듯 말 듯, 헐떡거리면서 따라가고 있다. 결국 나는 쓰러지고 말 것이다(『코』, 132).

리 선생은 마지막으로 묻는다. "나의 진단이 지나친 비관론일까?"

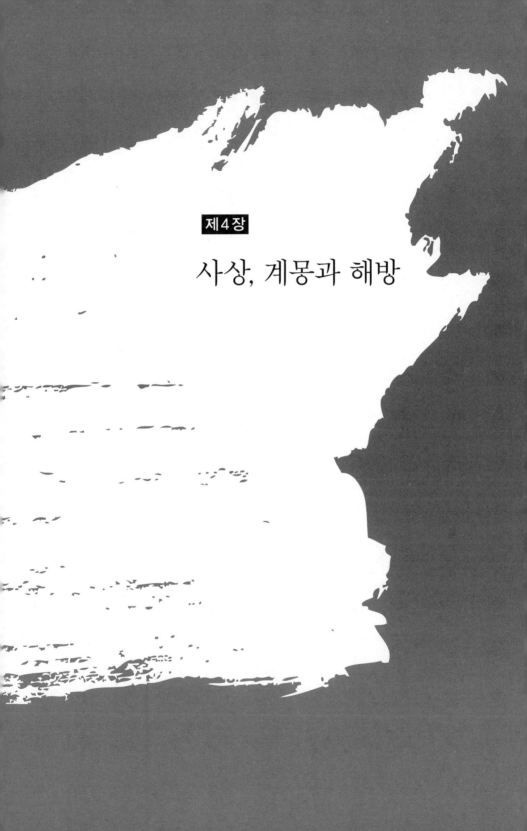

제4장

사상, 계몽과 해방

리영희 담론의 가장 마지막에 해당하는 것은 '자유와 책임'이다. 인간의 원점은 자유인데, 이것을 놓쳐서는 안 된다는 것을 우리에게 심어줬다. 또 자유라는 것을 행사하는 결과로, 분명히 고귀한 대가로서 책임을 수행하지 않으면 안 된다는 무거운 사명을 얘기했다. 특히 이상을 추구하는 것 자체가 자칫 현실에서 벗어날 수 있는데, 고인의 경우 모든 이상의 출발은 철저한 현실에 있다고 했다. 사실에 기초해 사실을 열거하고 조직하고 확인해서 자기의 발을 놓는다는 것, 이게 리영희 사상의 원 풍경이다.

고은, 《한겨레》 2010년 12월 7일 자 「추모대담」

1. 영향 관계

리영희 삶과 사상의 영향 관계는 저술과 인간으로 나눠볼 수 있다. 리영희에게 영향을 끼친 책들은 아주 많다. 엄청난 독서광이었던 리 선생은 전쟁터 참호 속에서도 손에서 책을 놓지 않았다. 리영희에게 독서란 '자유인이 되고자 하는 염원에서 출발한 자기 창조의 노력'이다. 독서를 통해야만 물질적 조건과 사회적 제약에서 벗어나 스스로에게 필요한 상황을 창조해 자유로운 존재가 될 수 있다는 것이다(『새는』, 353~354).

대학 시절에는 영미 문학에 심취하기도 했고, 군대 7년간 다양한 분야의 책을 섭렵했다. 합동통신 외신부 기자가 된 이후에는 직업적 필요 등으로 인해 미국, 중국, 베트남, 제3세계 국제 관계 관련 서적을 많이 읽었다. 리 선생은 자신의 독서 편력 특징으로 언제나 변화하는 것에 관심을 기울이는 변혁 지향성, 프랑스혁명·마르크스주의·러시아혁명·중국공산당혁명·제3세계 민족 해방 등에 관심을 기울이는 외부 세계 지향성, 영어·일본어·프랑스어·중국어 구사 능력을 바탕으로 한 정보의 다양성 등이 그것이다(『새는』, 379~381). 이 중에서도 가장 중요한 것은 동(動)의 독서, 즉 변혁 지향성이다.

독서 편력

리 선생의 삶과 사상에 큰 영향을 끼쳤거나 평생 즐겨 읽었던 책으로는 루쉰의 『노신전집』, 퇴니에스의 『게마인샤프트와 게젤샤프트』, 마르크스의 『독일 이데올로기』, 『경제철학 수고』, 푹스의 『풍속의 역사』, 존 베리의 『사상의 자유의 역사』, 김산·님 웨일스의 『아리랑』, 위고의 『레미제라블』, 루소의 『고백록』, 에커만의 『괴테와의 대화』, 『도덕경』, 『금강경』, 『논어』 등을 꼽을 수 있다.

리 선생은 젊은 시절에 마르크스(주로 초기 저작들)와 마오쩌둥, 저우언라이 등 중국 혁명가와 중국 혁명에 참여한 조선인 혁명가 김산(장지락), 그리고 김구 선생에게서 강한 영향을 받았다. 또 1950년대 군대 시절 이후 마르크스의 저술을 읽으면서 세상의 모순 관계의 실체를 이해하게 된다(리영희 선생 화갑 기념 문집 편집위원회, 1989: 585).

마르크스 초기 저작의 영향은 리 선생 저술의 밑바탕을 이룬다. 특히 유물사관과 변증법, 소외론의 영향은 1960년대 이후까지 지속되었고 끝까지 변치 않았다. 리 선생은 「우상과 이성 일대기」에서 자신의 글쓰기 비결을 '공개'하면서 진실에 대한 열망, 90%의 자료 수집 노력과 꼼꼼하고 치밀한 구성, 다면적인 상황 판단, 외국어 구사와 마르크스의 이론도 크게 도움이 되었다고 술회한다.

마르크스주의와 변증법 공부도 크게 기여했다. 그것은 일찍이 나에게 사물·관계를 평면적이 아니라 총체적으로 관찰하고 생각할 필요성과 방법을 가르쳐주었다. 모든 현상을 정적이 아니라 동적인 것으로 보는 시각도 제공해주었다. 관념론과 주관주의에서 탈피할 수 있었다. 물적 관계를 토대로 하지 않는 도덕주의와 추상론, 신비주의적 경향에 빠지지 않은 것도 그 덕택이다. 역사성을 무시한 소위 '현실론'과 상대주의에서도 해방되었다. …… 50년대 후반과 60년대 기간이다. 그 때부터 나는 한 눈이 아니라 두 눈으로 세상과 사물을 볼 수 있게 되었다. …… 거꾸로 서 있던 대상이 바른 모습으로 새로 나타났고, 일그러진 것으로 알았던 현상이 균형된 면모로 파악되었다. 부분과 함께 전체가 사유되고, 부분은 전체이고 전체는 부분이라는 역설 같은 변증법적 관계가 선명하게 렌즈 속에 포착되었던 것이다. …… 이 공부는 나에게 코페르니쿠스나 갈릴레오가 느꼈을 경이와 희열이었다(『역설』, 282~283).

리 선생은 「불효자의 변」이라는 글에서 모든 '인간의 윤리 규범'이 그 시대의 그 소유관계[物의 條件]를 하나의 뿌리로 해서 생겨난 도덕이라고 단언한 바 있다. 1980년에 쓴 「민주주의와 진실의 추구」 서두에서도 "한 시대를 지배하는 사상과 제도는 그 시대 그 사회를 지배하는 계층의 물질적 이해관계를 반영하는 것이다. 이 세력은 그 사회를 지배하는 물리적 힘을 가지고 있다. 그 힘을 가지고서 그들의 이해관계를 반영, 보호하는 이데올로기를 생산하고, 그것을 절대다수 피지배 민중에게 그들의 이데올로기로 수락하기를 강요한다"고 썼다(『분단』, 109).

이렇듯 1950년대와 1960년대에 걸친 마르크스주의 공부가 이후 리 선생의 글쓰기와 실천에 밑바탕이 되었음은 주지의 사실이다. 당시 리 선생은 『경제철학 수고』나 『독일 이데올로기』 등과 같은 마르크스의 초기 저작에 심취했고, 그 바탕을 이루는 휴머니즘에 매료되었다. 이러한 마르크스주의의 휴머니즘 요소를 리 선생은 중국 사회주의 건설 과정에서 발견하고 중국 혁명에 몰입하게 된다.

리 선생은 지난 1991년, 동구권 사회주의 몰락 이후에 벌어진 논쟁 과
정에서도 초기 마르크스주의 이론이 여전히 중요한 가치를 갖고 있다고
주장한다. 요컨대 '후기 마르크스주의'로 불리는 경제 이론의 결함과 오
류, 그리고 전기 마르크스주의 이론 철학으로서의 인간학은 분리되어야
한다고 본다. 인간 중심의 휴머니즘으로서 마르크스주의 소외론이나 토
대·상부구조 이론은 이후에도 환경·공해·평화·발전·인간 가치·평
등·소외·시민운동·저항 등 제도와 체제 내의 이의 제기를 위한 철학
적·윤리적 지침으로 그 사상적 효용을 유지할 것이라고 보았다(『새는』,
163).

리 선생은 만년에 주로 고전을 읽으며 지냈다. 투병 중이던 2004년 1
월, 한홍구 교수와의 인터뷰에서 당시 괴테와 노자를 읽고 있다며 이렇게
말했다. "나는 이제 공자의 삶에서 노자의 삶으로 돌아오고 있어요. 현실
적 문제에 대한 사고나 활동을 멀리하고, 불교나 노자의 세계로 가까이
가볼까 노력하고 있어요. 난 이제 환자니까, 잘 되지는 않겠지만 내면을
바라보면서 노불(老佛)의 원리를 찾고, 그 원리 속에 일체화하는 노력을
하면서 살려고 해요."(『21세기』, 258).

이쯤에서 리 선생이 평생 탐독했던 책들 중 '서평'이나 소감을 남겼던,
퇴니에스의 『게마인샤프트와 게젤샤프트』, 존 베리의 『사상의 자유의 역
사』, 김산·님 웨일스의 『아리랑』, 푹스의 『풍속의 역사』, 위고의 『레미
제라블』에 대해서만 정리해보겠다.

퇴니에스[1]의 『게마인샤프트와 게젤샤프트』는 널리 알려진 명저다. 이

---

1 페르디난트 퇴니에스(Ferdinand Tönnies, 1855~1936)는 독일의 사회학자이다. 1836년 독
   일 북부 슐레스비히·홀슈타인 주에서 농민의 아들로 태어났다. 스트라스부르 대학, 라이
   프치히 대학, 본 대학, 베를린 대학, 튀빙겐 대학 등을 전전하며 공부한 후 1881년 『게마인
   샤프트와 게젤샤프트』로 킬 대학 교수 자격을 얻는다. 자의에 의해서 또는 나치의 박해로

책은 그야말로 리 선생의 지식과 사상에 피와 살이 된 책이다. 리 선생이 30년이 넘도록 필요할 때마다 읽고 메모한 까닭에, 1960년 초에 일본에서 구한 이와나미 출판사의 문고판은 글자의 원문이 보이지 않았을 정도였다고 한다.

1986년 무렵 리 선생이 담당하는 한양대학교 대학원 언론학 전공 수업시간이었다. 마르틴 부버의 『나와 너』 마르크스·엥겔스의 『독일 이데올로기』 등과 더불어 퇴니에스의 『게마인샤프트와 게젤샤프트』가 교재였다. 리 선생은 특히 『게마인과 게젤』에 큰 애정을 표하며 신나게 강의하셨던 기억이 난다. 우리의 독일어 실력으로 원전을 읽기 어려워 영어판[2] 국내 번역판을 구해 비교하며 읽었다. 『게마인과 게젤』이 마침 삼성출판사에서 『공동사회와 이익사회(Gemeinschaft und Gesellscha)』라는 이름으로 번역되었다.[3]

두 차례 대학을 떠나기도 했다. 게오르크 지멜(Georg Simmel), 막스 베버 등과 독일사회학회를 창설해 초대 회장이 되었고 1933년에 은퇴할 때까지 회장으로 지냈다. 그가 28세 때 저술한 『게마인샤프트와 게젤샤프트』로 널리 이름을 떨쳤고, 그의 영향은 사회학뿐만 아니라, 널리 사회과학 일반에까지 미쳤다.

2 데이비드와 찰스(David & Charles)가 옮긴 『공동체와 결사체(Community and Association)』(Brunel House, 2002)이다.

3 한국어 번역서를 읽으며 우리는 경악했다. 분명 한글로 쓰이긴 했으나 곳곳에 대체 무슨 말인지 종잡을 수가 없는 표현이 많았기 때문이다. 어느 날 리영희 선생이 번역서를 보시더니 출판사에 전화를 해서 번역자 전화번호를 알아냈다. 집에 전화를 하니 병원에 입원중이라고 했다. 병원으로 전화를 하니 마침 번역하신 선생님이 전화를 받으신 모양이었다. 리 선생이 인사를 건네고 퇴니에스의 『공동사회와 이익사회』에 관한 이런저런 말씀이 오갔다. 통화 후 리 선생은 "병환 중이시라는데 내가 괜한 전화를 한 것 같구만!"이라고 하신 후, 한국어판은 읽지 말라고 하셨다. 나중에 알아보니 삼성출판사에서 1990년에 세계의 사상 총서 개정판을 낼 때 『공동사회와 이익사회』는 빠져 있었다. 그 대신 박정규 교수가 번역한 마셜 매클루언(Marshall McLuhan)의 『미디어의 이해(Understanding Media: The Extension of Man)』가 포함되었다. 이후 아직까지 『게마인샤프트와 게젤샤프트』의 제대로 된 번역서는 나온 바 없다.

퇴니에스가 말하는 게마인샤프트란 개인의 '원초적이고 자연적인 상태'에 그 근원을 두고 있다. 그것은 어머니와 자녀 간, 남성과 여성 간, 형제자매간의 관계와 같이 사회적 삶의 초기 집단의 전원생활에 그 근원이 있기 때문이다. 모성적 관계는 가장 심층적인 것이며 형제적 관계는 가장 약한 것인데, 왜냐하면 그것은 모성의 본능적 자발성을 보여주지 않기 때문이다. 이 세 관계는 심리적으로 쾌감, 습관, 기억에 기초하며 본질의지에서 생겨난 것이다. 사회학적으로 이러한 관계는 공동사회의 세 가지 유형을 결정하는데, 즉 혈연이나 친족 공동사회, 지역 혹은 이웃 공동사회, 우정이나 정신적인 공동사회가 그것이다(고영복, 1994: 209~210).

게젤샤프트는 본질적으로 인위적이다. 모든 사람이 '모든 다른 사람들을 향한 긴장 상태에서' 자신의 이해타산을 위해 살기 때문이다. 게젤샤프트에 들어가는 사람들은 그들 존재의 작은 부분, 곧 조직의 특수한 목적에 일치하는 그들의 존재의 부분만을 갖고 이 사회에 참여한다. 납세자 단체 회원이나 주식 소유자 모임을 떠올릴 수 있다. 게젤샤프트에서 사랑으로 맺어진 관계는 예외적이고 상인의 관계인 것이 일반적이다. 퇴니에스에 따르면 본질의지는 게마인샤프트의 여러 조건을 가졌고, 선택의지는 게젤샤프트를 발달시킨다(파펜하임, 1978: 77).

리 선생은 모든 재화가 상품이 되어 교환되는 게젤샤프트를 인간소외가 일반화된 사회를 의미하는 것으로 이해한다. 퇴니에스의 게마인샤프트 개념에서 자본주의(게젤샤프트)를 극복할 수 있는 '제3의 길'의 실마리를 찾고자 했다. 리 선생은 퇴니에스의 『게마인과 게젤』을 "그 치밀하고 광범위한 내용은 가장 추상적인 '본질의지'니 '선택의지'에서부터 인류 역사와 인간 생활(生存)의 일상성의 모든 일에 걸쳐 있다"(『새는』, 384)며, 마르크스의 저작을 읽을 때와는 또 다른 이성적 자기 확대의 즐거움을 주는 책이라고 평가했다. 요컨대 퇴니에스 주장의 핵심은 게마인은 자연적으로 형성된 것이고 게젤은 인위적으로 만들어진 것이다. 퇴니에스는 명확하지는 않지만 자본주의라는 게젤샤프트의 지향 형태로서 자본주의 내의 협동조합 같은 것을 상정했다고 볼 수도 있다(퇴니에스, 1982: 19).

존 베리[4]의 『사상의 자유의 역사』에서도 많은 영향을 받은 리 선생은 1970년대 저술 활동을 하면서 반지성적 독재 정권과 힘겨운 싸움을 벌인다. 이 책은 기독교로 인해 억압되었던 서구 사회에서의 길고 험난한 사상 억압의 역사를 정리하고 있다. 유럽의 종교 권력은 신을 해결사로 삼고 사상의 자유를 억압하며 천년을 군림했다. 멀리 로마의 콘스탄티누스(Constantinus) 대제가 기독교에 대한 관용 정책을 펴고 로마의 국교로 받아들이면서부터 이성이 속박되고 사상이 노예화되며 지식이 전혀 진보하지 못한다. 사실상 암흑시대였다. 기독교의 유일신 체제는 다른 사상이 들어설 여지를 사전에 봉쇄했다. 기독교 이전의 서구 사회, 소위 그리스와 고대 로마 시대에는 유일신을 강요하는 종교가 없었다. 종교와 사상에 관용적이었기 때문에 그리스에서는 학문과 예술이 꽃필 수 있었다.

이 책을 통해 진리라는 것이 '자유로운 사상'이며, 필연적으로 기성 권위에 맞서는 일일 수밖에 없다는 사실, 그리고 약자의 처지에서 기득권 세력과 맞설 수 있는 유일한 무기가 바로 '논증'이라는 사실을 배웠다는 것이다. 다음은 『사상의 자유의 역사』제1장 '이성의 유일한 무기는 논증'

---

4 존 베리(John Bagnell Bury, 1861~1927)는 영국의 역사학자, 고전학자, 문헌학자다. 1861년 아일랜드 모나헨에서 태어나 포일 대학과 트리니티 칼리지에서 역사학을 전공했으며, 1883년부터 9년간 트리니티 칼리지의 현대사 교수를 지냈다. 1902년 케임브리지 대학 역사학 교수로 부임해 1927년 로마에서 서거할 때까지 강단을 지켰으며 그리스와 로마사, 비잔틴사, 19세기 현대사 분야에서 방대한 연구 성과를 남겼다. 에드워드 기번의 『로마제국 쇠망사(History of the decline and fall of the Roman Empire)』의 편집자이기도 하다. 베리의 『사상의 자유의 역사』는 1914년 영국에서 처음 출간되었고, 국내에서는 1958년 신양사 교양신서로 초역된 후 1975년에 박영사 박영문고로 재출판되었다. 2005년에는 비오출판사에서 박홍규 교수 번역으로 새로 출간되었다.

이라는 부분의 내용이다.

이성에 진정으로 관심을 갖는 사람은 언제나 소수였고, 아마 앞으로도 오랫동안 그러할 것이다. 이성의 유일한 무기는 논증이었다. 권위는 물리적이고 도덕적인 폭력과 법과 강제, 그리고 사회적 비난을 무기로 삼았다. 때로는 권위가 자신의 적인 이성의 무기를 이용하려다가 스스로 다친 적도 있었다. 사실 권위의 전략적 지위가 가지고 있는 최대의 약점은 그 투사들 역시 사람인 이상 추론의 과정을 이용하지 않을 수 없었다는 점이었는데, 그 결과 그들은 스스로 분열되었다. 이것이 이성에게 기회를 제공했다. 즉 적의 진영에서 공공연히 적을 위해 일하면서 자신만의 승리를 준비하고 있었던 것이다(베리, 28~29).

이런 대목을 읽으면서 리 선생이 어떤 생각을 했을지 짐작해보는 것은 어려운 일이 아니다. 실제로 리 선생은 조선일보 외신부장으로 재직하던 1968년 5월 1일 밤 『사상의 자유의 역사』 책 여백에 이런 메모를 남겼다.

초자연적 신학 이론과 교회의 권위에 대항해서 인간과 인간 이성을 해방하기 위한 싸움이 보여주는 이 처절한 투쟁사는 바로 오늘날 남한 사회의 정치 이데올로기의 권위 앞에서 우리가 싸워야 할 자유사상의 투쟁의 현실과 미래를 말해주는 것 같다. 한때 기독교가 차지했던 사상 탄압과 반진보적 역할을 지금 이 나라에 도착된 정치 이데올로기가 대행하고 있다. … 인류의 사상사와 문명사는 반이성적 억압 세력의 패배의 역사임을 입증하고 있다. 이 인식 없이는 자유사상을 위한 투사는 희망을 잃은 지 오래일 것이다(『대화』, 380).

님 웨일스[5]의 『아리랑』[6]도 빼놓을 수 없는 책이다. 국내에서 많은 사람들이 돌려가며 읽은 책은 리 선생이 1959년 합동통신 외신부 기자로 노스웨스턴 대학 연수를 마치고 귀국하던 길에 일본 도쿄에 들러 사가지고 온, 안도 지로(安藤次郞)가 일본어로 옮긴 『アリランの歌』(朝日書房, 1953)였다. 리 선생은 1960년 봄 4·19 혁명 직전에 거대한 변화의 물결을 마주한 상황에서 이 책을 대면하게 된다. 『아리랑』을 처음 읽었을 때의 감동은 평생 잊을 수 없는 것이었다. 한 지식인이 얼마나 순수하게 그리고 도덕적으로 살 수 있을까? 이상에 대한 헌신은 한 인간의 행동을 어느 정도까지 숭고하게 할 수 있을까? 이런 리 선생의 물음에 대해 님 웨일스·김산의 『아리랑』이 해답을 주었다는 것이다(『새는』, 370). 김산의 삶은 특히 이후 리 선생이 중국 사회주의 혁명에 매료되어 빨려 들어가는 데 지대한 역할을 했다. 리 선생은 1991년 나온 『아리랑』 개정판 서문에서 "나는 학자가 아니라 저널리스트였고, 멀리서 '남의 일'을 '관찰'하면서 '연구'만 하는 태도보다 장지락(김산)이라는 혁명가의 뒤를 따르는 '당사자'의

---

5 님 웨일스(Nym Wales, 1907~1997)의 본명은 헬렌 포스터 스노(Helen Foster Snow)다. 미국의 저널리스트로서 1931년 중국으로 건너가 활발히 활동했다. 베이징의 옌징(燕京) 대학에서 잠시 학생들을 가르치다가 1935년 옌안으로 가 본격적인 취재 활동을 했다. 『아리랑』 이외에도 『안에서 본 중공(Inside Red China)』, 『중국의 노동운동(Chinese Labor Movement)』, 『붉은 먼지(Red Dust)』 등의 저서를 남겼다.

6 *Kim San and Nym Wales, Song of Arirang: The Life Story of A Korean Rebel*(New York: John Day Co, 1941). 국내에서는 1984년 동녘출판사에서 조우화 번역을 처음 출판했다. 1991년 10월까지 26판을 찍은 후 같은 해 12월 개정판을 내면서, 저자를 님 웨일스라고 밝힌다. 2004년 11월 5일까지 개정2판 24쇄를 찍고, 2005년 8월 15일 님 웨일스·김산 공저, 송영인 번역으로 제3개정판을 낸다. 국내의 삭막했던 출판 시장 분위기를 엿보게 한다. 첫 번역서가 나온 지 20년이 지나서야 저자와 번역자 이름을 제대로 밝힌 것이다. 재일 작가 이회성과 미즈노 나오키(水野直樹)가 미국의 님 웨일스 여사를 인터뷰하고 여러 고증을 거쳐 김산의 발자취를 추적해 정리한 『아리랑 그 후』라는 책도 1993년 동녘에서 나왔다. 김산의 본명은 여러 고증을 거쳐 1980년대 이후 장지락(張志樂)이라고 밝혀졌다.

심정이었다"고 썼다.

에두아르트 푹스[7]의『풍속의 역사』는 리 선생이 '장님 문고리 잡기' 식으로 알게 되어 사실상 처음으로 국내에 소개한다. 1977년에 나온『우상과 이성』을 읽다 보면 그 삭막하고 심각한 글들 속에서 의외로 매니큐어와 미인 대회, 하이힐과 코르셋을 이야기하는 '말랑말랑'한 글을 한 편 만나게 된다. 바로「제복과 유행의 역사」다. 이 글에서 리 선생이 소개한 푹스의『풍속의 역사』는 이후 출판계에 널리 알려지게 된다.

『풍속의 역사』는 르네상스 시기부터 20세기 초에 이르는 서구의 성풍속사를 재치 있고 날카로운 눈으로 해부함으로써 이 분야의 고전이 된다. 푹스는 서문에서 "인간 활동의 그 어떠한 형태나 요소는 반드시 생활의 성적인 토대로부터 일정한 형태로, 적어도 어떤 특색을 지닌 형태로 형성된다. 민족의 공공 생활이든 개인의 사생활이든 성적인 이해관계와 경향을 내포하지 않은 것은 없다"고 전제하고 설명을 시작한다.

『풍속의 역사』는 민중의 눈과 행동 양식을 통해서 역사를 본다. 각 시대의 풍속이나 평범한 생활의 전모가 그 시대의 경제적 구조에 조응하는 것

---

7 에두아르트 푹스(Eduard Fuchs, 1870~1940)는 독일의 풍속사 연구가, 문명사가, 미술 수집가다. 1870년에 태어난 푹스는 법학 박사 학위를 받고 변호사로 일하다가 1887년경에 사회민주당의 바이에른 지방 기관지 《뮌헨 포스트(München Post)》의 기자로 발탁되어 뮌헨으로 간다. 푹스는 그곳에서 《뮌헨 포스트》의 풍자 잡지인 《남부 독일 포스틸론(Süddeutscher Postilon)》 간행에 임시 직원 형식으로 참여한다. 우연히 푹스가 《남부 독일 포스틸론》의 한 호를 맡아 편집한 것이 이례적인 성공을 거둔 후, 정치적 풍자를 전문으로 하는 잡지의 편집인이 되었고 이와 병행해 군소 삽화가들의 흔적을 꾸준히 연구하는 사가로『풍속의 역사』등 일련의 탁월한 저서를 발표한다(베냐민, 1988 참조). 1930년 독일의 '소비에트 벗의 모임' 회장이 되어 독·소 친선에 힘쓰다가 1933년 아돌프 히틀러(Adolf Hitler)의 탄압으로 스위스로 망명한다. 히틀러 정권의 그의 저서는 물론 방대한 컬렉션까지 압수해 소각해버렸다. 푹스의『풍속의 역사』는 도서출판 까치에서 1986~1988년 사이에 네 권으로 출판된 바 있다.

임을 당대의 수많은 그림을 가지고 설명해준다. 어떤 측면에서는 마르크스가 경제 · 철학 · 역사의 이론으로 체계화하려고 했던 역사 발전의 추상적 서술을 민화 · 만화 · 민요 · 속담 등 가장 낯익고 귀에 익은 표현물을 총동원해 읽는 이의 손에 쥐어주듯이, 눈앞에 진열해주듯이 친절하게, 그리고 쉽고 즐거운 방식으로 가르쳐준다(『새는』, 377).

리 선생은 이 책을 읽으며 푹스의 '박물관'과 '미술관'을 순례하다 보면 정치 · 경제 · 문화 · 종교 · 예술 · 역사 · 민속 등 모든 분야에서 새롭고 깊은 안목을 갖게 된다고 극찬한다. 또한 읽는 것이 늘 즐거웠고, 읽을 때마다 새로운 생각의 지평을 열어주는 '놀라운 책'이라고 말한다.

푹스의 책을 읽어보면 내용이 도발적이면서도 정곡을 찌른다는 것을 알 수 있다. 가령 이런 부분 때문이다.

일부일처제는 점점 커져가는 부가 한 사람의 수중에, 즉 남자의 수중에 집중되고 따라서 그 부를 그 남자의 자식들에게 상속시킴으로써 타인의 자식들에게 넘겨주지 않으려는 요구에서 발생했다(『풍속의 역사 I』, 13).
옷은 계급 차별의 가장 중요한 방법의 하나이다. 따라서 새로운 옷은 언제나 지배계급에서 나타난다. 그 계급은 그들을 하층계급과 외관적으로 구별하고, 그들의 높은 사회적 지위를 노골적으로 나타내기 위해 끊임없이 열을 올리는 것이다(『풍속의 역사 III』, 53).
자본주의의 발흥은 여성이 가정으로부터 해방되는 기회를 만들었던 탓에 동시에 여성의 이러한 억압(가령 가내 노예, 분만 도구, 향락 도구)을 송두리째 폐지하기 위한 전제 조건을 만들었다. 가사로부터 해방과 함께 여성해방은 시작되었다(『풍속의 역사 IV』, 351).

빅토르 위고의 『레미제라블』은 리 선생이 분주한 생활 속에서도 틈나는 대로 읽었던 책이다. 리 선생이 1989년 '한겨레신문 방북 취재 기획' 건으로 구속되었을 때 딸 미정에게 보낸 편지를 보면, "임재경 선생에게 『레미제라블』과 『셰익스피어』(전집)를 빌려서 넣어다오"라는 내용이 있다. 리 선생은 그 길고 '지루한' 『레미제라블』을 평생 세 번 정독한다. 한 번은 일어판이었고 두 번은 불어판이었다.

첫 번째는 일제 치하의 중학생 때 일본어판 세계문학 전집 중의 한 권으로 읽었다. 번역본의 제목은 『憶! 無情』이었다. 여러 대목에서 눈물을 흘렸던 기억이 난다. 두 번째는 박정희 정권 말기에 2년 동안 형무소 생활을 하던 중에 프랑스어 공부를 위해서 국역본과 대조하면서 읽었다. 그 책에는 "수번호 3710"이라고 기록된 독서 열독 허가증이 20년 가까이 지난 지금도 빛이 바랜 채 그대로 붙어 있다. 이때 워낙 단단히 공부했던 탓에 이번에는 사전도 별로 찾지 않고 즐겁게 끝낼 수 있었다(『코』, 68).

앞의 글은 ≪창비문화≫ 1995년 3, 4월 호에 실린 「쉬운 문학, 아쉬운 정신」의 일부다. 리 선생이 감옥에서 『레미제라블』에 몰입했던 이유는 우선 불어 공부를 제대로 해보고 싶어서였다. 읽으면서 위고 특유의 집요할 정도로 구체적이고 생생하며, 실증적이기까지 한 역사와 사회 현실 등에 대한 묘사에 매료된다.

예를 들면, 소설의 중요한 고비인 1831년 7월혁명의 묘사에 앞서, 나폴레옹 공화제 이후의 정치, 사회, 문화의 변화, 공화파와 왕당파의 세력 변동, 특히 그 시기 프랑스의 계급 구조, 귀족과 대중의 생존 양식 등이 온갖 현실적 근거를 토대로 거의 30쪽 분량으로 서술되어 있다. 조금은 지루하지만, 새로운 지식과 발견과 이해를 가지고 소설의 흐름 속으로 독자를 끌어들인다. 그와 같은 그의 정밀하고도 방대한 정치적·사회과학적 탐구의 노력은 오직 경탄스러울 뿐이다(『코』, 69).

파리의 건달이나 부랑아들이 쓰는 20쪽에 달하는 은어 서술이라던가, 그 구조의 '불가사의'로 유명한 파리의 하수도망을 25쪽에 걸쳐 사전 설명하고 나서야 장발장과 자베르 경위의 숨 막히는 추격전을 배치함으로써 독자들에게 확실한 감동과 재미를 선사할 수 있었다는 것이다. 리 선생은 『레미제라블』을 통해 시나 소설뿐만 아니라 논문이나 잡문도 '각고(刻苦)한' 흔적이 뚜렷할 때 감동을 줄 수 있다는 것을 배운다.

사람들

학생 시절부터 각별했던 김구(1876~1949) 선생에 대한 존경심은 평생 이어졌다. 초등학교를 졸업하고 월남해 '유학 생활'을 한 리영희는 김구 선생의 사심 없는 민족애와 애국심, 그리고 대중적 정의를 자신의 바탕으로 삼고 싶었다. 남한에서 홀로 지내며 유일하게 존경했던 김구 선생이 1949년 6월 26일 친일파 육군 소위 안두희에게 암살되자 리 선생은 비탄에 잠긴다. 선생은 백범 추모식에 참석해 '백범추도가'를 부르며 통곡한다(『역정』, 125~126).

오호, 여기 발 구르며 우는 소리
지금 저기 아우성치며 우는 소리
하늘도 땅도 울고 바다조차 우는 소리
끝없이 우는 소리
임이여 가십니까, 임이여 가십니까

이 겨레 나갈 길이 어지럽고 아득해도

임이 계시옴에 든든한 양 믿었더니

두 조각 갈라진 땅 그대로 버리시고

천고의 한을 품고 어디로 가십니까

어디로 가십니까

　

리 선생은 수십 년이 흘러도 추도가를 생생하게 기억했다. 1959년 9월 미국 연수를 떠나면서 여권을 신청할 때다. 존경하는 사람을 적는 난에 당연히 김구 선생을 적었다가 승강이를 벌이기도 했다. 김구 선생을 무한히 존경하는 이유는 단순했다. 김구 선생이 '사심 없이' 동포를 사랑했고, 민족의 자주독립을 염원하고, 외세에 굴종하거나 예속되는 것을 거부하며, 민족의 분단을 한사코 반대한 정치인으로 비쳤기 때문이다. 동시에 '지식'을 자랑하지 않고 늘 실천하는 사람이었고, 하늘을 우러러 부끄러움 없이, 또 땅을 굽어보아도 두려움이 없는 삶을 살았다고 생각했다(『자유인』, 38~43). 백범의 강직함과 비타협적·외골수적 태도와 사심 없는 민족주의는 리영희 선생 이후의 삶과 비슷한 면이 있다.

리 선생은 살아생전 서재에 복제한 김구 선생 휘호를 한 폭 걸어놓고 살았다. 김구 선생이 백기완 선생에게 써준 서산대사의 시 '답설(踏雪)'을 복제한 것이었다.⁸

---

8 많은 사람들이 '답설(踏雪)'을 서산대사의 시로 알고 있으나, 성균관대학교 안대회 교수는 이 시가 조선시대 임연당(臨淵堂) 이양연(李亮淵, 1771~1853)의 작품이라고 보고 있다. 이 시가 서산대사의 문집인 『청허집(淸虛集)』에는 실려 있지 않고, 이양연의 시집인 『임연당별집(臨淵堂別集)』에 실려 있으며 1918년 장지연이 펴낸 『대동시선(大東詩選)』에도 이양연의 작품으로 올라 있기 때문이다. 이양연의 한시 '야설(野雪)'의 원문은 다음과 같다. 穿雪野中去 不須胡亂行 今朝我行跡 遂作後人程. 두 글자 踏(답) → 穿(천), 日(일) → 朝(조)만 다르다(≪조선일보≫, 2013년 2월 19일 자 칼럼 "가슴으로 읽는 한시").

눈 덮인 들판을 걸어갈 때
함부로 어지럽게 걷지 마라
오늘 나의 발자국은
뒷사람들의 길잡이가 될지니[9]

리영희는 이 글을 앞에 놓고 자신을 들여다보면서 부끄러움으로 스스로를 비판하고 반성한 적이 많았다(『자유인』, 41). 백범은 해방 직후 적어도 2년간 너무도 흐트러진 걸음을 보였지만 리영희는 시종일관 똑바로 걸었다. 이 말을 더 잘 실천에 옮긴 인물은 백범이라기보다 리영희다(강준만, 2004: 8). 리 선생이 나이 들어서도 김구 선생을 존경하고 늘 생각했던 것은 해방 후 대한민국이 친일파에 의해 장악된 현실에 대한 '분노'와 관련이 있다.

해방 이후 당시 세계의 50여 개국을 제외한 나머지는 대다수가 과거 제국주의의 지배를 받았던 신생 독립국가들이었습니다. 그런데 100여 개가 넘는 나라들 가운데 과거에 민족 반역자 노릇을 한 자를 자기 나라의 대통령으로 모신 나라는 남베트남과 한국밖에 없습니다. …… 심지어는 자기 부인에게 3000켤레의 구두를 장만케 하여 빈축을 샀던 필리핀의 마르코스조차도 과거에 독립운동을 했던 사람입니다(『새는』, 244~245).

이 글은 1992년에 쓴 「김구 선생 암살범 안두희의 교훈」 중 일부다. 리승만은 반민특위마저 무력화시킴으로써 한국이 식민 잔재를 청산할 기회

---

9 踏雪野中去(답설야중거) 不須胡亂行(불수호란행) 今日我行跡(금일아행적) 遂作後人程(수작후인정).

를 봉쇄해버렸다. 이후 우리의 역사는 친일파의 관점에서 재구성되어 교육되고 있는 현실이다. 리 선생은 특히 지금의 젊은이들이 '친일파'들에 의해 주입된 지적·정신적·사상적 마취에서 깨어나야 한다고 역설한다.

다음으로 꼽을 수 있는 인물은 중국의 루쉰[10]이다. 리영희는 루쉰의 글을 이용해서 글을 쓰기도 했고 루쉰에 관한 소회를 적은 글을 몇 편 남기기도 했다.[11] 다음은 1922년 12월에 나온 루쉰의 소설집 『외침(吶喊)』의 서문에 나온, 옛 친구와 대화를 나누는 대목이다. 루쉰이 허송세월하고 있다고 생각한 친구가 글이나 좀 써보라고 하자 이렇게 답한다.

가령 말일세, 쇠로 만든 방이 하나 있다고 하세. 창문이라곤 없고 절대 부술 수도 없어. 그 안엔 수많은 사람이 깊은 잠에 빠져 있어. 머지않아 숨이 막혀 죽겠지. 허나 혼수상태에서 죽는 것이나 마찬가지니 죽음의 비애

---

10 루쉰(魯迅, 1881~1936)은 중국의 소설가다. 본명은 저우수런(周樹人)이며 루쉰은 어머니 쪽 성을 따서 지은 필명이다. 저장 성(浙江省) 사오싱 시(紹興市)의 지주 집안에서 태어났다. 「아Q정전」, 「광인일기(狂人日記)」 등의 소설과 서신, 일기 등 여러 권의 책을 남겼다. 17세 때 난징 시의 광무철로학당을 졸업하고, 22세 때 관비로 일본으로 유학을 가, 고분학원(弘文學院)에 입학했다. 그곳에서 일본어와 과학 기초 지식을 배운 뒤 1904년 9월부터 센다이 의학전문학교에 다녔다. 1909년 귀국해 향리에서 교원으로 지내며 1918년 「광인일기」를 발표한다. 1926년 장제스 정부의 수배령이 떨어지자 상하이로 도피해 정착한다. 1936년 55세를 일기로 세상을 떠날 때까지 글, 강연, 판화 운동 등을 통해 중국 현실과 필사적인 싸움을 벌였다. 20여 권의 루쉰 전집을 남겼으며, 루쉰 전집은 젊은 국내 연구자들에 의해 거의 국역이 완료되었다.
11 리영희가 루쉰의 글을 이용해 쓴 글로 「왔다(來了)!」(『분단』), 「지식인과 기회주의」(≪동아일보≫, 1987.7.6), 「파시스트는 페어플레이 대상이 아니다」(≪월간 중앙≫, 1988년 12월 호) 등이 있다. 루쉰에 관해 쓴 글로는 「노신과 나」(≪역사춘추≫, 1988년 7월 호), 「노신에게서 발견하는 오늘의 우리」(『아침꽃을 저녁에 줍다』, 루쉰·이욱연 옮김, 1991, 발문), 「영원한 스승 노신」(『새는』), 「나의 스승 노신」(『관악』, 1995), 「내 평론 활동의 위대한 스승」(월간 ≪말≫, 1997년 2월 호), 「노신의 작품에는 왜 조선이 없는가」(『21세기』) 등이 있다.

같은 것은 느끼지 못할 거야. 그런데 지금 자네가 고래고래 소리를 질러 의식이 붙어 있는 몇몇이라도 깨운다고 하세. 그러면 이 불행한 몇몇에게 가망 없는 임종의 고통을 주는 게 되는데, 자넨 그들에게 미안하지 않겠나?(루쉰, 2010b: 26)

리 선생은 이 글을 『우상과 이성』 첫머리에 소개하며 헌사로 삼았다. 리영희는 어느 날 이 구절들을 읽는 순간 무덤에서 루쉰이 자신을 타이르는 소리라는 생각이 들었고, 맹목적이고 광신적이며 비이성적인 반공주의에 마취되어 있는 사람들의 의식을 바로잡아주는 일에 삶을 바치겠다고 결심한다(『자유인』, 355). 이후 리영희는 평생 루쉰을 인간으로 존경하고 그의 글을 늘 읽으며 은사로 모시고 살았다. 루쉰의 글과 삶은 리영희 글과 삶에 분간할 수 없이 녹아들어 큰 영향을 끼치게 된다(『새는』, 365). 구체적으로 루쉰의 사상, 억눌린 민중에 대한 간절한 사랑, 뼈를 후비는 것과 같은 신랄한 비평 방법 등이 그것이다.

지난 한 시대에 내가 이 사회와 지식인과 학생들에게 어떤 영향을 준 것이 있다면, 그것은 간접적으로 노신의 정신과 문장을 전달한 것에 지나지 않는다. 나는 그 역할을 자처했고 그것에 만족한다(『코』, 82).
나의 글 쓰는 정신이랄까, 마음가짐이랄까 하는 것은 바로 루쉰의 그것이에요. 글쓰는 기법, 문장 미(美), 속에서 타는 분노를 억누르면서 때로는 정공법으로, 때로는 비유·은유·풍자·유머·해학·익살로 상대방을 공격하는 세련된 문장작법을 그에게서 많이 배웠지요(『대화』, 729).

루쉰의 문체나 스타일뿐만 아니라 글을 어떻게 써야 하는지, 누구를 위해 써야 하는지를 루쉰을 읽음으로써 터득하게 된다(『대화』, 383). 쉬운 글을 써야 한다는 점과 민중에 대한 애정이 그것이다. 특히 루쉰은 여러 소설 작품을 통해 민중을 감상적으로 미화하지 않고 그들이 무지와 탐욕, 이기주의, 겉치레와 유교적 친족주의에 함몰되어 있음을 냉정하게 묘사하면서도 그들에 대한 따스함을 잃지 않았다.

루쉰에 대한 리 선생의 애정은 평생 계속된다. 리 선생이 백범을 존경한 이유는 애국투사 김구의 강한 민족주의 이미지 때문이었지만, 루쉰의 경우 그의 글과 삶을 꼼꼼히 읽으면서 얻은 '공감대'에 근거하고 있다. 리 선생은 정년 후 '루쉰의 나라'에 가서 루쉰에 대해 중국어로 대화하고 싶다며 중국어 회화 학원에 다니기도 했다. 리 선생은 마비 증세가 호전된 2003년에 루쉰의 고향을 방문했는데, '나의 고향에 온 듯한 따스함과 정겨움'을 느끼고 '루쉰과 함께 우는 리영희'를 발견하기도 한다(『대화』, 729~730). 루쉰과 리 선생의 삶과 글은 여러 가지로 닮았다. 루쉰의 글에 대한 리 선생의 다음과 같은 평가는, 지금 우리가 리 선생의 글을 평가하는 것과 다르지 않다.

노신은 소설에서나 평론에서나 '과거의 일로써 오늘과 지금을 설명하고 미래의 일을 예언'하는 방법을 쓴 문학가이다. 우리는 70년 전의 일을 읽으면서 오늘처럼 느낀다. 그 시대의 중국 사회를 읽으면서 바로 오늘의 남한과 나를 발견한다. 그것은 놀라운 경험이 아닐 수 없다(『아침꽃을 저녁에 줍다』, 1991, 발문).

정리해보면 리 선생이 루쉰에게서 배운 것을 글쓰기의 방법과 삶의 기본자세로 나눠볼 수 있다. 누가 읽어도 쉽게 이해할 수 있는 글을 쓰는 것이다. 그러기 위해서는 이론이 아니라 구체적인 증거와 자료를 제시하는 것이 중요하다. 루쉰의 글은 전혀 현학의 냄새가 없고, 재미있다. 루쉰이

산 시대가 글을 제대로 쓸 수 없었던 '반지성'의 시대였기 때문에 역설, 해학, 완곡, 비유 등의 방법을 통해 글을 썼다. 이것은 리 선생 글쓰기에 전적으로 계승된다고 볼 수 있다. 더 중요한 것은 어느 순간에나 '민중 속에 민중과 함께'하려 했던 루쉰의 자세였다. 루쉰이 민중을 속이는 모든 권력이나 허위의식과 싸우는 전사였듯이, 리 선생도 한평생 그렇게 살았다.

리 선생이 평생 존경하고 의지했던 동시대인으로 무위당(无爲堂) 장일순[12] 선생을 꼽을 수 있다. 리 선생은 장 선생을 '벗으로서 사귀게 된 것이 하늘이 내린 축복'(『대화』, 561)이라고까지 말했다. 장 선생은 리 선생보다 겨우 한두 살 위였지만 리 선생은 장 선생을 인격, 사상, 품위, 경륜 등 모든 면에서 10년 이상 위로 모시며 존경하고 의지했다고 한다. 리영희는 1970년대 초 가톨릭공동체운동에 흥미를 느껴 원주에 가서 처음으로 장일순 선생을 만나게 된다. 이후 리영희는 수시로 원주에 가서 장 선생을 만난다. 장 선생이 살던 마을 앞개울에 가서 멱을 감고, 저녁에는 소주잔도 기울이면서 많은 감화를 받는다.

내가 일면적이고 평면적인 사고나 사상과 정서로 인간적 포용력을 못 가

---

12 장일순(1928~1994)은 1928년 강원도 원주에서 태어나 1994년 원주시 봉산동 자택에서 67세를 일기로 영면했다. 원주초등학교를 졸업하고 원동교회에서 천주교 영세를 받은 후 서울로 유학, 배재중학교(5년제)를 마치고 1945년 서울공업전문대에 입학했다가 국대안반대운동으로 제적된다. 1946년 서울대학교 미학과(1기)에 다시 입학한다. 6·25 전쟁 때는 군속으로 입대해 거제도 포로수용소에서 통역관으로 복무하고, 1952년에 다시 원주로 돌아온다. 5·16후 사상범으로 춘천형무소에 수감되었던 3년을 제외하고는 평생 원주를 떠나지 않았다. 1960년대 이후 민주화 운동의 대부였다. 해월 최시형을 스승으로 삼았고, 지학순, 김지하 등과 소외된 이웃을 살리기 위한 농촌 운동, 한살림 운동 등을 펼쳤다. 저술한 책은 없지만 사후에 '제자'들이 구술 자료들을 모아 엮은 책이 있다. 『무위당 장일순의 노자이야기』(1993), 『나락 한 알 속의 우주』(1997), 『좁쌀 한 알』(2004) 등이다. 장 선생은 호를 처음에 호암(湖岩)에서 1960년대에는 청강(靑江)으로 1970년대에는 무위당(无爲堂)으로 , 1980년대에는 일속자(一粟子)로 바꿔 사용했다.

진 데 비하여, 그분은 다면적이고 복합적이고도 중층적이면서 아무 모순 없이 이질적으로 보이는 제반 사상들을 하나의 커다란 용광로처럼 융화시켜 나가는 분이었어요. 그 인간의 크기에 압도되지(『대화』, 468).

무위당의 그 넉넉함과 우주적 사유는, 언제나 당당하고 강하게 최고 권력과 정면 대결을 불사하던 리영희에게 큰 위안을 준다. 장일순은 평생 가톨릭교도였지만 해월의 동학사상에 심취해 있었고, 불교에도 조예가 깊었다. '살아 있는 노자'라고 할 정도로 『도덕경』에도 해박했다. 당대 권력의 허위와 폭압에 맞서 진실을 밝히고, 말을 바로 세워[正名] '파블로프의 개'로 전락한 대중을 계몽하는 일에 매진하고 있던 리영희에게 장일순의 우주적 사유는 충격이자 감동이었다. 장일순을 친아버지와 스승처럼 존경한다는 김지하 '말씀'이라는 시에서 장일순 선생을 이렇게 그렸다.

하는 일 없이 안하는 일 없으시고
달통하여 늘 한가하시며 엎드려 머리 숙여
밑으로 밑으로만 기시어 드디어는
한 포기 산속 난초가 되신 선생님 ……

1991년부터 격월간 환경전문지 ≪녹색평론≫을 발행하고 있는 김종철도 장일순의 '계승자' 중 한 사람이다. 장일순이 노자를 통해 '생명의 근원[神性]'을 이해한 방식과 가르침의 핵심을 이렇게 말한다.

장일순 선생은 노자가 말하는 세 가지 덕목[13] 중 하나인 "세상 사람들 앞

---

13 『도덕경』 67장에 나온다. 我有三寶 持而保之 一曰慈 二曰儉 三曰不敢天下先. 慈故能勇 儉

에 감히 나서지 않는다(不敢天下先)"라는 구절을 즐겨 인용했다. 이것은
물론 처세술이 아니라 비폭력주의 행동의 원칙을 말한 것으로 해석할 수
있다. 다시 말해서, 이 세상의 모든 목숨붙이들이 평화롭게 공존하고 저
마다의 타고난 자유를 누릴 수 있게 하려면, 무엇보다도 우리 각자가 자기
중심적 배타적 권력 욕망에서 벗어나서 스스로 가난해지기를 자발적으로
선택해야 한다는 얘기인 것이다(김종철, 1999: 214).

욕망으로부터의 해방과 개인주의로부터의 해방, 이것이 장일순 사상
의 핵심이다. 지금까지 우리 자신을 지배해왔던 더 크고, 더 빠르고, 더
힘 있고, 더 많은 것을 무조건적으로 탐하는 욕망의 구조에서 해방되는
것과 개인주의 자아 개념에 갇혀 세상으로부터, 타자로부터 그리고 자기
자신으로부터 분열, 고립되는 어리석음에서 벗어나야 한다는 것이다. 리
선생은 무위당을 '살아 있는 노자'라고 불렀다. 그의 행동, 실천, 가르침의
방식이 노자의 현현이라고 생각했기 때문일 것이다.

"처무위지사 행불언지교(處無爲之事 行不言之敎). 함이 없이 일을 처리하
고, 말하지 않고 가르친다"라는 노자의 정신을 실천했지.[14] 이처럼 무슨

故能廣 不敢天下先故能成器長(아유삼보 지이보지 일왈자 이왈검 삼왈불감천하선. 자고능
용 검고능광 불감천하선고능성기장). 내가 오랫동안 지녀온 세 가지 보물이 있으니, 첫째
가 자애로움이요, 둘째가 검소함이요, 셋째가 바로 감히 천하 앞에 나서지 않는 것이다. 자
애롭기 때문에 용감할 수 있으며, 검소하기 때문에 널리 베풀 수 있으며, 천하 앞에 서지
않으므로 오래 보존되는 그릇이 되는 것이다(이경숙 옮김).

14 『도덕경』 제2장 중간의 구절이다. 是以聖人 處無爲之事 行不言之敎 萬物作焉而不辭 生而
不有 爲而不恃 功成而不居 夫唯不居 是以不去(시이성인 처무위지사 행불언지교 만물작언
이불사 생이불유 위이불시 공성이불거 부유불거 시이불거). 그러므로 성인은 일에 처하여
꾸미지 않고, 말 없이 가르침을 행한다. 만물을 자기 손으로 만들었다고 해도 자랑하지 않
아서 있어도 없는 듯하다. 꾸밈에 의지하지 않으며, 공을 이루어도 그 공을 쌓아두지 않기

일에나 스스로 작위함 없이 살면서 그는 천주교의 개혁과 나아가 한국 기
독교의 병폐와 고질을 바로잡는 교회 내부 운동의 원천이 되었어요. ……
또 사회문제에 대해 설교 같은 언사를 전혀 말한 일이 없음에도 불구하고
그의 사상은 은연 중에 한국 온 누리에 번졌어. 정치적으로 민주화 운동
으로 발전했고, 인간 생존적 측면에서는 인권 운동으로 발전했으며, 생명
존중 사상을 원리로 하는 '생명 운동'을 전파하고 실천하는 씨앗이 되었어
(『대화』, 561~563).

평생 장 선생은 나서지 않고도 일하고, 말하지 않으면서도 가르침을 베
풀어 한국 사회가 더욱 사람 사는 세상에 가까워지는 데 크게 기여했다는
것이다. 사실 리영희는 젊은 시절부터 노자의 가르침을 가슴에 새기고 있
었다. 1957년 합동통신에 입사한 후 좌우명을 '대교약졸(大巧若拙)'이라고
방에 써 붙이고 살았다(리영희 선생 화갑 기념 문집 편집위원회, 1989: 581).
고도의 숙련은 오히려 서투른 것처럼 보인다는 '대교약졸'도 『도덕경』의
한 구절[15]이다.

장 선생은 1989년 리영희 선생이 회갑을 맞았을 때 축하 글씨와 서화
를 보냈다. 글은 "한매춘심(寒梅春心: 매화는 추운 겨울에도 따뜻한 마음을 잃
지 않는다)"이었다. 서화는 무위당 특유의 난(蘭) 그림에다 "자정기심즉년

때문에 그 공이 떠나지 않는다. 리영희가 지적했듯이 이 구절은 장일순의 삶을 요약해놓은
것 같다. '살아 있는 노자'라고 할 만하다.

15 『도덕경』 제45장에 나온다. 大成若缺 其用不弊 大盈若沖 其用不窮 大直若屈 大巧若拙 大
辯若訥 躁勝寒 靜勝熱 淸淨爲天下正(대성약결 기용불폐 대영약충 기용불궁 대직약굴 대
교약졸 대변약눌 조승한 정승열 청정위천하정). 크게 이룬 것은 흠이 있어 보이지만 아무
리 써도 해지지 않으며, 꽉 찬 것은 빈 듯 보이지만 아무리 써도 고갈되지 않는다. 고도의
숙련은 오히려 서투르게 보이며 아주 잘하는 말은 더듬는 것처럼 들린다. 돌아다니면 추위
를 이길 수 있고, 가만히 있으면 더위를 이길 수 있으니, 정녕 천하를 바르게 하는 것은 맑
음과 깨끗함이다.

년익청(自淨其心則年年益淸: 스스로 마음을 깨끗이 하면 나이를 먹을수록 더 맑아진다)"라는 글씨를 배치했다. 두 편에서 모두 마음가짐을 강조하고 있는 것이 이채롭다. 『도덕경』 45장에서는 맑음[淸]과 깨끗함[淨]으로 천하를 바로잡을 수 있다고[淸淨爲天下正] 보았다. 무위당은 1994년 위암으로 별세한다. 원주에 사는 지인으로부터 서거 소식을 듣고 리 선생은 바로 장일순 선생 댁으로 달려가 조문한 뒤, ≪한겨레신문≫에 조사를 쓴다.

세상이 온통 적막하여 숨소리를 내기조차 두려웠던 30여 년 동안 선생님은 …… 전선에서 비틀거리는 자에게는 요기를 주시고, 싸움의 방법을 모르는 이에게는 지혜를 주셨습니다. 회의를 고백하는 이에게는 신앙과 신념을 주셨고, 방향을 잃은 이에게는 사상과 철학을 주셨습니다. 선생님은 언제나 공과 명예를 후배에게 돌리시는 민중적 선각자이시고 지도자이셨습니다. 원주의 그 잡초가 무성한 집은 군부독재 아래서 치열하게 싸우다가 지친 동지들이 찾아가는 오아시스였고, 선생님은 언제나 상처받은 가슴을 쓰다듬는 위로의 손을 주셨습니다(≪한겨레신문≫, 1994.5.22).

리 선생의 삶은 늘 긴장과 '투쟁'의 연속이었다. 본인의 선택이라기보다 시대가 그러했고 그러한 '운명'을 회피하려 하지 않았기 때문이다. 유신과 군사독재 시대를 살아간 많은 사람들에게 그러했듯이 리 선생에게도 무위당은 오아시스 같은 존재였다. 기자와 실천하는 지식인으로 50여년을 사는 동안 리영희는 좌고우면이나 관조하며 살 수가 없었기 때문에 장일순이라는 존재가 더욱 소중했다고 생각된다. 2001년 11월 투병을 하면서 전표열 선생과 무위당에 대한 이야기를 나눈다. 그 오랜 시간 틈나는 대로 만나 밤새워 이야기 나누며 지냈던 장일순 선생 같은 분을 이후에 만난 적이 있느냐는 질문에 대한 리 선생의 답이다.

없습니다. 세상에는 어딘가에 산에서 도인 생활 하시는 분들도 있고 하겠지만, 그런 크기를 지니고 사회에 밀접하면서도 사회에 매몰되지 않고, 인간 속에 있으면서 영향을 미치고 변화를 시키면서도 본인은 항상 그 밖에 있는 것 같고, 안에 있으면서 밖에 있고, 밖에 있으면서 인간의 무리들 속에 있고, 구슬이 진흙탕에 버무려 있으면서도 나오면 그대로 빛을 발하고 하는 그런 사람은 이제 없겠죠(리영희·전표열, 2002: 70).

장일순 선생 이외에도 리 선생이 고난의 시대를 지내면서 깊은 인연을 맺고 살았던 사람들은 많았다. 리 선생의 교우관은 명확하다. 요컨대 '20년은 사귀어야' 그 사람을 웬만큼 알 수 있고, '30년쯤 사귀어야' 극한 상황 속에서도 믿을 수 있다는 것이다. 그러면서 "먼 길을 가야 말의 힘을 알 수 있고, 긴 세월을 지내봐야 사람의 마음을 알 수 있다[路遙知馬力 日久見人心]"는 『명심보감』의 한 구절을 인용한다.[16] 리 선생이 이런 깐깐한 기준으로 판단해볼 때 변함없었던 벗들은 다음과 같다(『대화』, 559~561).

옛날 합동통신사 초년병 시대, 즉 50년대부터 변함없는 벗으로 삼는 정도영(鄭道永) 씨와 이활수(李曰洙) 씨가 있어. 그 이후의 시기에 고난을 같이하고 서로 마음을 터서 살아온 분들로는 백낙청과 고은이 있고, 60년대 초부터 오늘까지 변함없는 우의를 유지하고 있는 과거 조선일보사 동료 임재경 씨와 내가 외신부장이 된 65년에 수습기자로 들어왔다가 75년에 ≪조선일보≫ 언론 자유투쟁을 선도하여 강제 해직된 후배인 신홍범, 정태기가 있지. 교수 시절부터를 말하면 한양대 이강수 교수와 고 이수인 영남대 교수를 들 수 있어요. 70년대부터의 수난시대를 더불어 겪어온 지

---

16 『명심보감(明心寶鑑)』, 「교우편」, 교우(交友) 8.

우들로서는 장을병, 김상현, 한승헌, 고 이상두, 윤형두, 임헌영 등이 있어요. 내 여러 차례에 걸친 사건을 변론해주고 인간적 유대로 얽힌 이돈명, 홍성우, 조준희, 고 황인철 등 변호사 몇 분이 있지요. 그 밖에 광주의 조성삼(趙省三)도 있고, 세어보니 나에게도 좋은 우인들이 적지 않은 셈이군! 이것도 다 큰 복이라고 할 수 있지.

리 선생은 이러한 '힘은 없고 겁만 많은 벗들이' 보여준 사랑이 없었다면 험난했던 시절을 버티지 못했을 것이라고 단언한다. 리 선생은 정의와 역사의 발전을 믿는 따뜻한 마음씨의 지인들과 더불어 반세기 이상의 험한 시절을 '행복하게' 살았다.

2. 인간 해방의 논리

리영희가 일생 동안 씨름해온 문제는 그 어떤 체제나 제도가 아닌, 인간 자체였다. 그가 이상으로 삼고 동경했던 그리고 추구했던 인간상은 주체적·헌신적·자기희생적·도덕적 삶을 영위하는 인간들이었다. 동시에 그는 그러한 인간의 자율성과 자유로운 사고를 억압하는 제도와 이데올로기에 늘 비판적 입장을 견지했고 저항했다(정문상, 2006: 234).

휴머니즘

종교가 없었던 리 선생이 평생 믿고 따른 하나의 '신앙'이라면 휴머니즘이다. 평생 글을 쓰고 비판하며 역경을 자초한 것도, 모두 좀 더 사람답게 사는 세상을 만드는 데 기여하겠다는 일념 때문이었다. 리영희 선생의 삶에서 휴머니즘 정신은 비교적 이른 시기에 '애국적 정의감' 형태로 자리

잡는다(박병기, 1999: 399). 이것이 비인간적 군대와 부패하고 타락한 남한의 권력을 목격하면서 비타협적 이데올로기 비판으로 드러난다고 볼 수 있다. 이러한 리 선생 휴머니즘의 사상적 뿌리를 들여다보면 유교적 휴머니즘과 서구의 자유주의 사상이라는 두 물줄기에 연결되어 있음을 알게 된다. 거의 모든 글쓰기와 말하기에 있어 늘 정명을 이야기하는 것이나 인간을 모든 조직과 체제보다 우위에 두는 관점이나, 모두 유교 전통에 뿌리를 두고 있는 면이 있다.

리 선생이 이런 저런 글에서 즐겨 인용하는 중국 고전으로는 『명심보감』, 『관자』, 『논어』, 『맹자』, 『노자』 등을 들 수 있다. 『명심보감』은 어린 시절 부친에게서 배운 듯하고, 『관자』, 『논어』 등은 중학교 때 김경탁 선생에게 배웠다고 한다(『분단』, 248).

김경탁 선생도 이휘재 선생처럼 끝까지 창씨개명하지 않은 "김경탁(깅게 이따구)"이었다. 이 선생과는 대조적으로 체구는 왜소하고 깐깐해서 풍채는 별로 인상적이지 않았지만, 근엄하고 과묵해서 바로 조선의 '선비'형 교사였다. 해방 후 곧 성균관대학과 고려대학 교수로 옮겨간 김 선생은 일제시대에 조선에서 출간된 유일한 중국어 사전의 저자였다. 그런 학문적 실력을 갖춘 교사가 나의 학교에 있었다는 것은 조선인 학생들의 대단한 자랑이었다. 나의 서툰 한문 지식과 중국어는 김 선생의 가르침 덕분이다(『역정』, 64).

리 선생은 「불효자의 변」과 같은 글에서 공맹사상을 '공교(孔敎)'로 삼아 훈고학적이고 현학적으로 '남용'하는 것에 대해 비판적이었지만, 그들 사상에 담긴 여러 정신을 선별 수용하는 것에 대해서는, 정명론(正名論)의 신봉에서 알 수 있듯이 적극적이었다. 유교 사상의 본질은 왜곡과 변형으로 어용화되고 제도화된 상태의 것이 아니라 그 원형적 상태, 순수한 상태를 대상으로 연구해야만 그 본질적 의미를 포착할 수 있다는 사실을 충분히 이해하고 있었다는 이야기다. 고은 선생도 "아마도 그에게는 원시 유교나 중국 불교, 그리고 노장 철학과의 깊은 교감이 있을지 모른다"고 말한 적이 있다(고은, 1990: 408).

유교를 상징하는 말은 '어질' 인(仁)이다. 仁이란 글자를 풀어보면 '두 사람[二人]'이다. 그러니 어질다는 말은 타인을 존중하는 것을 말하며, 즉 인간 존중이 삶에 있어 가장 중요한 요소라는 사실을 강조하는 말이다. 예(禮)도 마찬가지다. 맹자가 "사양하는 마음이 예의 맹아다"(『맹자』, 「공손추상」)라고 말한 것처럼 사양하는 마음으로 인간을 공경하는 것이 예의 근본 의미다.

유교는 휴머니즘적인 사상이기 때문에, 유교 그것은 인간을 신뢰하고 인간성을 긍정하고 인간의 생명과 인간의 주체성과 인격을 존중하고 현실적인 생활을 중요시하고 인간관계와 인간사회 그것을 존중하며 인간적 문화와 교양을 존중함에 그 특질을 두게 된 것이다. …… 유교의 사상적 본질은 인간존중주의·행동중심주의·사회중심주의·교양주의 등이었거니와 …… 그것은 대체로 종교적·윤리적 휴머니즘, 자연주의적 휴머니즘, 사회적 휴머니즘, 고전주의 휴머니즘 측면에서 이해해도 좋을 듯하며 …… (도광순, 1976: 601).

유교 사상 자체가 포괄적이고 통섭적이기 때문에 우리가 휴머니즘이라고 부를 수 있는 모든 개념인 인도주의와 인본주의, 인간주의와 인문주의 요소를 모두 포함하고 있다고 봐도 무방하다는 것이다(도광순, 1976). 리 선생의 휴머니즘이 어디에서 연원하고 있는지 짐작할 수 있다. 리 선생 휴머니즘의 근간은 인간의 자유와 인간에 대한 존중, 이를 구현하기 위한 사회적 실천이라고 볼 수 있기 때문이다. 근간이 인본주의이고 타인이나 사회적 약자에 대한 배려와 공생을 중시한다는 점에서 인도주의, 치열한 학습과 성찰을 통한 자기해방을 추구한다는 점에서 교양으로서의 인문주의와 닿아 있다.

리 선생의 휴머니즘이 더욱 명확하게 드러나는 것은 종교에 관한 글에서다. 리 선생은 1990년대 중반 이후 「내가 아직 종교를 갖지 않은 이유」, 「종교와 독선」, 「예수와 부처의 신자」, 「종교와 신앙 앞에서 망설이는 마음」, 「법정스님이 명동성당에 간 뜻은」(이상 『코』) 등 종교 관련 글을 여러 편 썼다. 리 선생은 어느 종교를 막론하고 그 독선적 행태에 대한 비판을 주저하지 않았지만, '반종교적'이라기보다 인간중심적이었다고 보는 것이 정확하다.

> 나는 '종교'가 없지만, 부처의 자비의 가르침과 예수의 사랑의 계율을 정신생활의 지침으로 여기고 살아간다. 종교라는 낱말에 홑따옴표를 친 까닭은 일요일에 예배당이나 성당에 가서 신부나 목사의 설교를 듣는다든가, 성경책과 찬송가책을 옆구리에 눈에 드러나게 끼고 다니면서 "예수 믿으시오!"를 외치는 식의 '종교'라면 그런 종교를 가지고 있지 않다는 뜻이다.
>
> 마찬가지로 꼭 절을 찾아가서 합장을 한다든가, 아파트의 문에 무슨 종파, 무슨 선방 또는 무슨 절의 신도라는 표시를 붙여놓고 드러내 보인다든가 하는 겉모습을 짓는 것이 불교 '신도'라면 나는 불교 신도가 아니다. 나는 다만 나의 삶에서 성경을 읽고 불경을 읽으면서, 석가모니와 예수의 삶을 따르고 싶어 할 뿐이다(『코』, 36).

주변의 교회나 성당, 사찰을 돌아보면 예수나 붓다의 가르침을 지상에 구현하기는커녕 세속적 욕망의 '본산'이거나 혹은 현실의 죄악과 비리 집단의 은신처이기 일쑤다. 리 선생은 한국의 종교 집단의 경우 예수의 정신과 부처의 계율과는 너무나 동떨어진 일들이 상식이 되어버렸다는 것이 문제라고 보았다. 이런 종교가 인간의 자유와 해방에 이바지할 리 없으니 리 선생은 비판적일 수밖에 없다. 그러한 비판은 궁극적으로 인간의 자유를 억압하는 우상, 제도, 체제, 조직, 권력에 대한 도전이 된다. 오직 자기 종교만 강요하거나 자기의 욕망에 매몰되고 있는 종교인들에 비하면 오히려 리 선생이야말로 진정한 종교 정신의 구현자라고 하는 것이 타당할 것이다(이찬수, 2010: 104).

종교철학자 황필호 교수는 지난 2000년 ≪종교연구≫에 발표한 「어느 휴머니스트의 종교: 리영희 교수의 『스핑크스의 코』를 읽고」라는 논문에서 『스핑크스의 코』 제1부 '종교에 관하여'에 실린 글을 분석한 후 리 선생의 종교관을 '휴머니스트 종교'라고 규정한다. '휴머니스트 종교'의 특성으로 신이 아닌 인간을 위한 종교, 영혼이 아닌 육체를 위한 종교, 누구에게나 공평무사한 종교, 모든 종교 진리의 동일성 강조 등 네 가지를 든다(황필호, 2000: 227~244).

첫째, 종교는 인간을 위해 존재한다는 것이다. 인간의 행복과 생명을 파괴하는 종교는 진정한 종교가 아니다. 이 때문에 리 선생에게 신이 인간을 창조했다는 기독교의 주장이나 인간이 신을 창조했다는 마르크스의 주장은 모두 '본질적'인 문제가 아니다(『코』, 21~22). 인간을 떠난 종교는 이미 종교가 아니기 때문이다. 그는 '하느님의 아들'보다는 '사람의 아들'을 따른다.

둘째, 종교는 영혼보다 육체를 위해 존재해야 한다. 영혼의 행복을 빌미로 육체를 파괴하는 종교는 진정한 종교가 아니다. 도대체 종교가 인간의 영혼을 구해준다는 신념으로 육체를 파괴한다면, 그의 영혼은 어느 육체에 거주할 것인가. "나는 인간이 살아가는 현세를 경시하는 종교 일반의 사상을 이해할 수 없다. 육체가 밟고 살아가야 하는 땅은 지옥이고, 하늘 어딘가에 천당이나 극락이 있다는 생각부터가 못마땅하다"(『코』, 27).

셋째, 종교는 모든 인간에게 공평무사해야 한다. 인종과 국적으로 위장한 종교는 진정한 종교가 아니다. 리영희는 강원도 향로봉 1000m 고지의 혹한 속에서 들었던 어느 성직자의 축도를 회상하면서 이렇게 말했다. "하느님 또는 부처님, 이 전투에서 이 부대가 불구대천의 인민군을 남김없이 무찔러서 역사에 빛나는 전공을 세울 수 있도록 축복해주소서." 대개 그런 내용이었다(『코』, 22). 이런 배타적이고 독선적인 교리로 무장한 집단들을 어찌 종교라고 할 수 있느냐는 것이다.

넷째, 모든 종교는 동일한 진리의 각기 다른 표현일 뿐이라는 사실을 인식해 서로 협력해야 한다. "부처님과 불교의 정신은 '자비'이고 가톨릭과 기독교의 예수의 정신은 '사랑'이다. 동양 고유의 공자와 유교의 정신은 '인(仁)'이다. '자비'와 '사랑'과 '인'은 셋도 아니고 둘도 아니고 하나다. 가톨릭과 기독교의 정신으로서의 예수의 '사랑'의 진수는 '적을 사랑하라'다. 자신에게 가장 가까운 자를 사랑하는 것에서 그치지 말고 '적'까지 사랑하라는 데에 예수와 예수교의 진면목이 있다. 부처님과 불교의 '자비'는 인간에게서 그치지 않고, 가장 미천한 축생을 포함한 뭇 생명에 대한 자비다. 그 속에는 예수교의 '적의 사랑'까지도 들어가니 가장 깊은 사랑이다"(『코』, 58).

이렇듯 종교는 현세의 인간의 위해 존재해야 한다. 사랑과 자비, 관용이라는 진리를 공유하고 있기 때문에 차별할 이유도 없고, 배타할 이유도 없다는 것이다. 그러해야 함에도 한국의 종교는 어떠했는가? 이 땅에서 선량한 사람들이 죽어갈 때 그들은 무엇을 하고 있었는가? 리 선생에게 종교는 휴머니즘과 인간의 해방을 위한 제도 중 하나일 뿐이다.

사상의 자유

휴머니즘을 근본적으로 방해하는 것은 인간의 자유에 대한 억압이다. 존 베리는『사상의 자유의 역사』에서 인간의 역사가 그러한 자유를 억압하는 '우상'과 인간의 자유를 쟁취하기 위한 '이성'의 투쟁의 역사였음을 상세하게 논증한 바 있다. 당연히 리 선생의 휴머니즘은 사상의 자유, 표현의 자유, 나아가 모든 억압으로부터의 자유를 포괄적으로 구현한 상태를 말한다. 이는 식민 시대와 7년여의 동족상잔을 체험하면서 자연스레 형성된 것이다.

'지성인'에 해당하는 나의 삶의 시간적 구간은 약 50년간이다. 6·25 전쟁의 지겹도록 혐오스러운 7년간의 군복무에서 해방되어, 비로소 하나의 자유정신의 인격체로서 1950년대 중엽부터 언론인과 대학교수, 사회비평가와 국제 문제 전문가로서 활동한 현재까지를 말한다. 이 긴 시간에 걸친 나의 삶을 이끌어준 근본이념은 '자유'와 '책임'이었다. 인간은 누구나, 더욱이 진정한 지식인은 본질적으로 '자유인'인 까닭에 자기의 삶을 스스로 선택하고, 그 결정에 책임이 있을 뿐만 아니라 자신이 존재하는 '사회'에 대해서 책임이 있다는 믿음이었다(『대화』, 서문).

리영희에게 인간과 자유는 동의어나 다름없다. 리 선생이 인간의 자유를 억압하는 모든 우상, 어둑서니, 이데올로기와 싸움을 통해 추구했던 것은 인간성 회복과 자유의 실현이었다. 그가 꿈꾸었던 인간적 사회주의는 지금까지 존재했던 사회형태 중에서 가장 인간이 중심이 되는 체제로서 상정했던 것이다. 그렇게 볼 때 리영희 사상의 근간은 자유와 그 자유를 사회적으로 극대화할 수 있는 제도로서 '인간적 사회주의' 혹은 '사회민주주의'로 압축할 수 있다.

하지만 리영희는 스스로 자유주의자로 규정하지 않는다. 서구의 자유주의라는 것이 부르주아가 자유를 자신의 이념으로 선점해서 채택한 것이지 모든 인간이 자유를 누린 것은 아니라는 데에 리영희의 문제의식이 있었다(이순웅, 2008: 210). 리 선생은 자신에게 민족주의건 사회주의건 자유주의건 계몽주의건, 그 말의 일반적 의미 작용이 긍정적이던 부정적이던 상관없이, 어떤 '딱지'를 붙이는 것을 극히 혐오했다. 어떤 이론이 형성되는 단계에서는 현실을 반영했다고 하더라도 그것이 이데올로기가 되면 현실의 객관적 진실로부터 유리된다고 확신했기 때문이다(『대화』, 243). 추상적 개념이나 대상에서 연역하는 식의 생각이나 사유가 우상이거나 우상이 될 가능성이 크다고 보고, 이성의 작용을 통해 이를 명확하게 규정하려는 것이다. 동시에 리영희는 태생적으로 각 체제나 이념, 또는 인간이 갈등하거나 충돌하는 경계에서 사유하는 성향이 있다. 그렇기 때문에 리영희의 사유 체계에는 '진영 논리'가 들어설 자리가 없다.

리 선생은 한 인터뷰에서 "난 휴머니스트입니다. 인도주의자 그리고 평화주의자이고, 덧붙이자면 우상파괴자!"라고 말한 적이 있다(『21세기』, 298). 리영희는 자신이 인간이 중심이 되는 사회를 위해 평생 우상과 싸움을 벌인 사람이라고 생각한다. 그 인간의 본질은 '자유인'이고, 자유인은 사회에 책임을 져야 한다. 자유가 박탈당하면 부자유 상태가 아니라 '인간' 자체가 아닌 것이다(『자유인』, 서문).

리영희에게 중요한 것은 자유라는 추상적 가치가 아니라 자유가 현실에서 구체적으로 작동하고 있는지 여부다. 자유로운 인간이라면 자유롭게 생각할 수 있고, 자유롭게 표현할 수 있어야 한다. '자유민주주의'를 자처해왔던 대한민국 사회에서 그러한 사상의 자유와 표현의 자유는 제대로 보장된 적이 없다. 리영희가 살던 시대에도 그랬고 지금도 그렇다. 반공법과 국가보안법 등이 가로막고 있기 때문이다.

리영희는 그러한 '사상의 자유'와 표현의 자유를 억압하는 권력 때문에 평생을 고통 속에서 살았다. 리 선생은 1978년 11월 26일 감옥에서 자신의 저서를 반공법 위반으로 몰아가는 광기의 현실을 통렬하게 질타하는 「상고이유서」를 쓴다. 리 선생은 "내가 50년 가까이 글을 써왔는데, 나에게 가장 소중한 글이 뭐냐 돌이켜볼 때, 바로 이 「상고이유서」라고 생각한다"고 말한다(『대화』, 490). 표현의 자유의 사회적 필요성을 주창하고 있는 「상고이유서」 결론 부분이다.

> 오늘의 현실은 오늘에 앞서는 30년간의 억압적 언론·출판 정책의 '역사적 결과'입니다. 반공법의 근본적 운영 개선을 요구하는 것은 결코 '이상론'이 아닙니다. …… 적어도 많은 것을 치유할 수 있는 하나의 방법은 있습니다. 언론과 출판의 자유를 존중하고 보장하는 것이라고 확신합니다. 출판과 언론의 폭넓은 자유를 인정하려 하지 않는 사회는 언제까지나 반공법 또는 그와 같은 억압적 법률의 필요성에서 벗어나기 어려울 것입니다. 그런 법률과 운용의 개선을 원하지 않는다면, 언론과 출판 등 민주적 내용이 개화하는 사회는 요원한 먼 꿈일 수밖에 없을 것입니다(『역설』, 388).

민주주의는 개개인이 각기가 속한 공동체에서 평등하며 그 평등한 권리의 주체로서 자신의 의사를 밝힐 수 있는 권리를 전제로 작동한다. 개인 의사표현의 바탕이 생각이고 사상이다. 정치체제나 이데올로기의 억압이나 폭력적 '세뇌'에 의한 것이 아니라 자발적으로 생각한 것을 표출할 수 있는 사상의 자유 없는 민주주의란 공염불에 불과하다.

1980년대 후반 국내 신문과 방송이 민주화되기 전까지 한국 사회의 자유, 언론 자유, 사상의 자유는 철저하게 금압되었다. 그야말로 '암흑시대' 였다. 1979년 말 시대의 '우상' 박정희 대통령이 피살되었을 때 혹은 문민 정부와 참여정부 시절 잠시 변화의 가능성이 보였지만 그때뿐이었다. 구조는 쉽게 변하지 않았다. 리 선생의 언론 출판의 자유 필요성에 대한 주장도 계속될 수밖에 없었다.

사상의 자유가 없는 사회에는 문화, 예술이 꽃필 수 없으며, 심지어 가치 중립적이라고 하는 과학기술도 발전하지 못합니다. 한 예로 문학을 들어 봅시다. 노벨문학상이 한국에서 안 나온다고 한탄하는 소리가 높습니다. 인간의 자유로운 창조 활동이란 진정으로 자유로운 생각(사유, 사상)이 보장되는 가운데 가능한 것이기 때문입니다. …… 광적인 반공 사상은 냉전주의와 하나가 되어서 휴머니즘을 왜곡하는 법입니다. 그것들은 다양한 인간 사상을 짓밟으면서 유일한 가치를 강요합니다.[17]

리영희는 '사상의 도미노 효과를 방지'(강준만, 2004: 322)하는 데 사상의 자유가 필수적이라는 점을 지적한다. 인간의 창의성이란 총체적 성격을 갖기 때문에 국가보안법 등을 통해 특정 영역에서 사상의 자유를 제약하는 한, 한국에서 인문 사회과학이나 문화 예술이 발전할 수 없다는 것이다. 조선시대 도학 정치의 태산북두였던 정암(靜庵) 조광조(趙光祖, 1482~1520)의 '언로(言路) 사상'과 리 선생의 '사상의 자유'의 필요성에 대한 주장은 일맥상통한다. 다음은 정암이 1515년 11월 중종에게 올린 상소의

---

17 리영희, "전환기 시대 민족 지성과 동북아 평화"(강연 녹취), ≪사회문화리뷰≫, 1996년 12월 호. 강준만, 『리영희: 한국 현대사의 길잡이』(개마고원, 2004: 323)에서 재인용.

일부분이다.

　언로(言路)가 통하고 막히는 것은 국가에 가장 관계되어, 통하면 다스려
지고 평안하며 막히면 어지러워지고 망하므로, 임금이 언로를 넓히기에
힘써서 위로 공경(公卿)·백집사(百執事)로부터 아래로 여항·시정의 백
성에 이르기까지 다 말할 수 있게 하나, 언책(言責)이 없으면 스스로 말을
극진하게 할 수 없으므로 간관(諫官)을 두어 그 일을 맡게 하는 것이니,
그 말이 혹 지나치더라도 다 마음을 비워 놓고 너그러이 받아들이는 것은
언로가 혹 막힐까 염려하기 때문입니다. 근자에 박상(朴祥)·김정(金淨)
등이 구언(求言)에 따라 진언하였는데, 그 말이 지나친 듯하더라도 쓰지
않으면 그만이거니와, 어찌하여 다시 죄를 줍니까? 대간이 그것을 그르다
하여 죄주기를 청하여 금부(禁府)의 낭관(郎官)을 보내어 잡아오기까지
하였습니다. 대간이 된 자로서는 언로를 잘 열어놓은 뒤에야 그 직분을
다해 낸다고 할 수 있습니다. 김정 등에 대하여 재상이 혹 죄주기를 청하
더라도 대간은 구제하여 풀어주어서 언로를 넓혀야 할 터인데, 도리어 스
스로 언로를 훼손하여 먼저 그 직분을 잃었으니, 신이 이제 정언(正言)이
되어 어찌 구태여 직분을 잃은 대간과 일을 같이하겠습니까?[『중종실록
(中宗實錄)』, 권23, 10년 11월 22일]

　구언은 본래 국가에 변고가 있거나 정국이 불안할 때 임금이 백성들을
상대로 그 방책을 묻는 상향식 의사소통의 방식이다. 구언에 응해 상소한
선비들을 처벌하려 하자 당시(1515년 11월) 사간원 정언(정6품)이었던 정
암이 중종에게 직접 상소를 올린 것이다. 특히 언로를 열어야 할 대간이
오히려 말길을 막고 있다고 질타하고 있다.
　사상과 표현의 자유는 동서고금을 막론하고 국가 운영과 정치의 기본

조건이다. 예일 대학의 법대 교수였던 토머스 에머슨(Thomas Emerson)은 『표현의 자유의 체제(The System of Freedom of Expression)』(1970)에서 사상과 표현의 자유가 필요한 이유로 개인의 자기실현을 보장하기 위한 수단, 지식 발전과 진리 발견을 위한 필수적인 과정, 사회 모든 구성원의 결정 행위 참여 보장, 사회의 안정과 변화의 균형 유지 네 가지를 들었다.[18]

권력의 핍박에도 불구하고 베트남전쟁에서 통일 문제까지 리 선생이 계속 글을 써온 것은 한국 사회에서 사상과 표현의 공간을 확장하기 위한 시도이기도 했다. 베트남, 중국, 미국 등 어느 나라의 이야기를 하던 그 자체가 한국 현실의 이해관계의 환기이고 현실 권력의 모순을 드러내는 일이기 때문이다. 리영희는 자신의 글쓰기 행위가 어떤 결과를 가져올지 충분히 예측할 수 있는 상황에서도 회피하는 법이 없었고, 야만과 허위가 지배하는 사회 조건 속에 자신을 내던진 것을 보람으로 느끼며 살았다(리영희·김동춘, 2000: 307).

무신론자인 리영희에게 그런 용기가 가능했던 이유로 서북 출신 '경계인'으로서의 성장 환경, 해방 전·후 역사의식 부재에 대한 부채 의식, 6·25 전쟁의 처절했던 경험, 기자가 된 이후 목격한 세계의 질서와 민족해방운동 등을 통해 까맣게 모르던 것을 알게 되고 잘못 알았던 것을 알게 되는 '진리 체험'에서 찾을 수 있다(김원, 2012; 홍윤기, 2011). 자유인이라면 이러한 진리를 체험한 후 과거와 같은 방식으로 살아가기는 어렵다. '진실을 안다는 것은 괴로운 일'(『우상』, 초판 머리말)이기 때문이다. 괴로운 이유는 진실과 현실의 괴리 때문이다. 괴로움에서 벗어나기 위해서는 자신이 확인한 현실의 허위와 부조리에 대해 어떤 식으로든 진실을 '말'

---

18 Thomas I. Emerson, "Expression and Action: The Dividing Line", in Walter M. Brasch & Dana R. Ulloth, *The Press and The State: Sociohistorical and Contemporary Interpretations*(University Press of America, 1986), pp. 312~313.

해야 한다. 그 말은 언제나 '이론적이면서 실천적'일 수밖에 없다. 그 자체가 고통의 객관적 인과관계에 대한 인식임과 동시에 그것을 폭로당한 현실 권력으로부터의 반작용에 대한 주체적 대응 각오와 실천적 기획의 인출(認出)이기 때문이다(홍윤기, 2011: 348).

진리를 전하는 것을 본업으로 하는 기자의 '말'이 지속성을 갖기 위해서는 권력의 반작용에 대한 예측과 전략적 대응이 필수적이다. 우회하거나 유보하는 방법을 생각할 수 있다. 가령 1960년대 중반 이후 베트남, 중국에 천착하면서도 북한에 대해 거의 언급하지 않은 이유는 '너무도 위험'하다고 생각했기 때문이다(리영희 선생 화갑 기념 문집 편집위원회, 1989: 587). '문제의 책'『전논』(1974)을 내면서는 "이 사회를 '정치적 신학'의 도그마가 지배하는 날까지 나는 가설로 만족한다"고 말하거나 "이 허위 논리의 체계를 바로잡는 말과 글은 당분간 '역설(逆說)'의 지위에 만족해야 한다"라고 말하기도 한다(『역설』, 서문). 하지만 이는 리영희식 '수사학'이다. 그의 글은 늘, 당면한 상황에서 마주했던 이슈에 대한 최선의 사실들의 집적이거나 실체적 진실이었기 때문이다.

사회민주주의와 시민

리영희의 '사회주의 사상'은 중국 혁명을 정리하며 소개하는 과정에서 드러난다. 리영희는 중국에서 마르크스주의가 수용된 이유로 제국주의 지배로부터의 민족 해방, 제국주의와 결탁한 내부 지배 세력으로부터 피압박 민중의 해방, 사회혁명과 물질 혁명의 동시적 근대화라는 '삼중의 현대화'를 든다(『전논』, 109). 이러한 수용의 배경으로 중국의 전통 사상인 '대동(大同)'의 이념을 전면적으로 실천하려 했던 태평농민반란(태평천국의 난)을 들고 있다. 태평천국의 난이 공상적 사회주의의 중국적 실현 시도였다는 것이다.

리영희는 중국 혁명은 결국 마르크스 사상 수용으로 중국 근대화를 이루는 동시에 '반유럽' 사상으로 자기를 높이는 역사적 선택이었다고 본다(『전논』, 165). 이런 배경에서 리영희는 중국 사회주의혁명을, '자력갱생의 철학'이자 인류가 선택할 수 있는 '제3의 길'로 이해했다.

리 선생은 여러 저명한 학자들의 견해를 비교 · 연구하면서 중국 사회주의혁명의 몇 가지 특징을 발견한다(백승종, 2012: 226~228). 첫째, 중국의 공산혁명은 장기간에 걸쳐 준비된 아래로부터의 혁명, 즉 상향적 민중혁명이라는 것이다. 둘째, 중국 혁명은 1851년 태평천국 혁명으로부터 시작되어 80년 이상 계속된 농민 혁명의 완성이라는 것이다. 셋째, 중국에서 자발적으로 전개된 대중운동이었다는 점이다. 마오쩌둥의 사상은 그 자체가 중국적인 것으로 그것이 인류에게 '제3의 길'을 제시했다는 것이다. 넷째, 이상의 중국 혁명의 특징을 잘 드러내는 것이 '문화대혁명'이라는 것이다. 요컨대 문화대혁명은 공산당에 의해 하향식으로 전개된 것이 아니라 '조반파(造反派)'[19]가 주도한 상향식 민주혁명이라는 것이다.

리영희가 사회주의나 게마인샤프트와 같은 대안적 공동사회체제에 깊은 관심을 가진 이유는 식민지, 미군정 이후 리승만 정권이 초래할 미래가 암담하다는 측면에서 사회주의적 개혁이 불가피하다고 생각했고(『대

---

19 홍위병은 크게 봉황파(보수파)와 조반파(혁명파)로 나뉜다. 1966년 당시 처음 베이징 대학, 칭화 대학에서 조직된 고위 관료 자녀 출신의 홍위병의 대다수가 봉황파에 속했다. 상대적으로 조반파는 노동자, 농민 자녀들의 비중이 높았다. 조반파는 문화대혁명을 지지하는 모임으로 1966년 11월 6일 상하이에서 왕홍원(王洪文, 1935~1992)에 의해 조직되었다. 조반파의 경우는 마오쩌둥이라는 인물 자체보다는 마오쩌둥주의 사상에 입각한 농촌 지역의 문화대혁명 운동을 전개했으며, 1970년대에 들어서 조반파가 홍위병의 상당수를 차지했고, 이들은 중국 대지진에서의 봉사 활동과 하방운동(下放運動)에서의 농촌 근대화로 초반 봉황파 홍위병에 대한 인민들의 좋지 않았던 이미지를 고쳐나가긴 했으나, 마오쩌둥에 대한 반대파 탄압, 극단성은 사라지지 않았다. 문화대혁명과 홍위병에 관한 자세한 내용은 백승욱(2007), 41~53쪽에 잘 정리되어 있다.

화』, 208), 중국 혁명을 하나의 '성공 사례'로 인식하고 있었기 때문이다.

리영희는 중국 혁명을 정신주의적이고 윤리적인 삶의 체제로 생각했고 자신의 정체성과 일치시키려했다(김원, 2012: 80). 하지만 중국은 마오쩌둥의 사망, 문화대혁명의 공식적인 종식 · 단절, 그리고 덩샤오핑(鄧小平) 체제로의 이행 이후에 급격하게 '우회전'하기 시작한다. 이 시기 리영희는 중국 사회주의의 급격한 퇴행을 보고 혼란에 빠지기도 한다. 리영희는 인류 삶의 '제3의 길'로서 중국 사회주의에 관심을 기울였던 것이기 때문에 '자본주의 중국'이 자신의 몫이 아니라고 보고 중국 연구에서 손을 뗀다(『대화』, 663). 이후 리 선생은 남북 관계, 평화통일, 반전 평화 문제에 정열을 쏟기 시작한다. 물론 중국에 대한 관심 자체를 접은 것은 아니었다.

> 중국의 경우 빈번하게 반복되는, 특히 중국적인 역성혁명의 정신이라고 할
> 까, 민중에 기초한 변혁이라는 것이 금세기에 일관한 공산주의, 사회주의
> 와 접목되었고, 그것이 다시 자본주의적 경험을 거치면서 진테제를 내놓을
> 수 있는 시기를 한 50년으로 보고 싶어요(리영희 · 김동춘, 2000: 287).

중국이 자본화되고 동구 사회주의가 몰락하는 이 시기에 많은 '사상의 제자'들이 변화하고 있는 사회주의에 대한 리영희 선생의 견해를 듣고 싶어 했다. 리영희는 1991년 1월 26일 연세대학교 장기원기념관에서 열린 한국정치연구회 월례 토론회에서 '변혁 시대 한국 지식인의 사상사적 좌표'라는 제목의 발표를 한다.[20] 이때부터 리영희의 '사회주의사상'과 '중국

---

20 『새는』 157~169쪽에 「사회주의 실패를 보는 한 지식인의 고민과 갈등」라는 제목으로 수록되어 있다.

문화대혁명 옹호' 등이 한국 지식인 사회의 논란거리로 등장한다.

리영희는 급격한 세계정세의 변화를 보면서 '지식인으로서 자신의 인식 능력의 한계'와 '인간 이성에 대한 신념의 약화'를 느낀다고 솔직하게 고백한 후 사회주의 구조결정론의 오류, 스탈린식 사회주의의 실패, 미국식 '자유민주주의'의 승리 주장에 대한 전면 부정, 인간성 회복을 지탱해주는 이론적 근거로서 '전기 마르크스주의' 유효성, 사회주의적 인간 윤리와 사회윤리의 타락, 인간의 본성과 개조의 가능성에 대한 회의, 향후 남북 통일에 대한 견해 등을 솔직하게 털어놓는다. 리영희의 문제의식, 고민의 중심에는 언제나 '인간'이 있다.

나는 괴로운 심정으로 생각하곤 한다. 인간성은 본질적인 것으로서 사회 환경의 개조로 변화시킬 수 없는 것이다. 그것은 이기주의인 것 같다. 그리고 그것은 자본주의 사유재산 제도를 낳은 바로 그 인간성이다. 도덕주의적 인간과 사회의 실현은 꿈일 뿐이란 말인가. 그 가능성을 어느 정도 믿고자 하고 믿기도 했던 나는 비과학적인 이상주의자(또는 심하게 말해서 몽상병 환자)였던가? 지난 얼마 동안 나의 자기비판과 고민은 이 문제를 놓고 계속되었다(『새는』, 226).

당시 리영희의 발표는 현실 변화를 인정하고 반성한다는 전제하에 상당히 복잡한 내용을 담고 있었다. 그럼에도 진보와 보수 양쪽에서는 리 선생 주장을 편의대로 인용해 비판에 나선다. 보수 진영에서는 진보 지식인 사회 대부의 '귀순'이라고 보았고, 운동권 진영에서는 리영희의 '변절'이라고 비판했으나 모두 잘못 짚은 것이다(윤평중, 2006: 235). 극우 보수는 리영희가 완전 귀순하지 않은 것이 불만이고, 운동권에서는 그가 사회주의를 완전히 포기한 것 같아 불만이었다(이순웅, 2008: 199).

당시 진보 진영의 젊은 연구자들이 리 선생 주장을 비판한 것은 크게 두 가지다. 첫째, 이기심이 인간의 본질적 속성이라는 규정은 잘못된 것이다. 오히려 시장경제의 해독이 그만큼 무섭다는 반증일 수도 있다. 둘째, 마르크스를 전기 마르크스와 후기 마르크스로 나누어보는 것이 합당한가 하는 지적이다. 요컨대 리 선생도 물적 토대나 물질적 생활이 인간 사회의 핵심 요소라는 점을 인정하면서 전기 마르크스의 인간학의 유용성을 분리하여 강조하는 것은 모순일 수 있다는 지적이다(김만수, 2003: 437~467; 강준만, 2004: 192~203).

리 선생은 서중석 교수와 ≪사회평론≫ 1993년 1월 호 인터뷰에서 자신의 견해를 밝힌다. 인간의 이기심이나 마르크스의 단절에 대해 단정해서 말한 것이 아니라는 점, 마르크스의 인간론을 이야기한 것이 아니라 사회주의적 구조결정론·사회환경론을 비판한 것이라는 점, 구조보다 선택 주체로서 인간의 기능과 가치를 인정해야 한다고 강조했다는 점, 마르크스를 전·후기로 나눠보자는 것이 아니라 당시 스탈린식의 생산력 조직 방식이 효력을 상실했음을 지적했다는 점 등을 들며 자신의 '진의'를 정리한 바 있다(『새는』, 218~227). 리영희는 중국 혁명 등에 대한 자신의 평가에 오류가 있었음을 인정하면서 '사회주의 그 후'를 성찰하려 한 것이다. 문화대혁명에 대해서도 비판적 '지지 입장'을 철회하지 않는다.

비판과 반성을 거친 문화혁명의 사상과 이론은 앞으로 상당 기간 자본주의적인 타락과 시장경제라는 이름 밑에 들어가고 있는 물신숭배, 물질주의, 그에 따른 폐단에 대해서 그것을 바로잡고, 그것을 정화하고 적절한 위치로 돌려놓는 역할을 하는 역사적인 효용을 꾸준히 지닌다고 상당히 긍정적으로 봅니다. 레닌은 그것을 길게 잡았지요. 그런데 중국에서 지나치게 단시일 내에 조급한 성과를 기대한 나머지, 행동에서 모든 8억 인간에게 한결같이 혁명가가 되기를 요구하는 방식을 취했기 때문에 따라가지 못하고, 결국 많은 제도적·물질적 피해를 입게 돼버렸어요(『새는』, 228).

요컨대 리 선생은 '변혁 시대 한국 지식인의 사상사적 좌표' 발표에서 이념형이나 가치로서의 사회주의에 대한 포기를 이야기한 것이 아니라 애초에 코뮤니즘(communism)이라고 부를 수 없었던 인위적 제도로서의 소련식 사회주의가 역사에서 퇴출되었다는 점을 강조한 것이다(『대화』, 684~685). 리 선생은 이 사실을 1991년 6월 25일 ≪한국일보≫와의 인터뷰에서 다시 확인한다.

우리는 지적·사상적 아집에서 자유로워지지 않으면 안 됩니다. …… 80년간, 50년간 사회주의를 실험한 본인들이 실패했다고 하는데, 서울에서 책 몇 권 읽은 사람들이 아니라고 우긴다는 것이 얼마나 비과학적 태도입니까. 우리는 교조적 사회주의와 사회주의의 긍정적 측면을 수용한다는 사회주의적 태도를 분명히 구분해야 합니다(『새는』, 173).

요컨대 '공산주의식 교조주의'의 불모성과 자본주의적 물질 지상주의와 극단적 이기주의를 다 같이 거부하는 인간 복지 위주의 평등 지향적 사회주의를 지향할 필요가 있다는 것이다. 이런 입장은 '중도 좌' 혹은 사회민주주의와 유사하다. 리 선생은 자본주의적 요소로 인한 비인간화를 절반쯤 인정하고, 게마인샤프트적 사회주의 요소를 5할쯤 융합하는 형태로 미국식 체제보다 우월하고 인류 사회 발전 단계에서는 가장 앞선 형태의 제도가 사회민주주의라고 본다.

게마인샤프트의 가장 순수한 형태는 가족 내부에서 특히 어머니와 자식의 결합으로, 이와 같이 그 어떤 특정한 의도에 근본을 두지 않고, 구성원 상호 간에 감정적으로 융합하고 성숙한 인격을 지닌 자들끼리 결합해 운명을 함께하는 사회 형태를 말한다. 특히 리 선생이 게마인샤프트에 주목하는 것은 사람들은 서로 사랑하고 친숙하며, 모든 재물이 반드시 공유되는 것은 아니지만 매매·교환되거나 벌칙이나 정관 등에 의해 사유화되지 않는 사회라는 점이다(『새는』, 383~384).

리 선생이 이야기하는 절충형 대안 사회로서의 사회민주주의가 성공하기 위해서는 인간의 무한 욕망은 일정하게 제도적으로 제어되어야 하고, 시민의 '자유'는 확장되어야 한다. 나아가 모든 시민이 자유인이 되어야 한다. '조건반사의 토끼'나 '파블로프의 개'가 아니라 한 인간으로서 자율적이고 주체적이고 자기결정적인 인격체가 되어야 한다. 리 선생은 문민정부가 들어선 직후인 1993년에 쓴 「방송을 보는 마음」이라는 글에서 해방 후 한국 사회를 지배해온 '국가 지상주의' 망령에서 벗어나기 위해서는 우선 국가나 국민이라는 관념 대신 '사회'와 '시민'에 관심을 돌려야 한다고 말한다.

민주주의의 주체적 행위자와 책임자는 '국민'이 아니라 '시민'이다. 시민의 구성체는 '국가'이기에 앞서 '사회'다. 여태까지 우리나라에서 망각되었던 이 자기 발견은 지극히 중요한 의미를 갖는다. '시민 의식'이 확고해지면 경제, 정치, 문화의 전체 영역에서 '예속된 인간'이 아닌 판단과 선택의 주체로서의 '개인'이 떠오를 것이다(『새는』, 314).

리 선생이 늘 지식인과 지식인의 사회적 책임에 대해 이야기했지만 '시민'을 강조한 것은 이때가 처음인 듯하다. 1993년 오랜 군사정권이 종식되자 이제 긍정적 측면에서 우리 사회를 바로 세우기 위해서는 시민들 개인이 '자기 결정'의 주체로 서야 한다는 생각이 드러나기 시작했다고 볼 수 있다. 리 선생은 참여정부 말기인 지난 2003년 12월 성균관대학교 양현재 콜로키엄에서 '우리는 시민이어야 한다'는 주제로 강연한다.[21]

> 민주주의 사회에서 시민은 독자성을 가지고 자기 결정적이며 자유로워야 합니다. 진정한 의미의 자유인으로서의 시민의 삶은 자유로운 인간의 가치를 부정하고 억압하고 탄압하는 정의롭지 않은 것에 대해 항거하며 싸울 때 보람을 느낍니다. 그런 저항 없이 '편안한' 사회가 이루어진다면 우리에게 소망스러운 일이기는 하지만 우리 개개인의 삶에 있어서 의미랄까 뭐 이런 것이 박탈되거나 퇴색되는 사회라고 볼 수 있지요. 우리는 항상 삶의 의미를 파악하고 가치를 찾아야 합니다(『한국』, 16).

변화한 세상의 주체는 이제 어차피 시민일 수밖에 없고, 그 시민들이 '자유인'이 될 수 있어야 미래에 희망이 있다고 보았다. 리영희가 평생 싸운 것은 휴머니즘, 사회주의, 자유인의 가치를 지키고 확산하기 위해서였다. 소박하게 보자면 '진정한 자유인이 독립적으로' 살 수 있는 '민주주의적 시민'(홍윤기, 2011: 353)이 주인이 되는 사회를 위해 분투한 것이다. 리영희에게 민주주의란 무한한 창조의 에너지를 가지고 있는 적극적인 가치이고 원리이다(『전논』, 143). 자유가 부정된 '노예' 상태에서 자유인이 되는 과정, 그것이 집단 각성으로 일어나는 것을 '민주화'(고병권, 2010: 31)라고 본다면 리영희의 인간주의는 민주주의의 다른 이름일 수 있다. 이러한 민주주의는 자유, 사상의 자유, 표현의 자유를 억압하는 권력에 적극

---

21 이 강연은 2008년 녹취되어 「반지성적이고 반이성적인 대한민국」이라는 제목으로 『21세기 첫 십년의 한국』(철수와영희)에 게재되었다.

항거하는 자유인에 의해 쟁취될 수밖에 없는 것이다.

　이상에서 정리해본 휴머니즘과 자유, 사회민주주의는 리영희 사상의 핵심 '내용'이다. 리영희 사상의 근간은 휴머니즘과 자유고 이를 구현하기 위한 체제로서 게마인샤프트, 대동사상, 사회주의, 사회민주주의 등을 고민한 것이다. 리영희가 휴머니즘과 인간의 자유를 위해 현실 권력과 싸우는 방법이자 이론은 성찰을 통한 이데올로기 비판과 허위를 걷어내기 위한 '이름 바로 세우기[正名]'다.

제5장

언론 사상과
언론 실천

1. 지식인

지식인이란 자기 자신 속에서, 그리고 사회 속에서 실천적인 진리(자기의
모든 규범까지 포함한 실천적인 진리)에 대한 탐구와 지배 이데올로기(자
기의 전통적인 가치 체계까지 포함한 지배 이데올로기) 사이에 벌어지는
대립을 깨달은 사람입니다. 물론 이 깨달음이 실재적인 깨달음이 되기 위
해서는 이 깨달음이 우선은 지식인에게 있어서 그의 작업 활동과 기능의
수준에서 이루어져야만 합니다(사르트르, 2007: 53).

리 선생은 일관되게 한국의 지식인과 언론인의 행태를 비판하면서 그
사회적 책무를 환기하려 했다. 특히 지식인이 그 사회적 책임을 다해야
하는 존재라는 점에서 그 책임과 기회주의 문제를 화두로 삼았다. 지식인
에 대한 비판은 자신에 대한 반성, 성찰로 이어졌다. 리 선생의 지식인관
형성에 크게 영향을 준 대표적 사람으로는 사르트르, 모겐소, 마오쩌둥과
『펜타곤 페이퍼』를 공개한 대니얼 엘즈버그 등을 꼽을 수 있다.

지식인의 사회적 책임
『전환시대의 논리』권두 논문인 「강요된 권위와 언론 자유」는 언론의
자유와 언론인, 지식인의 사회적 책무를 역설하고 있는 리 선생의 대표적
인 평론이다. 「강요된 권위 ……」는 이후 리 선생 글쓰기의 내용과 방법
모든 면에서 하나의 '전범'이다. 특히 리 선생이 이 논문에서 주목한 것은
냉전 이데올로기에 맞서는 지식인의 용기와 그 사회적 결과였다.
동시에 미국에서 벌어지고 있는 베트남전쟁과 관련된 논란을 소개 ·
비평하면서 결국 베트남 사태를 빗대어서 '대한민국'이라는 나라와 사회,
언론과 지식인을 비판하려 했다(『독백』, 머리말). 「강요된 권위 ……」는

200자 원고지 145쪽에 이르는 긴 글이다. 글은 우화(寓話), 법적 구조와 정치의 내적 현실, 국가 권력과 이성, 두 가지 언론형, 관리가 된 지성인, 국가이익: 지배자의 논리, 밀리터리 멘탈리티, 현실론과 현실주의, 매카시즘의 결과, 냉전 의식의 자기반성, 희화 2제(戲畫 二題), 권력과 언론순으로 전개된다. 리 선생이 베트남, 미 제국주의, 매카시즘, 군부와 냉전, 냉전 용어 청소, 언론의 타락, 지식인의 기회주의 등 평생 글로 싸울 모든 주제를 제시하고 있는 느낌이다. 이 글은 베트남전쟁의 본질, 언론 자유의 의미, 지식인의 유형, 한국 언론과 기회주의, 외국의 사례를 통한 한국 비판이라는 측면에서도 중요하다. 서두에 제시하는 이솝우화의 벌거벗은 임금님 이야기는 리 선생 평생의 화두가 된다.

가장 어리석은 소년에 의해서 온 사회의 허위가 벗겨지기까지 그 임금과 재상들과 어른들과 학자들과 백성들은 타락과 자기부정 속에서 산 셈이다. 마침내 한 어린이가 나타나서 보다 현명한 어른들을 타락에서 구하기는 했지만 그동안 이 왕국을 지배한 타락과 비인간화와 비굴과 자기모독, 그리고 지적 암흑 상태가 결과한 인간 파괴와 사회적 해독은 무엇으로 측량할 것인가(『전논』, 5~6).

이 글은 미국의 국방성 기밀문서인 『펜타곤 페이퍼』[1]에 대한 ≪뉴욕타임스≫ 보도 파동을 배경으로 작성된 것이다. 베트남전쟁의 본질을 밝힌

---

1 『펜타곤 페이퍼』는 제2차 세계대전 무렵부터 1968년 5월까지 인도차이나에서 미국이 한 역할을 기록한 보고서다. 총 47권(약 3000쪽의 설명과 4000쪽의 부속 서류로 구성)이며, 공식 명칭은 『미·베트남 관계: 1945~1967(United States·Vietnam Relations: 1945~1967)』이다. 1967년 미 국방장관 로버트 맥나마라(Robert S. McNamara)의 책임 아래 작성된 미국 국방성 1급 비밀문서로 대니얼 엘즈버그가 여기에 참여했다. 관련 자료로는 조지 헤링(George C. Herring)의 『펜타곤 페이퍼』(1993)가 있다.

극비 문서를 대니얼 엘즈버그[2]라는 한 연구원이 ≪뉴욕타임스≫에 제공했고 그것이 미국에 엄청난 파장을 일으켰다. 리 선생이 「강요된 권위 ……」에서 전달하고자 한 내용은 크게 세 가지다.

첫째, 베트남전쟁은 미 제국주의의 침략 전쟁이다. 더 거슬러 올라가면 프랑스와 미국의 침략 전쟁이다. 둘째, 베트남전쟁의 진실을 보도한 ≪뉴욕타임스≫의 용기에 경의를 표하며 매카시즘 광풍 이후 미국 사회와 언론의 타락상을 정리한다. 셋째, ≪뉴욕타임스≫에 베트남전쟁 진실을 담은 『펜타곤 페이퍼』를 제공한 랜드 연구소(RAND Corporation)의 대니얼 엘즈버그 연구원이 진정한 지성인의 모습을 보여주었다. 이러한 세 주제를 통해서 정작 이야기하고자 한 것은 한국의 현실이다. 베트남전쟁을 민주주의 수호를 위한 '성전'으로 선전해온 한국 군사정권과 언론들을 생각하게 한다. 동시에 엘즈버그의 용기를 보면서 우리는 지금까지 무엇을 하고 있었는지 반성해야 한다는 것이다.

특히 주목하고 있는 것은 지식인의 유형과 역할이다. 리 선생은 이 글에 네 사람의 지식인을 등장시켜 서로 비교했다. 먼저 월트 로스토(Walt Rostow)는 국무성 정책기획위원장으로 사실상 미국의 베트남전쟁의 당위성을 이론적으로 뒷받침한 사람이다. 부당한 침략 전쟁이라고 여러 근거

---

2 대니얼 엘즈버그(Daniel Ellsberg, 1931~)는 『펜타곤 페이퍼』 작성에 참여한 인물로, 당시 MIT 부설 국제연구소의 수석 연구원이었다. 전직 해군 장교로 당시 로버트 맥나마라 국방장관 밑에서 이 보고서를 만든 장본인이다. 처음에는 인도차이나에서의 미국의 역할을 지지했으나, 『펜타곤 페이퍼』 작성이 끝나갈 무렵부터 미국의 베트남 개입을 적극 반대하는 입장으로 바뀌게 된다. 베트남전쟁과 관련된 미국의 비리를 폭로해야 한다고 생각한 엘즈버그는 정부의 허락 없이 평소 알고 지내던 뉴욕타임스 기자에게 『펜타곤 페이퍼』 전체를 넘긴다. ≪뉴욕타임스≫는 1971년 6월 13일 여섯 개 면에 걸쳐 이 문서를 폭로한다. 리 선생은 1988년 임재경 선생과 함께 펴낸 『반핵』 권두 논문으로 엘즈버그의 「반항에의 요구」를 싣는다. 이 논문은 미국 역대 행정부의 핵 위협과 핵 위기의 실상을 폭로하면서 전 세계 수준에서 반핵운동 현황을 소개하고 그 확산의 필요하다고 호소하고 있다.

가 드러났음에도 불구하고 베트남전쟁의 파탄을 숨기려는 광신적 지식인의 전형을 보여줬다. 국방부장관 로버트 맥나마라는 인간 최고의 자질, 즉 이성과 의지, 가치관과 희생심마저 전자계산기로 산출할 수 있다고 믿는 현대의 과학·기계만능주의 지식인이다. 그는 중도에 관직을 떠나는데, 그 이유는 베트남전쟁이 '수지가 맞지 않는 전쟁'이라고 확신했기 때문이다.

국무차관 조지 볼(George Ball)은 이성적 지식인의 한 유형이다. 국무차관으로서 쟁쟁한 미 군부 지도자에 맞서 전쟁이 불합리하고 승산도 없다는 이성적 주장을 치밀하게 전개한다. 관료 기구 안에서 관료화하지 않은 지식인 유형이라 할 만하다. 마지막은 엘즈버그 MIT 국제연구소 수석 연구원이다. 그는 모든 것을 걸고 진실을 밝힌 진정한 지성인이다. 더 중요한 것은 엘즈버그가 처음부터 진보적 사상을 가졌던 것이 아니라는 점이다. 그는 베트남전쟁과 관련된 연구를 하면서 로스토, 맥나마라, 볼의 단계를 거쳐 그 단계 지성에 도달할 수 있었다.

그의 행동에 대해 우익적 여론과 군부에서는 비난과 인신공격, 중상이 쏟아져 나왔다. 그러나 진실과 이성이 작용하지 않는 매머드화한 관료 기구 속에서 자기의 임무와 정부의 정책이 부정이며 불의임을 깨달았을 때 진정한 국가이익을 위해 진실을 밝힌 용기는 고민하는 지성인의 최고의 자세인 듯하다(『전논』, 14).

「강요된 권위와 언론 자유」는 이후 리 선생 삶의 '출사표'였다. 베트남전쟁과 미 제국주의, 미국의 지식인, 군대와 냉전, 정명론, 용기 있는 언론인, 한국 언론 행태 비판 등 이후 글의 핵심 주장이 모두 담겨 있기 때문이다. 리 선생은 당시 엘즈버그의 용기를 보면서 이러한 지식인, 지성인의 용기가 냉전·반공이라는 광기의 사회를 바로잡을 수 있는 '이성'이라는 사실을 새삼 확인한다. 이 글은 《뉴욕타임스》와 엘즈버그의 용기 있는 행동으로 정부의 독선과 기밀주의의 실체가 드러났고 그 폐해를 새삼 인식하게 해주었다고 정리하면서 다음과 같이 마무리된다.

이와 같은 통치 세력과 피치대중(被治大衆) 사이의 모순은 오래가지 않는다는 것도 입증되었다. 산속 굴에 들어가서 '왕의 귀는 당나귀 귀'[3]라고 외치는 소리도 그 소리가 모이면, 몰랐던 사람에게도 진실이 알려질 뿐 아니라 언젠가는 맞대놓고 '임금은 벗었다'고 말하는 많은 소년이 나오는 법이기 때문이다(『전논』, 29).

이 글을 쓴 후 20년 가까이 지난 1999년에 자신의 고희를 기념하는 문집을 내게 되었을 때, 책 제목을 『동굴 속의 독백』이라고 정했다. 자신이 평생 써온 글이 사실 이발사의 '동굴 속의 독백'에 불과한 것이었을 수도

---

3 '임금님 귀는 당나귀 귀'는 동서양에 널리 퍼져 있는 설화다. 이야기의 주인공이 되는 왕은 알렉산드로스 대왕(Alexandros the Great), 미다스(Midas) 왕, 신라의 경문왕 등 다양하며 이발사(혹은 두건 만드는 복두장)가 '진실'을 외치는 곳도 우물, 땅굴, 대나무 숲 등으로 가지각색이다. 『삼국유사』 '제48대 경문대왕' 이야기는 다음과 같다.

왕은 즉위한 뒤부터 귀가 갑자기 당나귀 귀처럼 자랐다. 왕후와 궁인들 모두가 이 사실을 알지는 못하고 오직 복두장 한 사람만 알고 있었다. 그러나 평생토록 다른 사람에게는 말하지 않았다. 어느 날 복두장이 죽을 때가 되자 도림사 대숲 가운데로 들어가 사람이 없는 곳에서 대나무를 향해 외쳤다.
"우리 임금님 귀는 당나귀 귀다."
그 후 바람이 불면 대나무 숲에서 이런 소리가 났다.
"우리 임금님 귀는 당나귀 귀다."
왕이 그것을 싫어해 대나무를 모두 베어버리고는 산수유를 심었다. 그 후 바람이 불면 이런 소리가 났다.
"임금님의 귀는 길다"[일연, 『삼국유사』, 김원중 옮김(민음사, 2007), 193~194쪽].

있다는 것이다. 리 선생의 글은 '독백'이었을지도 모른다. 하지만 그의 독백은 이후 「강요된 권위 ······」의 결론에서 피력했듯이, 많은 한국의 젊은 이들을 냉전의 미몽에서 벗어나게 하는 사자후가 된다. 『전환시대의 논리』의 출간을 계기로 리 선생의 '지성인으로서의 삶'이 시작되었다고 볼 수 있다.

사르트르, 모겐소, 마오쩌둥

1972년 이후 대학교수, 시민으로 일생을 보내면서 리 선생은 더 강한 톤으로 지식인의 사회적 책임을 강조했고 한국 언론인, 지식인의 기회주의를 비판했다. 리 선생이 지식인을 주제로 쓴 글은 그리 많지 않지만 대체로 비중 있는 글이다. 1980년대 중반까지는 사르트르의 실존주의나 미국과 중국의 사례를 통해 자신의 지식인관을 정립해나간다고 볼 수 있다.

지식인관 형성 과정과 관련해서는 사르트르의 글 몇 편과 ≪창작과비평≫ 1967년 여름 호에서 리 선생이 번역, 소개한 모겐소의 「진리와 권력: 존슨 행정부와 지식인」, 월간 ≪대화≫ 1976년 12월 호에 기고한 「모택동의 교육 사상」, 1984년에 『분단을 넘어서』에 쓴 「지식인과 시대정신: 신문화운동기 중국 지식인의 사상과 행동 유형」(『분단』)을 검토해볼 필요가 있다.

1960년대 사르트르의 실존주의는 지식 세계의 대세였다. 한국 사회도 예외는 아니었다. 백낙청 선생은 ≪창작과비평≫ 창간호에 사르트르가 쓴 현대지 창간사를 전재했다. 리 선생은 1960년대 초 합동통신사에 근무할 당시, 지인이 사르트르가 편집을 맡은 ≪레탕모데른≫을 보내주어 정기적으로 접하게 된다(『대화』, 202). 이 잡지는 제2차 세계대전 이후의 신사조와 국제 관계의 구체적 문제들에 대한 안목을 높이는 데 큰 도움을 준다. 사르트르의 소설이나 문체에서 배운 것은 없지만 그 대신 지식인상 또는 지성인의 삶의 자세 같은 면에서 많은 영향을 받는다(『자유인』, 388). 지식인과 현실 참여라는 측면에서 사르트르의 「지식인이란 무엇인가」나 「침묵의 공화국」의 영향이 컸다고 볼 수 있다.

사르트르의 지식인관은 치자와 피치자, 부르주아와 노동자계급의 모순 인식이라는 마르크스주의를 바탕으로 하고 있다. 따라서 지식인은 자본가계급과 노동자계급 중간에 끼인 모순적 존재이며, 자신과 모든 사람들을 위해서 그러한 모순적 삶을 극복해야 한다. 동시에 지식인은 지배계급에 직접 의존하기 때문에 지배계급이 주입하는 특수주의 속에서 살게 되는데, 이것과 지식인의 전문성이 갖는 보편주의는 충돌할 수밖에 없다. 이러한 내적 모순을 극복하고 보편주의로 나아가야 한다는 것이다. 끝으로 지식인은 가장 보편적 계급인 노동자와 연대하면서 지배계급의 착취에 공동 투쟁하며, 노동자계급에서 자생적 지식인이 배출될 수 있도록 도와야 한다는 것이다(사르트르, 2007: 159~161). 사르트르의 글 중에서 리 선생이 가장 감명 깊게 읽은 것은 「침묵의 공화국」이라는 짧은 글이다.

우리는 독일의 점령하에 있었을 때처럼 자유였던 때는 없었다. 우리는 일체의 권리를, 무엇보다도 말을 할 수 있는 권리를 박탈당했었다. 우리는 매일 정면으로 모욕을 당했고, 그러면서도 침묵하고 있지 않으면 안 되었다. 우리들은 노동자로서, 유태인으로서, 정치범으로서, 대량으로 유형을 당하고 있었다. 도처에 ― 벽 위에, 신문에, 스크린 위에 ― 우리들은 저 더럽고 생기 없는 얼굴을 보도록 강요당하고 있었다. 우리들 자신의 얼굴이었다. 나치의 독이 우리의 사고(思考) 속에 스며들어 있었기 때문에, 어떤 말일지라도 하나의 신조와도 같이 귀중한 것이 되었다. 우리는 쫓기고 있었기 때문에, 우리들의 거동은 모두가 앙가주망(engagement)의 무게를 가지고 있었다(사르트르, 1982: 13).

사르트르는 이렇게 시작한 뒤, "저항만이 진정한 민주주의였다. 시민한 사람 한 사람이 모두 다른 사람에게 의무가 있다는 것, 그러면서도 자기 자신밖에 기댈 것이 없다는 것을 알고 있었다"라는 말로 독재·탄압·비인간적 상황에서의 '개인'의 유적(類的) 존재와 개적(個的) 존재의 극한적 존재 양식을 그렸다. 그리고 그 조건 속에 놓인 인간 "한 사람 한 사람이 억압자에 저항하는 속에서, 분명한 구제를 기대하지 못하면서도 자기 자신이고자 했고, 자신의 자유 속에서 자기를 선택함으로써 모든 사람의 자유를 선택했다"고 끝낸다(『자유인』, 388~389).

리 선생은 이 글을 읽으며 사르트르의 정신 속에서 당시 한국 사회와 한국인들의 존재 양식을 확인했고, 자신이 앞으로 무엇을 해야 하는지를 확신하게 된다. 리 선생은 1967년 「진리와 권력」을 기고하면서 '창비 그룹'과 인연을 맺게 된다. 모겐소의 「진리와 권력」은 미국의 시사주간지 ≪뉴 리퍼블릭≫ 1966년 12월 26일 자에 실린 글로서, 진리와 지식인의 존재 양태를 정리하고 존슨 행정부하의 미국 지식인 집단의 부패·타락상을 강하게 비판하고 있다. 이 글은 권력의 횡포와 타락이 극에 달하기 시작한 당시의 박정희 군사독재 정권의 현실을 간접적으로 겨냥한 것이다. 직접 정면공격을 가할 수 없는 언론 탄압하에서 허약한 창비와 그가 이용할 수 있었던 유일한 간접 방식이었다(리영희, 1991a: 23)

모겐소의 진리와 권력, 지식인과 정치체제의 관계(실제적인 상호 배격과 잠재적인 상호 연결)에 대한 진단은 대단히 명쾌하다. 핵심은 이렇다. "지식인과 정치인은 분리되어 있으면서도 얽혀 있다. 지식인은 진리를 추구하고 정치인은 권력을 추구한다. 진리는 권력을 위협하고 권력은 진리를 위협한다. 권력은 자기도 속이고 남도 속이는 기만을 그 속성으로 하고, 진리는 그러한 권력의 가면을 벗겨버리는 힘을 가진 탓이다." 이런 상황에서 지식인이 정치체제에 대응할 수 있는 방법은 상아탑으로의 후퇴, 예언자적 대결, 전문가로서의 충고, 항복 네 가지가 있다. 여기서 '예언자적 대결'의 길은 길고 험난할 수밖에 없다.

권력자는 구미에 맞지 않는 진리와 정면으로 충돌하게 될 때, 처음에는 그 것을 매수하려 들고, 실패하면 다음에는 그것을 대중이 불신하게 하려 들고, 그것도 안 되면 강제로 침묵시키려 드는 것이 보통이다. 한 정부가 진리를 타락시킬 수 있는 힘은 매수되기를 기다리는 그런 지식인들에게 던져줄 반대급부를 갖고 있다는 사실에 있다. 그것을 불신하게 하는 힘은 정부 주장을 정부로서의 권위가 뒷받침한다는 것과 매스컴에 압력과 작용을 가할 수 있는 영향력에 있다. 끝으로 그것을 침묵시킬 수 있는 힘은 첫째, 진리의 소리를 매수할 수 있는 능력. …… 경찰력과 여러 가지 형법 절차 를 전체주의적으로 동원하는 데서 나온다(모겐소, 1967: 76, 고딕체는 인 용자).

권력자는 진리의 소리를 매수하거나, 매스미디어를 동원해 대중이 불 신하게 만들고, 아니면 침묵시켜버릴 수도 있다. 물론 권력이 진리의 소 리에 귀를 기울일 수도 있고, 그럴 경우 그 권력은 미래를 갖게 된다. 하 지만 대다수의 권력자나 권력 집단은 진리의 소리를 경청함으로써 미묘 하고 복잡할 뿐만 아니라 위험할 수도 있는 길로 가려 하지 않는다는 것 이다. 이것이 1960년대 존슨 행정부 시절, 미국 지식인 사회와 권력의 관 계였다. 4대강과 천안함, 세월호 시대를 살아가고 있는 우리 사회의 지식 인과 권력에 관한 이야기라고 해도 과언이 아니다. 리 선생이 군부독재 체제가 확립되어가던 1967년에 이 글을 소개하면서 어떤 생각을 했을지 짐작하는 것은 어렵지 않다.

리 선생에게 큰 고초를 안겨주었던 「모택동의 교육 사상」에는 '교사'

출신이었던 마오쩌둥의 인간관, 지식인관이 명확하게 정리되어 있다. 리 선생은 앞의 글에서 마오쩌둥 교육 사상의 핵심을 사상혁명, 조반유리(造反有理)와 우공이산(愚公移山), 지식인관으로 정리했다. 리 선생이 마오쩌둥과 중국 혁명에 관심을 갖게 된 이유는 사실 스탈린주의와 구별되는 '사회주의 내의 혁명', 즉 사상혁명·문화혁명의 특성 때문이기도 하다. 인간보다 구조를 중시하는 스탈린식 사회주의에 대해서는 시종일과 비판적인 태도를 견지했다. 마오쩌둥 사상혁명의 방법이자 원칙이 조반유리와 우공이산이다. 모든 사람이 조반(造反: 기성 권위에 대한 도전)할 수 있게 함으로써 마오쩌둥 자신을 포함한 그 상층부를, '인민대중'으로 하여금 자유로이 비판시키고 파괴할 수 있는 도리를 사회정신으로 정착시키려 한 것이 문화대혁명이다(『우상』, 106).

마오쩌둥에게 전통적·계층적·기회주의적 지식인은 타도의 대상이다. 그런 지식인의 전형으로 제시되는 것이 '우공이산'[4] 고사에 등장하는 하곡에 사는 늙은 지식인 지수(智叟)다. 일은 하려 하지 않고 머리로만 생각하는 관념론자를 지칭하기도 한다. 의지를 가지고 일을 통해 실천을 하다 보면 못할 일이 없다는 이야기다. 마오쩌둥은 이 세상을 사는 데 필요

---

4 『열자(列子)』 '탕문편(湯問篇)'에 나오는 이야기로 자손 대대로 흙을 파내다 보면 언젠가는 산도 옮길 수 있다는 이야기다. 북산에 사는 우공(愚公)이 나이 아흔이 되었을 때의 일이다. 집의 북쪽을 산이 가로막고 있어 여간 불편한 게 아니었다. 이에 우공이 식구를 모아 놓고 산을 옮기자고 제안한다. 다른 식구들은 모두 찬성하지만 아내는 남편이 나이가 많고 흙과 돌을 버릴 곳이 없다는 이유로 반대한다. 우공은 아랑곳 않고 자손들과 산을 퍼 날라 발해(渤海)에 버리기 시작한다. 그러자 이웃집 과부의 어린아이가 일을 돕겠다고 나선다. 하곡에 살던 학식이 높다는 지수라는 사람이 "당신은 나이도 많아 갈 날도 멀지 않았는데 언제 그걸 옮기겠냐"며 비웃었다. 이에 우공은 "당신은 참 고루하다. 과부의 어린아이만도 못하구려. 내가 못 다하고 죽으면 내 아들이 하고, 아들이 또 죽으면 아들의 아들이 계속하면 언젠가는 산을 옮길 수 있지 않겠소?"라고 말했다. 이 소식을 들은 산신이, 우공과 그 자손들에 의해 산이 다 파헤쳐질까 봐 두려워, 과아씨(夸蛾氏)의 두 아들을 시켜 그 산을 삭동(朔東)과 옹남(雍南)으로 옮겼다는 이야기다(『열자』, 임동석 역주, 247~248쪽).

한 지식은 두 가지밖에 없다고 본다. 생산 투쟁의 지식과 계급투쟁의 지식이다. 자연과학은 생산 투쟁을 위한 지식이고, 사회과학은 계급투쟁을 위한 지식이며, 철학은 사상으로서 생산 투쟁과 계급투쟁의 방향을 제시해주면 된다는 것이다. 마오쩌둥이 말하는 인간이란 소수의 자각한 엘리트가 아니라 일반 대중이다. 지식인, 소위 엘리트의 신비주의를 타파해야 하고 교육혁명을 통해 '노동자의 지식인화, 지식인의 노동자화'를 반복함으로써 사회 분열과 계층화를 막을 수 있다는 것이다. 그 유명한 하방(下放) 제도는 마오쩌둥식 교육제도의 현실적 구현 방법으로 추진된 것이다.

「지식인과 시대정신」은 리 선생이 역사상 가장 이상적인 지식인 집단 중의 하나라고 보았던 5·4 운동[5] 전후의 중국 지식인의 역할을 비교·고찰하고 있다. 리 선생은 이 시기에 중국의 시대정신을 대표한 선구적 지식인으로 캉유웨이[6]를 태두로, 량치차오,[7] 옌푸,[8] 장빙린,[9] 쑨원,[10] 차이위

---

5 1919년 5월 러시아혁명의 영향으로 베이징 대학의 교수, 강사, 학생들을 중심으로 시작된 반제국주의·반봉건주의 혁명운동이다.

6 캉유웨이(康有爲, 1858~1927)는 청나라 때부터 중화민국 때까지의 사상가이자 정치가다. 량치차오와 함께 중국 근대 정치사상가로 분류된다. 청나라에 개혁안을 담은 상소를 여러 차례 올렸으며, 당시 황제였던 광서제(光緒帝)의 눈에 띄게 된다. 그중 중요한 것이 1889년의 '변법자강책(變法自彊策)'이다. 변법자강책에는 과거제도 개혁, 탐관오리 혁파, 각종 경제개혁 등이 담겨 있었고, 무술변법을 통해 이 가운데 일부를 실행에 옮기기도 한다. 그러나 그의 변법은 광서제의 권위에만 의존했으며, 결국 서태후(西太后) 등 반개혁파에게 패배해 외국으로 망명을 가는 결과로 끝이 난다. 『대동서(大同書)』, 『일본변정고(日本變政考)』 등의 저서가 있다.

7 량치차오(梁啓超, 1873~1929)는 중국의 근대사상가이자 개혁가, 문학가, 사학가, 언론인, 교육가이다. 당시 뛰어난 대학자였던 캉유웨이의 제자로, 그를 통해 개혁 사상과 서양의 근대 지식을 배웠다. 무술변법이 실패한 후 일본으로 망명해 언론 활동을 시작한다. 캉유웨이처럼 의회 입헌제도를 지지했으며 후에 쑨원과 위안스카이의 중화민국에 합류했다. 위안스카이가 중화민국을 배신하고 황제의 자리에 오르자 그에 대한 반대 투쟁을 전개했다.

8 옌푸(嚴復, 1854~1921)는 중국의 계몽사상가이자 번역가다. 영국으로 유학을 떠나 서양 문물을 접한 그는 자신의 모든 탐구의 근원이 되는 질문을 던진다. '서양이 그토록 부강해진 비결은 무엇인가?' 중국의 앞날을 걱정한 그는 서양의 정치와 사상을 본격적으로 소개

안페이,[11] 천두슈,[12] 후스,[13] 리다자오,[14] 루쉰, 류스페이[15]를 꼽고 있다. 이

하기 시작한다. 대표작으로『천연론(天演論)』이 있다. 1960년대 중반의 리 선생은 번역의
방식으로 새로운 정보를 전달하는 옌푸식의 '계몽'에 크게 경도되어 있었다(리영희 · 백영
서, 2003: 156~157).

9 장빙린(章炳麟, 1868~1936)은 중국 청말 민국 초기의 학자이자 혁명가다. 한때 일본으로
망명해 배만운동(排滿運動)을 결의하기도 했다. 혁명가로서의 그의 특색은 화이사상(華夷
思想)에 입각한 종족혁명주의였기 때문에, 쑨원 등의 서구적 · 근대적 혁명 이론에 동의하
지 않았다.

10 쑨원(孫文, 1866~1925)은 중국의 외과 의사이자 정치가이며 신해혁명을 이끈 혁명가, 중
국 국민당의 창립자다. 호는 일선(逸仙), 별명은 중산(中山)이다. 중화민국(1912년 건국)
과 중화인민공화국(1949년 10월 1일 건국) 모두의 국부이기도 하다.

11 차이위안페이(蔡元培, 1868~1940)는 근대 중국의 자유주의적인 교육자, 사상가다. 자는
학경(鶴卿)이며 호는 혈민(孑民)이다. 저장 성 사오싱 부(紹興府)의 상인의 가정에서 출생
했다. 1905년에 독일로 유학을 갔다가 귀국해 1912년에 중화민국의 초대 교육총장에 취임
했고, 1916년에 베이징 대학 학장이 되었다. 그는 과거의 학풍을 고쳐 연구 · 교육의 자유
를 주장해 베이징 대학을 신문화운동의 중심으로 만들었다.

12 천두슈(陳獨秀, 1879~1942)는 중국공산당을 창립하고 초대 중앙위원회의장을 지냈다. 안
후이 성(安徽省) 지주의 집에서 출생했다. 일본에서 유학했으며 1911년의 신해혁명에서
활약한 후 안후이 성 교육장관이 되었으나, 제2혁명 실패 후 일본으로 망명했다. 1915년 7
월에 ≪신청년≫을 창간했다. 이어 베이징 대학 문과학장이 되어 신문화운동을 추진했다.
1932년 장제스 정부에 체포된다.

13 후스(胡適, 1891~1962)는 상하이 출생으로 19세 때 장학생으로 미국으로 유학을 가 컬럼
비아 대학에서 철학 박사 학위를 받았다. 1917년에 귀국해 베이징 대학 철학 교수로 있으
면서 계몽운동을 폈다. 이때 후스는 일상생활에서 쓰는 말을 그대로 작품에 쓰자는 '백화
운동'을 벌였다. 그의 계몽활동은 문학뿐 아니라 역사 · 철학 · 정치 평론 등의 모든 분야에
까지 미쳤다. 국민당 정부의 요직을 지냈으며 타이완으로 건너가 1957년부터 죽을 때까지
중앙연구원장을 지냈다.

14 리다자오(李大釗, 1888~1927)는 마르크스주의를 중국에 소개하고 천두슈와 함께 중국공
산당을 창립했다. 1913년부터 1917년까지 일본 와세다 대학에서 유학했다. 1917년부터
베이징 대학 역사학 · 경제학 교수 겸 도서관 주임으로 근무하면서 마르크스주의를 연구했
고 소비에트혁명을 지지한 최초의 중국 지식인이었다. 마오쩌둥에게 베이징 대학 도서관
의 보조 사서 자리를 마련해주기도 했다. 1927년에 처형되었다.

15 류스페이(劉師培, 1884~1919)는 장쑤 성(江蘇省) 출신으로 1903년 혁명론에 공명해『중
국민약정의(中國民約精義)』를 저술했다. 1907년 일본 망명 중에 중국 혁명 동맹회에 가담
했고, 사회주의 강습회를 만들었다. 베이징 대학 교수를 지냈다. 문자와 훈고학을 이어받

그림 5-1   5·4 운동 시기 중국 근대 지식인의 계보

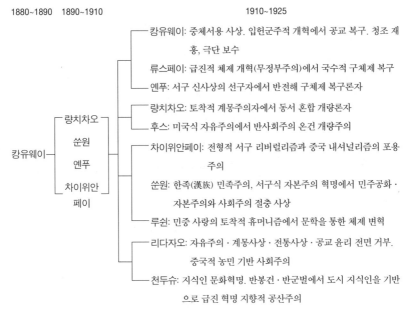

1880~1890   1890~1910   1910~1925

칭유웨이

랑치차오
쑨원
옌푸
차이위안
페이

― 칸유웨이: 중체서용 사상. 입헌군주적 개혁에서 공교 복구. 청조 재
흥, 극단 보수

― 류스페이: 급진적 체제 개혁(무정부주의)에서 국수적 구체제 복구

― 옌푸: 서구 신사상의 선구자에서 반전해 구체제 복구론자

― 랑치차오: 토착적 계몽주의자에서 동서 혼합 개량론자

― 후스: 미국식 자유주의에서 반사회주의 온건 개량주의

― 차이위안페이: 전형적 서구 리버럴리즘과 중국 내셔널리즘의 포용
주의

― 쑨원: 한족(漢族) 민족주의, 서구식 자본주의 혁명에서 민주공화·
자본주의와 사회주의 절충 사상

― 루쉰: 민중 사랑의 토착적 휴머니즘에서 문학을 통한 체제 변혁

― 리다자오: 자유주의·계몽사상·전통사상·공교 윤리 전면 거부.
중국적 농민 기반 사회주의

― 천두슈: 지식인 문화혁명. 반봉건·반군벌에서 도시 지식인을 기반
으로 급진 혁명 지향적 공산주의

자료:『분단』, 172.

들이 활약했던 5·4 운동 전후 20년의 시기는 진정한 '질풍노도'의 시대
로, 이 기간에 3000년 중국 역사는 급전환했다(『분단』, 151).

지식인과 학생의 애국 운동은 두 방향으로 분출했다. 안으로는 외세와 결
탁하고 외세의 대리인 역할을 하는 부패무능한 군벌 지배 세력과 봉건적
수구 세력 및 봉건적 요소에 대한 투쟁이었다. 밖으로는 군벌 세력을 무
기 원조와 차관으로 매수해 갖은 명분을 앞세우며 중국의 예속화를 제도
화하려는 제국주의에 대한 방위적 내셔널리즘이 폭발했다(『분단』, 156).

───────────

아 고문경학(古文經學)을 숭상했다.

특히 리 선생이 평생 존경했던 루쉰과 그의 작품이 이 시기의 중국인을 각성시키고, '비열함과 무력감'이라는 중국 병의 원인이 해묵은 유교적 지배 질서에 있음을 각성시켰다는 점을 강조했다. 당시 ≪신청년≫의 편집인이었던 천두슈는 베이징 대학 문학부장이었고 후스는 철학부장이었다. ≪신청년≫과 베이징 대학은 이렇게 중국 문학·사상 개혁 운동의 두 바퀴가 되었다. 그 바퀴는 차이위안페이 총장 이하 진보적 교수들이 끌고 20만 학생이 뒤에서 열광적으로 밀었다. 루쉰의 작품은 이 웅장한 '전차'를 에워싼 전사의 병단에 보내는 응원의 함성이었다(『분단』, 169~170).

리 선생이 5·4 운동에 주목한 것은 이 사건이 중국 '현대'의 시점이라는 점과 이를 통해 사회주의가 확산되고, 중국 사회주의혁명의 길이 열렸다는 측면 때문이다. 동시에 각성한 지식인 집단이 공룡처럼 거대한 중국 사회를 한순간에 변화시킬 수 있었다는 점에 무한한 경의를 표했다.

국내 지식인 사회 혹은 지식인 집단에 대한 비판으로는 1987년 7월 6일 ≪동아일보≫에 발표한 「지식인의 기회주의」, 「죽는 시늉이라도 해야지」(이상 『자유인』), 「과거사는 역사에 묻는 것인가: 권력에 빌붙었던 지식인들의 재빠른 변심을 보면서 」(『새는』) 등이 있다. 리 선생은 강한 톤으로 한국 지식인 집단의 변절, 투항, 굴종, 기회주의적 처신의 역사를 비판했다. 「지식인의 기회주의」는 1987년 6월 항쟁으로 직선제 개헌과 민주화 조치가 이루어지고 있는 상황에서 '풍향계'보다 더 빠르게 변하는 지식인들을 질타하는 글이다. 체제의 공범자 역할을 했던 지식인들뿐만 아니라 불의인 줄 알면서도 방관자 자세를 취하며 체제의 '수혜자'로 살아온 지식인들도 대오 각성해야 한다는 것이다. 「죽는 시늉이라도 해야지」는 1988년 11월 23일 전두환 씨가 백담사로 떠난 지 한 달이 지난 12월 24일자 ≪한겨레신문≫에 실린 칼럼이다.

전두환과 그 일당을 '민족의 구제자'라고 7년 동안 매일같이 신문에서 추켜세운 신문사 사주들은 낯이 간지러워서라도 '사과'의 표시로 하루쯤 신문 발행을 휴간할 수도 있지 않는가? 논설위원·국장·부장·기자 등. 펜을 든 권력의 아첨배 중에 자진해서 펜을 놓고 물러났다는 말을 아직 들은 기억이 없다. 우주의 진리는 전두환 독재 정권의 철학에 있다고 온갖 요사스러운 글과 말로 출세를 노리던 교수·교사들 가운데 사표 한 장 썼다는 자가 없다. 유인물 한 장 만들었다고 꽃봉오리 같은 젊은이들을 3년, 5년, 7년씩 감옥에 처넣었던 검사와 판사들 가운데서 그 알량한 법복을 벗어버렸다는 이야기도 아직 없다. 동장·반장은 그만두자(『자유인』, 225).

당시 전두환 독재 정권에 빌붙어 살았던 지식인들이 그때 갑자기 변한 것도 아니다. 1970년대 이후만 봐도 박정희의 영구 집권을 위한 '유신헌법'을 궁리해낸 교수들을 선두 주자로 해서 마지막에는 북한의 수력발전용 금강산댐을 '서울 침수 작전'을 위한 무기라고 강변하면서 소위 '평화의 댐' 이론과 설계로 치부한 교수들까지 몇백, 몇천 명의 소위 '대학교수'라는 지식인이 바보 노릇을 했다(『새는』, 297~298). 리 선생의 지식인 비판은 그 지식인들이 요설을 펴며 공생하는 수구 언론 비판과 동전의 양면이다. 한국 사회에서 권력의 '우상'들과 기회주의 지식인이 공생하는 생태계의 중심에 조·중·동을 비롯한 수구 언론이 자리 잡고 있기 때문이다. 그 이후를 보자. 이명박 정권 때 '대운하 사업', 소위 '4대강 파헤치기 사업'의 필요성을 외치던 교수들, 천안함이 '폭침'되었다고 주장했던 전문가들, 세월호 참사는 무조건 빨리 잊어야 한다고 외쳐대는 언론들, 많은 세월이 흘렀지만 조금도 달라지지 않았다.

끝으로 「자유인이고자 한 끊임없는 노력」은 1992년 3월에 한 전문 매체에 기고한 '독서'와 관련한 글이다. 이 글에서 리 선생은 독서를 '자유인이 되고자 하는 염원에서 출발하는 모든 사람의 자기 창조 노력'이라고 정의한다. 리 선생이 말하는 자유인이란 무지와 몽매와 미신의 굴레에서 자유로워진 사람이다. 독서는 이러한 자유인의 '지적 식량'이다.

> 자유는 곧 지성이다. 원숙한 지성이 자유인을 만든다. 이상적인 지적인 삶(인생), 즉 자유인은 현실적이고 구체적인 삶에서 특정 전문적 기능을 획득, 발휘하면서 동시에 높은 수준의 인류 보편 공통적 문화(교양) 창조 에 참여하거나 문화적 결과를 향유할 수 있어야 한다. …… 손쉽게 생각나 는 대표적인 지성인, 즉 현대적 '자유인'을 찾는다면 아인슈타인, 슈바이 처, 피카소, 사하로프 같은 인생이라고 할 수 있을 것이다(『새는』, 355).

과거 자유인의 표상으로는 소크라테스, 코페르니쿠스, 갈릴레오 갈릴 레이를 꼽았다. 리 선생에게 지식인이란 자주적 정신과 양심에 의거해 인류의 보편적 이상에 충성하는 '자유인'인 셈이다. 근 50년에 걸친 치열한 언술 활동, 그리고 그로 인한 끊임없는 수난은 본질적으로 이 자유인의 '자유'를 행사하려는 의지 때문이었다. 인간적 위엄을 가장 소중하게 여기는 리영희에게 그것은 양도할 수 없는 권리이자 억누를 수 없는 생리적인 욕구였다. 군사 통치하에서 그는 무엇보다 "생리적으로 숨을 쉴 수 없을 만큼" 고통을 느꼈던 것이다(김종철, 2010). 리 선생이 가장 혐오했던 것은 노예의 삶이었다.

> 70년대의 상황에 관해서 생각(think about)하는 태도가 아니라, 막바로 그것을 생각(think of it)하였을 뿐 아니라 해결을 추구하는 몸부림을 쳐야 했었다. 그것은 관념적 사변성(思辨性)을 넘어 민주주의 신봉자로서의 '시민'으로서와, 인간적 권리 · 자유 · 존엄성을 삶의 내용으로 하는 '개인'

으로서의 상황과의 모순에 자신의 전인격적 존재를 던져 토털(total)한 해결을 추구하는 태도였다(『누군가』, 3~4).

리 선생은 1983년 함석헌 · 서남동 · 고은 선생과 함께 쓴 『누군가 말해야 한다』의 서문에서 1970년대 이후 한국 지식인들을 그 태도에 따라 크게 세 가지 형태로 구분한 바 있다. 첫째, 상황에 순응하거나 적극 옹호하는 부류, 둘째, 상황에 대해 '질문'하는 부류, 셋째, 그 상황을 과제로 인식해 그 해결을 모색하려는 부류가 그것이다(『누군가』, 머리말).

1970년대 한국의 대다수 지식인들은 민주주의에 대한 교육을 충분히 받았음에도 불구하고, 정작 현실에서는 권력의 이익을 적극 옹호하거나 소극적으로 순응(submit)하는 모습을 보였다. 어떤 비정상 상황에 대해 '질문(question)'하는 부류는 상황의 당위성과 가치를 회의하고 해답을 알려는 것이기는 했지만, 지배 권력이 어떤 방식으로든 답변을 주면 그것으로 '알았다'며 만족하는 성향을 보였다. 이는 자신의 생존을 규정짓는 상황과 자신의 현실적 삶 사이에 거리를 두는 것을 의미한다.

순응자나 질문자와 달리 자신이 살 수밖에 없는 시대적 상황을 '나의 문제(problem)'로 인식하고 이와 대결하는 사람들은 상황에 대한 지적 해명에 만족하지 않고 문제 해결을 추구했다. 시대의 문제는 곧 자신의 문제였기 때문에 방관자가 될 수 없었고 그 문제가 해결되지 않으면 자신의 삶도 부정될 수 있다고 생각했기 때문이다. 순응자나 질문자이기를 거부하고 '문제 해결자'로 나서는 것, 즉 지식인의 길에는 늘 고통과 시련이 따를 수밖에 없다. 많은 지식인들이 그 고통과 시련 때문에 '문제 해결자'로서의 책무를 포기하고 후퇴할 때, 그 시대는 모두에게 암울한 세상일 수밖에 없다는 것이다.

2. 비판

리 선생은 타고난 비판 철학자이고 실천가다. 자신의 이름부터 가족, 종교, 모든 조직, 국가와 정부, 충효 사상·민족주의·제국주의·자본주의·사회주의 등 거대 이념에 이르기까지 모든 '당위적'인 것들을 비판적 성찰의 대상으로 삼았다. 인간은 자신에게 주어진 조건을 회의하고 비판해 재구성할 수 있게 되었을 때 비로소 '자유인'이 될 수 있다고 생각했기 때문이다.

> 『전환시대의 논리』의 첫 논문이, 당시 베트남전쟁의 본질을 파헤쳐 우리 사회에 고발했던 「강요된 권위와 언론 자유」였다. 이 글은 나의 그 후의 다른 글들도 그랬듯이 베트남 사태에 빗대어서 '대한민국'이라는 나라와 사회를 비판하려는 의도에서 쓰인 것이었다. 직설법적 서술은 바로 감옥행이었기 때문이다. 이 「강요된 권위와 언론 자유」 글의 첫머리에서, 나는 벌거벗은 임금을 보고 "임금의 몸은 알몸!"이라고 소리친 소년과 "임금의 귀는 당나귀 귀!"라고 굴속에서 외친 이발사의 우화를 가지고 이 나라의 현실에 대한 저항과 비평을 시작했던 것이다(『독백』, 서문).

리영희는 평생 글쟁이로 살았다. 직업적으로 기자와 교수라는 변화가 있었지만 끊임없이 기록하고 탐구하고 연구해서 글을 쓰는 것이 본업이었다. 리영희 언론 사상의 요체는 현상과 구조에 대한 비판과 이를 통한 진실을 드러내기라고 정리할 수 있다. 현실 권력은 가능한 모든 방법을 동원해 우상을 만들고 진실을 은폐한다. 이를 통해 대중을 무지, 몽매 상태에 묶어두려 한다. 비판을 통한 계몽은 이러한 상황을 타개하기 위한 이론적·실천적 작업의 축이다.

비판으로서의 저널리즘

리영희는 과거 50여 년간 글로 국가와 사회를 비판하고 진실을 외면하는 언론을 비판했으며 자신의 한계에 대한 비판도 소홀히 하지 않았다. 앞서 인용한 「강요된 권위와 언론 자유」라는 논문은 그 제목부터 리 선생이 평생 수행한 저널리스트로서의 자세와 글쓰기의 핵심을 보여준다. 우선 미국의 베트남전쟁 논란을 소재로 한 글임에도 글을 쓴 이유가 이 나라와 사회를 비판하기 위한 것임을 명백히 했다는 점이다. 둘째, 기자라면 당연히 이솝우화의 어린이처럼 '임금이 벌거숭이'라고 진실을 기록해야 한다는 것이다. 셋째, 자신이 기자로서 한 역할이 임금의 귀는 당나귀 귀라고 '동굴 속에서 독백'한 것에 불과한 것일 수 있다는 자기비판이다. 어린이와 이발사는 기자와는 달리 '진실'을 말해야 할 사회적 책무를 가진 사람들 아니다. 따라서 기자가 이발사처럼 동굴에서 외쳤다면 마땅히 비판의 대상이 되어야 한다는 것이다.

'비판'이라는 말을 들으면 한때 유행했던 프랑크푸르트학파의 비판이론(critical theory)이 떠오른다. 헤르베르트 마르쿠제(Herbert Marcuse)와 위르겐 하버마스(Jürgen Habermas)로 대표되는 비판 이론가들은 실증주의로 대표되는 근대적 이성을 도구적인 것으로 보고 비판하고 극복하려 했다는 점에서 리영희의 비판과는 차이가 있다. 리영희가 말하는 비판은 계몽주의적 이데올로기 비판의 연장선에 있는 것으로 볼 수 있다. 인간이성에 대한 신뢰와 계몽의 효용이 전제되는 개념이기 때문에 사전적[16] · 상식적 의미에 가깝다고 볼 수 있다. 하지만 마르쿠제를 비롯한 비판 이

---

16 비판(批判, criticism)이란 사전적으로 비평하고 판정하는 일이다. 구체적으로 인물 · 행위 · 판단 · 학설 · 작품 따위를 평가 · 검토하여 그릇된 점을 밝혀내는 일이다. 나아가 사물을 분석해 각각의 의미와 가치를 인정하며, 전체 뜻과의 관계를 밝히고 그 존재의 논리적 기초를 밝히는 일을 말한다(국학자료원, 『문학비평용어사전』, 2006).

론가들이 후기자본주의의 구조적 모순에 주목하면서 스탈린주의의 파시즘적 성격을 동시에 비판하고 극복하려 했다는 점에서, 리 선생과 비판의 지점을 공유하고 있기도 하다.

많은 사람들이 리 선생을 강직한 계몽주의자라고 평가하는 것은 자연스러운 일이다. 이성을 신뢰하는 계몽주의자로서 비타협적이고 비판적인 자세는 철학적 사유의 근본일 뿐만 아니라 저널리즘의 기본이기도 하다. 리 선생은 일상적으로는 글쓰기를 통해 권력과 우상 해체 작업에 나섰고, 구속 등을 통해 권력과 직접 대면하게 되었을 때는 논변을 통해 폭압적 권력의 실체를 드러내려 했다(홍윤기, 2011).

박병기 박사는 리영희 선생의 사상의 바탕을 '휴머니즘'으로, 시대적 역할을 '비판적 지식인'으로 규정한 후 그의 지적 활동의 핵심을 '이데올로기 비판'으로 정리한 바 있다(박병기, 1999). 여기서 박병기가 말하는 이데올로기란 사회적 존재를 올바르게 반영하지 못하고 인간의 생명을 억압하는 허위의식이다. 이러한 이데올로기가 지배하는 사회는 허위의 구조일 뿐이다. 자유인으로서의 인간, 즉 '비판적 지식인'은 그러한 허위의식과 허위 구조의 껍질을 벗겨내어 그 실체를 드러내야 한다. 그것이 이데올로기 비판이다. 리영희에 있어 '비판'이란 휴머니즘과 인간의 자유를 가로막는 허위의식과 인습, 편견, 독선 등 허구로 쌓아올려진 이데올로기를 극복하기 위한 행위 일체를 의미한다고 정리할 수 있다.

리 선생이 평생 싸웠던 헛것, 허위의식, 어둑서니들로는 냉전·반공이데올로기, 반공법과 국가보안법, 한미 혈맹론, 국수주의, 기독교 유일신 교리, 물신주의, '자유민주주의', 제복과 유행, 지식인의 기회주의, 남한 유일 합법 정부론, 핵무기 신앙, 북한 전쟁 능력 우위론, 충효 사상, 지역 차별 등 헤아릴 수 없이 많다. 리영희는 온갖 거짓으로 꾸며진 권력과 지식, 그리고 상식, 철학, 학문, 신앙, 교육, 언론매체들이 이런 어둑서니들로써 진실에 다가가려는 이성을 억압하고 있다고 보았다. 정리하자면 리 선생이 이데올로기를 비판하는 이유는 이데올로기로 인해 '조건반사적인 토끼'가 되어버린 인간의 자유를 회복하기 위함이다. 이데올로기는 허위의식이고, 허위란 진리를 부정하는 것이다. 따라서 이데올로기를 비판하는 것은 '부정된 진리'를 회복하는 일이며, 결국 휴머니즘을 회복하는 일이다(박병기, 1996: 400).

평생 기자라고 자부했던 리영희에게 언론 자유와 언론의 사회적 역할은 중요한 관심사였다. 리 선생은 기자가 된 후 쉼 없는 공부와 탐구를 통해 현상의 이면과 권력이 왜곡한 현실의 진면목을 파악해 기사, 논문, 비평, 저서, 강연 등의 형태로 발표했다. 저널리스트의 존재 이유는 '사회적 실천'으로서의 글쓰기에 있기 때문이다. 이론과 실천의 통일로서의 '진실 기록'은 리 선생 삶을 관통하는 가장 중요한 행위의 준칙이자 '신앙'이었다. 리 선생의 언론관이나 언론인으로서 자세는 구한말 이후의 '지사 언론' 전통에서 영향을 받았다.

1950년대부터 1970년대 초, 내가 언론사에 있을 때까지만 하더라도 일종의 지사(志士) 정신, 즉 뜻을 위해 일하고 사회의 이익을 자기 개인의 이익보다 앞세우는 지사 정신이랄까, 이런 게 살아 있었습니다. 그럴 수밖에 없었던 배경이, 일제하에서 신문기자는 민족을 대표하는 지식인의 꽃이었거든요. 그런 긍지와 민중의 기대가 있었기 때문에, 신문에 종사하는 누구나가, 또는 모두가 그랬던 것은 아니지만, 지도적 언론인의 상당수가 지사적인 정신으로 펜을 들고 언론 활동을 했지요(리영희 · 김동춘, 2000: 301).

리 선생이 회고하듯 1960년대 중반 무렵까지 한국의 신문들은 그 나름의 지사적 전통을 지키고 있었다. 박정희 정권은 1964년 7월 31일 종신 총통제를 실시하기 위해 언론의 입을 막아버리는 법률(언론윤리위원회법)을 만들려 했다. 언론을 아예 벙어리로 만들려는 시도였다. 이때 신문사 사주(社主)들은 자기 권력과 재산인 신문을 지키기 위해 정권에 붙었고 기자들은 결사반대한다. 결국 언론윤리위원회법은 제정되지 않았지만 이를 계기로 신문사 사주들과 정권의 유착이 시작된다(『21세기』, 290).

리 선생이 글쓰기에 매진하던 시기는 자유당정권, 유신정권, 신군부의 5공화국이라는 파시즘 체제였다. 한마디로 허위와 미신이 우리를 질식시키는 잔인한 '겨울 공화국' 시대였다. 겨울 공화국의 허위와 미신으로부터 벗어나기 위해서 우리에게는 진정한 계몽이 필요했다. 그 계몽은 '근대'를 위한 부르주아식 계몽이 아니라 분단 사회의 반동 부르주아적 파시즘이 만들어낸 몽매로부터의 계몽이었다(김세균, 1991: 9). 리 선생은 1950년대 후반 이후 반공 군사독재 정권의 허상을 드러내고 억압과 기만으로부터 민중을 계몽하기 위해 고투를 벌인 것이다.

지식인, 언론인 비판과 자기비판

우상이 진실을 은폐하며 이성의 작용을 마비시키려는 시기에 '진실'을 위한 글쓰기는 '목숨을 건' 실천 행위일 수밖에 없다. 리 선생의 글쓰기는 '우상'의 본질, 본모습을 드러내는 수단인 동시에, 글을 쓰는 행위 자체가 사상의 자유, 언론의 자유를 억압하고 말살하려는 현실 권력에 대한 도전이었다. 리 선생은 그러한 글쓰기가 가져올 위험을 충분히 예견하면서도 글을 썼다. 그것이 기자, 지식인의 '본업'이라고 여겼기 때문이다.

저널리즘은 무엇인가? 그것은 행동입니다. 현실 속에 들어가서 행동으로 현실을 바꾸는 것이죠. 그러기 위해서는 냉전 의식이 지배했던 사회 속에 사상의 자유가 전제되어야 합니다. 그래서 자유를 내세우는 싸움, 그것을 언론의 자유라는 형태로 신문사에서부터 관심을 가졌어요(리영희 선생 화갑 기념 문집 편집위원회, 1989: 611).

국가보안법 같은 것, 왜 폐지하지 못합니까? …… 권력 집단이 자신들의 지위를 위협하는 일이기 때문에 절대 건드리지 못하게 하는 거지요. 공론의 장을 열면 지게 되니까 …… 그 장을 열기가 결코 쉬운 일이 아니에요. 그래서 깨어 있고 행동하고자 하는 소수가 처음에는 형무소에도 가고, 경찰서에도 가고 해야지요. 필연적으로 희생이 따르고 …… 그다음 둘, 셋 …… 절대로 안 바뀔 것처럼 느리지만 아주 조금씩, 이렇게 혁명이 일어나는 겁니다. 사회는 그런 치열한 싸움 없이 결코 변하지 않아요(리영희 · 김현진, 2010: 220~221).

진실을 표현하는 행위는 좀 더 인간적인 사회를 만들기 위한, 그리고 민주적 공론의 장을 만들기 위한 출발이다. 그렇기 때문에 고금을 통해 정치권력은 지식인의 실천적 표현 행위를 억압한다. 리 선생은 처음에 소수가 앞장서 진실을 기록하고 발표하다 보면 그것이 역사의 물줄기를 만들 수 있고, 그럴 때 비로소 인간의 존엄성과 자유를 옥죄는 우상을 타파할 수 있게 된다는 확신을 가지고 살았다.

≪뉴욕타임스≫의 용기는 반사적으로 우리 언론의 두 가지 유형을 연상시킨다. 하나는 '나도 그렇게 생각하고 있었다'는 유형이고, 또 하나는 '이제는 비밀을 말할 수 있다'는 유형이다. …… 전자는 상황의 변동이 생기자 말하지 않았던 비굴은 제쳐놓고 알고 있었다는 것을 내세운다. 지식인과 언론의 소임에 이처럼 모독적인 유형은 없다. …… 후자인 '비화' 언론

도 마찬가지다. ······ 오늘의 사실을 오늘에 규명하지 않고 먼 훗날 '이제는 말할 수 있다'고 비화 읽을거리의 자료로 생각하는 한, 통치 계급의 횡포는 계속되고 대중은 암흑을 더듬는 상태를 계속할 수밖에 없다(『전논』, 10~12).

'나도 알고 있었다'는 반성을 모르는 파렴치한 언론과 언론인이 지금도 한국 사회를 지배하고 있다. '이제는 말할 수 있다'는 식의 '비화 언론'은 얼핏 진실 추구에 나름대로 앞장서려는 듯한 태도를 보이기도 하지만 정치권력이나 시류의 변화에 편승하는 전형적인 기회주의 언론이라는 점에서 파렴치한 언론과 별반 차이가 없다.

물론 한국 사회에 이러한 후안무치 언론인과 비화 언론이 양산된 것은 권력의 강압과 무관하지 않다. 하지만 어느 시대, 어느 권력도 언론과 대립각을 세우고 갈등 관계에 있을 수밖에 없다는 점을 고려해보면, 한국 언론인들이 자초한 면도 있다. 다음은 1975년 ≪기자협회보≫에 기고한 「편집국 민주주의」라는 글의 일부분이다.

언론을 망치는 것도 언론인 자신이고 언론을 일으켜 세우는 것도 언론인 자신의 이념과 생활의 자세입니다. 권력이란 동서의 양(洋)과 시대의 고금(古今)을 가릴 것 없이 민중의 언론 자유를 억압하는 것이 그 본성이라면, 민중의 편에서는 언론기관과 기자의 직업적 본성은 기본적으로 권력과의 대립 관계입니다. 이 기본적 관계 위에서 그 밖의 구체적·특수적 관계가 이해되어야 합니다. 이것을 잘못 파악하여 특수적·구체적 관계를 기본적·일반적 관계에 우선시키는 인식의 곤란과 심지어 전도를 일으킬 때 언론인은 자유 언론의 사형 집행자로 타락하고 맙니다(『우상』, 306).

이 글을 보면 1960년대 전후 리 선생이 언론계에 있을 때 함께 현장을 누비던 많은 언론인이 정계로 진출하거나 학계로 가서 독재 정권의 앞잡이 노릇을 하거나 곡학아세의 '요설'로 부역을 일삼았다는 점을 떠올리게 된다. 언론인이 언론 자유 말살에 앞장서온 것은 한국 언론 자유의 역설이다.

한국의 소위 '언론'기관 내부의 문제로서 중요한 것은 무엇보다도 광복 후 한 번도 자체 숙정을 한 역사가 없는 기회주의자들의 집단처럼 되어버린 왜곡된 체질에 있습니다. 군정시대에 자리 잡은 우리나라 소위 '언론'기관 은 냉전 시대의 일그러진 광신적 반공주의 이데올로기의 맹신자로서 리 승만·박정희·전두환 역대 부패·타락·반민주 정치권력의 시녀 역할 을 해왔습니다. …… 이 사회의 보도기관들이 스스로 언론기관·언론인 이라는 명칭을 참칭하는 것은 가당치 않은 일이라고 늘 생각하고 있습니 다(『자유인』, 93).

언론이 사회 비판 기능을 상실했을 때 최소한의 양식을 가진 언론인이 선택할 수 있는 길은 둘 중 하나다. 그 언론사에 남아서 언론 기능 회복을 위해 투쟁하는 것과 언론사를 나와 '독립 언론인'으로 사는 것이 그것이다. 1970년대를 거치며 한국의 양심 있는 언론인들은 시간의 차이가 있을 뿐 대다수가 언론사를 떠나 '독립 언론인'의 길을 걷게 된다. 리영희 기자는 1950년대 말부터 1960년대 말까지 합동통신과 조선일보에서 저널리스트로서의 '정론 직필'을 위해 정공법과 우회 전략을 동시에 구사하면서 파시즘 체제와 냉전 이데올로기를 비판한다. 하지만 1969년 무렵에는 큰 장벽에 부닥치게 된다. "거짓을 진실인 양 둔갑시켜야 하는 언론인의 기능과 처지에 환멸"을 넘어 폭발 지경의 갈등을 느끼고 있을 때 "조선일

보와 정부가 사표를 강요"하자 미련 없이 사표를 던져버린다. 동시에 동
포에게 사기치고 기만하는 신문기자 생활을 청산하고 육체노동자[17]가 되
겠다고 결심한다(『대화』, 406).

이때 조선일보와 동아일보 등에 남아 있던 다른 양심적인 기자들도
"탄산가스가 가득 찬 편집국에서 폭력의 위협에 가위눌린 채 심각한 산소
결핍을 느끼며 질식할 것만 같은 고통을 겪다가 1975년에 대거 해직"된
다(신홍범, 1999: 527). 이때 해직된 기자들 대다수가 이후 출판계·문화계
등으로 진출했다가, 1988년 ≪한겨레신문≫ 창간으로 재결집한다.

리영희는 1970년대 초 언론계를 떠나 '비판적 지식인'으로서 지속적으
로 언론을 비판했으며, 1988년에는 고대하던 '대안 언론' ≪한겨레신문≫
창간 작업에 적극 참여한다. 1987년 여름부터 리 선생, 임재경, 이병주,
정태기 등이 모여 한글 전용 가로쓰기 편집, 컴퓨터 편집 인쇄, 국민 주주
모집, 편집국장 직선제 등 한국 신문 역사에 새 바람을 일으키자고 논의
(『대화』, 641~642)하면서 ≪한겨레신문≫ 창간 작업이 본격화된다. 리 선
생은 ≪한겨레신문≫ 창간 당시 논설 고문과 이사직을 맡는다. 창간호가
나오던 날 감격의 눈물을 흘렸다고 한다. ≪한겨레신문≫ 지령 5000호
기념 인터뷰에서 다음과 같이 창간 당시의 감회를 밝힌 바 있다.

캄캄했던 하늘에 번쩍 광명의 빛이 나타나는 것 같기도 하고, 불가능한 것
을 이룬 데 대한 믿을 수 없는 놀라움에 압도되었지요. 한 시대가 경색되
면 거기서 억눌렸던 민중의 에너지가 폭발할 수밖에 없는데, 그것이 폭발
했구나 하고 느꼈지요. 1979년 10·26 이후 박정희가 죽었다는 걸 광주형

---

17 당시 리영희가 준비하거나 시도했던 육체노동으로는 택시 운전, 양계업, 소설책 외판원 등
이다.

무소에서 전해 들었을 적에, 너무 감격에 벅차, 내 안에서 소리가, 웃음소리가 터져 나왔어요. 내가 역사를 선취하고 살았다는, 새로운 역사가 지금 실현된다는, 벅찬 희열로 한쪽으론 눈물이 쏟아지고 한쪽으론 웃음이 터져 나왔는데, 그때의 그 벅찼던 감회를 ≪한겨레≫를 창간하던 그 순간에 다시 느꼈지. 새 시대, 새로운 시대의 출발이구나 했어요(≪한겨레≫, 2004.3.4).

리 선생은 이어지는 인터뷰에서 대한민국 국민의 생각이 그 나름대로 균형을 잡게 된 것은 한겨레 같은 언론이 있기 때문이라고 치하하고, 아쉬운 점으로 여러 의견이 개진될 수 있는 반론의 공간이 부족하다는 점, 기자의 주관이 지나치게 개입된 기사가 눈에 띈다는 점, 국수주의 혹은 민족 중심주의 느낌이 든다는 점 등을 지적했다.

리 선생은 이미 1970년대부터 시민에 의한 '언론 자유 쟁취'의 중요성을 강조한 바 있다. 대안 언론을 만드는 것은 '비판을 제도화'한다는 측면에서도 큰 의미를 갖는다. 이후 리영희는 한겨레신문의 논설 고문으로 있으면서 '이영희 논단'으로 낙양의 지가를 올린다. '문민정부' 이후 리 선생의 언론사와 언론인에 대한 비판은 상업주의의 전면화라는 구조적 측면을 향한다. 군사정권의 물리적 탄압이나 생계에 대한 위협이 약해진 상황에서도 기자들의 기회주의는 달라지지 않았기 때문이다.

리영희의 자기비판과 성찰은 늘 준엄했다. 리영희 휴머니즘의 핵심은 자유인이다. 리영희에게 자유인이란 우선 무지와 몽매, 미신의 굴레에서 자유로워진 인간이며, 나아가 온갖 사회적 억압으로부터 자유로워진 인간을 말한다. 자유인은 변화하는 세상을 끊임없이 성찰하고 학습해야 한다. 다음은 1991년 1월 26일 동구권 사회주의 붕괴와 관련해 연세대학교에서 열린 한 토론회에 참석해 「사회주의 붕괴를 보는 한 지식인의 고민과 갈등」을 발표한 후 밝힌 소회다.

> 나는 지금 거대한 역사적 변혁 앞에서 지적·사상적 그리고 인간적 겸허
> 의 무게에 짓눌려 있는 심경입니다. 그와 동시에, 주관적 오류나 지적 한
> 계가 객관적 검증으로 밝혀질 때, 부정된 부분을 '사상적 일관성'이라는
> 허위의식으로 고수할 생각은 없습니다. 더 공부해야겠다는 생각이 간절
> 합니다. 지난 1년간 글을 발표하지 않은 것도 그 때문이지요(『새는』,
> 224).

리영희는 평생 동안 '공부'하고 반성하는 것을 생활의 일부로 삼았다.
자기가 해온 이야기가 동굴 속의 '독백'에 불과한 것은 아니었는지, 자신
이 신뢰했던 이성이라는 것이 허상은 아니었는지, 지성으로써 인간이 이
기주의에서 벗어나는 것이 불가능한 일은 아닌지, 자신이 또 다른 '우상'
이 되어버린 것은 아닌지, 가족보다 사회를 늘 중시한 자신의 태도가 과
연 정당한 것이었는지 등, 그의 성찰과 반성, 자기비판은 죽을 때까지 계
속된다. 그렇기 때문에 리영희는 늘 '현재의 리영희'로 존재하는 것이다.

3. 정명

사상은 언어를 통해서 전달된다. 우리 사회와 우리 민중의 세계관을 형성
한 냉전 사상은 냉전 용어(冷戰用語) 주변에 형성되었다. 얼마나 많은 냉
전 시대의 정치 선전적 용어가 아무런 비판 없이 쓰이고 있으며, 그럼으로
써 얼마나 우리 민중의 진실 확인 능력을 제약하고 스테레오타입적인 조
건반사적 사고 반응을 일으켜왔는가는 설명할 필요조차 없다. 냉전 용어

의 관용으로 말미암아 우리는 세계의 모든 정치적 · 사회과학적 사상(事象)을 흑과 백, 천사와 악마, 죽일 놈과 살릴 놈, 악과 선의 이치적(二値的) 가치관으로만 판단하는 버릇이 생겼다. 이것처럼 지성을 마비시키고 격변하는 세계에서 자기의 생존을 위태롭게 만든 요소도 드물다(『전논』, 253).

앞의 글은 1972년 ≪창작과비평≫에 발표했던 「베트남전쟁 I」의 서두 부분이다. 유신 시대 냉전 반공 이데올로기의 광기 속에서, 그 암울한 현실 돌파를 위한 1차 과제로 우선 '냉전 용어'를 청산해야 한다고 주장한 글이다.

공자와 순자, 루쉰의 정명론

리 선생은 다른 글에서도 『논어』 '자로편'에 나오는 공자의 정명론을 자주 인용했다. 공자는 정치의 근본이 사물의 이름을 바로잡는 것임을 분명히 했는데, 말이 바로 서야 행동도 제대로 될 수 의미에서다. 군자는 자기가 잘 모르는 일에 대해서는 입을 다물어야 하고, 그래야 구차함이 없다는 말도 덧붙였다.

자로 위(衛)나라 임금이 선생님을 모셔서 정치를 맡긴다면 무엇부터 먼저 하시겠습니까?
공자 반드시 이름을 바로잡겠다.
자로 그렇습니까? 세상 물정에 어두우신 것 아닌지요? 어째서 이름부터 바로잡으시려는지요?
공자 자로야, 너는 무례하구나. 군자는 모름지기 자기가 모르는 일에 입을 다물어야 한다. 이름이 바르지 못하면, 말이 순조롭게 전달되지 못하고, 말이 순조롭게 전달되지 못하면, 모든 일이 성취되지 않으며, 모든 일이 성취되지 않으면, 예악이 흥하지 못하고, 예악이 흥하지 않으면, 형벌이 바르게 시행되지 못하며, 형벌이 바르게 시행되지 못하면, 백성들은 손발을 둘 곳이 없어진다. 그러므로 군자가 사물의 이름을 바로잡으면 반드시 말이 바르고, 말이 바르면 반드시 행동도 바르게 되는 것이다. (이름을 바로잡아야) 군자는 말함에 있어 구차함이 없어지는 것이다.[18]

『논어』, 자로편, 3장(고딕체는 인용자)

리 선생 글쓰기의 사표였던 루쉰도 대표작 「아Q정전」에서 공자의 정명론을 거론하며 특유의 너스레로 시작한다. 글을 지을 때 어떻게 제목을 잡을 것인가? 그 제목의 정확한 의미에 대해 고민하는 것이 왜 필요한가? 루쉰은 그 고민이 모든 글의 출발점이라는 사실을 아주 인상적으로 정리하고 있다. 이 글에서 루쉰 문장의 해학과 엄격함, 치밀한 구성력과 아우라가 잘 드러나기 때문에 다소 길게 인용한다.

아Q에게 정전(正傳)을 써주겠다고 한 지가 몇 해 전이다. 그런데 막상 쓰려고 하면 또 머뭇거리게 되는 것이다. …… 예로부터 불후(不朽)의 문장만이 불후의 인물을 전할 수 있다고 …… 어쨌거나 속후(速朽)한 문장 한 편 쓰기로 작정을 하고 붓을 들고 보니 여러 가지 난관에 봉착하게 되었

---

18 子路曰 衛君待子而爲政 子將奚先(자로왈 위군대자이위정 자장해선), 子曰 必也正名乎(자왈 필야정명호), 子路曰 有是哉 子之迂也 奚其正(자로왈 유시재 자지우야 해기정), 子曰 野哉 由也 君子於其所不知 蓋闕如也 名不正則言不順 言不順則事不成 事不成則禮樂不興 禮樂不興則刑罰不中 刑罰不中則民無所措手足 故君子名之 必可言也 言之 必可行也 君子 於其言 無所苟而已矣(자왈 야재 유야 군자어기소부지 개궐여야 명부정즉언불순 언불순즉사부성 사부성즉예악불흥 예악불흥즉형벌불중 형벌부중즉민무소조수족 고군자명지 필가언야 언지 필가행야 군자어기언 무소구이이의).

다. 첫째는 글의 제목이었다. 공자는 "이름이 바르지 못하면 말이 순통하지 못하다[名不正則言不順]"고 했다. 이는 응당 주의를 기해야 할 문제다. 전(傳)에도 별별 전들이 다 있다. 열전(列傳), 자전(自傳), 내전(內傳), 외전(外傳), 별전(別傳), 가전(家傳), 소전(小傳) 등등. 그런데 애석하게도 어느 하나 딱 들어맞지가 않았다. '열전'을 어떨까? 이 글은 허다한 위인들과 함께 '정사(正史)' 속에 배치될 수 없다. 그럼 '자전'은 어떨까? 내가 아Q가 아니니 이것도 안 된다. '외전'이라 하면 '내전'은 어디 있는가? 설령 '내전'이라고 해도 아Q는 결코 신선이 아닌 것이다. '별전'은? 그러자면 먼저 '본전'이 있어야 하는 데 아직 대총통이 국사관에 아Q의 '본전'을 세우라는 유시가 없다. …… 혹시 '소전'이라고 해도 아Q에게 별도의 '대전'이 있는 것도 아니다. 요컨대 이 글은 아무래도 '본전'이 되겠으나, 내 글이라는 것에 대해 생각해보자면 문체가 비천하여 '콩국행상꾼'들이나 쓰는 말이라 감히 참칭을 할 수가 없다. 이에 삼교구류(三敎九流) 축에도 못 끼는 소설류의 이른바 '한담은 접고 정전으로 돌아가서'라는 상투적 구절에서 '정전(正傳)'이라는 두 글자를 취하여 제목으로 삼는 바이다(루쉰, 2010b: 106~107).

루쉰은 재미있게 표현하기는 했지만 '아Q정전'이라는 제목의 의미를 철저하게 천착한 후 본격적으로 소설을 전개하기 시작한다. 리영희의 사상 형성과 글쓰기에 루쉰의 영향이 지대했다는 점에서, 리영희의 정명론은 루쉰의 영향을 받았다고 볼 수 있다. 물론 루쉰도 공자의 정명론을 인용하고 있다. 하지만 리 선생은 언어 자체의 엄밀함뿐만 아니라 사상(事象)의 명확한 질서의 필요성을 강조한다. 다음은 리 선생이 월간 ≪말≫ 1995년 6월 호에 기고한 글 중 일부다.

정명이란 사물의 명칭을 바르게 지어서 바르게 쓴다는 것이다. 이 말은
세상의 존재, 현상, 관계, 추상적, 구체적, 정신적, 물질적인 모든 것의 성
격과 모양을 정확하게 정의하여 불러야 하며 그렇게 해야 정치가 바르게
선다는 뜻이다. 검은 것은 검은 것이고 흰 것은 흰 것이며 사각형은 삼각
형이 아니라는 것이다. 현대적인 논리학으로 풀어보면 모든 현상과 존재
의 성격에 맞게 개념을 정확하게 표징하는 명칭을 써야 한다는 것이다(리
영희, 1995: 36).

사전적으로 정명이란 명(名)을 바로잡는다는 뜻으로, 주로 명실(名實)
관계에 대한 정치적·윤리적 개념이다. 명의 의미는 두 가지로 나눠볼 수
있다. 첫째, 사물의 실상에 대응하는 이름이다. 이 경우 정명은 사물의 실
제와 그 명을 일치시킨다는 뜻으로 동이(同異), 시비(是非), 진위(眞僞)를
분별한다는 논리학의 사실판단에 해당한다. 둘째, 인간의 내면적 덕에 대
응하는 명분의 의미이다. 이 경우 정명론은 인간의 덕과 그 명분을 일치
시킨다는 뜻으로 명분(名分), 귀천(貴賤), 선악(善惡)을 구별한다는 윤리학
의 가치판단에 해당한다.[19]

정명을 '사물의 실상에 대응하는 이름'으로 이해하는 것은 앞서 인용한
『논어』 자로편의 내용에 근거한 것이다. 정명을 '자기 명분에 해당하는
덕을 실현하는 일'로 보는 것은 『논어』 안연편의 한 구절, "임금은 임금답
고, 신하는 신하다우며, 어버이는 어버이답고, 자식은 자식다워야 한다"
와 관련이 있다. 제(齊)나라 경공이 정치의 요체가 무엇이냐고 묻자 공자
가 답한 것이다.[20] 임금이든 신하든, 아비든 자식이든 자기 명분에 해당하

---

19 강동효 엮음,『고교생을 위한 윤리용어사전』(신원문화사, 2001).

20 齊景公 問政於孔子(제경공 문정어공자), 孔子對曰 君君臣臣父父子子(공자대왈 군군신신
부부자자), 公曰 善哉 信如君不君 臣不臣 父不父 子不子 雖有粟 吾得而食諸(공왈 선재 신

는 덕을 지녀야 한다는 것이다. 맹자는 이를 적극적으로 해석해 '임금이 임금답지 못할 때'는 내쫓을 수 있다는 '혁명론'을 펴기도 한다.[21] 맹자와 '라이벌' 관계였던 순자는 바른말과 언설의 질서, 바른말과 그른 말의 구별 등에 대해 상세하게 정리했다.

이름을 들으면 실상을 알게 되는 것이 이름의 쓰임이다. 그것을 쌓아올려 형식을 이루는 것이 이름의 꾸밈이다. 이름의 쓰임과 꾸밈을 다 터득한 것을 이름에 대해 다 안다고 말한다. 이름이란 실상을 쌓아올려 말을 이룩하는 데 목적이 있다. 말이란 실상이 다른 여러 이름들을 아울러 한 가지 뜻을 논하는 데 목적이 있다. 변설의 목적은 이름과 실상을 일치시켜 옳고 그름의 도리를 깨우치게 하는 데 있다. 여러 사물에 이름을 붙이는 이유는 변설에 쓰기 위함이다. 변설이란 마음속의 도리를 표현하는 것이다. 마음은 도의 주재자다. 도는 사물을 다스리는 조리다.

마음은 도리에 합치되고, 설명은 마음에 합치되고, 언사(말)는 설명에 합치되어야 한다. 이름을 바르게 하여 여러 사물을 합쳐놓고, 진실을 근본으로 하여 알도록 하며, 다른 것들을 분별해 말에 잘못이 없도록 하고, 같은 사물들을 헤아려 도리에 어긋나지 않게 해야 한다. 남의 말을 들을 때는 조리에 맞는 것만 취하고, 자기가 변설을 할 때는 사물을 다 표현하도록 한다. 이러한

여군불군 신불신 부불부 자불자 수유속 오득이식제).

21 제선왕이 탕왕이 걸왕을 내쫓고, 무왕이 주왕을 정벌한 일[湯武放伐]과 관련해 신하가 그 임금을 죽여도 좋으냐고 묻자, 맹자는 이렇게 답한다. "인(仁)을 해치는 자를 적(賊)이라 하고 의(義)를 해치는 자를 잔(殘)이라 하며, 인과 의를 해치는 잔적지인(殘賊之人)을 일부(一夫)라 합니다. 저는 일부인 주(紂)를 죽였다는 말은 들었어도 임금을 죽였다는 말은 아직 듣지 못했습니다." 曰 臣弑其君可乎(왈 신시기군가호), 曰 賊仁者謂之賊 賊義者謂之殘 殘賊之人謂之一夫(왈 적인자위지적 의의자위지잔 잔적지인위지일부), 聞誅一夫紂矣 未聞弑君也(문주일부주의 미문시군야)(『맹자』, 양혜왕 하, 8장). 이런 내용 때문에 『맹자』는 때로 '불온서적'이 되기도 한다.

올바른 도리로써 간사함을 분별해낸다면, 마치 목수가 먹줄을 써서 굽고 곧음을 가늠하는 것처럼 될 것이다. 그렇기 때문에 사악한 이론으로 어지럽힐 수 없게 되고, 여러 학파들은 숨을 곳이 없게 될 것이다.[22]

『순자』, 정명편, 7장(고딕체는 인용자)

순자는 사물에 이름이 필요한 이유와 바르게 이름을 부여하고 쓰여야 하는 이치를 명확하게 설명했다. 이름을 통해 실상이 드러나야 하고 이름과 실상이 일치해야 한다는 것이다. 그렇게 이름을 붙이는 이유는 변설하기 위함이고, 변설은 마음속의 도리를 드러내기 위함이다. 또한 도리를 말과 글로 표현할 때 그 중심이 되어야 하는 것이 사물의 이름을 바로 하는 것임을 명확히 했다. 남의 말에서는 조리에 맞는 것만 취하고 자기가 말할 때는 사물의 여러 측면을 모두 표현하려 애써야 한다. 이렇게 말을 바로 세우면 사악한 궤변은 설자리를 잃게 된다는 것이다.

리영희 정명론의 핵심도 비슷하다. "모든 형태나 관계나 성격, 형상의 본질을 정확하게 인식하고 그 실체를 가장 정확하게 표현하는 언어를 사용해야 인간 상호 간의 생존에서 혼란을 예방할 수 있고, 또한 그 사고의 주체인 개인의 의식과 행위에 괴리가 생기지 않는다"(『대화』, 374). 이처

---

22 名聞而實喩 名之用也(명문이실유 명지용야), 累而成文 名之麗也(누이성문 명지려야), 用 麗俱得 謂之知名(용려구득 위지지명), 名也者 所以期累實也(명야자 소이기누실야), 辭也 者 兼異實之名以論一意也(사야자 겸이실지명이논일의야), 辯說也者 不異實名 以喩動靜之 道也(변설야자 불이실명 이유동정지도야).
期命也者 辨說之用也(기명야자 변설지용야), 辨說也者 心之象道也(변설야자 심지상도야), 心也者 道之工宰也(심야자 도지공재야), 道也者 治之經理也(도야자 치지경리야).
心合於道 說合於心 辭合於說(심합어도 설합어심 사합어설), 正名而期 質請而喩 辨異而不 過 推類而不悖(정명이기 질청이유 변이이불과 추류이불패), 聽則合文 辨則盡故(청즉합문 변즉진고), 以正道而辨姦 猶引繩以持曲直(이정도이변간 유인승이지곡직), 是故邪說不能 亂 百家無所竄(시고사설불능난 백가무소찬).

럼 리영희의 정명론에는 공자와 맹자, 순자 그리고 루쉰의 정명론 이해가
두루 포함되어 있다. 결국 정명이란 이름을 바로 세우고, 그 이름이 현실
에 합당하게 자리 잡을 수 있도록 가능한 모든 것을 실천하는 것을 의미
한다. 정명은 이름을 바로 세우기 위한 언어적 · 실천적 노력의 총체인 것
이다. 특히 리 선생은 순자의 정명론 중 하나인 '사물을 다 표현해야 한다'
는 측면에서 생득적이라고 할 정도로 늘 철저했다. 그의 글에 병치와 나
열이 많은데도 반복이 거의 없는 이유는 섬세하게 차이를 찾아내기 때문
이다. 한 사례를 들어보자면, 리 선생은 자신이 중국 혁명에 관심을 기울
인 이유가 어떤 반면교사(反面敎師)적 효용 때문이라며 이렇게 말했다.

중국의 전통적 계급 지배에 대한 인민대중노선, 자본주의적 제도의 물질
주의에 대한 정신주의와 도덕적 인간 행위의 숭상, 자본주의적 이기주의
에 대한 자기희생적 헌신의 미덕, 인텔리의 개인적 · 집단적 권위주의에
대해 민중적 생활 가치의 존중, 지식인 계급의 독점적 권위와 지배적 제도
를 타파하기 위한 하방제도, 즉 폐쇄적 인텔리 집단의 특권을 부정하고 그
들을 하층 생산 노동자와 농민들 속에 일정 기간 투입함으로써 그들 머릿
속의 특권 의식을 청소하고 하층 대중에 대한 이해를 도모하고, 중국 하층
대중 생활의 구체적 조건을 터득케 하려는 정책, 계급주의적 사회질서에
대한 평등주의적 사회정신, 그 대표적 표현으로서 인민해방군 내부의 계
급에 따른 차별과 계급장 제도의 철폐, 군대의 약탈적 성격에 대한 인민봉
사의 규율 강조, 정부와 당 · 관료 등 명령권자적 존재에 대한 대중의 간부
비판의 권리와 자유의 제도화, 모든 사회집단의 하향식 의사결정 원리에
대한 대중 토론에 기초한 '상향식 의사결정원리'의 강조, 전통적 남녀불평
등 제도에 대한 양성평등 제도의 존중, 온갖 미신과 비과학적 현상에 대한
합리적 · 과학적 사고의 철저화, 자본주의사회 운영의 기본 개념인 경쟁

적 출세주의를 배격하는 우월자의 열등자에 대한 동반적 상승의 의무화 (그 전형적 실천으로서 모든 학교의 학습에서 일정한 단위의 우수한 학생들이 열등한 학생을 책임지고 자기들의 학습 수준으로까지 끌어올려야 하는 협동적 공동책임제의 실시), 물질적 행복 추구에 대한 검소하고 질박한 실용적 물질생활의 존중, 그리고 외국 숭배사상에 대한 자민족 문화와 전통에 대한 긍지와 자존심 고취 …… (『대화』, 447~448).

자신이 중국 사회주의 혁명 과정을 통해 관심을 기울였던 영역, 요소, 현상, 분야, 범주라 할 수 있는 것으로 인민대중노선, 도덕적 인간 행위 숭상 등 무려 17가지 요소를 구체적으로 나열하고 있다. 이런 식의 뿌리까지 내려가 가능한 것을 모두 기술하는 글쓰기는 리 선생 글에서 두드러지는 특색이다. 오랜 공부와 성찰, 사안에 대한 통찰이 뒷받침되지 않으면 나올 수 없는 글이다.

리영희의 '정명 과정'은 양면적이고 변증법적이다. 이름을 바로 알기 위해서는 그 이름의 의미와 실체를 먼저 알아야 한다. 이것은 폭넓은 공부와 성찰의 과정이다. 이어 그 이름이 사회에, 언론에 정확히 쓰이고 있는지 확인해보고 이름의 정합성·정확성 여부를 판단해야 한다. 끝으로 이름이 제대로 쓰이지 않고 있다면 그 사실을 드러내고 바로잡아야 한다. 정명은 이데올로기 비판에서 시작해 이름 바로 세우기로 마무리된다. 이렇듯 정명은 공부와 탐구, 비판을 통해 부당한 이름이나 낙인, 신화의 허구성을 드러냄으로써 본래의 이름을 찾는 변증법적 과정이기도 하다.

정명의 시작은 독서와 탐구

리영희는 타고난 독서광이자 공부벌레다. 리영희에게 독서는 여러 제약을 넘어서기 위한 '자기 창조의 노력'이고 자기에게 필요한 상황을 조성하기 위한 필수 과정이다. 『대화』를 읽다 보면 대관에서 소학교를 다닐 때와 경성에서 중학교를 다닐 때(73~75쪽), 해방 이후 해양대학교 시절(97~99쪽), 6·25 전쟁 시기(145쪽)의 독서 이야기가 상세하게 정리되어 있다. 주로 일본어로 된 세계 명작 문학작품과 시사 잡지 등을 읽었다.

다른 장교들과의 한 가지 차이점은 그 전쟁 중에도 꾸준히 독서를 했다는 점이겠지. 동족상잔의 의미에 대해서 생각하면서 전쟁의 인간 파괴 문제가 늘 머리에서 떠나지 않았어요. 그래서 미국인 고문관들이 6개월마다 한 번씩 일본에 휴가를 다녀올 때 책의 목록을 주어서 보고 싶은 책을 사오도록 했지. ……『전쟁과 평화』는 이와나미 문고로 전 8권이었는데, 전투가 끊일 날이 없어 8권을 다 읽는 데 한 1년이 걸렸던 것 같아. 휴전 후 …… 군대 생활과 관련된 모든 것을 버릴 때 그 책이 다시 나왔어. 나는 지금도 책을 읽고 나면 독후감을 꼭 책 끝에 기입하는 버릇이 있어요. 강원도 최전방의 굴속에서 8권째를 읽고 끝에 적은 독후감에는 "전투의 연속 속에서 틈을 내어 8권을 다 읽는 데 이렇게 시간이 걸렸다. 읽는 즐거움보다 의무감으로 읽었다"고 적혀 있더군(『대화』, 145).

합동통신에 외신 기자로 입사하기 전후부터 ≪뉴 리퍼블릭≫과 ≪레탕모데른≫, ≪스펙테이터(The Spectator)≫ 등의 권위 있는 잡지와 이와나미 문고에서 출판한 진보적 성격의 도서 및 "자본주의와 사회주의 사회의 제반 특성에 대한 대안을 모색하는, 수준 높은 교양서적들"을 섭렵한다(『대화』, 200~203). 언론사 시절과 대학교수 시절, 그리고 정년 이후에도 리영희는 끊임없이 읽고 또 읽을 계획을 세운다.

리 선생은 읽은 책을 거의 가지고 있었고, 책에 깨알같이 메모하면서 읽었기 때문에 독서사가 아주 상세하게 정리된 듯하다. 리영희의 책읽기는 "자기의 생과 앎을 소명을 지닌 프로젝트로 만드는 것, 또한 그것을 늘 또렷이 스스로 의식하고, 스스로 설정한 지적 과제를 충일하게 채워나가는"(천정환, 2010: 43) 진정한 '공부'로서의 독서다. 리영희는 쉼 없는 독서를 통해 자신의 단단한 지적 몽매함이 한구석씩 깨어지는 순간의 감격이 거의 종교적 희열과 같다고 했다(『새는』, 355~356).

세상에 대한 치밀한 공부로서의 독서는 리영희 삶의 일부분이었다. 그 시작은 1957년 합동통신 입사 때다. 서북 변방 출신인 데다 7년이나 군대에서 '허송세월'했기 때문에 서울대학교 대학원을 졸업한 동기들을 따라잡기 위해 "앞으로 10년간 그들보다 세 배 열심히 공부하겠다"고 결심하고 실천했다(리영희 선생 화갑 기념 문집 편집위원회, 1989: 581). 이렇게 독하게 공부한 결과 대한민국을 대표하는 '특종 기자'이자 '독종 기자'로 거듭날 수 있었다. 그는 누군가가 특종의 비결을 물어보면 기본적으로 관련 책을 많이 읽고, 접근이 어려운 여러 곳에 흩어져 있는 '특급 자료'를 구해서 연구하고 탐구한 결과라고 단언했다.

나는 미리 연구하고 조사해서 90% 취재를 마쳐놓지 않은 것은 취재원에게 가져가지 않았습니다. 대뜸 문 두드리고 들어가서 오늘 무슨 일이 없냐고 물어보는 식의 취재는 해본 적이 없습니다. 남은 10%에 대한 확인을 위해 취재원들에게 예스냐 노냐의 대답을 요구했을 뿐입니다. 이런 연구 습관 덕분에 언제든지 톱으로 쓸 수 있는 기사를 예비로 갖고 다닐 수 있었습니다(조유식, 1995: 73).

생활과 글쓰기를 통한 정명 실천

리 선생의 '정명 실천' 사례는 헤아릴 수 없이 많다. 리 선생은 글뿐만 아니라 누구와 만나 어떤 이야기를 나누든 용어가 불분명하거나 의미를 잘못 사용하는 것을 그냥 넘어가는 법이 없었다. 리 선생에게 전화로 원고를 청탁하거나 거창한 명분이나 주제를 들먹이며 강연 등을 부탁을 할 경우 대체로 그 용어 때문에 거절당하는 경우가 많았다. 기자나 행사 기획자들에게 자신의 취재 대상, 특강 연사에 대한 성실성을 요구했고, 그것이 충족되지 않을 때 단호하게 거절했다. 리 선생의 대표적인 '이름(용어) 전쟁' 사례를 살펴보자.

먼저 리영희가 1968년 조선일보 외신부장으로 있던 시절, '북괴'라는 용어를 '북한'으로 바로잡아 이후 한국 신문에서 북한이라는 용어가 정착하게 한다(『대화』, 367~372). 1968년 1월 푸에블로호 피랍 사건이 났을 때 미국의 존슨 정부는 자신들의 압력이 먹히지 않자 소련을 통해 북한에 압박하는 방식으로 문제를 해결하려 했다. 하지만 북한은 소련의 압력에 전혀 굴하지 않았다. 존슨이 기자회견에서 '북한이라는 나라는 소련의 이빨이 안 들어가는 나라인 것 같다'고 말한다. '꼭두각시', '괴뢰'가 아니라는 사실을 확인한 뒤 리영희는 '북괴'라는 관용어를 버리고 '북한'이라고 쓰기 시작한다.

그가 외신부장으로 있는 동안 ≪조선일보≫ 외신면에는 '북괴'라는 말뿐만 아니라 '베트콩', '자유중국' '자유대한'이라는 말도 사라졌다. '베트콩'은 전혀 사실관계가 맞지 않은 용어였고, 타이완은 30년 동안 계엄 통치를 받았기 때문에 자유롭지 않았다. 또 중국의 정통성은 8억 인구의 대륙에 있다는 점에서 대륙을 중공이라고 부르고 섬을 중국이라고 부르는 것은 합당하지 않다는 것이다. 군부가 지배하는 남한은 '자유대한'이 될 수 없다. 30년 군부정권 시대의 남한은 차라리 '포악한 대한'이라 부르는 것이 옳고, 친일파 민족 반역자들을 통치의 기반으로 삼았던 리승만 정권은 '민족 정권'이 아니라 '반민족 정권'으로 불러야 옳다는 것이다(리영희, 1995: 37).

우리들의 인식론적 기능은 냉전 사상과 체계 속에서 조건반사의 토끼가 되어버린 감이 있다. 예로 '중공(中共)'이라는 용어는 즉각적으로 '기아', '괴뢰', '피골상접', '야만', '무과학', '반란', '정권 타도', '침략', '호전' 등 냉전 용어(冷戰用語)와 그것이 담고 있는 그와 같은 관념을 우리에게 일으켜왔다. 우리는 강요된 조건반사의 토끼가 되어 있다(『전논』, 145).

중국 혁명에 대해 본격적으로 글을 발표하기 시작한 1971년 리영희는 《정경연구》에 「중국 외교의 이론과 실제」(1월 호)와 「중국 대륙에 대한 시각조정」(6월 호)이라는 글을 연이어 발표한다. 앞의 글도 공자의 정명론으로 시작한다. '중공'이라는 말과 '중화인민공화국'이라는 말이 동일한 대상을 지칭한다는 사실을 지적한 후 그 의미상의 차이를 명확히 한다. 중공이라고 칭할 경우에는 특정 정치 이데올로기의 흉악한 상징이라는 관념을 갖게 되고, 중화인민공화국이라고 칭할 경우 인간으로 이루어진 정치집단 중 하나라는 구체성으로 다가온다는 것이다. 요컨대 "표현 수단인 용어가 무늬유리처럼 개재할 때 그것을 통해서 보는 대상도 달라진다는 사실을 언제나 되새기면서 읽고 생각해볼 필요가 있다"(『전논』, 34)는 것이다.

「중국 대륙에 대한 시각 조정」은 아예 중국과 관련한 냉전 이데올로기로 인해 이미 우리에게 고착되어 있는 편견이나 고정관념을 바로잡아 대립적 '신화'를 타파해야 한다는 취지의 글이다. 있는 그대로의 중국을 볼 수 있기 위해서는 '죽의 장막'이라는 신화, 중공 정권의 정통성 문제, 개인숭배 문제, 강제 노동 수용소, 마오쩌둥 사상, 언론과 문예의 자유 등에 대한 엇갈리는 여러 가지 평가와 실상을 이해해야 한다는 것이다(『전논』, 58~80).

리영희는 자기의 기사나 연구 논문에서뿐만 아니라 각종 인터뷰, 일상

생활, 심지어는 대통령이 쓰는 용어에도 문제가 있다고 생각할 경우 지적하고 바로잡을 것을 요구했다. 먼저 유홍준 교수 주례사 이야기다. 유 교수는 1975년 9월 27일 결혼할 때 리영희 선생을 주례로 세웠다. 혼례 때 주례가 결혼식장에 비치되어 있는 '혼인서약'을 읽고 동의를 구하게 되어 있는데, 그 문안에 "신랑 유홍준 군과 …… 공경하고 나라에 공헌할 것을 맹세합니까"라고 적혀 있었다. 그런데 리 선생은 이 서약문에 있는 '나라'를 '사회'로 고쳤다. 나중에 유 교수가 그 이유를 묻자, "나라라는 말에는 파쇼냄새가 나지만 사회라는 말에는 인간의 윤리가 살아 있다는 차이 아니겠어"라고 답했다고 한다(유홍준, 1999: 536).

지난 1988년 10월 23일 자 "한겨레 논단"에서는 국정감사에서 드러난 여러 비리와 범죄들을 보면서 '대한민국'이 아니라 새로운 국호가 필요하다고 주장하기도 한다.

'대한민국'은 어느 모로나 정확한 국호는 되지 못한다. 나라가 크지 못한 것은 접어두더라도 '한'겨레라고 하기에는 너무도 적대적이다. '민국'도 아니다. 군인들과 경찰과 정보기관과 재벌과 관료들과 권력자들의 나라지 백성의 나라가 아니니까. 그러니 '대'도 아닌 데다가 '한'도 아니고 '민국'은 더더구나 아니다(『자유인』, 215).

그러면서 새로운 국호 후보로 '자유공화국', '구악일소 민국', '정의사회 구현 왕국', '보통사람 민국'을 검토해본 뒤, 모두 부적절하다며 차라리 조지 오웰(George Orwell)의 『1984년』에 나오는 '대오세아니아민국'으로 하자고 결론짓는다.

리 선생은 2000년 이후 건강 문제 등으로 거의 글을 쓰지 못하지만 인터뷰를 통해 '현안'과 관련한 여러 의견을 표명한다. 미디어와 인터뷰에서 거의 빠지지 않고 등장한 것이 침략과 침공, 북핵 문제, 패권주의와 제국주의, 민족주의 등 용어(언어)의 문제였다. 해당 내용만 간략하게 정리하면 이렇다.

먼저 2003년 4월 8일 ≪한겨레≫와의 인터뷰다. 이라크 전쟁과 관련해 대담자 권태선 편집인이 침공과 침략의 차이를 묻자, "침공은 자국의 권익이 일시 상대방에 의해 침해를 받을 때 그 권익의 회복을 위해 전쟁을 벌이는 것이다. …… 유엔 결의 제1조는 침략을 한 나라가 다른 나라의 주권과 영토, 정치적 독립에 대해 무력을 행사하는 행위로 정의하고 있다. 여기에 비춰볼 때 미국이 이라크에 한 것은 침공이 아니라 침략이다"라고 말한다. 이어 '정명론'을 거론하며 언론과 학자들을 질타하는 과정에서 '북핵 문제'라는 용어를 문제 삼는다. '북핵 문제'라고 하면 마치 북이 핵무기를 가지려 하기 때문에 생기는 문제로 이해되지만, 그게 아니라는 것이다. '미국이 서명한 제네바 협의에 대한 미국의 이행 여부에 관한 문제'로 불러야 마땅하며, 그래야 진실이 드러난다고 본다. 끝으로 2000년 미국 예산에서 국방비 비중이 50%가 넘었다는 점을 지적하면서 미국은 '평화 애호 국가'가 아니라 '악의 제국'이며, 부시 행정부의 집권 세력이야말로 '악의 축'이라고 단언한다.

이어 2003년 7월 12일 ≪프레시안≫과의 인터뷰에서도 미국의 실체와 관련한 용어를 바로잡는 데서 시작한다. 기자가 미국의 '패권주의적 전략'에 대해 묻자, "미국은 패권주의가 아니다. 제국주의다. 가장 악랄하고 범죄적인 제국주의다"라고 말한다. ≪한겨레21≫ 2003년 7월 17일 자 박노자와의 인터뷰에서도 '민족주의자' 문제가 거론되었다. 박노자가 리 선생이 '이 시대의 마지막 민족주의자'라는 생각이 든다고 하자, 이렇게 답한다. "난 민족주의자라기보다는 오히려 보편적 가치에 더 충실한 사람이에요. 난 대한민국을 무조건 추켜올리고 충성을 다하는 것을 아주 싫어하는 사람이야."[23]

　『대화』는 지난 2005년에 나온 평론가 임헌영과의 대담집이다. 무려 485가지 질문과 그 대답으로 구성되어 있다. 『대화』를 읽다 보면 여러 곳에서 리 선생과 대담자의 '언어 수준'의 차이로 인해 긴장하게 만드는 대목이 발견된다. 심지어는 '동문서답'이 되는 경우도 있다.

　월남자와 실향민의 의미 차이(34쪽), 일본의 대륙 침략을 위한 '사상 무장'과 '일본 사회 남자 숭상 전통의 한 표현'의 차이(54쪽), 쿠바와 마르크스주의 문제(222쪽), 이광수의 '민족개조론'과 루쉰의 '민족개조론'의 차이, '민족적 허무주의' 문제(237~241쪽), 리영희 '인맥'과 '늘 가깝게 지냈던 동지'(464쪽), '미국을 아주 좋게 본다'는 견해에 대한 차이(537쪽), 물질주의와 마르크스주의 유물론의 차이(688쪽), '세계의 3분의 1이 사회주의권을 형성'한 것과 '자본주의 바닷속의 한 통의 물'의 차이(688~689쪽), 베트남전쟁 관련해 '베트남 인민 입장'과 '공정 · 공평한 입장' 의 차이(705쪽), 말년을 '조용히' 지내는 것과 '원숙하게' 지내는 것의 차이(706쪽) 등이다. 거의 다 대담자가 정확한 개념 규정 없이 용어를 쓰거나 용어 등에 대한 이해가 부족한 점을 리 선생이 바로잡는 대목들이다.

　리영희 선생이 '바른 이름' '바른말'을 강조하는 것은 단순한 용어의 문제가 아니다. 말이 곧 생각이고 정신이고 의식이기 때문이다. 이름의 종속은 말의 종속을 낳고, 말의 종속은 의식의 노예화를 낳는다는 것이 중요하다. 이는 '외교의 언어심리학'(강준만, 2004: 291), 언어 제국주의 문제와 자연스럽게 연결된다.

---

23 "미군철수 15년 계획 세우자"(박노자 - 리영희 인터뷰), ≪한겨레21≫(468호), 2003년 7월 17일 자.

언어는 단지 의사 표현의 수단이 아니다. 언어는 그렇게 건조한 사전적 의미를 갖고 있지 않고 아주 축축한 것이다. 축축함이란 것은 민족의 역사와 문화적 바탕에서 나도 모르게 배어들어 있는 것을 지니고 있는, 나라는 개체가 태어나기 이전부터 무의식적으로 습득된 선험적인 내용을 지녔다는 뜻이다. 어느 나라 말을 할 때, 그 말한 상대가 나보다 우월한 위치에 있거나 권위가 있거나 돈이 있거나 힘이 있을 때, 그 우월한 상대방의 언어를 대등하고 능숙하게 쓰게 되기 전에는 항상 열등의식을 갖고 있는 것이다. 영국의 식민지였던 인도, 프랑스의 식민지였던 세네갈과 알제리 지식인들도 프랑스, 영국 사람들과 대화할 때 똑같은 걸 느꼈다(≪프레시안≫, 2003.7.12 인터뷰 중).

리 선생은 일찍이 1974년에 쓴 「다나카의 망언을 생각한다」는 글에서도 한일 국교 정상화 이후 '일본인보다 더 유창한 일본어'로 이루어지는 정치, 경제, 문화, 상업 영역에서의 수없는 접촉과 회담의 결과가 어떤 결과를 가져오고 있는지(『우상』, 35) 준엄하게 물은 뒤, 북한 대표가 유엔총회에서 한국어로 연설했다는 점을 상기시킨다.

리 선생은 평생 글쓰기를 하거나 인터뷰, 대담을 하거나 말과 용어, 표현을 정확히 하는 것을 그 출발점으로 삼았다. 자신의 이름을 포함한 모든 주어진 명칭에 대해 그 의미를 생각하고 합당한지 여부를 고민하고 바로잡으려 했다. 우리의 일상적 언어 속에 권력의 의도가 침투해 있다는 사실을 너무 잘 알고 있었다. 특히 냉전 체제가 강요한 반공주의 신앙에 무차별 세뇌된 사람들을 교화시키기 위해 분투했다. 자신의 이름, 국가, 국기, 민족, 자유대한, 자유중국, 북괴, 베트콩, 미합중국, 북핵 문제, 언론 할 것 없이 모든 일상의 용어와 권력의 언어가 가진 의미를 바로잡고자 했다.

의식을 바로잡는다는 것은 단순히 뇌 속에서 형이상학적이고 추상적인 사유만 바로잡는 것을 의미하지는 않습니다. 의식을 바로잡으면 그 결과 우리의 구체적인 행동이 달라지고, 나아가 그 바뀐 행동이 민족의 생활양식을 바꾸게 됩니다. 우리는 의식 개혁을 통해서 구체적인 행동의 변화를 기대할 수 있습니다(『코』, 237).

우리의 의식을 바로잡는 첫걸음은 사물의 이름이 제대로 되어 있는지 확인하는 것이다. 만물의 이름은 스스로 대상과 이념을 '지시'하고 있기 때문이다. 정명을 통해 우리가 행동을 구체적으로 변화시킬 수 있다는 것이 중요하다.

논의를 정리하자면 리영희의 '정명'은 세 단계로 설명할 수 있다. 먼저 사물의 이름을 바로 알기 위한 공부와 탐구 단계다. 다음은 사물의 이름을 바로잡기 위한 취재와 글쓰기의 단계다. 그릇된 언어, 언설의 실상을 파악하고 말과 글을 통해 알리는 일이다. 끝으로 말의 오·남용과 허위의식을 유포하는 권력과 이데올로기의 실체를 드러내고 바로잡는 실천 단계다. 2단계 글쓰기의 결과이자 이에 대한 여러 반작용을 통해 사회 전체의 언어 질서를 바로 세우는 일이다.

리 선생은 평생 말과 글을 통해 '정명'을 실천했다. 세상과 사물에 대한 정확한 이해를 위한 공부하기, 잘 알지 못하는 사안에 대해서는 침묵하기, 글쓰기 등을 통해 지배 이데올로기(허위의식)의 외피인 '그들의 용어' 해체하기, 바른말을 통한 바른 현실 인식의 바탕 위에서 사람이 중심이 되는 세상 만드는 데 앞장서기가 그것이다.

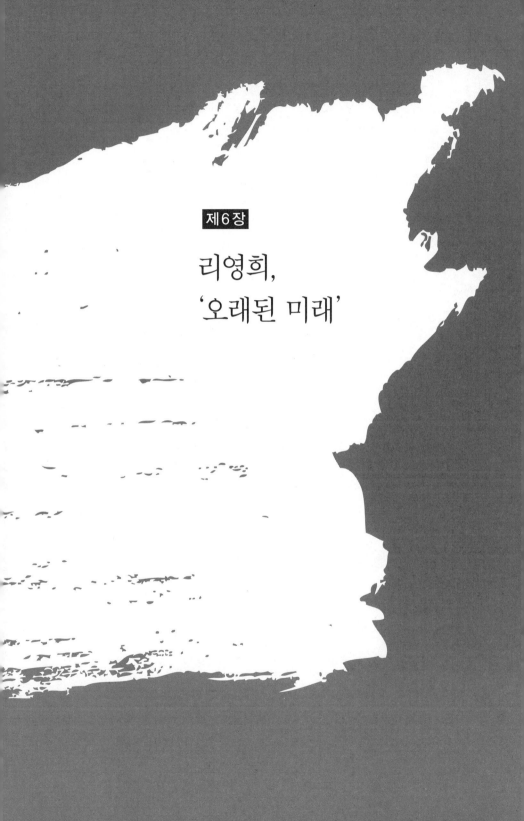

제6장

리영희,
'오래된 미래'

지금 나는 거울을 꺼내 현재를 나를 살펴보고, 책장을 펼쳐 그 사람의 글을 읽었다. 그 사람의 글은 바로 현재의 나였다. 이튿날, 또 거울을 꺼내 살펴보고, 책장을 펼쳐 그의 글을 읽었다. 그랬더니 그의 글은 다름 아닌 이튿날의 나였다. 이듬해, 또 거울을 꺼내 나를 살펴보고, 책장을 펼쳐 그의 글을 읽었다. 그의 글은 바로 이듬해의 나였다. 내 얼굴은 늙어갈수록 자꾸만 변해가고, 변한 뒤에는 옛 얼굴 모습을 잊어버렸다. 그의 글은 변하지 않으나 읽으면 읽을수록 더욱더 기이하고, 내 얼굴(의 변화)을 닮은 모습이다.

홍길주, 「연암집을 읽고」 중에서

이 인용문은 정조·순조 때의 대(大)문장가였던 항해(沆瀣) 홍길주[1]가 『연암집』을 읽고 남긴 글이다(안대회, 2008: 611) 홍길주는 『독연암집(讀燕巖集)』을 남겼지만 연암을 만난 적은 없다고 한다. 그의 표현처럼 좋은 글은 끊임없이 나에게 말을 걸어오고 그 속에서 나를 찾게 만든다. 세월이 가고 시대가 바뀌어도 죽지 않고 계속 살아 움직인다는 것이다. 리 선생의 저작을 읽으면서 비슷한 생각을 하게 된다. 고은 시인이 「어떤 서사」에서 "리영희가 있었던 것이 아니라 있는 것이다"라고 쓴 것도 같은 맥락이다. 리 선생이 평생을 바쳐 인간을 억압하는 구조와 허위의식을 드러내

1　홍길주(洪吉周, 1786~1841)는 조선 정조 때의 문장가이자 경학자다. 형은 이조 판서, 대제학, 좌의정 등을 지낸 당대의 석학 홍석주(洪奭周)이고, 동생은 정조의 사위인 홍현주(洪顯周)이다. 1807년(순조 7) 과거에 급제했으나 혼란스러운 사회에 환멸을 느껴 벼슬의 뜻을 버리고 초야에서 문필 활동에 몰두했다. 그는 거대 담론보다 일상 속의 깨달음과 복잡한 현상 속에 숨어 있는 이치 찾기를 좋아했다. 『삼국지연의』를 읽는 법이나 대인 관계에 필요한 예의 등에 관한 글을 비롯해 박지원, 이익 등 당대의 학자들에 대한 평까지 다양하고 자유분방한 글을 남겼다. 주요 작품으로는 『현수갑고(峴首甲藁)』, 『서림일위(書林日緯)』, 『독연암집(讀燕巖集)』, 『수여방필(睡餘放筆)』 4부작이 있다.

고 이에 대한 성찰과 타파를 역설했기 때문일 것이다.

리 선생은 현상에 대한 치밀한 분석을 통해 구조의 변화를 읽어내는 데 탁월했다. 대부분의 글에서 현실 변화에 대한 구체적 분석과 큰 틀에서의 성찰을 유기적으로 결합시키고 있다. 그 결과가 리영희 특유의 예지와 통찰이다. 가령 리 선생은 거창한 페미니즘 이론을 들먹이지 않고서도 여성주의적 문제의식을 충분히 소화했으며, 환경 이론 없이도 친환경적 사유에 익숙했다. 유행이라는 현상을 보면서 그것이 여성의 남성에 대한 예속과 인간의 자본에 대한 예속을 가져온다고 꿰뚫어볼 수 있는 눈을 가졌다. 줄곧 남북 분단 극복을 강조하면서도 단순한 민족주의에 빠지지 않았고, 현학적 사회주의 이론을 거론하지 않고서도 자본주의의 반문명적 측면을 간파했으며, 정보사회의 이론에 대한 언급 없이도 정보사회의 위험, 즉 이성주의의 위험을 내다보았다(김동춘, 2000: 277).

미국의 제국주의와 세계 지배, 중국 사회주의, 베트남의 민족 해방, 일본의 재무장, 핵무기의 위험성, 냉전 체제와 반공 정권, 남한의 친일파 청산, 평화통일 방안 마련, 휴머니즘과 사상의 자유의 가치, 시민의 각성과 실천 등 리 선생이 평생 씨름했던 주제들은 여전히 현실 속에서 우리와 밀접하게 연결되어 있다. 갖가지 우상들은 여전히 우리 삶을 강하게 옥죄고 있고, 우리가 실천을 통해 바꾸지 못한 세상은 '전근대', '반봉건', '파시즘'으로 회귀하고 있다.

리 선생은 작고하기 직전 해인 지난 2009년에도 불편한 몸을 이끌고 인권실천시민연대에서 특강을 하면서 MB 정권이 파시즘 체제 초기로 들어서고 있다는 점과 우리가 어렵게 얻어온, 공민으로서의 권리를 지켜내기 위해서는 우리 모두가 각자의 위치에서 불퇴전의 노력을 기울여야 한다고 목소리를 높였다. 그 후 대한민국이 어떻게 흘러왔는지 생각해보면 새삼, 리 선생의 빈자리가 더 크게 보인다.

1. '생각 없음'을 생각하라

20세기 한국 사회에서 리영희 선생은 많은 특종을 낸 탁월한 저널리스트, 명칼럼니스트, 베트남과 중국 연구의 개척자, 정권의 박해를 받은 지식인, 영향력 있는 저술가, 실천하는 지성인이었다. '영구 집권'을 꿈꾸는 보수 기득권 세력 입장에서는 의식화의 '원흉'이라고 공격할 수밖에 없겠지만, 험난한 '신자유주의 파시즘' 시대를 살고 있는 시민과 지식인들은 리 선생을 계속 불러낼 수밖에 없다. 아래는 리 선생이 1976년에 쓴 「크리스찬 박 군에게」의 한 대목이다.

> 생각[思考]을 하는 괴로움을 회피하는 것은 생명의 정지를 뜻하며, 그런 생활 태도는 인간의 가장 중요한 속성인 발전을 포기한 것이지. 그렇다면 박 군은 사고를 정지하고 '적당히' 살아가는 인생을 단호히 거부해야 하네. 그러나 가장 중요한 것은 실천임을 잊지 말게. 실천만이 관념의 옳고 그름을 검증하는 것이며, 그 검증을 통해서만 관념은 더욱 '고양'되는 변증법적인 과정을 걷는다는 것을 명심하기 바라네(『우상』, 321).

리영희 선생의 팔순을 '기념'하기 위해 엮은 『리영희 프리즘』의 필자 10명은 나름의 이유로 리 선생을 '호출'하고 있다. 진짜 기자(안수찬)에서부터 반공과 전쟁의 허상을 파헤치고 평화통일을 외친 사람(김동춘), 책무를 다한 지식인(이대근)으로 리 선생을 불러내는 것은 당연해 보인다. 시각을 달리해 우리를 '생각'하게 만든 사람(고병권), 냉소와 분열증의 시대를 살고 있는 청년 세대들에게 새로운 우상을 가르쳐주는 사람(한윤형), 유신론의 핵심을 수용한 무신론자(이찬수), '영어 우상'에 빠지지 않은 영어 구사의 달인(오길영), '독서광' 리영희의 독서 이유(천정환), 검소한 생활과 깊은 사유가 공존하는 '사상의 오빠'(김현진)까지 다양하다.

콩도르세는 인간을 믿는 자와 생각하는 자로 나누었는데, 스스로 '생각하는 인간'이라고 믿었지만 '믿는 노예'에 불과했던 우리는 리영희라는 산파를 통해서 비로소 '생각하는 인간'으로 거듭났던 것이다(홍세화, 2010: 9).

『리영희 프리즘』을 엮은 홍세화의 이 글은 리영희 '다시 읽기' 혹은 해석의 가장 중요한 지점을 지적하고 있다. 이와 관련해 "우리가 생각하도록 만들었다"는 고병권의 평가는 주목할 만하다. 고병권은 '입장 바꿔 생각해 보기'나 '생각 없음을 생각하기' 차원이 아니라, 리 선생이 '자신의 생각이 작동하는 방식'을 생각하게 함으로써 우리를 각성시킨다고 지적한다.

'생각한다'는 말과 대비되는 것이 바로 '우상'이다. 우상은 '생각 없음' 또는 '생각하지 못하게 함'이라고 할 수 있다. 리영희가 어떤 것을 우상이라 부르는 이유는 사람들이 그것을 숭배하는 데 있다기보다 그것에 대해 따져 묻는 것이 금지되어 있다는 데 있다(고병권, 2010: 17).

고병권은 리 선생이 말하는 '우상'이 어떤 대상이 아니라 '체제' 혹은 '상태'일 수 있다는 점을 예리하게 포착한다. 우리가 '생각 없음'을 생각해야 하는 것이 지금처럼 절실했던 시대도 없었다. 우리가 21세기에도 리 선생을 계속 호출해야 하는 이유는 그 '내용' 때문만이 아니다. 더 중요한 것은 우리에게 '우리의 생각 없음'을 끊임없이 생각하게 해준다는 점에 있다. 리 선생의 시대보다 대한민국 사람의 생각이 일정하게 진화한 것은 사실이겠지만 우리의 '생각 없애기'를 강요하는 체제의 힘과 작용은 훨씬 더 강고해졌기 때문이다.

리영희의 영향력은 그 삶의 역정과 저작이 가져다준 것이다. 이러한 리영희 영향이나 '결과', 또는 '효과'에 대한 논의는 그 나름대로 이루어졌다고 본다. 그렇다면 리 선생은 어떤 생각, 방법, 전략, 노력, 준비를 통해 사람들의 '생각 없음'을 자각하게 만들 수 있었고, 군부 파시즘 체제의 폭압 속에서 어떻게 사상적 돌파의 지점을 찾아낼 수 있었던 것인가?(백승욱, 2014) 이를 '영향'으로서의 리영희와 대비해 '방법'으로서의 리영희라 부를 수 있다. 여기서 리영희식 글쓰기와 실천의 방법을 치밀한 전략가, 현장주의자, 경계인, 성찰의 대부 등 몇 가지 차원으로 나눠 검토해본다.

2. '전략'을 세우고 현장으로 가라

리 선생의 '문제의 글들'은 꼼꼼한 준비와 전략의 산물이다. 리 선생의 글은 쉽게 읽힌다. 「전장과 인간」이나 「D 검사와 이 교수의 하루」의 경우 소설보다 더 '재미'있다. 리 선생은 코페르니쿠스, 이발사와 어린이, 잠수함의 토끼, 파블로프의 개, 어둑서니, 심청이 몸값, 좌·우로 나는 새, 스핑크스의 코 등 비유에도 능하다. 대중을 위해 쉽게 써야 한다는 신념의 산물이다. 쉽고 재미있지만 어느 글도 가볍지 않다. '천근 같은' 무게가 느껴진다. 철저하게 '적이 만든' 사실에서 근거를 찾아내고 명확한 언어와 비유·역설·해학의 방법을 통해 글을 전개하기 때문이다. 게다가 글이 마음에 들 때까지 고치고 또 고치는 퇴고의 달인이기도 했다.

『전환시대의 논리』의 권두 논문인 「강요된 권위와 언론 자유」와 ≪한겨레신문≫에 실린 칼럼 "200달러에 북녘 땅 내 고향 사진을"(1988.6.6) 두 편만 살펴보자. 「강요된 권위와 언론 자유」는 베트남전쟁에 관한 이야기를 미국 국방성 극비 문서(『펜타곤 페이퍼』)에 대한 ≪뉴욕타임스≫

보도 파동을 가지고 풀어간다. 미국의 권위 있는 자료를 가지고 미 제국주의의 실체를 공격하고, 미국 언론의 용기 있는 행동을 근거로 한국 언론의 부패·타락상을 질타한다. "200달러에 북녘 땅 내 고향 사진을"은 미국 버클리 대학에서 강의하던 어느 날, ≪뉴욕타임스≫에 난, 인공위성을 통해 지구 상 어느 곳이라도 촬영해준다는 광고를 보고 쓴 칼럼이다. '축구공'만 한 작은 물체가 오가는 것도 실시간으로 촬영할 수 있는 세상에서 어찌 기습 남침이 가능하겠는가. 미국의 신문광고를 가지고 입만 열면 '남침운운'하던 정권에 어퍼컷을 한 방 날린다. 병법으로 말하자면 '적의 칼로 적을 치는' 차도살인지계(借刀殺人之計)라고 할 만하다.

리영희 선생은 책상물림 백면서생 부류와는 거리가 먼 행동주의자이며 실천주의자, 현장주의자였다. 리 선생이 평생 지식인으로 살았고 글로 일가를 이루었기 때문인지, 사람들은 '리영희식 행동주의'에 주목하지 않는 경향이 있다. 리 선생은 약자가 부당하게 핍박받는 현장 등을 목격하거나 처리해야 할 일이 생길 경우 망설이는 법이 없었다.

『대화』나 『역정』을 읽어보면 곳곳에서 행동주의자로서의 면모를 볼 수 있다. 해양대학교 승선 실습 당시 여순 사건에 연루되었을 때 배 안에서 진압군을 지원한 일, 국민방위군 사건 당시 인명 구조를 위해 동분서주한 일, 모욕한 미군 장교와 '결투'를 시도한 일, 신흥사에서 귀중한 불경 목판본을 불더미에서 수습한 일, 미군 재산 인수인계 과정에서 사인을 거부한 일, 우편물 검열을 피하기 위해 ≪워싱턴포스트≫에 인편으로 원고를 보낸 일, 4·19 때 시위 현장에서 의자를 쌓아놓고 올라가서 메가폰을 잡은 채로 학생과 진압군 간의 중재를 시도한 일, 학생들 피해를 막기 위해 미국 대사관을 찾아가 헬기 대여를 요청했던 일, 5·16 직후 합동통신을 접수하러 온 군인을 추방한 일, 군부집권의 부당성에 대해 편집국에서 연설한 일, 2003년 이라크 파병 반대 집회 참여 연설과 반전 한시 발송 등 많은 사례를 들 수 있다.

리 선생에게 저널리즘이란 한마디로 현장 속에 들어가 행동으로 현실을 바꾸는 일이다. 에드가 스노의 『중국의 붉은 별』, 오토 브라운(Otto Braun)의 『대장정의 기록』이나 님 웨일스의 『아리랑』, 위고의 『레미제라블』 등과 같은 현장성 있는 책을 즐겨 읽었다.

일상적으로도 리 선생은 즉각 행동하는 스타일이다. 리 선생은 사회 변화를 위한 실천의 확산을 위해 글뿐만 아니라 다양한 방식을 동원하기도 했다. 누군가가 책이나 신문 기사, 인터뷰 등을 통해 '우상'의 비리를 폭로하거나 진실 전파에 용감하게 나설 경우 전화나 팩스, 우편엽서 등을 통해 즉각 연락해서 공감의 뜻을 표하고 격려하는 것을 잊지 않았다. 한평생 이어졌던 리 선생 특유의 '격려 저널리즘'이다. 특히 리 선생이 건강상의 이유로 절필을 선언한 후에는 부당한 권력과 싸우는 사람이나 신문 등을 통해 돋보이는 글을 발표한 사람에게 적극적으로 격려 전화나 메시지를 보냈다. 김선주 ≪한겨레≫ 전 논설주간, 정연주 전 KBS 사장[2]을 비

---

2 다음은 정연주 사장이 이명박 정권의 핍박을 받고 있던 2008년 여름에 리 선생이 팩시밀리를 통해 정 사장에게 보낸 메일 전문이다(≪오마이뉴스≫, 2009.9.7).

전화들이 연결이 안 돼서 이리로 보내오.
상황의 진전을 주시하면서 정 사장의 처지와 심정을 헤아리고 있소.
같은 전선에 섰던 전우와 동지들이 허약하게도 스스로 할 바를 다하지 않고, 백기를 들고 꼬리를 감고 물러나는 꼴들을 보면서 한탄밖에 없소.
정 사장 한 사람이라도, 민주주의 제도의 책임 있는 '공인(公人)'이 자신의 권리와 직무와 직책을 정정당당하게 수행하는 자세를 끝까지 보여주면 좋겠소.
지금 나는 정 사장의 모습에서 이순신 장군을 보고 있는 느낌이오.
반민주주의 집단의 폭력과 모략으로 꺾이는 일이 있더라도, 끝까지 명예롭게 소임을 다하시오.
그래서 민주주의에도 영웅이 있을 수 있다는 모범과 선례를 남기시오.
명예로운 죽음으로 역사에 기록되기를 바라오.

롯해 리 선생에게 직접 격려나 팩스를 받은 사람들이 많다.

리영희 선생은 막다른 상황이거나 일이 급박하게 돌아가는 경우 언제나 현장으로 갔다. 많은 경우 글은 그 참여와 실천의 결과였다. 리 선생의 글에 실린 무게감과 특유의 구체성, '극사실주의적 표현'은 대체로 이러한 행동주의적 현장성에 그 뿌리가 있다. 달리 말하면 현장에서의 행동과 실천을 통해 사변의 공허함이나 추상성을 극복했다고 볼 수 있다. 공리공론이나 작은 차이에 집착하는 '이론 투쟁'은 리 선생의 관심 밖이었다.

3. '경계'에서 성찰하라

나는 과거에나 지금이나 어느 당에도 파벌에도 속하지 않고, 특정 정치인이나 어떤 계보와도 인연이 없는 사람입니다. 이북 출신으로서 남한의 병폐인 지역감정, 학벌, 족벌 등 어느 것에도 아무런 충성도 편애도 그리고 이해관계도 가지지 않은 사람입니다(『코』, 288).

리 선생은 전형적인 '경계인'이다. 지리적으로 변방에서 나서 자란 것이 분명하고, 고향을 떠난 이후에도 평생 어떤 조직이나 단체, 특정 이념, 국가, 심지어는 가족에 대해서도 특별한 정체성을 갖지 않고 살았다. 무신론자라서 성당이나 교회, 절간에도 '기도'하러 갈 일이 없었다.

삭주 대관 출신이지만 누구와도 지연으로 엮이거나 관련해서 어떤 일을 한 사례가 없다. '이북5도청'이나 서북월 남인들과는 담을 쌓고 살았다. 심지어 장준하 선생과 동향이었고 장 선생 부친이 운영하던 유치원에도 다녔지만 ≪사상계≫에 글을 단 한 차례도 기고하지 않았다. 학교는 대관초등학교, 경성공립공업학교, 국립해양대학교, 노스웨스턴 대학 연수로 이어진다. 동창이 별로 없어 외롭고 힘들었다고 술회한 적이 있기는 하지만, 의도적으로 동창을 찾거나 만난 경우는 거의 없었다. 혈연이나 가족주의와도 거리가 멀었다. 친척들과는 여러 특수 사정이 얽혀 사실상 남처럼 지냈고, 집에서는 늘 가족의 행복보다 자신이 생각하는 '사회적 책무'에 충실했다. 부친에게 리 선생은 거의 '구제불능'의 자식이었고, 리 선생의 장남은 어린 시절 리 선생이 무서워 '접근조차 하기 어려운 존재' 였다고 말했다(『자유인』, 395).

월급을 받았던 곳은 대한민국 국방부와 합동통신사, 조선일보사와 한양대학교 정도였지만, '직장' 이상의 특별한 소속감은 없었다. 80년 인생을 사는 동안 자발적으로 참여한 단체라야 국제사면위원회(Amnesty International) 한국 지부, 민주회복국민회의, 해직 교수협회회, '거시기 산악회', 한겨레신문 정도다. '거시기 산악회' 회원들과는 격의 없이 지냈지만 조직이랄 것도 없는 친목회였다. 국민의 정부나 참여정부 시절에도 '공직' 근처에도 간 적이 없다. 1993년 한완상 선생이 통일원 장관으로 있을 때 통일정책평가위원을 한 것이 유일한 '외도'였다. 거의 '무소속 인생'이라고 할 만하다.

그렇다고 리 선생이 남한 사회에 살면서 이방인이나 방관자 혹은 냉소주의자로 지낸 적은 없다. 현연, 지연, 학연, 각종 조직의 인연이나 인맥과는 철저하게 거리를 유지하면서도 한국 사회의 뜨거운 현장을 자신의 의지로 떠난 적이 없고, 한국 사회의 핵심 문제와 권력의 부당함에 침묵한 적도 없다. 성찰하는 경계인이자 '자유인'의 전형이었다고 할 만하다.

리영희 선생은 결정적으로 '성찰의 대부'였다. '성찰의 대부'는 강준만 교수가 『리영희: 한국 현대사의 길잡이』에서 처음 쓴 말이다. 리 선생이 남긴 자전적인 글들이나 삶을 돌아보는 긴 인터뷰들을 보면 '성찰의 대부'라는 말이 실감난다. 리 선생의 '대책 없이' 솔직한 이야기가 일부 사람들을 불편하게 하는 경우도 있다. 하지만 그 진솔함은 리 선생 반성의 진정성을 보여주는 징표이자 도덕적 정당성의 기반이다.

준엄한 자기반성과 가혹한 성찰은 리 선생이 생각하는 자유인의 기본 조건이다. 자유인이란 우선 무지와 몽매와 미신의 굴레에서 자유롭게 된 인간이고 나아가 온갖 사회적 억압으로부터 자유로워진 인간을 말한다. 자유인이 되기 위해서는 변화하는 세상을 끊임없이 돌아보고 학습해야 한다. 리 선생은 일상생활에서도 사물의 어떤 하나도 그냥 방관하거나 지나치는 법이 없었다. 술집에 걸린 족자 따위도 반드시 읽어본 다음 술을 마시기 시작하는 사람이었다(『고은』, 407). 리 선생이 까다롭고 독해보였던 것은 자신과 만나는 사람들에게도 최소한의 성실성과 엄격성, 자기반성을 요구했기 때문이다. 누구도 예외가 될 수 없었다.

부단한 성찰로 자신의 주어진 조건을 회의하고 극복해야만 모든 인연, 조직, 집단, 이념으로부터 자유로워질 수 있다. 그 과정을 거쳐 자유인이 되었을 때 비로소 어떤 문제에 대해서도 구애됨 없이, 각 주장과 이해가 교차하는 경계에서 인간의 본성과 권력의 본질, 진리에 대해 생각하고 실천할 수 있다는 것이 리 선생의 신념이었다.

리 선생은 말년에 『도덕경』이나 『금강경』, 『괴테와의 대화』 등과 같은 동서양의 여러 고전을 편한 마음으로 읽으며 지냈다. 동양과 서양, 예수와 부처, 공자와 노자, 무신론과 유신론, 자본주의와 사회주의, 정암(조광조)과 퇴계 그 사이를 소요(逍遙)하며 지냈다. 리 선생에게 중요한 것은 어떤 이념이나 사상 자체에 몰입하는 것이 아니라 그 사상·이념을 가지고 세상을 바꿀 수 있을지 여부였다. 그것은 서론에 썼듯 무문관에서 길을 찾는 일에 비유할 수 있다. 리 선생이 평생 사표로 삼고 살았던 루쉰의 1921년 소설 『고향』의 마지막 몇 문장으로 마무리를 대신하고자 한다.

생각해보니 희망이란 본시 있다고도 없다고도 할 수 없는 거였다.

이는 마치 땅위의 길과 같은 것이다.

본시 땅 위엔 길이 없다.

다니는 사람이 많다 보면 거기가 곧 길이 되는 것이다.

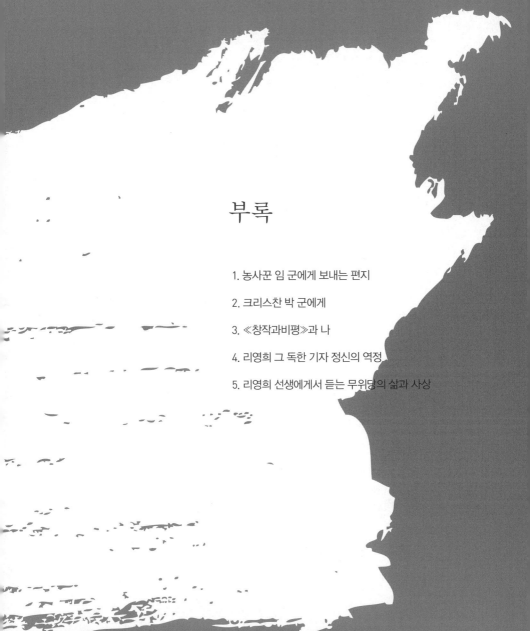

부록

1. 농사꾼 임 군에게 보내는 편지

임 군.

팔다리 걷어붙이고 분무기 둘러메고 논밭 속에 묻혀 노동하는 임 군을 오래간만에 보고 돌아온 후부터 나는 농촌 생활에 관해 자꾸만 생각하는 버릇이 생겼네. 그전에도 생각하는 마음이 없었던 것은 물론 아니지만, 괴물과 같은 이 대도시 서울에서 보고 듣고 느끼는 것이 모두 임 군과 같이 농사짓고, 농촌에서 일하는 사람들과 그 환경문제와 관련시켜서 생각하는 동기가 되었단 말일세.

결론적으로 말하면 나는 농촌문제나 농민에 관해서 말하는 이 사회의 지식인이라는 사람들을 멸시하고 농업과 농민의 복지니 발전이니 하는 구호를 앞세우는 정부, 관료, 지도자들에게 거의 신뢰감을 갖지 않게 된 지 오래지. 그런 까닭에 대도시에 앉아서 지식인의 한 사람을 자처하면서 사는 자신도 속이 훤히 들여다보이는 소리가 아니고서는 할 말이 없다고 스스로 반성하는 거야.

오늘은 그런 답답하고 괴로운 심정을 못 이겨서, 극진한 대접으로 나를 맞아주었던 그 며칠 동안, 임 군과 임 군의 가정과 그 마을의 주변에서 보고 느꼈던 일을 몇 가지 적음으로써 임 군과 가족의 호의에 답하고 싶어 펜을 들었네. 추수도 대강 끝날 무렵일 테니 한가한 시간이 나면 이 글을 읽으면서 함께 생각해보세. 내가 그곳에서 보면서 느꼈던 것을 두서없이 적어볼 테니 무슨 심오한 이론이나 학설이나 정책이 들어 있지 않다고 실망하지는 말게. 나는 본시 학자도 아니며, "농민과 농촌을 사랑하고 걱정한다"고 말끝마다 되풀이하는 정부나 정치계나 관료들과는 관계도 없는 사람이니까.

임 군 가정도 많이 달라졌더군. 라디오야 없는 집이 거의 없게끔 됐으니까 그만두고라도, 텔레비전도 갖추어놓고, 서울에서 출판되는 주간지도 있었으며, 정기적으로 구독은 안 한다지만 중앙의 신문도 보고 있는 것을 알았네. 한마디로 말해 농촌의 문화가 발전했다는 이야기가 되겠지.

그래서 오늘 이야기하고 싶어진 것은 그 농촌 문화라는 것에 관해서일세. 그 많은 음파와 전파와 활자의 혜택이 농촌 구석에까지 미치게 된 것을 난들 반대할 이유가 있겠는가. 그러나 그 속에 많은 문제가 있다는 것만은 분명하게 인식하고 나서 그 소위 '문화'라는 것을 받아들여야 한다고 생각하네.

며칠 동안 묵으면서 보고 들은 텔레비전과 라디오, 읽은 잡지와 신문 그 속의 어느 하나, 어느 짧은 시간이나마 진정 농촌과 농민을 위하고, 생각하고, 아끼는 마음으로 꾸며진 내용이 있었던가?

한마디로 말해서 그것은 이 나라의 도시 문화, 그것도 '서울 문화'를 그대로 농촌과 농민에게 내려 먹이는 것 외에 아무것도 아니라는 것이 시골에서 듣고 볼 때 더욱 확연해지더군. 많은 마을 사람들이 그것들을 즐기는 듯했고, 사람이야 집에 있건 없건, 하루 종일 틀어놓은 그 라디오에서 흘러나오는 소리 가운데, 이미 도시인들을 완전히 타락시켜버린 찌꺼기 문화가 농촌 사람들을 침식시키고 있다는 생각에 나는 불쾌감을 금할 수가 없었네.

오늘날 우리 사회의 도시 문화, 특히 농촌을 덮어버리고 있는 '서울 문화'란 그 본질이 무엇인가? 그것은 한마디로 말하면 농민을 희생으로 해서 만들어진 문화 형태이고, 조금 더 크게는 미국과 일본의 경제적 지배에 대한 이 민족 대중의 저항감을 심정적·심리적 측면에서 쓰다듬는 마취적·최면술적·아편적인 문화 내용이라고 생각하네.

물론 전적으로 그렇다는 것도 아니고, 처음부터 의도적으로 하나하나의 글이나 말이나 놀음 모양이 그것을 위해서라고 단언하는 것도 아닐세.
공업화니 현대화니 하는 것이 끊임없이 외국의, 특히 최근에는 일본의 정
치ㆍ경제ㆍ군사ㆍ문물의 개입과 작용으로만 가능한 그런 방향으로 치닫
고 있으니, 자연 우리 사회의 가치관도 선진 공업국의 그것으로 물들 수
밖에 없지 않겠나.

그들 사회의 가치관이 무엇인가? 그것은 '물질주의', 즉 물질적 생산을
위해서는 인간적 가치는 거의 돌볼 필요가 없으며, '돈' 즉 '이윤'의 극대화
를 위해서는 인간에게 가장 중요한 '인간다운 조건'도 거의 무시되는 원리
가 아니겠는가. 이익만 있으면 사람을 죽이는 음식도 제조해내는 실례를
임 군도 잘 알 테지. 왜 그렇게 많은 광고가 라디오, 텔레비전, 신문, 잡지
를 채우고 있는가. 그 물건과 그런 생활 방식이 인간의 진정한 행복에 '절
대로 없어서는 안 될' 것들이라서가 아니라, 그런 것을 만들어 팔아서 돈
을 벌어야 하는 자본, 기업이 끊임없이 대중의 소비성향을 자극하고 조성
하고 조장해서 '돈을 벌겠다'는 오직 한 가지 동기에서 나오는 것이 아닌
가. 이것을 '소비문화'라고 일컫는 것을 임 군도 잘 알고 있을 걸세.

소비적 사회를 만들어야 이 사회에 투자한 외국의 자본은 큰 이익을 올
리는 것이고, 그 외국 자본과 밀접한 정치ㆍ경제ㆍ사회의 권력은 '적극적
으로' 소비문화를 조장하기 마련이지. 외국 자본이나 외국의 기술이 불필
요하다는 말은 아니야. 450억 달러가 넘는 외채가 말해주듯이, 그들의 이
익을 받들어서 경제와 정치의 힘을 계속 누려가는 체제를 이 사회의 원리
로 만들어버린 그것이 큰일이라는 말일세.

신문, 라디오, 텔레비전, 잡지, 특히 주간지 따위의, 이른바 매스미디어
라는 것이 그 수족 역할을 하는 가장 중추적 매체이지. 그런데 임 군이나
임 군의 아내, 어린 것들, 그리고 그 시골 농촌 마을, 또 그 사람들이 '즐기는' 그
런 매체들은 누가 소유하고 있는가를 보세. 하나도 빠짐없이, 없어도 되고 어쩌

면 없는 것이 차라리 건전한, 개인 생활과 이 민족 생활에 도움이 안 되는 그런 소비적 생산을 하고 있는 자본가와 기업들이 이 매스미디어의 소유자라는 것은 생각해봐야 할 일일세.

그런 외국 자본과의 관계에서 우리 한국 대중에게 해로운 것까지라도 이익만 생길 수 있다면 만들어 팔아먹어야 하는 돈 가진 사람들이 소유하고 있지. 신문, 텔레비전, 라디오, 잡지를 접하는 농민에게, 그 인조 눈썹, 귓구멍 뚫어서 꿰차는 소코뚜레가 아닌 인간의 귀뚜레, 수천수만 가지의 화장품, 한 해에도 몇 차례 길어졌다 짧아졌다 하는 여자의 스커트, 넓어졌다 좁아졌다 하는 남자의 넥타이와 양복의 스타일, 손톱 발톱에 물들이는 수십 종의 물감, 농민이 들으면 세상을 뒤집어 엎어버리고 싶은 생각밖에 나지 않을, 한 자리에 앉아서 계집 끼고 수백만 원 쓰는 서울의 환락가와 그렇게 돈을 물(그것도 구정물) 버리듯이 쓰고 다니는 사람들 ……. 이 모든 유행과 생활양식이 바로 소비경제에 바탕을 둔 이 사회의 경제체제가 만들어내는 것이 아닌가.

임 군,

군의 집에서 막걸리 상을 차려놓고 마주 앉아 이야기하던 그 저녁의 텔레비전 프로그램이 생각나는가. 하기야 그 프로그램만이겠는가. 라디오, 신문, 잡지, 텔레비전을 떠들썩하게 하는 노래와 춤과 이야기와 유흥물이라는 것들, 무슨 배우, 무슨 탤런트, 무슨 인사의 정사 이야기, 가을의 여자 옷이 파리의 유행을 따르고, 겨울옷은 도쿄의 유행을 따른다는 식의 온갖 내용이 농민과 무슨 관계가 있단 말인가. 그런데 그런 소리, 그런 내용 없이는 소위 문화의 매체라는 신문, 방송, 라디오, 텔레비전, 잡지 등은 운영을 못하게 되어 있는 것일세. 그런 '문화'를 일반화시키는 일도 돈 벌고 행세하는 사람들이 그것을 뒷받침하고 있으니 말일세. 그들은 시골에 사는 것이 아니라 도시, 그중에서도 서울에 살고 있는 아주 소수의 사람들이지.

이 겨레, 특히 농촌의 농민과 도시의 하급 노동자와 영세민이 무엇을 원하며, 무엇을 그들에게 주어야 하는가 따위는 대체로 이 소비문화의 제조가들과는 무관한 일이지. 소비문화를 대중화함으로써만 움직임을 계속할 수 있는 전체적 경제의 원리와 구조, 그것을 힘과 제도로 뒷받침하기 위해서만 존재하는 정치의 원리와 구조, 이것이 문제란 말일세.

그런 제도들과 그런 문화양식을 나는 시골 처녀들의 몸차림과 얼굴에서, 그 가정의 기구들 속에서 많이 보았네.

우리는 거부할 줄 알아야 한다는 생각이 들었네. 농민에게는 그럴래야 돈이 없으니까 관계없다고 생각한다면 잘못이야. 벌써 해방 이후 30년, 물질주의 문화는 농민의 한계적 저항을 무너뜨리고 농민의 가치와 의식을 깊이 좀먹어 들어가고 있으니까 말일세.

그럼, 그런 제도를 지배하는 사람들의 성분이랄까, 속성을 알아야 하겠지. '지식인'의 문제야. 그것은 이 사회의 교육, 그 본질의 문제와 깊이 관련되지.

조금 어려운 말이 되지만 '인간의 존재피구속성(存在被拘束性)'이라는 말이 있네. 쉽게 풀이하자면, 누구나 그가 사회생활을 해나가는(또는 태어나 살아가는) 과정에서 사회적 조건을 그의 생활 목적·생활양식·가치관·사고방식·행동 형태로 무의식중에 체험하기 마련이라는 말이지. 농민에게 농촌 지도를 한다는 관리나, 농민의 이익을 도모하겠다고 약속하는 정치가·국회의원·지도자들, 농민에게 필요한 물자를 제조하는 자본가나 기술자, 농민의 안방까지 파고들어 가는 매스컴을 움직이거나 그 속에 나오는 사람들, 심지어 임 군의 어린 아들과 딸을 학교에서 가르치는 교사들……. 이 모든 사람이 소위 '인텔리'라는 사회 분자이고, 그것을 양성해내는 기관의 제도가 교육이 아니겠는가.

우리 사회의 교육은 국민학교에서부터 대학을 통한 전 과정의 목표, 교육 내용, 교육 방법, 그리고 교육을 받으려는 사람 자신의 동기가 이마에 땀 흘리고, 손발과 등뼈를 가지고 노동하려는 사람을 존중하기 위해서가 아니라 조금이라도 덜 일하고, 조금이라도 덜 육체노동을 하고, 조금이라도 움직이기보다는 책상머리에 앉아서 남을 지배하고, 명령하고 부릴 수 있는 그런 인간을 우러러보는 것을 이념으로 하고 있다고 보여지네. 노동을 멸시하고 천시하여 오직 머리와 턱을 가지고 펜대를 움직여 편안하게 명령하면서 살아가거나, 돈 버는 방법을 가르치는 것이 우리 사회의 교육의 특성이라고 나는 생각하지.

내 자신도 몇 해 동안 대학생을 가르쳐본 경험이 있지만, 예외적인 젊은이를 발견한 기억이 나질 않네. 그리고 그 사람들은 교육의 과정에 바친 돈을 서양의 자본주의 경제 이론으로 '투자'라고 말하면서, 투자를 한 이유로 '육체적 노동'에서 면제되기 위한 것으로만 생각하더군. 그 부모도 물론이고 교사도 그렇고, 교육 내용도 물론 그렇게 되어 있으니까.

그런 교육을 받는 사람들의 의식이 농촌 출신이면서도 농민과 노동자를 멸시하게 되는 것은 조금도 이상할 것이 없지. 그런 교육을 받은 인텔리가 정부·관청·경제·금융·교육·매스컴·법원·생산기술… 의 온갖 이 사회의 '제도적 파수병'이 되고 있으니 '투자'에 대한 '이윤'을 생각하지 않을 이유가 있겠으며, 농민이나 노동자를 경멸하지 않을 이유가 있겠는가.

그런 교육을 받아 그런 의식을 갖게 되고, 그런 위치와 기능을 담당하게 된 사람들이 바로 국회의원·행정부 관리·판사·장교·기술자·교육자·기업가·회사원이며 그들이 이 나라 지도 계층을 구성하고 보면 어떻게 농민이나 노동자나 가난한 대중을 위한 정치나 경제가 진정 가능하다고 생각할 수 있겠는가. 그들 자신의 직접적·개인적 이익은 소비사회의 각종 제도를 유지하고 더욱 굳혀나가는 데 있는데, 어떻게 자신의 이익과 상반되는 농민이나 노동자들의 이익을 위해서 법률을 만들고, 정치를 하고, 재판을 하고, 물건을 만들고, 가르치고, 신문 기사를 쓰고, 텔레비전 프로그램을 짜는 등등의 일을 해주리라고 기대할 수 있겠는가.

그런 성분의 인간 계층이 모여서 만들어내는 문화(통틀어 제도와 정책)란 그들이 지배하고 있는 하층의 가난한 사람들이 그런 제도에 대해서 비판력과 반항심을 갖지 않도록 정신적 · 심리적 · 의식적 마취기능을 강화하는 것이 고작일 것이라고 임 군은 생각해본 일이 없는가?

나는 서울 시내의 으리으리한 호텔 · 바 · 카바레 · 관청 · 무역회사 …의 뒷골목에서, 때때로는 출근길에 빈민촌을 지나갈 때마다 목격하는 한 가지 장면이 있네. 천대받고 찢어지게 가난하게 살면서 그 갖가지 매스컴이 뿜어내는 '가진 자' 취미의 마취적 향락에 넋을 잃고 도취하는 모습 말이지.

사람이란 아무리 괴롭고 울화가 치밀어 올라도 울고만 살 수는 없는 동물이니 웃기도 하고, 춤도 추고, 노래도 불러야겠지. 그렇지만 멸시와 천대를 받고 소외된 사람들이, 그 사회 속에서 소비문화가 뿜어내는 마취적 작용 때문에 마치 자기도 그 혀 꼬부라진 노래, 그 돈 많은 사람의 생활, 그 탤런트의 값진 옷, 주체할 수 없이 많은 돈을 뿌리는 사람들이 고급 요정에서 노는 작풍 … 그것들과의 아무런 위화감도 반항감도 없이 일체화된 생활을 누리고 있는 국민의 한 사람이라는 착각을 하고 있는 것을 보면 그만 괴로움에 가슴이 조여드는 것을 느끼곤 하네. 이 사람들이 대부분 소비문화를 찾아 서울로 모여든 남녀들이라는 것을 생각해보게.

나는 중국에 관해서 다소 전문적으로 공부를 하노라고 책도 읽고, 생각도 하다 보니, 얼마 전에 죽은 모택동이라는 사람의 말을 가끔 곰곰이 음미할 때가 있네. 임 군은 들어보지 못한 것이겠기에 참고삼아 적어보지.

만약 당신은 대중이 당신을 이해해주기를 바라거나 대중의 한 사람이 되고자 하거든, 오랜 기간의 그리고 심지어 뼈를 가는 듯한 고통스러운 자기 개조의 과정을 겪어야 한다. 나는 학생으로 시작하여 학생의 습성을 학교교육 과정에서 몸에 지니게 되었다. 자기 물건 하나 챙길 줄 모르거니와 어깨로 짐 하나 매어 나르는 것을 창피스럽게 생각하는 학생들 사이에서 나도 육체를 움직여 일을 한다는 것을 수치스러운 짓이라고 생각했었다. 그 당시 나는 이 세상에서 깨끗한 사람은 오직 인텔리뿐이고, 농민은 인텔리 앞에서는 아주 추한 인간이라는 생각이었다.

혁명가가 됨으로써 나는 혁명군의 노동자·농민·병사들 속에서 함께 살게 되었다. 이때부터 나는 차츰 그들과 친숙해지고 그들도 나와 친숙해지기 시작했다. 그래서야 비로소 부르조아적 교육이 나의 머리와 몸에 뿌리박아 놓은 부르조아적·소시민적 관념에 근본적인 변화가 일어났다. 진정코 추한 자는 개조되지 않은 인텔리라는 사실, 노동자와 농민은 손에는 흙이 묻고 발에는 소똥이 묻었어도 궁극적으로 깨끗한 것은 그들이라는 것을 알게 되었다. 사람의 의식이 변하면 그 사람이 한 계급에서 다른 계급으로 변한다는 것은 이것을 두고 하는 말이다.

물론 이것은 우리와는 직접적으로 관계되는 말은 아니지. 그러나 생각해볼 만한 적지 않은 시사를 주는 말이라고 생각하지 않나. 그의 말의 해석이나 느낌은 임 군에게 맡겨두지. 다만 나로서 한 가지만 이야기하고 싶은 것은 우리 사회에서와 같은 교육을 받은 인텔리(통틀어 지식인 계층)가 정치·경제·사회·문화 … 의 제도를 움직이는 한에서는 진정 농민·노동자를 위한 발상이 참으로 어려우리라는 확신일세.

毛와 같은 사람조차 그렇게 의식을 바꾸기란 어려운 것이라고 말하고 있는데, 하물며 의식의 개조 같은 것은 존중되지 않고 권장되지도 않을 뿐더러 오히려 소비문화적 · 물질주의적 · 귀족 취미적 · 지배자적 · 명령자적 생활을 지향하는 생존 양식과 의식이 권장되고 있으니 어디 쉬운 일이겠는가.

그러니 2, 3년의 군대 생활을 하고 나면 농촌으로 돌아갈 생각은 이미 없고, 차라리 도시의 뒷골목에서 비인간화된 생활을 갈망하게 되는 젊은 이들의 사례를 많이 볼 수밖에. 시골의 색시들이 도시, 서울에 와서 그 생존을 이어가는 많은 현실적 사례는 차마 여기서 말하기조차 거북할 지경일세. 나는 도학자가 아닌 까닭에 나 자신이 직접 체험하는 일도 적지 않지만, 그런 아가씨들을 대하면서 이 여성의 시골에 있는 부모 형제는 무엇을 생각하고 기대하고 있겠는가를 늘 생각해보네.

언젠가는 영등포의 초라한 술집에서 친구 두 사람과 겨우 3000원 남짓한 술을 팔아주었더니 나오는 길에 그 집 아가씨들이 밤중에 따라 나오지 않겠는가. 갈 곳이 있으며, 여자의 서비스는 그것으로 족하다고 해도 막무가내로 따라가겠다는 거야. 웃지 말고 들어주게, 임 군.

사연인즉, 셋이서 그만큼 팔아준 손님은 단골로 잡아야 하니 함께 가서 밤 시간을 즐겁게 해주라는 '마담'의 명령이라는 걸세. 만약 그렇지 못하면 그대로 돌아갈 수 없고 갈 곳이 없으니, 사정을 봐달라는 하소연이 아니겠는가. 생각해보게. 3000원어치를 셋이서 팔아준 것뿐일세. 그러니 그 시골 처녀들이 그 술집에서 어떤 대접을 받고 있겠는가는 짐작이 갈 줄 믿네.

시골서 놀고먹을 수 없는 일이니 도시에서 몇 푼이라도 버는 것은 좋은 일이 아닌가 하고 반문하는 사람도 있지. 좀 더 유식하게 말하기를 좋아하는 학자들은, '진의'는 딴 곳에 있으면서 거짓을 합리화하려는 정부 지도자들이나 경제계의 기업주들은, '취업'의 기회가 확대되고 '고용률'이 높아졌다고도 말하지. 인간을 비인간화하려는 과정에서 주고받는 대가도 그들이 말끝마다 내세우는 국민소득(GNP)의 증대 속에 포함되고, 국가 현대화 방식이라면 우리는 그와 같은 원리 · 구조 · 내용이 경제와 경제제도, 그리고 그것을 움직이는 정치와 그 제도를 어떻게 생각해야 할 것인가.

지금 가을이 된 서울의 중심가에 농촌에서 올라온 수학여행 길의 국민학생, 중·고등학생들의 대열을 다시 보게 되었네. 수학여행(修學旅行)의 뜻이나 서울에 오기까지 집안에서 비용 만들기에 관해서는 이야기하지 않기로 하지. 다만 그 학생들의 대열을 볼 때마다 내가 생각하는 것은 서울이나 도시의 국민학교, 중·고등학교 학생들은 어째서 농촌에 내려가서 농사짓는 것을 배우는 '수학'을 하지 않느냐 하는 문제일세. 그런 생각은 아예 이 사회에는 불필요한 것이고 교육이란 것이 바로 그것을 낭비라고 보는 듯싶네. 그럴 수밖에 없는 것이, 이 사회의 모든 지배 이념은 '지배자 지향 이념'이지 그 반대가 아니라는 것은 앞서 이야기를 끝낸 터이니까 더 설명할 필요조차 없지. 농민·노동자의 처지와 농사짓고 물건 만드는 일일랑 '지배자 지향'적 사회 원리와는 역행한다는 것일까.

나는 농민이 좀 더 정치적 감각과 사회에 관한 문제의식을 가져주기를 바라는 마음 간절하네. 그것은 '생각한다'는 뜻인데, 이 사회에서는 생각하지 않고 사는 것이 제일 편하게끔 되어 있다는 것을 모르고 하는 소리는 아닐세.

임 군, 생각한다는 것은, 더욱이 생각한 결과를 말한다는 것은 이 사회에서는 자신에게 형벌을 가하는 일이 된 듯싶네. 그러나 '정치는 내가 할 테니 너희는 농사만 지으면 된다'는 말이야 성립될 수 없지 않겠는가.

우리 농민은 너무도 오랫동안 복종과 순응만을 해온 것 같아. 생각하고 저항할 줄 아는 농민을 보고 싶은 마음 간절하네.

11월 서울에서

(≪농민운동≫, 1976년 11월 호)

* 고딕체로 표시한 곳은 수정 혹은 삭제된 부분임.

2. 크리스찬 박 군에게

박 군.

대학을 졸업하고 현실 사회로 들어간 지 몇 달 만에 쓴 편지는 잘 받았네. 그 많은 현실 문제들에 대해서 고민하는 박 군의 심경을 읽으면서 나는 이제야 박 군에게 정신적·사상적·인간적 비약의 단계가 왔다는 것을 알고 무척 기뻐했네.

박 군은 지금 회의 속에서 한 발짝도 내딛을 수가 없다고 말했지. 배운 것과 현실 상황 사이의 모순·괴리·긴장을 적절히 파악할 수도 없고, 더군다나 해결을 찾기란 불가능하게만 느껴진다고 고백했지. 박 군은 바로 이성과 상황의 갈등 속에서 몸부림치고 있는 이 나라의 수없이 많은 지식인들과 젊은이들의 운명에 비로소 공감을 하게 된 것일세. 말하자면 '인간의 조건'이라는 문제에 비로소 눈을 뜬 것이지.

군은 바로 사상적 모색을 시작한 것이야. 철학적 모색이라고도 표현할 수 있겠지만 어쩐지 현학적인 것 같아서 그렇게 표현해두지. 더 쉽게 말하면 생각을 하게 된 것이고, 비로소 '사고하는 사람'이 된 것일세. 내가 군의 편지를 읽고 축하한다고 말한 것은 이 때문일세.

생각[思考]을 하는 괴로움을 회피하는 것은 생명의 정지를 뜻하며, 그런 생활 태도는 인간의 가장 중요한 속성인 발전을 포기한 것이지. 그렇다면 박 군은 사고를 정지하고 '적당히' 살아가는 인생을 단호히 거부해야 하네. 그러나 가장 중요한 것은 실천임을 잊지 말게. 실천만이 관념의 옳고 그름을 검증하는 것이며, 그 검증을 통해서만 관념은 더욱 '고양'되는 변증법적인 과정을 걷는다는 것을 명심하기 바라네.

지난 한 해 동안 '한국'의 교회와 신자가 생각하고 행동한 것이 바로 이

인식과 실천의 통일이라는 걸세. 그리고 인식이 사회적인 것처럼 실천은 더더욱 사회적인 것일세. 개체의 '사회성'을 인식한 데서 군의 고민이 생긴 것이라면, 사회에 대한 작용 없이 개인의 해방과 발전은 없는 것이요, 그런 뜻에서 나는 해방 이후 우리 사회의 교회와 종교인이 마치 스스로 초사회적인 것처럼 또는 사회와 단절된 인간 생존의 양식처럼 생각하고 행동(또는 불행동)해온 것을 몹시 못마땅하게 여겨왔음을 고백하네. 군이 교인이 아닌 나의 무례를 용서해준다면, 기도를 드리면 하나님의 뜻이 이루어진다는 평면적인 사고방식과 종교관은 나로서는 도저히 이해할 수 없는 것일세.

박 군은 가정교육과 그 뒤의 10여 년에 걸친 학교교육에서 배운 가치관과 도덕적 판단 기준이 사회의 현실 생활과 충돌하는 많은 사례를 들었지. 그리고 학교교육이 잘못됐거나 사회 운영이 잘못됐거나, 아니면 둘 다 잘못이 있지 않는가를 물었네.

나는 이론적으로 말하면 그 둘 다에 기본적인 잘못이 있다고 생각하네. 그러기에 학교교육(이것을 공식 교육이라고 하지만)의 내용과 사회의 변화(개혁 또는 발전이라 해도 좋지만) 없이는 박 군의 그 고민뿐만 아니라 이 사회의 모순도 해결되기는 어렵다고 보는 것일세. 제도적인 교육이나 가정과 사회 속에서 배우는 비공식적 교육도, 기본적으로는 그 사회를 지배하는 기존 제도의 보존과 확대재생산의 목적으로 체계화되고 조직화된다는 것을 알아야 하네. 그러기에 역사적으로 노예제도·봉건제도·군주제도는 각기 그 제도를, 자본주의 사회의 교육은 자본주의 제도를, 사회주의 사회의 교육은 사회주의 제도를 각기 보존·확대재생산하는 데 필요하고 알맞은 목적과 내용을 갖게 되는 것이지. 왜 그러냐 하면, 그 사회제도를 지배하는 세력이나 집단에 의해서 공식적 교육의 제도와 내용이 만들어지기 때문이지. 이것은 박 군도 쉽게 수긍할 수 있으리라 생각하네.

우리 사회의 교육의 기능은 크게 나누어 세 가지일세. 하나는 자본주의적 경제를 보존하고 움직여나갈 기법의 생산, 둘째는 자본주의 경제제도를 유지·확대재생산하는 물리적 힘의 구조(정치·군대·경찰·사법 등의 간부 양성), 셋째로 그 두 가지의 원리를 합리화한 이데올로기(즉, 문학·예술·도덕·종교 등)의 지속적 생산일세. 이 원리에서 본다면 교육 내용이나 결과가 현실 상황과 모순될 수는 없는 것이지. 다시 말하면 그 교육의 결과인 박 군의 가치관이나 도덕적 이데올로기적 판단 기준은 우리의 사회적 요청을 반영한 것이니까.

그러나 실제로는, 사회란 그 제도에서 큰 이익을 누리고 그럼으로써 사회를 지배하는 힘을 가진 소수의 사람(또는 집단, 또는 계층)이 그 계층의 이익 위주로 꾸려가는 것이기 때문에, 여기에서 소외된 '보다 많은 수의 대중'과의 사이에는 이해 대립이 영원히 그칠 수 없는 것일세. 박 군의 고민은 소수와 다수의 모순 관계를 인식하게 된 것으로, 그것은 군의 정치·사회 감상이 우리 사회와 교육의 본질에 접근했다는 증거일세. 큰 발전이며 축하할 만한 일이 아니겠는가. 그럼 어떻게 해야 할 것인가? 군이 더욱 사색해야 할 과제로 남겨두지. 다음 편지에 그 결과를 알려주게.

이 문제는 군이 지적한 혹심한 불평등 현상과 무관할 수 없지. 재산과 소유의 심한 불평등, 정치·사회·문화적 자유와 사회와 권리의 심한 불평등 현상, 기회·권리도 구체적 존재인 재물과 다름없이 '소유 분배의 불평등'의 원리가 지배한다는 말일세. 한 속에 함께 태어나 함께 살아야 할 국가·영토·사회에 주어진 공동의 것이어야 할 자원을 가지고, 그리고 혼자의 힘으로써가 아니라 '사회적 협동(또는 노동)'으로 생산한 추상적·구체적인 '것'이 어째서 분배와 소유에서는 이렇게 큰 등차 현상이 있어야 하는가는 참으로 문제일세.

군은 우리 사회의 구성원을 검토한 결과, 한 사람의 물질적 소유와 그의 정치·사회·문화적 소유, 즉 자유 사회의 권리의 소유량 사이에 정비례 관계를 발견했다고 말했지. 바로 보았네. 상식처럼, 당연한 것처럼 생각되는 사상(事象)의 관계를 예리한 의식을 가지고 구명하려는 사람에게는 이 사회는 숨겨진 본질을 드러내 보이는 법일세. 한마디로 이 관계를 규정한다면, 불평등을 전제로 하는 사유재산제도는 인간적·사회적 권리, 자유, 신분적 불평등의 근거라고 하는 것이지. 무엇이 문제인가를 생각해보게. 이에 관해서도 다음 편지를 고대하겠네.

　공부가 적어서 깊이는 모르지만, 중세 신학자들 가운데는 이 불평등의 관계를 신의(神意)에 의한 '인간 사회질서'로 합리화하고 축복마저 한 분도 적지 않은 것으로 알고 있네. 산업혁명 시대에는 이 불평등 관계를 개인의 '덕성'으로 합리화하는 이론도 있었지. 당시의 자본가와 그들의 이론적 파수병격인 일부 경제학자·사상가·종교인들은 인간 평가의 토대가 되는 재산 소유의 불평등은 그 개인의 정직·근면·성실·절약 등에 비례한다고 주장했지. 군도 공부한 그 막스 베버의 『프로테스탄티즘과 자본주의』는 이런 주장의 이론적 체계화지(물론 그것만은 아니지만). 베버는 훌륭한 학자이고, 그의 이론은 어느 한 특정 시기의 특정 상황에서는 타당한 점도 없지 않았지. 그러나 그 시기, 그 상황에서도 타당하지 않은 점이 더 많았고, 현재에 적용하기에는 너무도 이론적 설득력이 없다고 생각되네.

　현실과 상황 속에서 한 예를 들어보지. 우리 사회에서 말일세.

　군은 2, 3년 전 정부의 상당한 지위에 있는 한 공무원이 봉급으로 5인 가족을 먹여 살릴 길이 없어, 끼니를 굶고 학교에 가지 못하는 아들딸을 보다 못해 자살했다는 신문 기사를 읽은 기억이 나는지. 이 공무원은 청렴·정직·성실·근면하기로는 중앙청에서 이름났던 분이라 하네. 이것은 이 사회에서 하루에도 몇 건씩 알려지는 인간의 불행 중 하나에 불과하네. 이 공무원은 아들에게 남긴 유서에서 "너희들은 결코 정직·성실·청렴하지 말고, 잔인·혹독·교활하고, 비양심에 사기술도 있어야 한다. 너희들이 나 같은 인생의 패배자가 되지 않기를 바라는 아비의 간절한 호소다"라는 뜻의 당부를 했다는 것을 나는 기자들에게서 들은 일이 기억나네. 개인의 사회적 권리와 지위는 물질적 소유에 따르고, 재산은 그 사람의 인간적 우열, 즉 덕성에 비례한다는 주장이나 설교가 우리 사회에서 일반성이 있는 말인가를 곰곰이 생각해보게. 이 현실은 무엇을 뜻하는 것인가. 역시 다음 편지에 군이 밝혀낸 사실을 듣고 싶네.

우리 사회의 많은 부조리와 모순은 지배 계층의 의식구조 때문인 듯하다는 견해를 피력했지. 이것은 우리나라의 오늘과 내일을 위해서 참으로 핵심적인 문제가 아닐 수 없네. 그리고 지난 몇 해 동안 우리 모두가 체험했듯이 문제의 초점은 민주주의에 대한 것이 아니겠는가.

우선 민주주의에 관해 문제 구명을 하는 데는 세 세트(구조)의 기본적 전제를 가지고 설명해나가기로 하지. 첫째는 자유와 평등의 문제, 둘째는 안정과 변화의 문제, 셋째는 정부의 권한과 시민의 권리의 문제가 그것일세. 세 세트의 문제는 상호작용적인 까닭에 엄격한 논리적 구분을 하기는 어렵고 또 효과적이 못 되지만 대체로 무난한 접근 방법이라고 생각하네.

먼저 자유와 평등의 문제를 생각해보기로 하지. 초보적 민주주의 이론이지만 자유는 평등의 토대에서만 가능한 것일세. 우리 사회에서는 어째서인지 자유의 문제는 대중적 의식의 차원에까지 스며 있는 듯한데, 평등의 의식은 그렇지 못한 듯하니 이에 대한 인식의 일반화가 시급하네.

나는 이론가도 아니고 학자도 못 되니 비근한 실례로 설명해보지. 몇 해 전 영등포의 막걸리 가게에서 막걸리 배달원으로 일하던 두 10대 젊은이가 음력 설 전날 밤, 누추한 하숙방에서 소주에 극약을 타 마시고 숨졌다는 신문 기사가 있었지. 그 기사에 의하면 이 두 소년은 전라도의 시골서 일자리를 찾아 서울로 올라온 지 1년이 되었다는, 설이라고 고향의 부모를 찾아가 뵈어야 할 터인데, 선물을 살 돈은 고사하고 기차 값도 없는 것을 한탄한 나머지 인생을 비관, 자살키로 결심했다는 것이었지. 이 소년들이 집으로 돌아갈 '자유'가 없는 것은 아닐세. 못 간다는 법률이나 사회적 제약이 있는 것도 아니었겠지. 그러나 그들에게는 그 자유를 '실현'할 '수단', 즉 돈이 없었던 것이지. 한쪽에는 무슨 자유이건 실현할 수단을 주체하지 못할 만큼 소유한 부유한 사람이 있는가 하면, 한쪽에서는 지극히 소박한 인간적 소원마저도 혼백이 되어서가 아니면 이룰 수가 없게끔 수단을 박탈당한 사람이 있다는 현실을 생각해보게. 민주주의는 정치·사회적 자유가 고루 주어진 상태를 말하는 것은 아닐세. 그 자유를 구체화할 수 있는 능력이 고루 주어지는 것으로 비로소 민주주의일 수가 있는 것이야.

'가난은 나라도 못 구해' 하는 속담을 즐겨 쓰는 사람을 나는 나의 주변에서 자주 보네. 그런데 재미있는 일은 이런 말을 하는 사람은 대개 부자라는 사실이야. 가난은 구할 수 있는 것이야. 다만 사회적 생산의 결과를 소수에 편중시키는 방법으로 유지되는 경제제도가 문제인 것이지. 얼마 전에 방직공장 여공들에게 하루 70원의 임무를 주고는 각종 명목으로 55원인가 60원을 임금 봉투에서 떼어낸 자본주가 고발당한 일이 있는 것을 기억하나? 이들 여공에게는 '소극적 자유'도 없고 민주주의 사회가 지향하는 적극적 자유는 더군다나 아무것도 주어지지 않는다는 것을 우리는 알 수 있지. 왜 그런가. 평등이 아닌 자유가 얼마나 허무맹랑한 것인가를 알 수 있겠나. 박 군.

그런데 어느 사회나 지배 계층이란, 대중에게 이 평등을 주지 않으려 한다는 역사가 증명하는 사실이 중요해. 온갖 구실과 기회를 이용하여 평등의식이 민중의 머리에 싹트는 것을 막으려 하는 것이 그들이 옹호하는 제도이고 이데올로기임을 알 수 있지. 물질적 불평등은 지배의 물질적 토대니까. 설마 그럴 리가 있겠는가고 의심이 들면 또 한 가지 실례를 보여주겠네.

바로 며칠 전, 우리나라 한 정당의 당수이고, 그전에는 한국은행 총재였고, 또 이 나라의 경제활동을 관리하는 총책임자인 경제기획원 장관을 지낸 분이 이렇게 공식 석상에서 공언했네.

인간의 역사는 불평등의 역사다. 그런데 이 당연한 불평등을 가지고 대중의 불평을 조성하려는 일부 정치인·지식인·종교인들이 있다. 위험한 사상이라 …….

요약하면 이런 말이었네. 그런데 인류의 역사는 바로 이 불평등의 질서를 평등의 질서로 바꾸어가려는 인간 노력의 과업이 아니겠는가. 사회사상사와 문화사 강의를 들은 박 군은 쉽게 이것을 이해할 수 있으리라고 믿네.

그러나 대중을 재물·자유·기회·권리의 불평등 상태에 묶어둠으로써 자신이 그 모든 것을 누릴 수 있는 질서의 혜택을 받는 소수의 사람들의 마음은 그런 것이 아닐까. 박 군은 프랑스혁명이 어떤 배경에서 발생했는가를 잘 알고 있지. 각 평등 질서를 신의 뜻에서 찾으려는 사람이 종교인들 사이에도 많다고 들었네.

아리스토텔레스는 훌륭한 철학자였지만, 인간은 신의 뜻에 의해서 나면서부터 자유인과 노예로 정해지는 질서를 구성한다고 믿은 사람이야. 이와 같은 역사관·인간관이 바로 지배자의 이데올로기라면 문제는 심각하지 않은가. 그들의 의식은 바로 계급사회 이론이 아니고 무엇이겠는가. 그것을 공산주의라고 비방하는 지도자라는 인물들의 의식이 바로 전도된 계급사회관이 아닐까? 그에 대한 해결 방법은 역사 교과서에서 찾을 수밖에 없다는 이야기가 되지. 이런 사람들이 사회의 교육 이데올로기 메커니즘을 지배하는 결과가 바로 박 군이 받은 교육과 박 군이 직면한 상황과의 갈등으로 나타나는 것임을 이제는 알겠나?

　다음은 안정과 변화의 문제를 생각해보기로 하지. 일정한 시기의 일정한 사회에서 권력을 쥐었거나 재부를 누리는 사람은 언필칭 '안정'을 최고의 사회적 목표로 내세우기 마련이지. 따라서 자기의 권력과 재부를 더욱 크고 많게 하는 변화만을 환영할 수 있는 것이야. 그 반대쪽으로의 변화는 사회적 목적에 역행하는 변화로 규정되고, 위험시되고, 반드시 탄압받는다는 것도 역사 속에서 수없이 실증되었어. 그들에게는 최소한 현실 유지가 바람직한 목표이고 가치가 되는 것이지.

　그런데 우주의 원리는 변화임을 알아야 하네. 균형 · 정지 · 고정은 변화의 과정의 어떤 순간 · 단면의 현상이지 원리가 아니지 않겠는가. 사회와 인류의 발전에는 안정도 중요하지만 변화가 더 중요하다는 사실에 눈을 감으려는 태도는 옳지 못하네. 더욱이 일체의 변화를 '혼란'으로 단정하면서 그것을 위험시하는 사상은 진정한 안정을 유지할 능력의 결핍을 뜻하는 것일세. 그것은 개선 · 개혁 · 발전 · 진보의 법칙을 거부하는 자세의 변명으로 보는 게 옳을 걸세.

　끝으로 정부의 권한[威]과 시민의 권리의 관계를 생각해보세. 추상적인 이론은 감동을 주지 않을 터이니 역시 구체적 실례로 비유해보지.

　몇 해 전, 일본의 한 대학에서 학생 데모가 있었지. 대학 교육과 대학 행정의 개선을 요구하고 학생의 대학 운영 참여의 권리 확대를 주장하는 교내 집회였어. 그런데 이 집회와 시위에 사복 경찰 수 명이 끼어들어 염탐을 하다가 발각되어 학생들에게 폭행을 당했지. 국가 정부가 학생들을 공무집행방해죄로 고소해 재판이 열렸는데, 그 재판을 담당한 판사가 판결문에서 말한 이론을 들어보게.

　…… 민주주의 사회의 발전은 질서와 권리를 두 개의 기둥으로 삼는다.

어느 하나가 다른 한 쪽의 희생으로 강화될 때 균형 있는 사회발전은 파괴의 위험에 놓이기 마련이다. 그런데 국가의 권력은 그 자체의 생리와 기능으로 말미암아 법의 보호가 없어도 강화 확대하려는 경향을 지닌다. 이와는 반대로 시민의 권리와 자유는 국가권력 앞에서 허약한 것이므로 법의 보호가 없이는 국가권력에 의해서 침식되거나 말살될 위험성을 내포하고 있다. 따라서 쌍방의 행위가 분명히 일반적으로 인정되는 균형을 깨는 정도가 아닐 경우에는 법의 보호 없이는 더욱 약화되고 말살될 위험이 있는 시민의 권리와 자유에 법의 보호가 제공되어야 한다.

정확한 인용은 아니지만 뜻은 대체로 그런 내용이었지. 어떻게 생각하나, 박 군.

군이 제기한 문제들은 아직 남아 있지만 지면도 다 되었으니 오늘은 이만 끝내지. 어쨌든 군이 교회 안에서 교회 밖 사회로 눈을 넓힌 것을 다시 축하하네. 교회도 사회 속에 있는 것이고 사회는 정치 속에 있는 것임을 명심하기 바라네.

『우상과 이성』(1977)

* 고딕체로 표시한 곳은 삭제된 부분임.

3. ≪창작과비평≫과 나

　나와 ≪창작과비평≫과의 관계도 그러고 보니 24년이 되었다. 25년이 아니라 24년이라는 것은 나의 이름이 ≪창비≫에 처음 나온 것이 '창간 1주년 기념호'라고 책 표지 머리에 적힌 제2권 제1호(1967년 봄 호)부터였으니까. 그 사반세기 동안에 적지 않은 글과 책을 ≪창비≫를 통해서 세상에 내보냈고, 많은 시비(是非)의 소리를 들었다. 창비사에서 출판한 나의 책으로 말미암아서 저자인 나와 당시 발행인이던 백낙청 씨는 반공법 위반의 공범으로서 유신 체제의 법정에 서기도 했다. 결국 나는 2년간의 혹독한 징역을 살아야 했고, 백 교수는 집행유예는 됐지만 유죄판결을 받았다. 유신 체제하에서의 '반공법 위반', 그것은 보통의 일이 아니었다. 그러는 사이에 어느덧 사반세기의 세월이 흘렀구나. 창비나 백낙청 씨 자신이야 더 말할 것도 없으려니와 나로서도 결코 감회가 적을 수 없다.

　갓 창간되었다는 ≪창작과비평≫이라는 문학 계간지를 처음 받아본 것은 내가 조선일보 외신부장 때였다. 그때 나는 새로 나온 잡지의 편집인과 면식이 없었다. ≪창비≫ 창간호를 전해 받은 것은 지금은 잊었지만 작가 이호철 씨거나 같은 신문사 경제부 기자였던 임재경 씨가 아니었던가 싶다.

　문학에는 별로 친숙하지 못했던 나였지만 창간호 머리글 격인 「새로운 창작과 비평의 자세」라는 글을 주욱 읽어 내려가는 동안 나는 그 필자의 사상과 지식과 정신에 깊은 감명을 받았다. 시대정신의 파악이 그렇게 신선할 수가 없으며, 그 이해의 바탕인 동서의 문예·사상에 대한 지식이 그렇게 해박할 수가 없어보였다. 한국의 현실 상황 분석과 그 속에서 한국의 문학인이 지향해야 할 바가 무엇인가에 대한 진술은 감동적일 만큼 설득력이 있었다.

　그것을 읽으면서, 그리고 창간호에 실린 글들을 읽어가는 도중, 나는 51년 전인 1915년, 중국의 문단 사회에 홀연히 출현하여 중국인의 정신 사회에 혼을 불어넣은 잡지 ≪신청년(新靑年)≫과 그 창간사를 생각했다. 중국 사회가 구석구석 병들고 방향감각을 상실하여 표류하고 있었다. 그 때, 지식인 계층의 정신적 향도이어야 할 젊은 문학(문화)인들을 잠에서 깨워, 가야 할 방향을 밝혀준 ≪신청년≫[처음에는『청년잡지(靑年雜誌)』]의 1915년 9월 15일 자 호 권두에 실린 발행인(대표) 진독수(陳獨秀)의 글이 이런 것이 아니었겠는가고 상상해보았다. 당시의 중국과 1966년의 남한 (한국), 그리고 ≪신청년≫과 ≪창작과비평≫이 전적으로 동일하지는 않 지만「경고청년(敬告靑年)」이라고 제목한 진독수의 격문은 중국 지식인 사회가 앓는 병상을 진단하면서 6개항의 장문의 처방(방향 제시)을 내렸 던 것이다. 소제목만으로 간추린다면 ① 굴욕적이지 말아라, 자주적이어 라, ② 보수적이지 말아라, 진보적이어라, ③ 퇴영적이지 말아라, 진취적 이어라, ④ 쇄국적이지 말아라, 세계적이어라, ⑤ 속없는 글(虛文)을 일삼 지 말아라, 실리적이어라, ⑥ 관념적 · 공상적이지 말아라, 과학적이어라.

　이 6개항의 정신은 그 후 중국 지식인의 삶의 강령처럼 되었다. 우리는 그 후 중국 지식인의 변신을 익히 알고 있다. 프랑스의 경우에 그에 유사 한 잡지 ≪레탕모데른≫의 장 폴 사르트르의 창간사를 나는 직접 읽지 못 해서 잘 모른다. 아마도 비슷한 감동을 던진 글이었으리라 상상된다. 정 확한 비교는 그 당시 할 수 없었지만 어쨌든 엄청난 변화가 움트고 있다 는 예감이 들었다. 그 후 한국 사회에 이루어진(그리고 지금도 계속 중인) 많은 변화가 그 예감을 실증해준다. 문학 분야에서 시작된 변화가 문화 전반에, 그리고 노동자 · 농민의 의식에까지 미친 직접 · 간접적 작용은 가히 놀랄 만하다고 생각한다. 그로부터 25년이 지난 지금, 그 필자가 다시 그 시점과 상황에 돌아가 창작과 비평의 자세에 관해서 쓴다 하더라도 창간호의 그 글 이상의 것을 쓸 수 있을까를 생각해본다. 이 말은 그 필자에 대한 칭찬일 수도 있고 비판일 수도 있다고 해석할지도 모른다. 나는 다만 그 필자에 관한 소개의 말을 들으면서 28세인가 29세라고 하는 ≪창비≫ 편집인의 비범한 지적 · 사상적 수준과 역사적 인식에 경탄했었다는 사실을 강조하려는 것뿐이다.

내가 창간호를 읽으면서 남달리 기뻐한 데는 그만한 이유가 있었다. 나는 그 당시, 이 나라 언론계의 일각에 자리하여 신문이라는 전달 · 설득 수단을 가지고 사회 전반을 향해 ≪창비≫의 창간사가 문학 사회에 대해서 외친 그 소리를 외치고 있었기 때문이다. 그러나 그 소리는 홀로 부르는 외로운 소리였다. 1960년대 후반 시기, 유신 체제 전야의 그 어두워져 가는 이 나라의 지평은 사방이 삭막하기만 했다. 나의 소리에 대한 메아리는 언론계의 어느 구석에서도 일어나지 않았다. 빛을 찾아야 산다는 나의 약하디 약한 외침은 어둠만이 살길이라고 암흑을 불러들이는 요란한 소리의 합창으로 뭉개져버리곤 했다. 좌절과 절망을 반추하는 시기였다.

어둠이 이렇게 짙게 깔리고 있을 때에 멀리에 조그만 횃불이 비치더니 희미한 소리가 들려왔다.

이상이 메마르고 대중의 소외와 타락이 심한 사회일수록 소수 지식인의 슬기와 양심에 모든 것이 달리게 되는 것을 우리는 알고 있다. 지식인이 그 소임을 다하기 위해서는 그들이 만나 서로의 선의를 확인하고 힘을 얻으며 창조와 저항의 자세를 새로이 할 수 있는 거점이 필요하다. 작가와 비평가가 힘을 모으고 문학인과 여타 지식인들이 지혜를 나누며 대다수 민중의 가장 깊은 염원과 소수 엘리트의 가장 높은 기대에 보답하는 동시에 세계문학과 한국문학 간의 통로를 이룩하고 동양 역사의 효과적 갱생

을 준비하는 작업이 이 땅의 어느 한구석에서나마 진행되어야 하겠다(창
간호, 38).

이것은 바로 내가 염원하고 또 그 실현을 위해서 나름대로 몸부림쳐온
바였다. 나는 절망의 암흑 속에 정직한 지원의 손이 뻗쳐오는 것을 보았
다. 그 짧은 몇 줄의 글 속에 당시의 (그리고 오랜 기간) 이 나라의 지식인
이 스스로 자신의 어깨 위에 걸머져야 할 사명의 성격만이 아니라, 그 지
향과 방법까지가 밝혀져 있었다. 이것이 1966년, ≪창비≫ 창간의 해의
나의 심정이었다. 나는 큰 우군을 얻었다. 외로움은 갔다.

이런 상황에서 나는 ≪창비≫와 그 편집인 백낙청 교수를 알게 되었다.
개인적 여담을 보탠다면, 나처럼 힘겹게 살아온 사람의 눈에는 처음 만난
그 편집인은 글 창간사의 필자일 수가 없어 보였다. 말하자면 (나이의 젊
음을 도외시하더라도) 귀공자풍의 백면서생(흔한 표현으로서만이 아니라 정말
로 얼굴색이 그러한)이요, 어려움을 모르고 자란 대표적 부르조아 계층에
다, 내가 조금은 경멸하고 많이는 부정하는 소위 미국 대학 출신이라! 그
의 집안 내력과 현재 상황 또한 그가 굳이 그런 깃발을 들고 나설 아무런
이유도 필요도 없는 터이었다.

그러나 어쨌든 내가 신문에서 권력의 눈치를 살피면서 소개하고 써내
는 글보다 훨씬 높은 수준과 세련된 내용의 글을 ≪창비≫를 통해서 세상
에 내놓았다.

백낙청 씨의 창간사이자 자신의 철학 및 역사 인식이라 할 「새로운 창
작과 비평의 자세」에서 인용된 외국인 지성들 가운데 그 빈도와 양(量)으
로 미루어 ≪창비≫는 그 시기 프랑스뿐이 아니라 세계적으로 진보의 기
수로 인정받던 장 폴 사르트르와 그의 잡지인 ≪레탕모데른≫에서 적지
않은 영향을 받은 것으로 비쳤다(물론 그 밖의 많은 서양 문학가들로부터의

평균적 섭취는 당연하지만).

사르트르는 유럽의 지식인 · 대학 사회 · 노동자 계층의 새로운 세계 인식의 파동의 원천으로 인정되었다. 미국에서 마르쿠제 등의 지성적 영향과 합쳐져서 낡은 사고에 대한 반항 세력으로 자라고 있었다. 미국에서도 베트남전쟁 반대, 반식민지 민족해방, 제국주의 · 핵무기 · 전쟁 반대, 독점자본과 억압 · 착취 반대, 억눌린 자의 권리 옹호, 인권 · 사상 · 언론의 자유 … 등, 낡은 것과 새로운 것의 갈등, 또는 대결의 시대였다. ≪창비≫가 그 같은 미국 사회의 '역사적 대동란' 속에서 맑은 눈으로 살피고, 정직한 정신으로 생각하고, 따스운 마음으로 느끼고 돌아온 한 젊은 지식인에 의해서 시도되는 것이 분명하였다. 세계의 문학이 어떠며 한국의 문학이 구체적으로 어때야 하느냐에 관한 주장들은 잘 모르지만, 그 분야를 포함한 인간 사회 전반의 이상과 목표에 관해서 바로 나는 그 시대정신에 동조하고 있던 터였다.

내가 처음으로 ≪창비≫에 글을 낸 것은 창간 1주년 기념호였고 그것은 번역문이었다. 미국이라는 국가 체제와 정치 · 사상 풍토가 존슨 대통령의 행정부 권력의 타락에 의해서 병들어가고 있는 현실을 내부적으로 신랄하게 비판한 시카고 대학 교수 한스 J. 모겐소의 글 「진리와 권력」을 번역한 것이다. 권력의 횡포와 타락이 극에 이르기 시작한 그 당시의 박정희 군사독재 정권의 현실을 간접으로 겨냥한 것이었다. 직접 정면공격을 가할 수 없는 언론 탄압하에서 허약한 ≪창비≫와 내가 이용할 수 있었던 유일한 간접 방식이었다.

그 후 나는 시답지 않은 것이기는 하지만 적지 않은 글을 가지고 ≪창비≫의 귀한 지면을 더럽혔다. 많은 좌담회에도 자리를 같이했다. 주로 국제 정세 또는 국제 관계 분야에서 거의 ≪창비≫의 고정적 필자의 한 사람이 되었다. 특히 ≪창비≫ 창간과 거의 때를 같이하여 한국이 군대를 파견함으로써 전쟁 당사자가 된 베트남전쟁, 그리고 역시 같은 시기에 중국 대륙을 휩쓸기 시작한 '문화대혁명'으로 한국 사회의 중국 혁명에 대한 무지가 놀라움으로 변했던 70년대를 통하여 많은 글을 썼다. 그 엄혹했던 시기를 통해서 그런 주제의 글들을 내게 청탁하는 잡지는 거의 ≪창비≫ 뿐이었다. 특히 베트남전쟁의 현실과 그 종합적 성격 및 사적 배경을 다룬 글로써 나는 우리 사회의 일부를 계몽하는 지적 활동을 할 수 있었다. 그런 글들은 훗날 거두어 모여져서 나의 저서인 『전환시대의 논리』가 되고 『8억인과의 대화』가 되고, 또 『역정(歷程)』이 되었다. 모두 험난한 시대의 소산이다.

군부독재 사회의 현실에 끊임없이 이의를 제기하는 ≪창비≫와 나의 합작품이 권력자들의 비위를 건드리지 않을 까닭이 있겠는가? 나와 ≪창비≫ 발행인 백낙청은 마침내 반공 독재의 법정에 끌려 나가게 되었다. 1977년 11월 23일.

중앙정보부와 공안 검찰을 거친 모욕적인 조사 끝에 1977년 12월 27일 자로 된 '서울지방검찰청 제65795호 공소장'은 "피고인 ① 이영희 ② 백낙청, 죄명 반공법 위반, 적용 법조 반공법 제4조 1항, 제16조, 국가보안법 제11조, 형법 제30조, 제37조, 제38조, 신병(身柄) 이영희 구속, 백낙청 불구속"으로 되었다. 막강한 국가권력의 폭력 정치가 허약한 두 지식인의 덜미를 쇠틀로 걸머쥔 것이다.

"1. 피고인 양명(두 사람이라는 반공 검찰 용어인 듯)은 1977년 9월경 ……"으로 시작된 공소장의 본문은 "반국가단체인 북한 공산 집단 및 국외 공산 계열의 활동을 찬양·고무 또는 동조 등으로 동단체 등을 이롭게 한 것이다"로 맺었다.

제1심 재판의 어느 심리인가에서 백낙청 교수는 재판장의 질문에 답변하면서 방청석을 웃겼다. 재판장은 "피고인 이영희의 책을 반공법 위반의 사실을 알면서 출판하지 않았냐"는 뜻으로 출판의 동기를 물었다. 잠깐 생각하는 듯하더니 '공동정범 백낙청'은 답변했다.

"이영희 교수를 존경할 뿐 아니라 이 교수는 상품 가치도 대단한 필자이기 때문에 출판했습니다." 방청석에서 웃음이 터졌다. 백 교수는 자신과 나를 '장사치'의 수준으로 격하하는 것으로써 '반공법 위반 인식' 추궁의 어리석은 공안 검찰식 논리를 비웃어버린 것이다.

십여 명의 쟁쟁한 변호인단이 모든 법 이론을 동원해서 반론했지만, 법리(法理)가 통하는 시대가 아니었다. 결국 나는 1심에서 징역 3년형이, 그리고 2심과 대법원 확정판결에서는 "피고인 이영희를 징역 2년 및 자격정지 2년에, 피고인 백낙청을 징역 1년 및 자격정지 1년에 각 처한다. ⋯⋯ 다만 피고인 백낙청에 대하여 이 재판 확정일로부터 2년간 위 형의 집행을 유예한다"로 재판 놀음은 끝났다. 나는 2년간의 반공법 위반이라는 가장 혹독한 징역살이를 했고 나의 책들은 오랫동안 '판매 금지'라는 현대적 분서(焚書)의 형을 당했다. 아마 이 판매 금지 때문에, 본사는 '상품가치가 대단한 필자'의 책들이 창비사에 손재를 끼치지나 않았나 염려된다.

문학지로서뿐 아니라 이 사회의 모든 잡지를 통틀어서도 해방 이후 오늘에 이르기까지 ≪창비≫만큼 훌륭한 업적을 남긴 것이 없다고 나는 믿고 있다. 하지만 나는 문학인이 아닌 까닭에 ≪창비≫가 창간사에서 천명한 사명과 역할을 구체적으로 어느 만큼 다했는지를 가늠할 자격이 없다. ≪창비≫는 처음부터 자신의 생애뿐이 아니라 문학 전반의 삶이 순탄할 수 없다는 준엄한 인식으로 출발했다. ≪창비≫의 평가에는 그 사실이 참작돼야 한다.

⋯⋯ 먼 길을 어찌 다 가며 도중의 괴로움을 나눠줄 사람은 몇이나 될까? 오 직 뜻있는 이를 불러 모으고 새로운 재능을 찾음으로써 견딜 수 있을 것이

요, 견디는 가운데 기약된 땅에 다가서리라 믿는다(창간사의 마무리 말).

25년간의 ≪창비≫의 영인본을 들추어 각 호의 일련번호와 발행 날짜의 공백을 보면서 "도중의 괴로움"의 상처의 아픔을 느낀다. 각 호의 머리를 장식하는 차례를 넘기면서 그 사이에 떨어져간 이름, 등을 돌린 이름들을 본다. 심지어 그 정신을 배반하고 '적대'의 입장을 취한 낯익은 이름을 본다. "도중의 괴로움을 나눠줄 사람은 몇이나 될까?" 그 두려움의 예측은 맞았다. 그러나 틀리기도 했다.

호를 거듭하는 사이에 집필자의 명단에서 떨어져나갔거나 등을 돌린 사람의 수보다 훨씬 많은 이름이 새롭게 ≪창비≫를 빛내는 대열에 참여했음을 본다. 계간지 ≪창비≫에서도 그렇거니와 '창비'의 이름 밑에 출판된 단행본의 대열에서 그 사실을 흐뭇하게 확인할 수 있다. "괴로움을 나눠줄" 사람은 출발점에서의 두려움과는 반대로 몇 배, 몇십 배로 늘어난 셈이다. 오늘 이 나라 문단의 현실은 나처럼 곁에서 바라보는 사람의 눈에도 그 성과를 확신케 해준다. 가슴 벅찬 일이다.

≪창비≫를 통한 변화는 문학계의 울타리를 넘어 미술·음악·연희⋯심지어 노동·농민운동에까지 영양소를 공급하는 역할을 하였다. 그 영양소로 자라난 사상과 의식과 역사관의 일부는 ≪창비≫가 표방하고 실천하는 범위를 뛰어넘고 있다. 그 현상은 죽음을 거부하는 '사상'의 생명운동으로서는 지극히 자연스러운 것이다. 각기가 해야 할 영역과 목표가 있을 것이다.

이 변화(또는 성장)는 ≪창비≫를 '온건' 또는 '중간'적 존재로 평하는 소리를 낳게 한 것 같다. 그것이 진실이라 하더라도 ≪창비≫의 입지는 그대로 지켜지는 것이 바람직하다고 생각한다. 어떤 사회든 다양한 경향의 공존이 필요하다는 이유에서뿐만이 아니다. 일관되고 변함없는, 영어의 격언이 말하는 "천천히 그러나 확고하게"야말로 가장 크고 근원적인 변화를 이룩할 수 있기 때문이다. 그것은 한 인간의 미덕일 뿐만이 아니라 잡지의 미덕이기도 하다.

≪창비≫가 멀리 내다본 "기약된 땅"이 어드메만큼에 있는지 나는 모른다. 그 "기약된 땅"은 어쩌면 영원히 다다를 수 없는 목표인지도 모른다. ≪창비≫ 같은 잡지와 문화·문예·사상운동이 이 나라에서 밟고 나가야 할 길에는 끝이 없기 때문이다. ≪창비≫가 기뻐해야 할 일은 목표에 도달하는 것이 아닐 것이다. 꾸준히 쉼 없이 걷는 일이다.

≪창작과비평≫, 1991년 봄 호

4. 리영희 그 독한 기자 정신의 역정

3년 전 처음 리영희 교수를 만났을 때의 일이다. 한반도 주변 정세를 주제로 한 인터뷰였는데 서두부터 기자의 취지 설명이 다소 길었다. 2분이나 지났을까. 리 교수가 대뜸 말을 자르고 물어왔다.

"자네 기자 한 지 얼마나 됐나."
"얼마 안 됐습니다."
"기자가 자기 얘기하는 게 인터뷰야? 들으려고 하는 게 인터뷰지. 이렇게 기초가 안 된 기자하고는 인터뷰 못하겠어. 그만 가봐."

청천 하늘에 날벼락이 따로 없었다. 전혀 예상치 못한 시점에, 전혀 예상치 못한 방식으로 한방 얻어맞고서, 내가 무엇을 잘못했는지 생각해볼 여유도 없이 사과부터하고 천신만고 끝에 인터뷰를 이어간 기억이 생생하다. 그 후로 ≪말≫지의 리영희 교수 전담 기자가 되는 바람에 수십여 차례 직접 대면과 전화 통화를 거듭하면서 한순간도 그를 대함에 긴장을 늦출 수 없었다.

그를 접하는 횟수가 늘어남에 따라 그때 나의 '죄'가 무엇이었는지 차츰 알게 되었다. 그것은 '최선을 다하지 않은 죄'였다. 간결함과 명쾌함을 생명으로 해야 할 기자가 한 마디로 해도 될 것을 열 마디 스무 마디까지 늘어놓았으니 지루하기 짝이 없는 중언부언에 다름 아니었던 것이다. 인터뷰 준비를 철저히 못한 게으름 탓이었다. 웬만하면 넘어가준다는 식의 안일한 세태에서는 아무런 문제도 될 수 없었으나 나도 남도 최선을 다해야 한다는 기준에서는 짚고 넘어갈 수 있는 일이었던 것이다. 그는 스스로 최선을 다하면서 남도 최선을 다할 것을 단호히 요구하는 사람이다. 대강대강 하는 것은 통하지 않는다. 자신에 대해서보다는 남에 대해서 훨씬 관대하지만 그가 스스로 설정한 인생의 기준 자체가 워낙 높다 보니 기준 이하로 분류되어 일갈당하는 사람이 한 번씩 생기는 것이다.

가장 많이 각고했기에

리영희 교수는 대한민국에서 둘째가라면 서러워할 정도로 술을 아끼고 가까이 했던 사람이다. 조선일보 외신부장 시절이던 60년대 후반, 거의 점심때마다 자장면 한 그릇에 배갈 한 '독구리'를 비웠다는 '신화'가 있으며 팔당에 외신부 부회를 갔을 때는 배갈 몇 병을 차고 앉아 거의 칠 홉 정도를 혼자서 비우고 보트를 타려다 물에 풍덩 했다는 믿기 힘든 기록의 보유자이기도 하다. 멀쩡한 새 구두를 신고 나갔다가 술로 인사불성이 되어 엉뚱한 고무신을 끌고 들어온다든지 옷이 귀하던 시절 어렵게 마련한 바바리코트를 취중에 잃어버리고 온 기록도 빼놓을 수 없다. 술을 마실 때도 '끝장을 볼 때까지' 먹어야 직성이 풀리는 사람이었던 모양이다. 게다가 술이면 술이고 음식이면 음식이지 술 마시면서 안주 먹는 것을 꺼려해 '깡술'을 마시다시피 했다. 그러다보니 위장에 '펑크'가 나 수원 성 빈센트 병원에 한 달간 입원도 했고 그 후 2년 간격으로 두 번이나 더 입원 환자 신세가 됐다.

젊은 시절에는 배갈이 아니면 거의 입에도 대지도 않았지만 요즘 그가 최고로 치는 술은 찹쌀막걸리다. 동서양을 막론하고 찹쌀막걸리를 당할 술은 없다는 것이 수십 년 세월 동안 동서양의 각종 주류를 두루두루 섭렵한 후 내린 최종 결론이다. 그 찹쌀막걸리는 아니지만 양주 한 병을 구해 가지고 올 3월 정년퇴임 이후 모처럼 평온의 시간을 찾은 노 교수를 찾아갔다. 오전 10시 30분이라 좀 이른 시간이긴 했지만 일단 마개를 따고 딱 한 잔씩만 시음을 하면서 3년 만에 다시 인터뷰를 시작했다. 이번에는 실수가 없도록 편한 이야기부터 짧게.

"정년퇴임해서 모처럼 여유를 찾았겠습니다."
"그러면 정말 좋겠는데 여전히 번잡해요. 인터뷰니 원고니 강연이니 왜 그리 사람들이 불러대는지. 자기들 생각만 하지 내 사정은 통 봐주질 않아요."

속으로 뜨끔했다. 또 첫 주제를 잘못 골랐나 싶었다. 그러나 다행히 "과거 어려웠던 시절에 함께 고생했던 사람들의 부탁은 사양할 수 없지요" 하는 말이 뒤따라 나온다. ≪말≫지도 그 축에 끼일 것이었다.

"시간이 지나면 무슨 일을 하고 싶습니까."
"여행이 하고 싶어요. 나는 해외는커녕 국내도 거의 돌아다닌 데가 없어요. 특히 집사람이 거의 구경을 못했지요. 그래서 가끔 자동차를 몰고 집사람 태우고 여기저기 다녀보고 싶고, 해외로는 스페인, 그리스, 이집트 쪽을 집사람하고 같이 다녀오고 싶어요. 그러나 무엇보다 우선은 베트남에 가보고 싶어요."

베트남은 아직도 그에게 각별한 의미로 다가오나 보다. 그는 베트남전의 진실을 알리고자 애썼던 외신부장 시절이 생각난다고 했다. 합동통신과 조선일보 외신부장을 지냈던 혈기방장의 30대 시절, 베트남은 그에게 청춘이요 혈기요 정의요 삶의 희열이었다. 외신부 텔렉스를 통해 탁·탁·탁 찍혀 나오는 베트남전 뉴스를 손에 들고 울고 웃으며 진실 보도의 사명감에 무던히도 애썼던 시절이다. 그리고 무서우리만큼 일에 몰두했던 시절이다.

그때 나는 내 직업에 미쳐 있었습니다. 일이 많았을 뿐더러 60년대의 국제사회가 참 격동적이었습니다. 제3세계 수많은 나라에서 독립과 혁명의 불길이 솟고, 중국 대륙에서 도덕성에 기반한 인류 제3의 생존 양식에 대한 대실험이 진행되고 아프리카 이집트의 수에즈 운하 국유화와 이에 대한 제국주의 국가들의 악랄한 공작이 진행되고, 그리고 베트남전이 있었지요. 당시의 베트남전은 30년대 스페인 내전이 그러했던 것처럼 인류 양심의 실험장이었습니다. 세계의 양심적 지성은 베트남전에 어떤 태도를 취하느냐로 그 사람의 세계관과 양심을 판단했습니다. 이처럼 격동적인 세계의 흐름은 나를 거의 미치게 할 정도였습니다. 그래서 60년대의 10년 가까운 기간 동안 외신부 기자로서 희열을 느낄 정도로 일에 몰두했습니다. 일에 밤낮이 없었고 집에 가는 일보다 회사에 가는 일이 더 익숙했을 정도입니다. 이 바람에 가족과의 단란한 생활이나 재물 같은, 다른 사람들이 흔히 누리고 중요시하는 것보다 인류의 공적인 문제에 관심을 쏟고 진실을 추구하는 데 더 많은, 혹은 거의 모든 의의를 부여했던 시절이었습니다.

그가 외신부장으로 있는 동안 《조선일보》 외신면에서는 '베트콩'이라는 낱말이 사라졌다. 뿐만 아니라 '북괴'도 '자유중국'도 '자유대한'도 사라졌다. 북한은 소련이나 중국의 괴뢰가 아니고 대등한 자주 국가인데 왜 북괴냐 하는 것이었으며, 30년 계엄 통치하의 타이완이 독재 타이완이면 몰라도 왜 자유중국이냐, 또 중국의 정통성은 대륙의 8억 인구 쪽에 두어야 하는데 대륙을 중공이라 부르고 섬을 중국이라 부르는 것은 맞지 않다, 대륙이 중국이고 섬은 타이완이다 하는 것이었다. 이름을 바로 써야 정치의 혼란이 없다는 공자의 정명론의 현대적 적용이었다. 그의 표현대로 '광신적 반공주의가 판치던 60년대'에 이루었던 일이다. 이런 일이 가능하기 위해서는 바른말만 할 줄 아는 사람이어서는 안 되고 대개 자기 분야에서 확실한 능력과 열성과 권위를 인정받고 있을 것이 전제된다.

리영희 교수를 '글 잘 쓰는 사람', '거침없이 소신을 말하는 사람' 정도로 이해해서는 그 인물에 대한 실제 모습에 접근할 수 없다. 그가 글을 잘 쓰고 거침없이 소신을 말하고 그것이 먹혀들어가기 위해서는 그 전에 엄청난 각고의 노력과 준비의 과정이 있었음을 알아야 한다. 가장 많이 각고했기에 가장 훌륭한 글을 남길 수 있었다. 진리는 종종 단순하다. 다음에 나오는 몇 가지 이야기는 모두 리영희 교수의 독한 저널리스트 정신을 보여준다.

그의 지독함

《말》지에서 수많은 필자를 접해봤지만 리영희 교수만큼 자기 글에 대한 책임 의식이 강한 사람은 흔치 않았다. 통계 수치 하나를 구하기 위해 통신사 자료실을 뒤져 20년 전 그 날의 관련 보도 자료를 찾아내고 항상 새로운 발상, 새로운 근거 자료로, 낱말 하나 토씨 하나까지 최선의 것을 추구하는 태도는 단연 돋보이는 것이지만 《말》지의 필자들 가운데 그리 보기 드문 것만은 아니다. 그러나 다른 성실한 필자들은 열과 성을 기울여 원고를 보내고 나면 대개 스트레스로부터 해방되어 손 털고 한숨 놓는다. 교열·교정이 끝난 원고를 다시 팩스로 보내달라 하여 교열·교정이 제대로 되었는지, 추가하거나 뺄 말은 없는지 재검토하는 필자는 대단히 보기 드문 사례에 속한다. 더구나 교열·교정이 끝난 원고가 인화되고 편집되어 인쇄소에 넘어가기 직전 상태에서 자기 원고가 어떻게 편집되었는지까지 눈으로 확인하고 싶어 하는 필자는 정말 극히 보기 드문 사례에 속한다. 리영희 교수가 바로 그런 사람이었다. 이 단계에서 리 교수는 ≪말≫지의 고유한 편집권을 절대 존중하지만 사진이 적절한 것이 사용되었는지 하는 세부 사항까지 자기 의견을 제시한다. 혹시 있을지도 모르는 최종 편집 원고상의 실수를 점검해보려는 하나의 목적으로 건국대 후문 앞에 있던 그의 집에서 동교동 로터리 근처의 ≪말≫지 사무실까지 교통지옥을 뚫고 찾아오기도 했다. 이걸로 끝나는 게 아니다. 글이 나간 후에는 매달 ≪말≫지 사무실에 도착하는 독자들의 편지를 일일이 챙겨 보내달라고 해 거기에 답장을 하고 독자들의 반응을 점검한다. 물론 많은 이름 있는 필자들이 이름 석 자를 달고 나가는 자기 글에 최대의 정성을 쏟지만 리영희 교수만큼 그 과정을 처음부터 끝까지 시종여일하게, 철두철미하게 완수해내는 '독한 사람'은 정말 만나기 힘들다. 그의 글은 이런 과정을 거쳐 비로소 탄생하는 것이다.

그의 글쓰기 비결

리영희 교수는 왜 글을 잘 쓰는가. 그의 글은 왜 베스트셀러가 되고 스테디셀러가 되는가. 그의 글은 왜 숱한 사람들을 울리고 웃기며 그들의 삶에 파문을 던지는가. 이유는 크게 두 가지다. 하나는 그의 글에 유효적절하게 인용되는 자료들이 역동적 설득 작용을 하기 때문이며 또 하나는 이를 받쳐주는 그의 문체가 간결하면서 핵심적이고 날카로우면서 따스하기 때문이다. 그는 스스로 '자료로 승부하는 사람'이라고 얘기한 바 있지만 그의 글을 탄탄하게 받쳐주는 기본 요소는 그의 문체에 있다. 그는 이런 문체를 구사하기 위해 각고의 노력을 해왔다. 그의 '쉽다'는 글들은 사실 매우 '어렵게' 쓰여진 글들이다.

"가장 읽기 쉬운 글을 쓰는 필자에 속하는데 무슨 비결이 있습니까."

"비결은 무슨 비결. 사람들은 글이 쉽다는 생각만 하지 쉽게 읽히는 글 뒤에는 쉬운 글을 만들기 위해 엄청난 고생이 요구된다는 것은 별로 생각 안 합니다. 글을 쉽게 만들기 위해 들어간 고생은 쉬운 글이라는 형태로 승화되어 눈에 보이지 않으니까요."

"어떤 식으로 글을 쉽고 압축적으로 만듭니까."

"우선은 문장 기법상 늘 호흡을 생각합니다. 글을 읽는 호흡과 맞아야 글이 잘 읽힙니다. 시조처럼 거의 운율에 가깝게 문장의 길이, 낱말의 길이가 적절한지 따져봅니다. 또 낱말이나 조사가 꼭 있어야 할 것이 있어야 할 곳에 있는가, 원고지 한 장 안에 똑같은 말이 두 번 나오지 않는가 점검합니다. 하나의 사실에 가장 적절한 표현은 하나밖에 없다는 말이 있지 않습니까. 이런 기준에 따라 미세한 차이를 표현하는 말을 골라 쓰고 부드럽고 가볍게 읽는 쾌감이 있도록 계속 고칩니다. 고치고 또 고쳐서 자다가 머릿속에서도 계속 읽고 이 표현보다 저 표현이 좋다 싶으면 고치고, 이 낱말은 여기가 아니라 저기 있는 것이 더 좋다 싶으면 밤중에도 팬티 바람으로 뛰어가 한 글자, 한 줄 고쳐놓고 아침에도 고치고 하는 식이죠."

시도 소설도 수필도 아닌 저널리즘의 글을, 사회과학의 글을 읽는 쾌감이 날 정도로 쓴다. 그가 주장하는 것은 소위 '가치중립'과 '객관주의'를 지향하는 저널리즘 특유의 건조체와도 다른 그 나름의 철학이 담긴 문체이다.

사회과학 분야의 글은 대개 사람들의 정서와 심정에 와 닿기보다는 두뇌에 1차적으로 닿습니다. 그러나 그런 일면적인 인상으로는 쾌감을 주지 못합니다. 두뇌에 닿으면서도 정서적 감화가 있는 글을 써야 읽는 이와 일체가 될 수 있습니다. 내가 쓰는 문장에 해당하는 이야기는 아니지만 사회과학의 글도 예술적이고 시적으로 써야 합니다. 그러려면 읽는 이와 일체가 되려는 심경을 스스로 가져야 합니다.

그는 원래 글을 잘 쓰는 사람이 아니었다. 일제의 조선어 말살 정책이 극성일 때 국민학교와 중·고등학교 시절을 보냈고 해방 이후에도 글쓰기에 관한 정규교육을 한 번도 받아보지 못했으며 50년대의 7년간은 통역장교로서 더더욱 모국어와 떨어져 있었다. 그런 그가 졸지에 합동통신 기자가 되어 기사를 쓰려니 한 번도 써보지 않은 한글 문장이 제대로 나올 리 없었다. 무엇이 고향 평안도 사투리고 무엇이 표준말인지, 무엇이 맞춤법에 맞고 무엇이 틀리는지 그는 이 정도 수준도 충족하지 못하는 '형편없는' 기사를 써내는 데서 기자 생활을 출발했다. 그는 지금도 한글보다는 영어와 일본어가 더 읽고 쓰기에 편하다고 하는 사람이다. 그는 이 '언어장애'를 철저한 노력으로 극복했다. 나이 30세가 다 되어 국민학교와 중·고등학교 국어 교과서를 구입해 남몰래 독학하여 맞춤법과 글쓰는 법을 익혀나갔던 것이다.

그는 노신을 좋아한다. 노신은 민중에게 글을 환원한다는 사명감으로 작품을 썼고 어렵거나 현학적인 문장을 쓰는 것을 민중에 대한 모욕이라고 생각했던 사람이다. 리 교수는 이런 점에서 노신에게 큰 영향을 받았다. 그의 '쉬운 글 철학'은 기본적으로 동시대 민중들에 대한 사랑을 깔고 있다. 민중에 대한 사랑과 친절이 있으면 민중이 이해하는 용어로 어려운 것을 풀어 쓰는 것은 당연하며, 더욱 이해하기 쉽게 하기 위해 많은 설명과 수치나 통계 등 구체적 요소로써 그들을 도와야 한다는 것이 리 교수의 생각이다. 이러한 철학적 밑바탕이 있었기에 리영희 교수의 독특한 문체가 탄생할 수 있었다.

누런 종이봉투를 잘라 만든 스크랩북

그의 글이 읽는 이에게 강한 인상을 남기는 이유는 뭐니 뭐니 해도 적재적소에 구사되는 구체적 자료와 통계 수치의 작용이다.

자료 찾는 게 제일 고생이지요. 글을 쓸 때 일단 주제가 정해지면 가장 먼저 하는 일이 필요한 자료가 어디에 있는지 생각하는 것입니다. 쉽게 구할 수 있는 자료는 그만큼 가치도 없어요. 남이 구하지 못하는 자료, 접하지 못하는 자료를 구해야 하는데 그게 엄청나게 힘듭니다. 또 구하고 나서도 들이는 노력의 양에 비해 쓸 수 있는 정보의 양은 많지 않습니다. 600쪽씩 되는 미국 의회 청문회 자료 두 권을 어렵사리 구해 며칠 걸려 읽어내고는 그중에 필요한 한두 가지 통계 수치나 인용문을 찾아내는 식이지요.

그렇게 각고하는 것이다. 그는 글을 쓰는 데 있어서 자료와 정보의 가치를 절대시한다. 그가 힘들어서 이제는 더 이상 글을 못 쓰겠다고 할 때 그 '힘들다'는 말은, 글 자체가 쓰기 힘들다는 말이 아니라 '나이를 먹어 몸과 마음이 피곤해 혼자서 자료를 찾기가 힘들다'는 뜻이다. 그의 글에서 '자료'가 차지하는 비중이 어느 정도인가를 가늠하게 해주는 대목이다. 그가 말하는 '자료'란 남들이 쉽게 구해서 인용하는 그런 자료와는 차원이 다른, 실체적 진실을 그 자체로 웅변해주는 '특급 자료'다. 이것은 '극비 자료'일 수 있지만 그것과도 또 다르다. 남들이 스치고 지나가는 자료도 그의 눈으로 파악될 때는 실체적 진실을 웅변하는 생명을 얻기도 한다.

기자 시절 그는 이 '특급 자료'들을 찾아 매주 미국·영국·프랑스 대사관 공보처 도서실 등을 '순례'했다. 거기서 신간, 논문, 정보 저널 등을 읽고 복사하고 하나하나 점검해나갔으니 그냥 앉아서 주어지는 자료만

소화해내는 다른 기자들이나 대학에서 국제 관계 연구를 하는 교수들보다도 앞서 나가지 않을 수 없었던 것이다. 나아가 그는 해외의 인맥까지 뚫어 국내에서는 구할 수 없는 자료도 입수해 들였다. 그는 이 많은 자료들을 일일이 관리하고 스크랩을 만들어둠으로써 필요할 때 언제든지 쓸 수 있도록 했다. 아마도 그는 한국에서 최초로 개인용 스크랩북이라는 것을 만든 사람일 것이다.

> 당시에는 상품화된 스크랩북이라는 것이 아직 없었어요. 그래서 누런 종이봉투를 연으로 사다 쌓아놓고 잘라서 송곳으로 구멍을 뚫고 끈으로 매고 풀칠을 해서 스크랩북을 만들었다고요. 그다음에 중국 관계, 베트남 관계, 제3세계 관계, 일반 국제 관계, 미소 관계 하는 식으로 분류해서 정리하는데 그 분류가 쉽지 않아 이것이 저리 가서 붙고 저것이 이리 와서 붙고…… 쉽지 않았습니다. 지금도 베트남전 관련 스크랩북이 남아 있는데 버리자니 아깝고…….

그는 아마도 정보 찾기에 가장 큰 노력을 기울인 저널리스트 중 한 사람일 것이다. 그 그가 뛰어난 저널리스트의 반열에 오른 것은 너무도 당연한 일이다. 그 대목에 가장 적절한 표현이 하나밖에 없듯이 가장 적절한 자료나 정보도 하나밖에 없다. 이 하나를 끝까지 찾아내느냐 아니면 중간에 그만두고 적당히 차선과 차차선을 택하느냐에서 지난 시기 우리나라 지성사의 큰 흐름이 바뀌었다. 앞으로도 이런 이치는 크게 바뀌지 않을 것이다.

끊임없이 학습하는 사람과 조직에는 당해낼 재간이 없다. 리영희 교수는 엄청나게 학습하는 사람이다. 경성공립공업학교와 해양대학교를 나와 사회과학이나 저널리즘과 유관한 정규교육을 받을 기회가 없었던 그가 저널리스트로서 굵은 족적을 남길 수 있었던 것은 부단한 학습 정진의 결과다.

남보다 세 배 학습한다

기본적으로 책을 많이 읽었습니다. 내가 외무부 출입 기자를 할 때는 현안 문제에 관한 독서는 물론 국제법·국제정치·지역 정치 관련 전공 서적까지 두루 읽어댔습니다. 당시는 월급 한 번 받아서 고깃국 한 번 겨우 끓여 먹던 시절이라 의식주를 제외하고 투자할 돈이 없었지만, 친구가 경영하는 무역회사에 가서 영문 무역 편지를 번역해주거나 해외 입양 기관에서 외국 양부모와 교환하는 편지를 번역해서 번 돈으로 책을 사 봤습니다.

기자 시절 이뤄낸 특종 보도 가운데 상당수는 이러한 학습의 직접적 결과이기도 하다. 65년 8월 한일협정 반대 데모가 한창일 때 '청구권'이라는 이름 아래 감춰져 있던 굴욕적인 대일 협정 내용을 최초로 특종 보도했던 것도 특급 취재원을 잡아서 사실을 캐낸 것이 아니라 필리핀·인도네시아·베트남 등의 사례를 깊이 연구하니 한일협정의 내용도 자연스레 도출되더라는 것이었다. 이렇게 혼자 청구권의 내용을 유추해놓고 당시 외무부의 주무국장에게는 그 내용이 맞는지 틀리는지 물었을 뿐이었다고 한다. 학습을 통한 외무부 정책 방향의 예측 시도를 얼마나 열심히 했던지 외무부의 당시 국장·관료들이 상부에서 연구 과제를 받아 외무부 자료실에 가보면 이미 1주일 전에 리영희 기자가 그 주제에 대해 대출해 본 기록이 있더라는 이야기도 전해진다.

나는 미리 연구하고 조사해서 90% 취재를 마쳐놓지 않은 것은 취재원에게 가져가지 않았습니다. 대뜸 문 두드리고 들어가서 오늘 무슨 일이 없냐고 물어보는 식의 취재는 해본 적이 없습니다. 남은 10%에 대한 확인을 위해 취재원들에게 예스냐 노냐의 대답을 요구했을 뿐입니다. 이런 연구 습관 덕분에 언제든지 톱으로 쓸 수 있는 기사를 예비로 갖고 다닐 수 있었습니다.

처음 기자가 되어서 그는 남보다 세 배 더 열심히 공부한다는 생활 목표를 세우고 그 후 이 목표를 대체로 지켜왔다고 한다. 대학 시절에 배운 게 없는 만큼 남보다 세 배는 더 공부해야 남보다 나은 글을 쓸 수 있겠다는 생각에서였다. 그는 이런 목표에 따라 기자 초년병 시절 한 번도 배운 적 없는 대학의 개론 서적들까지 사다가 탐독했다고 한다.

그의 학습과 자료 탐색이 남과 다른 차원에서 이루어질 수 있었던 또 하나 요인은 외국어 실력이다. 그는 영어와 일본어를 유창하게 읽고 쓰며 중국어와 프랑스어를 해독할 줄 안다. 구사할 수 있는 언어 도구가 많은 만큼 접근할 수 있는 정보의 폭도 엄청나게 넓어진 것은 당연한 이치다. 그가 일본어를 잘하는 것은 중학 시절까지 일본어를 배워서 그렇다 치고 영어를 잘하는 것도 7년간 통역장교를 했으니 당연하다 쳐도 중국어와 프랑스어 해독 능력을 습득하는 과정은 지독스럽다 하지 않을 수 없다.

6·25 때 3년 반 동안 보병 11사단 9연대, 20연대 등 최전방 전투부대들만 돌아다녔습니다. 프랑스어는 그 기간 동안 깨우쳤는데 전투가 없는 날을 이용해 굴속에서 공부를 했습니다. 당시 일선에서는 전투가 끝나면 장교들이 술과 계집에 빠지는 것이 관례화되다시피 했는데 그걸 옆에서 보면서 경멸하고 분노하며 '내, 저런 짓은 안한다. 그러기 위해서라도 공부한다' 했던 기억이 납니다. 중국어는 60년대 들어와서 중국에서 혁명이

새로운 차원으로 진전되면서 노신과 모택동의 정신을 이해하기 위해 배웠죠. 그들의 글을 읽기 위한 목적으로 말입니다. 통신사 기자 시절 새벽 5시까지 출근하고 밤 12시에 집에 돌아가면서도 틈을 내어 공부해 결국 중국어 해독이 가능한 수준에 도달했습니다.

총탄이 날아다니는 전쟁터에서 전투가 중지된 휴식의 짬을 이용해 프랑스어를 학습하고 눈이 팽팽 돌아갈 만큼 바쁘다는 기자 시절에 아르바이트까지 해가며 술 먹은 머리로도 시간을 쪼개고 또 쪼개 중국어를 배웠다는 것은 보통의 노력과 결심으로는 될 일이 아니다. 그를 추동했던 힘, 그것은 자신을 '미치도록' 만들었던 동시대 국제 정세의 격동, 그리고 그것을 보다 생생하게 이해하게 해주는 도구를 가지겠다는 뚜렷한 목적의식이었다.

좋은 글은 좋은 정신세계의 반영이다. 리영희 교수는 자기의 정신세계를 맑게 관리하는 일에서도 지독스러운 면이 있었다. 우선은 무욕의 사상이다.

내 생활신조는 'simple life, high thinking'입니다. 물질이 내 몸에 많을수록 정신이 그만큼 분산되고 번잡해지며, 재물이든 권세든 물질을 늘리기 위해 거기에 집착할수록 내면적·도덕적·철학적·인간적 성숙도는 그에 정비례하여, 아니 그 제곱에 비례하여 고갈되어갑니다. 그래서 나는 맑은 정신을 유지하기 위해 의식적으로 물질에 무관심했습니다. 화양동 집에서는 17년 동안 살면서 한 번도 대문이든 현관이든 자물쇠를 사용해본 적이 없습니다. 쇠를 채운다는 것은 뭔가 지켜야 한다는 집착의 표현이라는 생각 때문이었습니다. 딱 한 번 도둑이 들었는데 가져갈 게 없었는지 그냥 가버렸습니다.

그는 작년에 겨우 오랜 재래식 주택 생활을 청산하고 아파트의 혜택을 입었다. "남들은 20, 30년 전부터 누린" 더운물, 찬물이 콸콸 쏟아지는 문명의 혜택을 이제야 누리게 된 것이다. 겨울이면 연탄불 갈아 넣느라 정신없는 세월을 작년까지 보낸 덕에 러닝셔츠만 입어도 겨울을 나는 아파트 생활을 두고 그는 "여기가 바로 천국"이라고 했다.

그는 또한 자신의 정신을 갉아먹는 불의와 비겁에 대해 영혼을 더럽히는 유혹에 대해 체질적으로 알레르기 반응을 나타냈다. 지식인의 기회주의에 대해서는 도도하다 할 정도로 혐오하고 증오했다. 권력이 기자의 혼을 빼기 위해 하는 짓은 그것이 어떤 형태든 참을 수 없는 모욕감을 느꼈다고 했다. 조선일보 외신부장 시절 국방부의 초청에 따라 다른 부장들이 다 군복 입고 군용기 타고 다녀오던 베트남 시찰을 끝내 거부하고 사복에 민간항공기 타고 자유 취재를 허용하는 조건으로만 갔다 오겠다고 버텨서 눈 밖에 난 고집쟁이이기도 하다. 조선일보에서 쫓겨난 이후에는 "보도해야 할 것을 보도하지 못하는, 수없이 거듭된 좌절을 느끼고 더 이상 지식인으로서 살아갈 염치가 없어" 시발택시 운전사가 되려다 어머니의 반대로 못 되고, 소설가 이병주가 세운 출판사에서 이병주의 소설책을 시내 중·고등학교 국어 교사들에게 팔러 다니는 외판원 일을 하기도 했다. 추운 겨울날 양손에 새끼줄로 묶은 책 꾸러미를 들고 눈 덮인 한성대 앞 언덕길을 오르다 미끄러지고 넘어지던 기억이 그에게는 지금도 생생하다. 결국 자신의 '감상적 정의감'을 반성하고 합동통신 외신부장으로 복귀하기는 했지만, 영혼을 깨끗이 관리하기 위한 그의 지독스러운 노력의 일단을 보여주는 일화다.

그의 생명력의 원천

그러나 그중에서도 가장 중요한 것은 인간의 존엄을 투철하게 옹호하는 휴머니즘의 사상일 것이다. 가만히 있으면 편하다는 것을 누가 모르겠는가. 그러나 그는 항상 사서 고생했다. 혈혈단신으로 비이성적 권력에 몸 던져 싸우는 자의 외로움과 절박함을 그는 30년 넘게 견뎌왔다. 그에게는 돈도 조직도 없었다. 일엽편주 한 사람의 실천적 지식인으로서 외로움과 고난의 긴 세월을 잘도 버텨온 그다.

그는 이제 쉬고 싶다고 한다. 인간의 본성에 대한 회의도 솔직하게 고백했다. 그러나 한 5년 전부터 이런 말을 해왔지만 리영희 교수는 여전히 사람들의 폐부를 찌르는 글을 생산해왔으며 여전히 인간의 존엄을 옹호하고 인간의 이성에 호소하는 자세를 계속해서 견지하고 있다. 그 모든 지적 피로와 육체적 쇠진과 사상적 번뇌에도 불구하고 견인불발 쓰고 또 쓰며 초지일관하는 끈질긴 힘은 도대체 어디서 나오는 것일까. 아마도 그것은 그의 독한 기자 정신과 관련이 있을 것이다. 그의 지독함은 그 대상이 자신의 나태함이든 타인의 안일함이든 체제의 불합리와 비이성이든 적당히 대강대강 넘어가지 않는다. 이 철저함이 그를 버텨주고 그의 정신 세계를 맑게 지켜온 것이다.

조유식 기자
월간 ≪말≫, 1995년 5월 호

5. 리영희 선생에게서 듣는 무위당의 삶과 사상

전표열 몇 년 전에 내신 『스핑크스의 코』라는 책에서 무위당 선생과의 각별한 관계를 말씀하신 적이 있고, 현재는 '무위당을 기리는 모임'의 자문위원도 맡고 계신데 …… 이참에 두 분이 처음 만나시게 된 배경을 말씀해 주십시오.

리영희 그게 정확히 몇 년도라는 생각이 나질 않아요. 60년대 말에서 70년대 초쯤인데 그 무렵 김지하 시인이 우리 집에 자주 드나들었어요. 제기동에 살 때인데 김 시인이 이런 분이 계시다고 해서 원주로 찾아가게 된 것 같아요. 그러니까 원주에서 '재해대책사업'인가를 할 때였지요. 지학순 주교를 먼저 뵈었는지, 장 선생을 먼저 뵙게 되었는지, 거의 동시인 것도 같고 …… 너무나 그 살아오신 삶이 놀랍고, 우러러 보이고, 우리 속세에만 사는 사람들은 생각지 못한 그런 삶이었는데, 거기서 크게 감동받았어요. 저는 참 자주 드나들고 가깝게 지냈습니다.

전표열 무위당 선생이 교육, 통일, 정치 문제 등의 현실 참여 운동에 관여하시다가 70년대 말부터 운동 방향이 좀 바뀌었지요? 아마 박 대통령이 돌아가시고 나서 방향을 바꾸신 것 같은데요.

리영희 그렇죠. 그런데 그건 한참 지나서이고, 농민운동을 주도하고 계실 때였는데 무위당 선생은 농민들뿐만 아니라 가톨릭 신도들에게 사회와 인간의 관계, 특히 정치, 경제, 문화, 역사적으로 억압받고 있는 인간들로서의 우리 농민들, 대중들이 어떻게 살아갈 것이냐에 관해서 많은 교육도 하시고 그런 프로그램에 관여도 하게 되었죠. 74년인가. 그 무렵 라틴아메리카에서는 억압과 착취 관계 속에서 고생하는 농민들을 교육할 때 자주적이고 자립적인 세계관을 가지고 자신의 운명을 개척해나가는 그런 운동을 강조했거든요. 그 교본이 페리(Paulo Freire)라는 교육자가 쓴 『피압박자의 교육학』같은 책이었어요. 그런 종류의 책들을 장 선생의 부탁을 받아서 제가 번역을 했지요. 그것이 70년대 초였어요.

그리고 실제 운동으로서는 농민들에게 돼지 새끼들 가져다가 주고 신림이니 뭐니 농민들을 찾아 많이 다니셨는데 그때 나야 뭐 가서 구경하는 격이었지요. 그런 것이 70년대의 중반 정도까지의 사업이었지요.

전표열 그 후에 무위당 선생이 방향을 바꾸시고, 교수님도 방향을 바꾸신 걸로 알고 있는데요.

리영희 박정희 정권 이후쯤 되겠지요. 예전에 나는 한국과 한국 국민의 운명 같은 것을 좀 더 지정학적인 또는 국제 관계의 역학 속에서 생각하는 편이었어요. 그런데 미국이나 일본, 중국과의 관계 그리고 다양한 사회적 관계 속에서의 인간을 바라보는 것이 아니라, 자기 자신의 내면적인 요소들에 눈을 돌려 인간 개체 내부의 무한한 우주에 관심을 가지는 그런 방향이 무위당 선생의 독특한 면이었다고 생각합니다.

전표열 선생님의 『전환시대의 논리』가 한국 민주화 운동의 필독서였는데, 이후에 선생님께서도 사상적 전환의 필요성을 말씀하신 것으로 알고 있습니다. 이러한 점들이 무위당 선생의 변화와 어떤 연관이 있었는지 알고 싶습니다.

리영희 꼭 그렇게 무위당 선생과의 직결된 상호 관계 속에서 변화를 했다기보다는 저 자신도 개인적인 내면적 체험과 인간 본성에 대한 깊은 성찰을 통해 시야를 넓히게 된 것이지요. 이전에는 힘의 관계나 정치적인 논리, 이런 것에 비해 인간의 본연적인 요소들은 더 중요하게 생각하지 않았었는데, 차츰, 미처 생각하지 못했던 것을 생각하게 됐다고도 할 수 있습니다.

나는 그때 맑시즘에 상당히 깊은 관심을 가지고 있었어요. 때문에 대부분의 인간의 운명, 사회적 존재로서의 인간, 계급, 집단을 사회적 관계나 물질적 토대와 관련시켜서 생각하곤 했어요. 그러던 것이 무위당 선생과의 여러 토론이나 그분의 삶에서 받은 영향을 통해서 사회적 관계나 지적 토대가 인간을 지배하는 것이라기보다 인간 자신의 내면적인 것이 분명하게 더 중요한 요인이라는 것을 차츰 깨닫게 되었던 것 같아요.

전표열 무위당 선생이 생명운동 쪽으로 방향을 바꾸고 구체적으로 시작한 일이 한살림 생활협동조합이었지요?

리영희 그렇죠. 70년대 말쯤 될까요.

전표열 선생님은 이러한 생명운동에 대해서는 어떻게 생각하시는지요.

리영희 그것과 관련해서는 김지하 시인의 변화도 무위당 선생의 사상의 줄기에 세워놓고 관찰할 만하다고 생각해요. 그게 76년이던가. 내가 75년에 처음 형무소 들어갈 때 김 시인이 들어왔다가 나가더니 아주 많이 변했죠. 형무소 내의 그 콘크리트 틈 사이에서, 어딘가에서 날아온 씨앗이 그 험악한 곳 틈새에서 잎을 틔워내는 것을 보고는 생명이라는 것의 소중함을 발견했다고 말했지요. 하지만 바로 그러한 생각의 토양이 무위당 선생의 인간 생명, 인간 내면에 대한 깊은 통찰에 바탕한 삶에 있었던 것이에요. 은연중에 그 영향을 받은 결과 김 시인이 시적으로 표현하게 된 것입니다.

사실 무위당 선생의 생명 사상은 어느 시기에 이렇게 전환했다고 하기보다는 그것이 무위당이라는 한 인간의 밑바닥에 깔린 본연의 모습이었다고 생각합니다. 무위당 선생이 농민들, 사회문제, 문화방송과의 문제, 교구와의 관계, 정치권력과의 관계 등에 관여하면서 살던 때에도 그 사시던 집의 모습과 살아가시던 모양은 자연 그 자체였어요. 자연에 있는 모습대로 또는 우주의 생성 원리 그대로를 받아들이면서, 그게 생명의 본연의 모습이니까, 그 속에서 살아오신 것이지요.

그래서 나는 어느 때부터 이렇게 바뀌었다고 생각하기보다 처음부터 무위당 선생은 생명 사상에 근거해 있었다고 생각합니다. 다만 현상적으로 시대적 상황에 맞게 다양한 모습으로 보여졌던 것이지요. 농민들을 돕는 것도 생명의 사상이거든요. 왜냐하면 자연재해에 의해서 생명이 뭉개졌고, 그걸 정권이나 사회, 제도가 도와주지 않았단 말이에요. 그러니까 가난한 사람들의 처지를 본 무위당 선생이 공감하고 같은 삶을 취한다고 할 때 그게 다 생명 사상의 발현이었다고 봅니다.

전표열 선생님께서는 답답하고 하실 때 무위당 선생을 만나러 술 한 병 가지고 원주에 자주 내려오셨다고 들었습니다. 특별한 이유가 있었는지 궁금합니다.

리영희 자주 내려갔어요. 우선 순전히 물질주의적인 사회, 콘크리트 속을 떠나서 선생님 댁에 가면 아까 말한 것처럼 마당과 주변에 살고 있는 게 그냥 자연이니까, 하나도 자연을 해치지 않고, 자연에 손을 가하려고 생각지도 않고, 자연과 하나가 되는 속에서 아주 차원이 다른 인간적 생존 양식 같은 것을 느끼고는 했거든요. 다시 말하면 물질적인 생활에서 정신적인 생활로, 또는 현대 자본주의적인 생활에서 인간 본연의 생활로 돌아가는 느낌이었어요.

한편으로는 그 당시에 많은 지식인들이 반(反)군부독재 민주화 운동의 행동 양식으로 생각했던 맑시즘이나 사회결정론 또는 모든 것을 사회과학적 관점과 맥락에서 찾으려고 하는 사고방식, 그리고 서양 학문의 합리주의적 사고의 틀과 환경 속에서 나 또한 공부하고 가르치고 사회 활동도 하곤 했는데 종종 벽에 부닥친단 말이에요. 그럴 때 원주에 내려가면 그런 벽이라든가 인위적인 방법의 한계 등이 동양적 사상의 지혜로써 극복될 수 있다는 것을 알게 된다 이 말이죠. 그런 다방면적인 여러 각도에서의 깨우침 같은 것을 무위당 선생과의 폭넓은 대화 속에서 얻을 수 있었습니다.

전표열 지학순 주교에게 외국의 신문기자들을 소개하기도 하셨지요? 그때 무위당 선생도 같이 하고 그러셨나요?

리영희 그랬지요. 하지만 장 선생을 통해서 간 경우가 더 많을 겁니다. 장 선생은 외국 언론기관과의 인터뷰나 국가기관과 관계할 때 좀처럼 표면에 안 나섰어요. 언제나 뒤에서 지학순 주교님에게 올바른 방향을 일러드리고는 했지요. 사실 지학순 주교님은 본래 사회의식이 분명하지 않았던 분입니다. 인자하시고 순진하셨으며, 열정적인 분이었어요. 무위당 선생과의 은근하고 태연한 관계 속에서 많은 영향을 받으셨지요.

미국 하원에서 지학순 주교의 증언을 듣기 위해서 왔는데, 그땐 아주 중요한 사건이었으니까 제가 몰래 내려와 주교님하고 같이 잤거든요. 난 가톨릭 신자도 아닌데, 그게 쉽지 않은 일이지요. 얘기해야 할 것, 저쪽에 질문해야 할 것에 대해 같이 이야기하고, 그 이튿날 새벽 네 시에 떠났어요. 왜냐하면 박정희 정권 모르게 서울 성모병원 병실인가로 와달라고 해서였습니다.

전표열 하원 의원이 병실로 온 건가요.

리영희 그렇죠. 혼자가 아니라 몇이 왔었어요. 그래서 밤에 몰래 다 준비를 하고 새벽에 서울로 향해 떠났는데 말이죠. 무위당 선생하고 김영주 사무국장 이렇게 두세 사람만 짜가지고 시간과 장소와 가는 길을 완전히 비밀로 했다고 생각했는데, 문막인가 그쯤 지나니까 벌써 앞뒤로 차가 나타나더군요. 가톨릭 병원에 갈 때는 이미 완전히 당국의 포위 속이었지요. 말하자면 당국에서는 다 알고 있었던 거지요.

그건 그렇고 장 선생님이 76년인가 …… 난 그게 지금도 조금 궁금한데, 원주에서 사회운동 지도자들을 양성하려면 뭔가 새롭게 읽고 가르치고 또 강의도 하고 해야 하니까 나에게 그 당시 한국 정세하에서 일반적으로 내놓고 팔지 못하는 책들을 모아서 보내달라고 돈을 주셨어요. 마침 내 중학교 동창이었던 친구가 종로에서 해외 서적 수입상을 했었는데, 이 친구가 그림만 하나 이상해도 용공 빨갱이 어쩌고 하던 때이니까 아무것도 아닌 책조차도 내놓지 못하고 알 만한 지식인들이 와서 찾으면 한두 권씩 주던 책들이 제법 많았어요. 극우·반공 독재시대에 공공연히 드러내고 팔기 어려운 훌륭한 외국 서적이 많았지요. 그 서적상에서 국내외 도서 200권 정도를 보내드린 일이 있었는데 어떻게 됐는지 모르겠네요.

전표열 장 선생님이 부분 부분 번역하셔서 많이 쓰셨어요. 저희들도 공부한 적이 있습니다. 교육도 시키고 하셨어요. 내놓고 할 수는 없는 거잖아요. 그래서 여기저기 알리진 못했을 것입니다. 선생님이 보시기에 무위당 선생의 인간적인 면모는 어떠했는지요.

리영희 저는 장 선생님의 삶이 노자가 말하는 인간의 가장 자연스러운 삶 그 자체가 아니었나 생각합니다. 인간의 자연스러운 삶이라는 것은 인간도 자연의 현상이지 자연과 대립하는 별개의 존재가 아니라는 성찰에 따라 자연과 무한으로 합일하고 살아가는 아주 이해하기도 실천하기도 지극히 어려운 것을 체현한 삶이지요.

그보다 좀 낮은 차원으로 보아도 사람과 사람의 사귐에 있어서 그렇게 넓고, 부드러우면서도 거침이 없고, 그러면서도 깊이가 있는 분은 좀처럼 없을 것입니다. 우리 같아서는 저런 놈하고 무슨 상종을 하나 싶은 사람들에게도 아주 따뜻하게 대하셨어요. 깊이로 보면 서양 학문을 그렇게 많이 통달하면서도 서양 학문에 절대로 빠지지 않고, 오히려 서양 학문의 합리주의에 입각해 해석할 것을 동양적인 자연주의적 사상으로 재해석하는 특이한 면이 있었어요. 그러한 면에 나는 굉장히 놀랐어요.

나는 어떤 면에선 평면적으로, 직선적으로, 합리주의적 서양 학문을 응용하고 원용하고 하는 쪽이 강했는데 장 선생님과 같이 그런 문제를 두고서

밤을 거의 새다시피 하면서 이야기를 나누다 보면 "아! 그게 그렇게만 볼 수 없는 보다 더 깊은 관점이 있구나" 하는 것을 발견하게 되곤 하였습니다. 같은 것을 보는 지식인의 능력에 있어서 난 감히 따를 수가 없구나 하는 것을 자주 느꼈죠.

하지만 무위당 선생의 사회 활동이나 이론적인 면보다는 앞서 말했던 인간적 측면 때문에, 사람들이 선생을 자주 만날수록 마음에 오래가는 뭔가 따뜻한 느낌을 받았으리라 생각합니다.

전표열 사람들이 흔히 선생님과 무위당 선생은 다른 면이 많이 있다고 하던데요.

리영희 그렇죠. 두 가지가 다르죠. 나는 무위당처럼 넓은 의미에서의 인간과 자연과 우주와 아울러서 사는 분의 사상이나 자세에는 어림도 없죠. 나는 너무 서양적인 요소가 많아요. 사회를 직선적으로, 구조적으로, 이론적으로 해석하고 보려고 하는 측면이 있기 때문에 나의 경우는 분석적이라고 할 수 있지요. 같은 의미에서 무위당은 종합적이랄까, 총괄적이랄까, 잡다하게 많은 것을 이렇게 하나의 보자기로 싸서 덮고 거기서 융화해버린단 말이에요. 난 그걸 굳이 골라서 A, B, C … 이렇게 분석하고, 그러니까 작은 거죠. 차원이 낮은 거고.

둘째는 역시 나는 감히 못 따를 하나의 인간으로서의 삶의 자세인데, 그 철저하면서도 하나도 철저한 거 같지 않으신, 이게 말이 좀 모순이 있지만 말입니다. 그 삶이 얼마나 철저합니까. 그렇게 살 수가 있어요? 한 예로 그 집의 변소를 보면, 남들은 전부 개조해서 세상을 편리하게만 살아가려고 고치는데, 그냥 막 풍덩풍덩 소리가 나고 튀어 오르고 야단났어요. 지금도 그 부엌이 그대로인지 모르지만 사모님 사시는 부엌도 그렇지, 마당 그렇지, 우물 그렇지.

그중에서도 제일 대표적인 게 변소인데 끝까지 안 고치고 …… 철저하면서도 그렇다고 "난 뭐 이렇게 하기 위해서 이런 거 하는 거야" 하고 이론으로 그러는 게 아니라, 그냥 자연스럽게 실제 생활인으로 하신단 말이에요. 그것이 놀라워요. 철저하면서 조금도 철저하지 않은, 그저 일상생활이 되어버리는 이런 인간의 크기 말입니다.

인간이 살아가는 구체적인 생활 속에서 그분은 너무나 자연스러웠단 말이에요.

전표열 선생님은 장 선생님하고 그렇게 밤을 새워서 말씀도 많이 나누시고 했는데, 지금도 그런 분이 계신가요?

리영희 없습니다. 세상에는 어딘가에 산에서 도인 생활 하시는 분들도 있고 하겠지만, 그런 크기를 지니고 사회에 밀접하면서도 사회에 매몰되지 않고, 인간 속에 있으면서 영향을 미치고 변화를 시키면서도 본인은 항상 그 밖에 있는 것 같고, 안에 있으면서 밖에 있고, 밖에 있으면서 인간의 무리들 속에 있고, 구슬이 진흙탕에 버무려 있으면서도 나오면 그대로 빛을 발하고 하는 그런 사람은 이제 없겠죠.

전표열 장 선생님에게 어떤 아쉬움 같은 건 느끼신 적이 없으신가요?

리영희 나는 당신의 삶이나 사회적 활동 이런 것에는 아쉬움이 없고, 오히려 조금 실생활에서 당신 사모님이나 아이들과 좀 더 정답고 재미있게 사셨으면 하는 아쉬움이 있었지요. 사모님이 훌륭하신 분이었거든요. 그 외에 사상이나 철학, 하신 일들에 아쉬움이랄 것은 없습니다.

물론 이런 분이 진정 한국 사회에 좀 더 뜻을 미칠 수 있는 어떤 역할을 할 수는 없었을까 하는 아쉬움은 있었죠. 그러나 그건 아마 어려웠을 테지요. 그런 희망 자체가 용납 안 되는 그런 시대였으니까. 무위당 같은 그런 사상과 세계관과 인간성과 생활관과 이러한 것이 지난날의 우리 사회, 지금도 마찬가지지만 이런 전적으로 물질주의적이고 이기주의적인 이런 권력적인 사회에 있다는 것만으로도 참으로 큰 역할을 하신 것이지요.

전표열 선생님께서는 장 선생님의 생명 사상을 오늘날 젊은이들이 어떻게 배워야 되고 어떻게 받아들여야 된다고 생각하십니까?

리영희 난 그런 물음에 대해서는 종합적으로 적절한 답변을 가지고 있지는 못합니다만, 지금이야말로 무위당 선생의 삶과 사상을 연구하고 더욱 심화시켜서 우리들의 일상생활에 생활화해나가야 할 가장 적절하고도 필요한 시대가 아닌가 합니다.

소위 신경제 시대, 미국 일변도의 이 물질주의적인 무한 경쟁, 인간과 인간 사이에 사랑과 나눔이 아닌 그야말로 경쟁과 빼앗음과 이른바 능력 위주의, 나와 남을 완전히 갈라놓는 이런 사회, 지금이 그런 사회인데, 이때야말로 인간이 정말로 이렇게 물질화하지 않고, 인간이 경쟁의 상대로만 존재하지 않는, 선생님의 살아왔던 그대로의 삶이 실천되는 사회와 인간형이 지금 또 앞으로 절실히 필요하다고 봅니다. 인간이 완전히 물질에 의해서 좌우되고, 윤리나 도덕이나 인간성이나 아름다움 등이 숨 가쁘고 순간적인 어떠한 구조에 의해서 지배되는, 한마디로 비인간화된 세상을 바로잡는 사상적 전환이 바로 지금 필요하다고 생각합니다.

전표열 선생님께서 뜻깊은 인장함을 가지고 계시다고 하는데 거기에 얽힌 이야기를 좀 해주십시오.

리영희 무슨 나무인지는 모르겠는데 굉장히 딱딱해요. 큰 오리 알만 한 크기에 도장이 들어갈 수 있도록 네모나게 팠어요. 굉장히 힘든 일이었을 거예요. 그 어렵고 힘든 작업을 했었다는 게 뭔가 나를 각별히 생각하셨다는 그런 면이 연상되어 고맙지요.

장 선생님이 달걀 모양의 뚜껑과 본체가 접하는 부분에 새의 주둥이 같은 것을 조그맣게 해서 노랗게 새의 부리 모양으로 붙였어요. 엄격하면서도 간결하고 거기에 장난기 같은 면을 표현했거든요. 여기 눈 모양 두 개를 보세요. 장 선생에게서 연상하기 어려운 그런 장난기 같은 것을 볼 때 더 따스한 것을 느끼지 않아요? 눈 두개를 파서 넣고 부리를 붙이고.

나도 도장을 장난으로 많이 파봐서 알지만 네모난 구멍을 판다는 게 여간 힘들지 않아요.

전표열 '무위당을 기리는 모임'의 앞으로의 방향은 어떻게 보고 계신지요.

리영희 일반론적으로 말하기는 어렵겠네요. 어떤 일이건 그 행해지는 곳의 특성을 고려해야 하니까, 원주를 중심으로 조금 더 구체적인 방향이 수립되어야 할 것입니다.

내가 말하고 싶은 것은 조금 전에 나왔던 이야기인데 지금 세상이 신경제, 신자유주의, 신물질주의, 무한 경쟁, 과학기술 만능주의가 중심이거든요. 그것만이 살길이라는 식으로 마치 신앙처럼 되어버렸단 말입니다. 요컨대 과학기술, 돈, 경쟁, 생산, 이런 거 다 물질중심적 사고 아닙니까? 그 물신주의를 무위당의 생명 사상을 통해 재해석하고 대안을 찾아보는 토론회 같은 것도 하나의 좋은 활동 내용이 되지 않겠나 싶어요. 예를 들면 인간을 인간이 마음대로 변형시켜나갈 수 있다는 유전자 복제 등을 통해 자연의 모습과는 전혀 별개의 인공적인 환경을 만들어낸다고 할 때 이러한 문제를 어떻게 볼 것인가 하는 문제 등에 대해서도 많은 이야기를 할 수 있겠지요.

그리고 무위당 선생의 삶과 사상을 깊이 연구하고 후세에도 전할 수 있도록 기념관을 건립하는 문제도 고려해보았으면 합니다. 소박하게 사신 분이니까 화려하게 할 것은 없고 현재의 생가 근처면 더욱 좋겠지요.

전표열 저는 무위당 선생님 곁에서 수십 년을 살았는데도 오늘 선생님의 말씀을 통해서 무위당 선생님의 새로운 모습을 뵙는 것 같았습니다. 편찮으신 중에 이렇게 좋으신 말씀 감사드리고, 하루속히 선생님의 건강이 회복되시기를 간절히 빌겠습니다. 선생님 감사합니다.

■ 원로 언론인이자 우리 시대 실천적 사유의 나침반이셨던 전 한양대 교수인 리영희 선생님은 생명운동의 스승이신 무위당 장일순 선생님과 두터운 교분을 나누었던 사이로 잘 알려져 있습니다. 우리 사회의 큰 스승이신 두 분의 만남을 리영희 선생님으로부터 들어보고자 대담 자리를 마련했습니다. 여기 수록하는 이 대담 기록은 ≪무위당을 기리는 사람들≫ 소식지 제2호(2001년 11월 1일)에 발표된 것입니다.

≪녹색평론≫, 2002년 1 · 2월 호(통권 62호)

참 고 문 헌

리영희 선생 저작

● 저서
리영희. 1974. 『전환시대의 논리: 아시아·중국·한국』. 창작과비평사.
_____. 1977. 『우상과 이성』. 한길사.
_____. 1984. 『80년대 국제 정세와 한반도』. 동광출판사.
_____. 1984. 『분단을 넘어서』. 한길사.
_____. 1985. 『베트남전쟁: 30년 베트남전쟁의 전개와 종결』. 두레.
_____. 1987. 『역설의 변증: 통일과 전후 세대와 나』. 두레.
_____. 1988. 『역정: 나의 청년시대』. 창작과비평사.
_____. 1990. 『自由人, 자유인』. 범우사.
_____. 1994. 『새는 '좌·우'의 날개로 난다: 전환시대의 논리 그 후』. 두레.
_____. 1998. 『스핑크스의 코』. 까치.
_____. 1999. 『반세기의 신화: 휴전선 남·북에는 천사도 악마도 없다』. 삼인.
_____. 2005. 『대화: 한 지식인의 삶과 사상』. 한길사.
_____. 2006. 『21세기 아침의 사색』. 한길사.

● 산문집
리영희. 1991. 『인간만사 새옹지마』. 범우사.
_____. 1999. 『동굴 속의 독백』. 나남.
_____. 2011. 『희망』. 한길사.

● 공저
김동길·김진만·나영균·노재봉·리영희·서광선·송건호·정명환. 1977. 『70년대
　　의 우수』. 도서출판 청람.
김병걸·김찬국·남정길·노명식·리영희·문동환·문병란·백낙청·서남동·송기
　　숙·송정석·안병무·염무웅·우창웅·이계준·이문영·이우정·이재현·이
　　홍길·한완상. 1980. 『다시 하는 강의』. 새밭.
리영희·다카기 다카시(高榎堯)·도요다 도시유키(豊田利幸). 1984. 『핵전략의 위기적

구조』. 세계(1985년 『핵문제 입문』이라는 제목으로 재출간).

고은 · 리영희 · 서남동 · 함석헌. 1984. 『누군가 말해야 한다』. 삼민사.

강만길 · 김기 · 김종철 · 리영희 · 박현채 · 백기완 · 백낙청 · 송건호 · 아민 · 염무웅 · 오삼교 · 이우재 · 조용범 · 가네코 후미오(金子文夫) · 기노시타 에쓰지(木下悅二). 1985. 『현실인식의 논리』. 사계절.

강만길 · 리영희. 1987. 『한국의 민족주의 운동과 민중』. 두레.

강만길 · 김윤식 · 리영희 · 신용하 · 임헌영 · 진덕규. 1987. 『한국 현대사와 역사의식』. 한길사.

나명순 · 리영희. 1988. 『서대문형무소: 옮기던 날의 기록 그리고 역사』. 열화당.

강만길 · 고은 · 리영희 · 박성래 · 박완서 · 백낙청 · 변형윤 · 조영래 · 최일남 · 한승헌. 1989. 『한겨레 논단 ①』. 한겨레신문사.

리영희 · 백기완. 1991. 『껍데기를 벗고서 2』. 동녘.

김삼웅 · 리영희 · 손호철 · 안병욱 · 유초하 · 이이화 · 홍세화. 2008. 『21세기 첫 십년의 한국』. 철수와영희.

● 편역 · 편저

리영희 편역. 1977. 『8억인과의 대화: 현지에서 본 중국대륙』. 창작과비평사.

미국 국무성. 1982. 『중국백서』. 리영희 편역. 전예원.

리영희 편저. 1983. 『10억인의 나라: 모택동 이후의 중국대륙』. 두레.

● 공편

이영희 · 임재경 엮음. 1988. 『반핵: 핵위기의 구조와 한반도』. 창작과비평사.

● 감수

뮈르달, 알바(Alva Myrdal). 1984. 『핵전쟁의 위협』. 동서군축문제연구소 옮김, 리영희 감수. 동광출판사.

● 저작집 12권, 2006, 한길사

1. 『전환시대의 논리』

2. 『우상과 이성』

3. 『80년대 국제 정세와 한반도』

4. 『분단을 넘어서』

5. 『역설의 변증』

6. 『역정: 나의 청년시대』

7. 『自由人, 자유인』

8. 『새는 '좌·우'의 날개로 난다』

9. 『스핑크스의 코』

10. 『반세기의 신화』

11. 『대화: 한 지식인의 삶과 사상』

12. 『21세기 아침의 사색』

● 일어판

李泳禧. 1985. 『分斷民族の苦惱』. 高崎宗司 編譯. 東京: 御茶の水書房.

_____. 2000. 『朝鮮半島の新ミレニアム』. 徐勝 譯. 東京: 社會評論社.

● 회갑 논총

리영희 선생 화갑 기념 문집 편집위원회 엮음. 1989. 『이영희 선생 화갑 기념 문집』. 두레.

● 주요 인터뷰·대담

리영희·서중석. 1991. 「사람과 사상/공세적 인터뷰: 버리지 못하는 이기주의와 버릴 수 없는 사회주의적 휴머니즘」. ≪사회평론≫, 91권 6호, 80~107쪽.

리영희·이토 나리히코(伊藤成彦). 1994. 「리영희 - 이토 교수, 한일 지성의 대담: "21세기를 향한 정신혁명, 도덕혁명이 일어나야"」. ≪사회평론≫, 94권 5호(5월), 70~77쪽.

리영희·정해구. 1997. 「탈냉전 시대, 위기의 북한과 한반도의 선택」. ≪당대비평≫, 통권 1호(9월), 118~147쪽.

리영희·신준영. 1999. 「남북 공작원 송환 요구한 리영희 교수: "남파간첩 보내고 북파간첩 받자"」. ≪말≫, 155호(5월), 146~149쪽.

리영희·셀리그 해리슨(Selig S. Harrison). 1999. 「김일성이라는 인물: 셀리그 해리슨에게서 듣는다」. ≪통일시론≫, 3호(7월), 148~166쪽.

리영희·한완상. 1999. 「기로에선 현정권의 대북정책」. ≪창작과비평≫, 105호(가을), 122~155쪽.

리영희·김동춘. 2000. 「리영희: 냉전이데올로기의 우상에 맞선 이성의 필봉」. 역사문제연구소 엮음. 『학문의 길 인생의 길』. 역사비평사.

리영희 · 전표열. 2002. 「"밖에 있으면서 안에 있던 분": 리영희 선생에게서 듣는 무위당
　　의 삶과 사상」. ≪녹색평론≫, 62호(1 · 2월), 63~72쪽.

리영희 · 백영서. 2003. 「(특집 대담) 비판적 중국학의 뿌리를 찾아서」. ≪중국의 창≫,
　　창간호, 137~164쪽.

리영희 · 권태선. 2004.3.4. "긴 안목에서 역사를 보라." ≪한겨레≫, 5면.

리영희 · 김동민. 2004. 「미국, 국가, 냉전 이데올로기와 정면으로 맞선 거인」. ≪문학과
　　경계≫, 12호(봄), 36~48쪽.

리영희 · 명진 · 유병문. 2006. 「북이 남을 공격하리란 착각 벗어나야 미국 없인 못 산다
　　는 노예의식 극복가능」. ≪민족21≫, 64호(7월), 16~23쪽.

리영희 · 김효순. 2008.5.15. "리영희 선생에게 듣는 한겨레의 오늘." ≪한겨레≫, 5면.

리영희 · 김현진. 2010. 「가혹하게 정직하고, 칼날처럼 순결하게」. 고병권 외. 『리영희
　　프리즘』. 사계절.

리영희 · 김삼웅. 2010. 「리영희, 마지막 인터뷰」. 김삼웅. 『리영희 평전』. 책보세.

● 기타 글

리영희. 1976. 「현대중국연구의 성과와 허점」. ≪창작과비평≫, 11권 3호(가을), 103~
　　109쪽.

_____. 1991a. 「≪창작과비평≫과 나」. ≪창작과비평≫, 19권 1호(봄), 20~25쪽.

_____. 1991b. 「국가보안법 논리의 위대한 허구」. ≪한국논단≫, 22권 1호, 65~72쪽.

_____. 1991c. 「변하는 상황논리, 낡은 의식 · 제도」. ≪사상≫, 10호(가을), 124~146쪽.

_____. 1991d. 「'아리랑'과 나」(『아리랑』 개정판 발문). 님 웨일스 지음, 조우화 옮김.
　　『아리랑』, 개정판. 동녘.

_____. 1994. 「북미 핵협상에서 남한 정부가 배워야 할 것」. ≪말≫, 92호(2월), 28~33쪽.

_____. 1995. 「정명을 세우기 위한 ≪말≫의 10년 세월」. ≪말≫, 108호(6월), 36~39쪽.

_____. 1996. 「전두환 · 노태후형 '대한민국병' 증후군」. ≪말≫, 117호(3월), 32~39쪽.

_____. 1997. 「굶주리는 동포를 돕는 이유는 인간이고자 하기 때문입니다」. ≪말≫, 132
　　호(6월), 44~45쪽.

_____. 2000. 「남북 관계와 주한미군 문제, 사고의 대전환이 필요하다: 상황의 질적 변
　　화에 요구되는 발상의 대전환」. ≪당대비평≫, 12호, 12~23쪽.

모겐소, 한스 J.(Hans J. Morgenthau). 1967. 「진리와 권력: 존슨 행정부와 지식인」. 리
　　영희 옮김. ≪창작과비평≫, 2권 1호(봄), 72~87쪽.

커너 위원회. 1968. 「흑인폭동의 원인과 대책」. 리영희 옮김. ≪창작과비평≫, 3권 2호

(여름), 308~337쪽.

바네트, 리처드 J.(Richard J. Barnet). 1972. 「닉슨 - 키신저의 세계전략」, ≪창작과비평≫, 7권 4호(겨울), 769~780쪽.

일반 참고문헌

● 리영희론

강준만. 1997. 「새는 좌우의 날개로 난다: 리영희의 진실을 위한 투쟁」. 강준만 · 김교 만 · 김민웅 · 김삼웅 · 김진아 · 문부식 · 손석춘 · 최종욱 · 황광수. 『레드 콤플렉 스: 광기가 남긴 아홉 개의 초상』. 삼인.

_____. 2004. 『리영희: 한국 현대사의 길잡이』. 개마고원.

고병권. 2010. 「생각한다는 것은 무엇인가」. 고병권 · 천정환 · 김동춘 · 이찬수 · 오길 영 · 이대근 · 안수찬 · 은수미 · 한윤형 · 김현진. 『리영희 프리즘』. 사계절.

고은. 1990. 「李泳禧論: 진실의 대명사」. 리영희. 『自由人, 자유인』. 범우사.

권태선. 2012. 「한국 현대사가 빚어낸 지성 리영희」(『역정』 개정판 발문). 『역정』, 개정판.

김대환. 1995. 「리영희: 냉전논리 극복에 기여한 '용기 있는 지성'」. ≪월간 중앙≫, 1995 년 신년호 별책부록 '광복50년 한국을 바꾼 100인'.

김동춘. 2000. 「상식인, 자유인」. 역사문제연구소 엮음. 『학문의 길 인생의 길』. 역사비 평사.

김만수. 2003. 『리영희: 살아 있는 신화』. 나남.

김삼웅. 2010. 『리영희 평전: 시대를 밝힌 사상의 은사』. 책보세.

김세균. 1991. 「李泳禧論: 우상과의 싸움. 리영희」. 리영희. 『인간만사 새옹지마』. 범우 문고.

김용삼. 1994. 「李泳禧 교수의 말과 글: 일관된 남한 비판 · 북한 옹호 논리와 윤리」. ≪월 간 조선≫, 1994년 4월 호, 386~411쪽.

김종철. 2010.12.6. "자유인 리영희." ≪경향신문≫.

_____. 2011. 「지식인과 자유의 실천」. ≪녹색평론≫, 2011년 1 · 2월 호, 2~12쪽.

김호기. 2012. 「황순원과 리영희: 지식인의 개인적 책임과 사회적 책임」. 김호기. 『시대 정신과 지식인』. 돌베개.

박병기. 1999. 「리영희: 휴머니즘으로서 이데올로기 비판」. 리영희. 『반세기의 신화』. 삼인.

신홍범. 1999. 「리영희를 말한다: 분단과 이데올로기 시대의 '잠수함의 토끼'」. 리영희. 『동굴 속의 독백』. 나남.

유시민. 2009. 「지식인은 무엇으로 사는가: 리영희『전환시대의 논리』」.『청춘의 독서』.
    웅진지식하우스.

유홍준. 1999. 「리영희를 말한다: 선생님의 주례사」. 리영희.『동굴 속의 독백』. 나남.

이찬수. 2010. 「무신론적인, 그러나 유신론적인」. 고병권 · 천정환 · 김동춘 · 이찬수 ·
    오길영 · 이대근 · 안수찬 · 은수미 · 한윤형 · 김현진.『리영희 프리즘』. 사계절.

이호철. 2003. 「리영희: 서북방 사나이의 원형」. 이호철.『이 땅의 아름다운 사람들』. 현재.

임헌영. 2011. 「한 인문주의자의 소망」. 리영희.『희망』. 한길사.

조유식. 1995. 「리영희 그 독한 기자 정신의 역정」. ≪말≫, 107호(5월), 68~75쪽.

최성일. 2006. 「가시밭길의 역정(歷程), 항심(恒心), 그리고 대화: 리영희, 사상의 은사」.
    ≪채널예스≫, http://ch.yes24.com/Article/View/12472.

최영묵. 2012a. 「언론 자유와 우상타파를 위한 불퇴전의 삶」. ≪창작과비평≫, 155호
    (봄), 390~402쪽.

_____. 2012b. 「리영희의 '언론 사상'과 실천에 관한 연구」. ≪한국언론정보학보≫, 통
    권 59호, 7~30쪽.

홍세화. 2010. 「리영희를 다시 불러내는 이유」. 고병권 · 천정환 · 김동춘 · 이찬수 · 오
    길영 · 이대근 · 안수찬 · 은수미 · 한윤형 · 김현진 .『리영희 프리즘』. 사계절.

홍윤기. 2011. 「철학시민 그분, 리영희!: 리영희 선생의 삶과 사상에서 '리영희 철학'을
    찾는다」. ≪황해문화≫, 70호(봄), 327~354쪽.

● 기타 문헌

강상중 · 현무암. 2012.『기시 노부스케와 박정희: 다카키 마사오, 박정희에게 만주국이
    란 무엇이었는가』. 이목 옮김. 책과함께.

강재륜. 1983.『칼 마르크스의 인간관』. 대왕사.

강준만. 2000. 「왜 자유주의자를 참칭하는가?: 문학평론가 이동하의 '따뜻한 극우주의'」.
    ≪인물과 사상≫, 13권, 181~216쪽.

경전연구모임 편저. 1991.『금강경 · 승만경』. 불교시대사.

고명섭. 2005. 「리영희와 강준만과 지식인」. ≪인물과 사상≫, 4월 호, 202~217쪽.

고미숙. 2013.『두 개의 별 두 개의 지도: 다산과 연암의 라이벌 평전 1탄』. 북드라망.

고영복. 1994.『사회학설사』. 사회문화연구소.

고은. 1977.『역사와 더불어 비애와 더불어』. 한길사.

_____. 1993.『한국의 지식인』. 명문당.

_____. 2010. 『만인보』(전 30권 완간본). 창작과비평사.

기든스, 앤서니(Giddens, Anthony). 1998. 『제3의 길』. 한상진 · 박찬욱 옮김. 생각의
　　　나무.

김진현. 1984. 『역사에 다시 묻는다: 반민특위와 친일파』. 삼민사.

김광동. 2010. 「리영희: 한국 친북좌파 사상의 대부」. 김광동 · 김성욱 · 김정호 · 배진
　　　영 · 변희재 · 이문원 · 정규재. 『억지와 위선: 좌파인물 15인의 사상과 활동』. 북
　　　마크.

김구. 2005. 『백범일지』. 도진순 주해. 돌베개.

김동춘. 2004. 『미국의 엔진, 전쟁과 시장』. 창비.

김명호. 2012~2015. 『중국인 이야기』(1~4권). 한길사.

김민웅. 1996. 『패권시대의 논리』. 한겨레신문사.

김병걸 · 김규동 엮음. 1986. 『친일문학작품선집 1, 2』(전 2권). 실천문학사.

김산 · 웨일스, 님(Nym Wales). 1984. 『아리랑』. 조우화 옮김. 동녘.

_____. 2005. 『아리랑: 조선인 혁명가 김산의 불꽃같은 삶』. 송영인 옮김. 동녘.

김삼웅. 1987. 『금서』. 백산서당.

김삼웅 편저. 1987. 『한국필화사』. 동광출판사.

김언호. 1987. 『출판운동의 상황과 논리: 우리시대의 출판운동에 대한 한 출판인의 현장
　　　보고』. 한길사.

_____. 1997. 『책의 탄생 II: 저자와 독자와 출판인, 그리고 시대정신』. 한길사.

김영희. 2007. 「현대언론인 열전 11: 조용수」. ≪신문과 방송≫, 12월 호, 134~141쪽.

김용옥. 1999. 『도올 김용옥의 금강경 강해』. 통나무.

김원. 2012. 「리영희의 공화국」. ≪역사문제연구≫, 27호, 63~107쪽.

김종철. 1999. 『간디의 물레: 에콜로지와 문화에 관한 에세이』. 녹색평론사.

김진균. 1996. 『군신과 현대사회: 현대 군사화의 논리와 군수산업에 대한 연구』. 문화과
　　　학사.

나명순. 1988. 「서대문형무소: 1907~1987년의 小史」. 리영희 · 나명순. 『서대문형무소』.
　　　열화당.

도광순. 1976. 「유교의 사상적 본질」. ≪창작과비평≫, 11권 4호, 581~603쪽.

러벅, 존(John Lubbock). 2008. 『삶에서 가장 중요한 것』. 이순영 옮김. 문예출판사.

렌즈, 시드니(Sidney Lens) 외. 1985. 『군산복합체론』. 서동만 옮김. 지양사.

루쉰(魯迅). 1991. 『아침 꽃을 저녁에 줍다: 노신 산문집』. 이욱연 옮김. 창.

_____. 2010a. 『루쉰전집 1: 무덤, 열풍』. 홍석표 · 이보경 · 루쉰전집번역위원회 옮김.

그린비.

_____. 2010b. 『루쉰전집 2: 외침, 방황』. 홍석표·이보경·루쉰전집번역위원회 옮김.
    그린비.

린셴즈(林賢治). 2006. 『노신 평전』. 김태성 옮김. 실천문학사.

마르크스, 칼(Karl Marx). 1987. 『경제학: 철학 수고』. 김태경 옮김. 이론과 실천.

마르크스, 칼(Karl Marx)·엥겔스, 프리드리히(Friedrich Engels). 1988. 『독일 이데올
    로기 I』. 박재희 옮김. 청년사.

맥피어슨, 마이어라(Myra MacPherson). 2012. 『모든 정부는 거짓말을 한다: 20세기 진
    보 언론의 영웅 이지 스톤 평전』. 이광일 옮김. 문학동네.

민주화운동기념사업회 연구소 편. 2006. 『한국민주화운동사연표』. 민주화운동기념사업회.

박원순. 1992. 『국가보안법연구 2: 국가보안법적용사』. 역사비평사.

박지영. 2013. 「1960년대 ≪창작과비평≫과 번역의 문화사: 419·한글세대 비평·번역
    가의 등장과 '혁명'의 기획」. ≪한국문학연구≫, 45집, 81~128쪽. 동국대학교 한
    국문학연구소.

백낙청. 1966. 「새로운 창작과비평의 자세」. ≪창작과비평≫, 창간호(겨울), 5~38쪽.

백승욱. 2007. 『문화대혁명: 중국 현대사와 트라우마』. 살림.

_____. 2013. 「한국 1960~1970년대 사유의 돌파구로서의 중국 문화대혁명의 이해: 리
    영희를 중심으로」. ≪사이≫, 14호, 105~148쪽.

_____. 2014. 「'해석의 싸움'의 공간으로서 리영희의 베트남 전쟁: ≪조선일보≫ 활동 시
    기(1965~1967)를 중심으로」. ≪역사문제연구≫, 통권 32호, 45~105쪽.

백승종. 2012. 「『8억인과의 대화』: '진실지상주의자'의 현대 중국 발견」. 『금서, 시대를
    읽다: 문화투쟁으로 보는 한국 근현대사』. 산처럼.

버칫, 윌프레드(Wilfred G Burchett). 1995. 『히로시마의 그늘』. 표완수 옮김. 창작과비
    평사.

베냐민, 발터(Walter Benjamin). 1988. 「수집가와 역사가로서의 푹스」. 『풍속의 역사 I』.
    반성완 옮김. 까치.

베리, 존(John Bagnell Bury). 2006. 『사상의 자유의 역사』. 박홍규 옮김. 바오.

부버, 마르틴(Martin Buber). 1977. 『나와 너』. 표재명 옮김. 문예출판사.

사르트르, 장 폴(Jean-Paul Sartre). 1982. 『침묵하는 공화국』. 천이두 옮김. 일월서각.

_____. 1993. 『실존주의는 휴머니즘이다』. 황사영 옮김. 청아출판사.

_____. 2007. 『지식인을 위한 변명』. 박정태 옮김. 이학사.

손동우. 2012.4.27. "이렇게 닮을 수가! 리영희의 '평행 이론.'" ≪프레시안≫, http://www.

pressian.com/article/article.asp?article_num=50120427155439.

손석춘. 2013. 「리영희의 비판과 반비판의 논리적 비판: '북한맹'·'시장맹' 논쟁을 중심
　　으로」. ≪한국언론정보학보≫, 통권 61호, 118~133쪽.

송두율. 1995. 『역사는 끝났는가: 송두율 사회사상집』. 당대.

순자(荀子). 2008. 『순자』(2판). 김학주 옮김. 을유문화사.

슈람, 스튜어트(Stuart Schram). 1979. 『毛澤東』. 김동식 옮김. 두레.

신영복. 2012. 『변방을 찾아서』. 돌베개.

_____. 2015. 『담론: 신영복의 마지막 강의』. 돌베개.

안대회. 2007. 『선비답게 산다는 것』. 푸른역사.

_____. 2008. 『고전산문산책: 조선의 문장을 만나다』. 휴머니스트.

에커만, 요한 페터(Johann Peter Eckermann). 2007. 『괴테와의 대화』. 곽복록 옮김. 동
　　서문화사.

엥겔스, 프리드리히(Friedrich Engels). 1985. 『가족의 기원』. 김대웅 옮김. 아침.

열어구(列御寇). 2009. 『열자』. 임동석 옮김. 동서문화사.

왕스징(王士精). 1992. 『魯迅傳: 루쉰의 삶과 사상』. 신영복 옮김. 다섯수레.

윤창빈. 2013. 「'이 시대의 리영희'를 만나고 싶다」. ≪민족21≫, 1월 호, 148~155쪽.

윤평중. 2006. 「이성과 우상: 한국 현대사와 리영희」. ≪비평≫, 13호(겨울), 231~252쪽.

이경숙. 2004. 『완역 이경숙 도덕경』(도경, 덕경 2권). 명상.

이동준. 2015.4.27. "광복 70년·한일수교 50년의 재인식 14. 친한파로 포장된 전범들."
　　≪한국일보≫.

이동하. 1999. 『(한 자유주의자의) 세상읽기』. 문이당.

이상성. 2006. 『조광조: 한국 도학의 태산북두』. 성균관대학교 출판부.

이순웅. 2008. 「리영희의 '인간주의적' 사회주의에 관한 비판적 연구」. ≪시대와 철학≫,
　　19권 3호, 194~230쪽.

이시우. 2013. 『UNC: 유엔군사령부』. 들녘.

이인모·신준영. 1992. 『이인모: 전 인민군 종군기자 수기』. 말.

이철수·황도근·김용우·김종철. 2014. 「무위당, 제일 잘 놀다가 가신 '자유인': 장일순
　　선생 20주기 기념 좌담」. ≪녹색평론≫, 2014년 5·6월 호, 2~32쪽.

이회성·미즈노 나오키(水野直樹) 엮음. 1993. 『아리랑 그 후: 김산과 님 웨일즈』. 윤해
　　동·서은혜·채정자 옮김. 동녘.

임동석 편저. 2009. 『사서강독』. 동서문화사.

임재경. 2015. 『펜으로 길을 찾다』. 창비.

장일순. 1997. 『나락 한 알 속의 우주』. 녹색평론사.

_____. 2003. 『(무위당 장일순의) 노자 이야기』. 삼인.

정문상. 2006. 「문화대혁명을 보는 한국 사회의 한 시선: 리영희 사례」. 77호(겨울), 212~
    241쪽.

정연주. 2002. 『기자인 것이 부끄럽다』. 비봉출판사.

조상호. 1999. 『한국 언론과 출판 저널리즘』. 나남출판.

조헌환. 2007. 「우상파괴자의 도그마와 우상」. ≪시대정신≫, 봄 호, http://www.sdjs.co.
    kr/read.php?quarterId=SD200701&num=77.

천정환. 2010. 「책 읽기와 청년, 그리고 자유」. 고병권·천정환·김동춘·이찬수·오길
    영·이대근·안수찬·은수미·한윤형·김현진. 『리영희 프리즘』. 사계절.

최성현. 2004. 『좁쌀 한 알: 일화와 함께 보는 장일순의 글씨와 그림』. 도솔.

캉유웨이(康有爲). 2006. 『대동서』. 이성애 옮김. 을유문화사.

퇴니에스, 페르디난트(Ferdinand Tonnies). 1963. 『공동사회와 이익사회』. 변시민·김
    대환 옮김. 문교부.

_____. 1982. 『공동사회와 이익사회』. 황성모 옮김. 삼성출판사.

파펜하임, 프리츠(Fritz Pappenheim). 1978. 『현대인의 소외』. 황문수 옮김. 문예출판사.

푹스, 에두아르트(Eduard Fuchs). 1987a. 『풍속의 역사 I: 풍속과 사회』. 이기웅·박종
    만 옮김. 까치.

_____. 1987b. 『풍속의 역사 II: 르네상스』. 이기웅·박종만 옮김. 까치.

_____. 1987c. 『풍속의 역사 III: 色의 시대』. 이기웅·박종만 옮김. 까치.

_____. 1988. 『풍속의 역사 IV: 부르조아의 시대』. 이기웅·박종만 옮김. 까치.

학담 평석. 2014. 『아함경 5: 아함경의 비유』. 한길사.

한국기자협회. 1975. 『기자협회10년사』.

한양대 중소연구소. 1994. 『중소연구 20년사』.

황필호. 2000. 「어느 휴머니스트의 종교: 리영희, 『스핑크스의 코』를 읽고」. ≪종교연구≫,
    제20집, 227~244쪽.

_____. 2002. 『종교철학 에세이』. 철학과 현실사.

후쿠야마, 프랜시스(Francis Fukuyama). 1992. 『역사의 종말: 역사의 종점에 선 최후의
    인간』. 이상훈 옮김. 한마음사.

리영희 연보

1920년대	1929	12월 2일(음력 11월 2일) 부친 리근국(李根國)과 모친 최희저(崔晞姐) 사이에서 태어남. 평안북도 북진군 운산면에서 출생
1930년대	1933	(5세) 삭주군 외남면 대관동으로 이주해 그곳에서 성장함
	1936	(8세) 대관보통학교 입학
1940년대	1942	(14세) 대관소학교 졸업 후 갑종 5년제 중학교인 경성공립공업학교 전기과 입학
	1945	(17세) 중학교 4학년 때 근로동원 피해 귀향한 고향에서 해방을 맞음
	1946	(18세) 7월 국립해양대학교(현 한국해양대, 당시 인천 소재) 항해과 입학
	1947	(19세) 부모와 동생 리명희가 월남해 충북 단양에 거주
	1948	(20세) 10월 항해 실습 중 여수·순천 반란 사건 목격
1950년대	1950	(22세) 3월 국립해양대학교(당시 군산 소재) 항해과 졸업 후 경북 안동의 안동공립중(고등)학교에서 영어 교사로 근무 시작. 8월 16일 육군 유엔군 연락장교단 후보생(제4기). 10월 육군 중위 임관(제11사단 9연대 배속) 지리산 일대에서 근무
	1951	(23세) 국민방위군 사건 목격과 거창 양민 학살 사건 목격. 20연대 배속 태백산·설악산 등 최전방 동해안 근무. 가을에 동생 명희 사망
	1953	(25세) 7월 27일 휴전으로 마산 군의학교에 배속됨
	1954	(26세) 부산 육군 제5관구 사령부로 민사부 관재과 배속됨. 유엔군 시설 접수 업무를 수행함
	1956	(28세) 11월 13일 윤평숙(尹平淑) 여사의 장녀 윤영자(尹英子) 씨와 군산에서 결혼
	1957	(29세) 8월 16일 만 7년의 군 복무를 마치고 육군 소령 예편. 공채로 합동통신사 외신부 기자 입사
	1959	《워싱턴포스트》에 '한국통신원'이라는 익명으로 기고 시작(1962년 2월까지) 8월 장남 희주에 이어 부친 이근국 옹 별세. 9월 말 풀브라이트 계획으로 미국 노스웨스턴 대학 신문학 연수(6개월간)
1960년대	1960	(32세) 1월 말 미국에서 하와이를 거쳐 귀국함. 하와이에서 리승만 대통령 관련해 취재함 4·19 혁명 현장 참여 및 취재 및 학생 희생 막기 위해 동분서주
	1961	건일(建一) 출생 11월 박정희 최고회의 의장 방미 여행 수행. 군부 정권에 불리한 내용의 특종보도를 터트리고 수행 취재 중단한 뒤 귀국함
	1962	합동통신 정치부로 옮겨 중앙청과 외무부에 출입함. 장녀 미정(美晶) 출생
	1964	차남 건석(建碩) 출생 10월 조선일보 정치부로 이직해 중앙청 외무부 출입

11월 21일 첫 필화 사건. 「유엔의 한국 문제 토의에 있어서 중립국의 동향」 기사로 반공법 위반 혐의 구속. 12월 27일 구속 만기로 석방

1965 (37세) 조선일보 외신부장

1966 (38세) 9월 아시아의원연맹 총회 참석차 한국을 방문한 전 일본 총리 기시 노부스케(岸信介)를 워커힐에서 인터뷰해, 유사시 일본군의 한반도 개입을 가상한 '미쓰야(三矢) 계획'을 폭로함. 중앙정보부에 연행됨

1967 (39세) 《창작과비평》, 《정경연구》 등에 국제 관계 논문을 본격적으로 기고하기 시작함

1969 (41세) 베트남 국군 파병에 비판적인 입장을 고수함. 박정희 정권의 압력으로 7월 31일 조선일보를 퇴사함(언론사 1차 해직). 양계사업·택시기사로 일하려다 모친의 반대로 포기하고 6개월간 서적 외판원 생활을 함

1970년대 1970 (42세) 2월 7일 합동통신 재입사. 외신부장으로 근무

1971 (43세) 4월 19일 결성된 민주수호국민협의회에 2기 이사로 참여
10월 15일 학원 탄압에 반대하는 '64인 지식인 선언'으로 합동통신 강제 해직(언론사 2차 해직)

1972 (44세) 1월 한양대학교 신문학과 조교수로 임용. 3월 28일 국제사면위원회(Amnesty International) 한국 지부 창립 발기인으로 참여

1974 (46세) 5월 1일 한양대학교 중국문제연구소 설립 주도. 6월 첫 저서『전환시대의 논리』출간. 12월 민주회복국민회의에 이사로 참여

1976 (48세) 2월 28일 1975년 개정된 '교육공무원법' 발효에 따른 교수 재임용제 시행으로 한양대에서 강제 해임(교수 1차 해직)

1977 (49세) 9월『8억인과의 대화』출간. 11월『우상과 이성』출간
11월 23일『8억인과의 대화』, 『우상과 이성』 문제로 반공법 위반 혐의 구속 12월 27일 모친 최희저 여사 별세. 상주 없이 친지들이 장례 거행

1978 (50세) 11월 26일 옥중에서 「상고이유서」 작성

1980년대 1980 (52세) 1월 9일 광주형무소에서 2년형 마치고 만기 출소. 2월 29일 '서울의 봄'으로 사면 및 복권. 한양대학교 복직. 5월 17일 '광주 소요' 배후 조종자 한사람으로 날조되어 다시 구속된 뒤 7월 중순에 석방. 한양대학교에서 강제 해임(교수 2차 해직)

1982 8월『중국백서』출간

1983 (55세) 6월『10억인의 나라』출간

1984 (56세) 11월 10일 기사연 사건(교과서 통일 문제 관련 특강)으로 구속, 3월 10일 2개월 만에 석방. 7월 17일 4년 2개월 만에 한양대학교 복직. 10월『분단을 넘어서』출간

1985 (57세) 일본 도쿄 대학 사회과학연구소 초빙교수(1학기). 5월 다카사키 소지(高崎宗司) 교수 편역으로 일본어판 평론집『分斷民族の苦惱(분단민족의 고뇌)』출간. 독일 하이델베르크 소재 연방 사회과학연구소 초빙교수(2학기). 7월『베

트남전쟁』출간

1987 (58세) 3월『역설의 변증』출간. 8월 미국 버클리 대학 아시아학과 부교수 자격
으로 출국해 '한반도 갈등과 평화'를 강의함

1988 (59세) 3월 자전 에세이『역정: 나의 청년시대』출간. 5월 15일 ≪한겨레신문≫
창간 주도(이사 및 논설 고문). 8월『반핵: 핵위기의 구조와 한반도』출간

1989 (60세) ≪한겨레신문≫ 방북 취재 기획 건으로 4월 14일 구속(160일 만에 석
방). 12월『화갑 기념 문집』봉정. 12월 16일 주한 외국언론인협회에서 주는
'언론 자유상(Press Freedom Award)' 수상

1990년대 1990 (61세) 9월『自由人, 자유인』출간

1991 (62세) 3월 미국 버클리 대학 주최 남북 심포지엄 참석 통일 전망 주제 발표. 7
월 문고판 산문집『인간만사 새옹지마』출간

1992 (63세) 10월 21일 좌골신경통 악화로 한양대학교 병원 입원(11월 14일 퇴원)

1993 (64세) 4월 통일원 통일정책평가위원

1994 (65세) 7월『새는 '좌·우'의 날개로 난다』를 출간하고 그해 가을, 18년 살았던
화양리 단독주택에서 군포시 수리동(산본) 아파트로 이주함

1995 (67세) 3월 15일 한양대학교 정년퇴임. 동대학 언론정보대학원 대우교수. 5월『새
는 '좌우'의 날개로 난다』출간. 한길사가 제정한 '단재상' 수상

1997 (69세) 봄 결혼 40주년 기념으로 윤영자 여사와 19일간 이집트를 비롯한 해외여
행. 중국 통해 백두산 천지 등정

1998 (70세) 5월 11일 ≪한겨레≫ 창간 10주년 기념행사로 주체사상 이데올로그 황
장엽과 대담. 11월『스핑크스의 코』출간. 11월 9일 '남북한 어린이 어깨동무'
사업 관련 5일간 방북, 평양에서 조카와 상봉

1999 (71세) 6월 문익환 목사 기념 사업회의 '늦봄 통일상' 수상. 9월『반세기의 신화』
출간. 12월 23일 고희 기념 산문집『동굴 속의 독백』출간

2000년대 2000 (72세) 5월 제1회 세계한민족 포럼 참가(5.2~5.4, 미국 뉴저지). 8월 9일 설악산
백담사에서 만해사상실천선양회가 주는 '만해상(실천 부문)' 수상. 8월『반세기
의 신화』를 재일학자 서승(徐勝) 교수가 감수해『조선반도의 새로운 천년(朝鮮
半島の新ミレニアム)』이라는 제목으로 출간. 11월 16일 산본 자택에서 뇌출혈
발병. 모든 외부 활동 중단 투병 시작

2003 (75세) 3월 28일 이라크 파병 반대 집회 참여 연설. 여름 중국의 베이징과 루쉰
의 고향 사오싱 루쉰 기념관 등 방문

2005 (77세) 3월 자전 에세이 대담집『대화: 한 지식인의 삶과 사상』출간. 6월 '지식
인과 사회 책임'을 주제로 성공회대에서 특강. 7월 중국 선양(瀋陽)에서 열린 한
중노 신학회 참가

2006 (78세) 5월 한국기자협회에서 주는 '기자의 혼상'과 심산사상연구회에서 주는
'심산상' 동시 수상. 6월 세계한민족포럼(6.15~6.20, 러시아 모스크바) 참석. 상
트페테르부르크(레닌그라드) 여행. 8월 30일『21세기 아침의 사색』이 포함된
『리영희 저작집』(전12권) 출간

	2007 (79세) 4월 한겨레통일문화재단에서 주는 '한겨레통일문화상' 수상
	2008 (80세) 6월 전남대학교 제정 '후광 김대중 학술상' 수상
	2009 (81세) 7월 인권연대 10주년 기념행사 강연: MB 정권의 파시즘 행태 비판
2010년대	2010 (82세) 3월 이후 간경화 심화로 입원 및 투병. 12월 5일 0시 30분 서거. 12월 8일 민주사회장으로 국립 5 · 18 민주묘지(광주)에서 영면

찾 아 보 기

용어

인명

리영희 저서

기타 자료

지은이

최영묵(崔榮默)

성공회대학교 신문방송학과 교수이며 리영희재단 이사다. 한양대학교 신문방송학
과에서 리영희 선생의 지도로 석사 학위('민중언론사 연구', 1988)와 박사 학위('방
송공익성 연구', 1996)를 취득했다. 1997년부터 2000년까지 한국방송진흥원에서 근
무했고, 2001년 이후 성공회대학교에 재직하고 있다. 방송개혁위원회 전문위원, 국
회미디어발전위원회 위원, 대통령선거방송 심의위원, 언론정보학회 총무이사, 한국
방송학회 방송법제 연구회장, KBS 이사(2012~2015) 등을 역임했다. 주요 저·역서
로는 『언론과 민주주의』(1995, 공역), 『방송 공익성에 관한 연구』(1997), 『텔레비전
화면깨기』(2003, 공저), 『시민미디어론』(2005), 『대중문화와 문화산업』(2006, 공
저), 『한국방송정책론』(2010), 『공영방송의 이해』(2012, 공저) 등이 있다.

한울아카데미 1854

비판과 정명
리영희의 언론 사상

ⓒ 최영묵, 2015

지은이 **최영묵** | 펴낸이 **김종수** | 펴낸곳 **한울엠플러스(주)** | 편집 **박준규·허유진**

초판 1쇄 발행 **2015년 12월 4일** | 초판 2쇄 발행 **2016년 9월 30일**

주소 **10881 경기도 파주시 광인사길 153 한울시소빌딩 3층** | 전화 **031-955-0655** | 팩스 **031-955-0656**
홈페이지 **www.hanulmplus.kr** | 등록번호 **제406-2015-000143호**

Printed in Korea.
ISBN 978-89-460-5854-5 93300 (양장)
ISBN 978-89-460-6097-5 93300 (반양장)
* 책값은 겉표지에 표시되어 있습니다.